Tom Goeller

Der Alte Fritz

Mensch, Monarch, Mythos

| Hoffmann und Campe |

2. Auflage 2012
Copyright © 2011
by Hoffmann und Campe Verlag, Hamburg
www.hoca.de
Satz: atelier eilenberger
Gesetzt aus der Albertina und der Thesis Sans
Karte: Peter Palm, Berlin
Druck und Bindung: GGP Media GmbH, Pößneck
Printed in Germany
ISBN 978–3–455–50219–0

HOFFMANN
UND CAMPE

Ein Unternehmen der
GANSKE VERLAGSGRUPPE

INHALT

MENSCH

Wusterhausen – Brutale Jugend: Fast erdrosselt und ins Essen gespuckt – Prinz Eugen vereitelt Heiratspläne – »Allerdurchlauchtigster König«: Flucht, Todesurteil, Gnade

MONARCH

MYTHOS

Vorwort

Preußens Rückkehr?
Friedrich der Große ist 300

Mit Friedrich dem Großen (1712 – 1786) stieg Preußen zu seiner Zeit in den Kreis der bedeutenden Mächte Europas auf. Bis heute ist sein Ruf weltweit legendär, hauptsächlich aufgrund seines Glücks in den zahlreichen Schlachten seiner Kriege, in denen er oft einen numerisch weit überlegenen Feind das Fürchten lehrte. Doch wie entstand der Charakter des Menschen Friedrich? Sein Vater verurteilte »den Schuft Fritz« in jungen Jahren zum Tod. Begnadigt, heiratete er eine hübsche Prinzessin, die er später öffentlich herablassend als »meine alte Kuh« bezeichnet. Bis heute wird ihm eine homosexuelle Veranlagung nachgesagt. Doch nichts ist bewiesen. Sein Hohn und Spott ergoss sich gleichermaßen über beide Geschlechter, genauso wie er Bewunderung für bestimmte Männer und Frauen in liebenswürdigster Weise zum Ausdruck brachte. Befreundet mit Voltaire, gab er sich den Anschein des Philosophen und Gutmenschen, führte aber als Monarch brutale Vernichtungskriege, nach eigenen Angaben teilweise aus reiner »Ruhmsucht«. Nicht britische Bomber legten erstmals Dresden in Schutt und Asche, sondern Friedrich. Henry Kissinger bescheinigt ihm »skrupellose Diplomatie«.

Er regierte als Alleinherrscher und baute sich ein Schloss, in dem er »ohne Sorgen« (*Sanssouci*) wohnen wollte, ganz für sich allein; in der Geschichte einmalig. Und dennoch behauptete er von sich selbst, er lebe bescheiden – ein Märchen, das bis heute in der Literatur weltweit nachhaltig kolportiert wird. In mehr als einer Hinsicht hatte Friedrich enorme Wahrnehmungsprobleme; gleichzeitig war er ein perfekter PR-Profi. Er verweigerte sich häufig der Wirklichkeit, schaffte es aber, seine Propaganda, seine Erfindungen über sich selbst als Wahrheit unters Volk zu bringen.

Gerade aber sein Mythos gründet bis heute auf dieser Realitätsferne und Propaganda Friedrichs sowie auf jenem Bild, das die Nachwelt noch hinzufügte. Unter dem Eindruck der gegenwärtigen Migrationsdebatte in Deutschland wird Friedrich der Große heute wieder von verschiedensten Interessengruppen ungeprüft als toleranter Aufklärer präsentiert und zitiert, nur weil er bereit war, seinen muslimischen Untertanen türkischer Herkunft Moscheen zu bauen. Verschwiegen wird von jenen, die ihn deshalb heute loben, dass er Mohammed, den Begründer des Islam, als »Betrüger« bezeichnete und »seine Mohammedaner« natürlich Preußen in seinem Sinne werden mussten. Keine Rede von Integrationsprogrammen, Deutschkursen und der Zulassung einer multikulturellen Parallelkultur.

Integration unter Friedrich hieß, die Herkunft komplett abzulegen und bedingungslos Preuße zu werden, mit allen Pflichten. Er verlangte absolute Loyalität gegenüber dem König und dem preußischen Staat. Er verlangte, dass die Einwanderer zu jedwedem Kriegsdienst bereit waren. Waren sie französische Hugenotten, dann mussten sie gegebenenfalls auf französische Soldaten schießen. Waren es Einwanderer aus Salzburg, so mussten sie sich an Kriegen gegen Österreich beteiligen. Und die Soldaten türkischer Herkunft konnten sich nicht ausbedingen, Türken zu schonen. Wer diese rigorose Art der friderizianischen »Integration« ausblendet und stets nur auf die Frage des Moscheebaus verengt, betreibt Geschichtsklitterung und missbraucht Friedrich den Großen ideologisch.

Jedes Jahrhundert nach ihm glaubte, Friedrich für sich verein-nahmen zu können. Ein besonders glühender Verehrer war Joseph Goebbels, der in seinen Durchhalteparolen häufig den »großen König« beschwor sowie »dessen Beharrlichkeit und ungebroche-nes ehernes Herz«.

Nachdem Friedrich in der DDR 1950 generell von allen Sockeln gestürzt worden war, befahl Erich Honecker 1980 als Staatsrats-vorsitzender die Rehabilitation des Preußenkönigs und erklärte zu dieser Politik: »In jedem der deutschen Lande gab es in der Vergan-genheit Fortschrittliches und Reaktionäres, und die Standbilder wurden meist von berühmten Bildhauern geschaffen. Das ist ein Stück Kultur des Volkes.«

Die Ostpreußin und einstige Herausgeberin der Wochenzei-tung *Die Zeit*, Marion Gräfin Dönhoff, hat laut Altbundeskanzler Helmut Schmidt zeit ihres Lebens Friedrich den Großen als »ihren König« angesehen.

Der ehemalige Bundespräsident Richard von Weizsäcker schwärmte hingegen von Friedrichs »einsamen Auseinanderset-zungen zwischen Macht und Geist, die zum Eindrucksvollsten dieses Monarchen und zu den kostbarsten Gütern deutscher Ge-schichte gehören«.

Für Polen, Tschechen und Österreicher war und bleibt Fried-rich ein Albtraum und gilt als »groß« nur insofern, als er groß im Zerstören und Zerstückeln von anderen Nationen war. Engländer schätzen ihn, aber nur als »größten Soldaten aller Zeiten«. In Frankreich überwiegt das Desinteresse. In den Vereinigten Staaten begegnete man ihm stets mit großem Respekt und Wohlwollen. Mehrfach haben Präsidenten in ihren Äußerungen seinen Geist beschworen; Expräsident Theodore Roosevelt zum Beispiel 1914 zu Beginn des Ersten Weltkriegs und Präsident Truman 1950 im Koreakrieg. In Japan, wo ohnehin nur der Mythos von Friedrich ankam, wird er bis heute unkritisch bewundert als Beispiel für Dis-ziplin und Staatsloyalität.

Verdiente der preußische König Friedrich II. wirklich jemals den Zusatz »der Große«? Warum faszinierte er seine Zeitgenossen in Europa und Amerika trotz eklatanter menschlicher Schwächen? Warum hält sich bis heute – sogar in Reden namhafter Politiker – ein Mythos über ihn, der teilweise bar jeglicher Realität ist? Was ist Wunschdenken und Verklärung der Historiker, Politiker und Medien? Welche seiner preußisch-rigorosen Werte würden sich lohnen, heute wiederbelebt zu werden? Meist sind jene, die ihn als liberalen Aufklärer preisen, heute nicht bereit, seine Wertevorstellungen als zeitgemäß anzuerkennen. Kann man bei Friedrich das eine wählen und das andere lassen? Oder sollte man von ihm ganz die Hände lassen?

All diesen Fragen wird in den folgenden Seiten auf den Grund gegangen. Diese Biographie ist natürlich in erster Linie eine historische Darstellung. Sie ist von einem politischen Journalisten geschrieben, der außerdem in diesem Buch den Blick von außen hervorheben möchte. Denn so, wie der Autor durch seine jahrelange Korrespondententätigkeit erlebt hat, dass weltpolitisch hochbrisante Fragen in Deutschland oft völlig anders wahrgenommen und bewertet werden als in der gesamten übrigen Welt – man könnte gelegentlich von einem deutschen Autismus sprechen –, genauso verhält es sich mit dem öffentlichen Bild, dem »Image« von Friedrich dem Großen. Den Mythos des »alten Fritz« aufzuklären und seine wahre Größe zu ergründen, dazu soll diese Biographie beitragen. Denn einen Journalisten interessieren die Fragen: Welches gesellschaftspolitische und kulturhistorische Gewicht hat Friedrich II. von Preußen in der heutigen Gesellschaft? Warum sollte man sich überhaupt an ihn erinnern? Schließlich hat Geschichte nur Bedeutung, wenn man aus ihr lernt. Also: Kann man von Friedrich *dem Großen* etwas lernen? Darüber hat sich der Autor mit einigen namhaften Zeitgenossen unterhalten und zahlreiche Ansichten berühmter Personen der Geschichte zusammengetragen.

Um möglichst wenig selbst zu interpretieren – oder »einzuordnen«, wie es verschleiernd im journalistischen Fachjargon heißt –, lässt er Friedrich und seine Zeitgenossen sowie Friedrich-Fans und Gegner der Vergangenheit und Gegenwart möglichst häufig in Originalaussagen zu Wort kommen. Auf diese Weise entsteht eine

Biographie, in der der »Alte Fritz« ungeschminkt so lebendig wird, als erlebten wir ihn jetzt, hier und heute.

Im Sinne des Spötters Friedrich und im Vorgeschmack auf das nun Folgende sei seine Majestät erstmals zitiert: »Ich bin der Ansicht, daß ein für die Öffentlichkeit schreibender Autor die Schwächen des Publikums respektieren muß und kann daher dem Verfasser der Vorrede nicht beipflichten.«[1]

MENSCH

Sohn des »Soldatenkönigs«: Die Vorfahren

Hat brav krakeelt und ist recht fet und frisch.
Friedrich I. zur Geburt seines Enkels

Werwolf, Hexe, Wunderblume:
Die Geburtsstunde eines Großen

Der Januar 1712 war bitterkalt und unheimlich. Am 24. des Monats löste indes kurz vor zwölf Uhr mittags die Geburt eines Knaben im königlichen Schloss zu Berlin Euphorie aus. Die Kronprinzessin Sophie Dorothea hatte zum dritten Mal einen Sohn geboren, der umgehend nach seinem Großvater, dem damaligen König Friedrich I., benannt wurde und der folglich später in der monarchischen Nummerierung die römische II erhielt.

Seine Majestät Friedrich I. war gemäß der Hofchronik über die Geburt des Enkels »so sehr alteriert [*aufgeregt*], dass sie mit Tränen in den Augen sich alsbald zur Kronprinzessin herübertragen ließen und hernachmals nichts essen konnten«[1].

Die außergewöhnliche Freude des schwerkranken Königs hatte Hintergründe. Denn bereits zwei männliche Nachkommen seines Sohnes Friedrich Wilhelm waren jeweils binnen eines Jahres nach der Geburt 1708 und 1711 gestorben; sie hießen stets Friedrich. Der alte, zweimal verwitwete König wartete schon lange ungeduldig auf einen Enkel, der die Thronfolge über den Sohn hinaus sichern sollte. Seinen eigenen Sohn und Nachfolger Friedrich Wilhelm hatte er deshalb am 14. November 1706 mit dessen Cousine Sophie

Dorothea von Hannover verheiratet. Friedrich Wilhelm war damals erst achtzehn Jahre alt, Sophie Dorothea war neunzehn. Da das junge Paar zwei lange Jahre brauchte, um einen Nachkommen hervorzubringen, der dann auch noch rasch nach der Geburt verstarb, entschloss sich 1708 der rastlose König Friedrich I., mit einundfünfzig Jahren eine dritte Ehe einzugehen, um selbst für den Erhalt der Dynastie zu sorgen. Doch diese Verbindung mit der fast dreißig Jahre jüngeren Herzogin Sophie Luise von Mecklenburg-Schwerin blieb kinderlos, was nicht nur auf die kurze Ehe zurückzuführen ist. Obwohl die außerordentlich hübsche Sophie Luise bei Hofe als »mecklenburgische Venus« gepriesen wurde, konnte oder wollte sie ihre Reize mit dem Greis Friedrich I. nicht teilen, denn dieser gestand, dass sich in seiner letzten Ehe »bezüglich Beischlafs nichts Reeles ereignet« habe.[2]

Zur Beruhigung Friedrichs I. überlebte nach der Enkelin Wilhelmine (1709–1758) auch der 1712 geborene Enkel Friedrich. Insgesamt brachte seine Schwiegertochter Sophie Dorothea bis 1730 vierzehn Kinder zur Welt, wovon vier im Säuglingsalter starben. Zur lang ersehnten Geburt eines Thronfolger-Enkels stellte der begeisterte Großvater fest, dass sich die »Krohn Princes und mein Enckel recht wol befindet«. Der kleine Friedrich habe »brav krakeelt und ist recht fet und frisch«.[3] Natürlich wurden außerdem Glocken geläutet und Kanonen abgefeuert.

Nach der Lehre Johannes Calvins »ist Aberglaube nicht entschuldbar«.[4] Doch der sonst sich strenggläubig-calvinistisch gebende König Friedrich I. ließ die Nabelschnur seines Enkels in ein diamantbesetztes Medaillon einschließen und trug es bis zu seinem Tod als Talisman an einer Halskette. Er war ohne Frage über die Geburt Friedrichs außer Rand und Band, was darauf schließen lässt, dass er dem eigenen Sohn und unmittelbaren Thronfolger wohl nicht recht traute – ein hohenzollernscher Charakterzug, der bis ins 20. Jahrhundert, bis zu Kaiser Wilhelm II. und dessen Sohn, Kronprinz Wilhelm, nachweisbar ist. »Mannigfache Gnadenbezeugungen und Beförderungen treuer Diener des Staates, die Speisung aller Armen in den Armenhäusern der Stadt erhöhten die Feier des Tages«, weiß der Chronist Franz Kugler zu berichten.[5]

Der alte König betrachtete es als ein günstiges Omen, dass Prinz Friedrich im Januar geboren wurde, dem gleichen Monat seiner Krönung im Jahr 1701. Um diesem vermeintlichen Fingerzeig der Vorsehung ein größeres Gewicht zu verleihen, ordnete er die Taufe noch für denselben Monat an. Am 31. Januar marschierte der gesamte Hofstaat in der Schlosskapelle auf. Die Patenschaft für den kleinen Friedrich übernahmen die Spitzenpolitiker Europas: der deutsche Kaiser Karl VI. in Wien, der russische Zar Peter der Große sowie Kurprinz Georg I. von Hannover, der 1714 König von Großbritannien wurde. Keiner der Paten war natürlich in Person anwesend. Zwei von ihnen – der Kaiser und der englische König – sollten allerdings achtzehn Jahre später als Paten tatsächlich gefordert werden, und beide handelten entsprechend. Die Patenschaft war unter gekrönten Häuptern also keine Formsache oder reine Ehrenbezeugung.

Der Täufling hatte eine kleine Krone auf dem Haupt und trug ein mit Diamanten besetztes Kleid, dessen Schleppe sechs Gräfinnen hielten. »In der Kapelle warteten ihrer der König nebst seiner Gemahlin, seinem Sohne, dem Fürsten Leopold von Anhalt-Dessau, dem berühmten Befehlshaber des preußischen Heeres, und den übrigen Personen des Hofes. Der König stand unter einem prächtigen, mit Gold gestickten Baldachin, dessen vier Stangen von vier Kammerherren getragen wurden, während die vier goldenen Quasten desselben vier Ritter des Schwarzen Adlerordens hielten. Vor dem Könige war ein Tisch mit goldenem Taufbecken; er selbst übernahm den Täufling. Aufs neue läuteten alle Glocken der Stadt und ertönte der Donner der Geschütze, während in der Kapelle die heilige Zeremonie von rauschender Musik begleitet ward. Glänzende Festlichkeiten am Hofe und in der Stadt beschlossen den freudigen Tag.«[6]

Andernorts herrschte weniger Ausgelassenheit. Ja, eigentlich war es sogar schaurig. Denn zwei Tage vor Friedrichs Geburt, am 22. Januar 1712, geschah ein grausiger Mord in den Wäldern um

Kühlungsborn in Mecklenburg. Opfer war Isolde Magenbert, die Magd einer Brunshauptener Bauernfamilie. Nachts war sie noch zu einer Tanzveranstaltung in Kröpelin im Gasthof »Krähe« gewesen und hatte sich dann zu Fuß auf den Rückweg gemacht. Am nächsten Morgen fand man ihre Leiche unweit des Weges, »entsetzelichst zugerichtet in der Vollmondnacht«, wie der Schreiber der Brunshauptener Chronik aus dem Jahr 1712 vermerkt. Der Arzt untersuchte die sterblichen Überreste der unglücklichen Magd und kam zu dem Ergebnis: »Man könnte schließen, sie sei von einem Tiere angefallen worden, etwa einem Hunde oder Wolfe. Nur mit Blick auf die Größe der Wunden kann man schon wieder zweifeln, ob es solch große Hunde oder Wölfe gebe. Man sollte auch in Betrachte ziehen, daß ein seiner Geisteskräfte beraubter Mensch als Täter in Frage käme.«[7]

Vier Wochen später wird der Seemann Christian Bertold ebenfalls in einer Vollmondnacht in den Wäldern der Kühlung angefallen und entkommt nur mit Müh und Not. Er gibt zu Protokoll, der Angreifer sei »weder Tier noch Mensch gewesen«. Als auch noch im Juni 1712 im gleichen Wald drei Zimmerleute auf der Wanderschaft bei Vollmond »zu Tode gerissen« werden, weiß das Volk nun, wer dort umgeht: Ein Werwolf haust in der Kühlung. Später wird von der Obrigkeit der geistig behinderte Sohn eines Landarbeiters als »Werwolf« identifiziert und hingerichtet. So steht es in den Akten, die im Schweriner Landesarchiv aufbewahrt werden.[8]

Während die Mecklenburger überzeugt sind, von einem Werwolf heimgesucht zu werden, wird zur gleichen Zeit in England die letzte »Hexe« hingerichtet. Um die Liste der Absurditäten des Jahres 1712 zu komplettieren, sei noch auf ein botanisches »Wunder« verwiesen. Einige Monate nach der Geburt Friedrichs, im Frühjahr und Sommer, erblühte im Lustgarten zu Köpenick – damals ein eigener Ort außerhalb Berlins – eine aus Amerika eingeführte Aloe, die dort schon vierundvierzig Jahre lang gestanden hatte, ohne zu blühen. »Sie trieb einen Stamm von einunddreißig Fuß Höhe [etwa 9.30 Meter], an welchem man 7277 Blüten zählte. Tausende strömten von nah und fern herzu, um dies Wunder der

Natur zu sehen.«[9] Man betrachtete die Pracht der Riesenblume »als ein Sinnbild jenes Glanzes, zu dem das preußische Königshaus emporsteige. Den Hoffnungen, welche die Geburt des künftigen Thronerben belebt hatte, schien hier eine neue Bestätigung gegeben.«[10]

So also war die Zeit oder vielmehr der Zeitgeist, in den Friedrich hineingeboren wurde. Seine Zeitgenossen glaubten an Vorzeichen des Schicksals, an Wahrsagerei,[11] an Talismane, an Alchemie, an jegliche Art von Übernatürlichem, an Werwölfe, Vampire, Hexen, an unsichtbare Mächte; in seiner Familie spukte seit dem 14. Jahrhundert sogar eine »Weiße Frau«,[12] die stets bei ihrem Erscheinen Todesfälle unter den Hohenzollern ankündigte. Mit solcherart Okkultismus – im engsten Familienkreis wie in der breiten Bevölkerung – musste sich Friedrich zeit seines Lebens auseinandersetzen.

Hier, in seinem Geburtsjahr, liegt begründet, warum er später als Monarch so heftig gegen die Unvernunft seiner Zeit wetterte, kämpfte, aufklärte. Sein Versuch, sein Volk in jeder Hinsicht über die Wahrheiten der Natur und des Lebens aufzuklären, muss zu seinen wirklich großen Leistungen gezählt werden. Ein Werwolf war für ihn kein angsteinflößendes Gruselwesen, sondern, wie er spöttisch meinte: »Ein Mensch, der die Wissenschaften pflegt und ohne Freund lebt, ist ein gelehrter Werwolf.«[13]

Sein erwachsenes Leben lang kämpfte Friedrich gegen Scharlatanerie und Aberglauben, meist vergebens. An den französischen Philosophen Marquis d'Argens, der unter Friedrich Mitglied der Berliner Akademie der Wissenschaften war, schrieb er 1760 verzweifelt: »Das Unglück macht zaghaft und die Furcht abergläubisch. Es befremdet mich gar nicht, daß Leute, die unverschämt und dünkelhaft die Zukunft weissagen, Leichtgläubige finden, die ihren Prophezeiungen Glauben schenken. Ein Narr findet immer einen noch größeren Narren, der ihn bewundert. Ich wünschte, wir könnten uns über diese Possen satt lachen; allein mir ist die Lust zum Lachen vergangen.«[14]

Doch im Geburtsjahr Friedrichs sprach noch niemand von »Aufklärung«. Vielmehr waren alle noch von Mystizismus, Wunderglauben, Magie und zukunftsweisender Symbolik beseelt. Die blühende Köpenicker Aloe gab nämlich auch Anlass zu dunklen Orakeln: »daß die Pflanze selbst absterbe, während die Blütenkrone sich in vollster Pracht zeige; man deutete dies auf den bevorstehenden Tod des Königs«[15].

Eine solche Deutung lag allerdings angesichts der schwächlichen Konstitution König Friedrichs I. nahe, zumal er ohnehin seit Kindheit an behindert war und deshalb im Volksmund den Beinamen »der schiefe Fritz« trug. Die Geburt seines Enkels war der letzte freudige Glanz seines Lebens gewesen. Am 25. Februar 1713 verschied der erste König *in* Preußen, der vor 1701 als Friedrich III. Markgraf von Brandenburg, Erzkämmerer und Kurfürst des Heiligen Römischen Reiches und souveräner Herzog in Preußen herrschte. Welches Erbe war nun anzutreten: Brandenburg oder Preußen, Markgraf oder König, oder alles zusammen?

Von Akkon zur Marienburg: Preußens Wurzeln

»Die meisten Länder Europas rühmen sich einer tausendjährigen Geschichte. Nicht so Preußen. Preußen ist spät am europäischen Himmel auf- und untergegangen wie ein Meteor«, charakterisierte die einstige Preußen-Koryphäe Sebastian Haffner das Wesentliche, was es zu Preußen zu sagen gibt.[16]

Doch hier gilt es kurz in die historische Tiefe hinabzusteigen, um das Werden zweier Regionen zu ergründen – Ostpreußen und Brandenburg –, die schließlich erst als ein von Friedrich dem Großen geschaffener neuer Staat mit Namen *Preußen* Europa das Fürchten lehrten und weltweite Achtung errangen.

Es begann mit dem »Deutschen Orden«, der während der Kreuzzüge im Heiligen Land entstand. Palästina mit den christlichen Hauptstätten Bethlehem und Jerusalem wurde 638 von Mohammed erobert und islamisiert. Obwohl die muslimischen Herrscher jedermann Zutritt zu den heiligen Stätten des Christentums gewährten, trachteten die Christen ab dem 11. Jahrhundert danach, Palästina für sich »zurückzuerobern«. Im Jahr 1099 gelang ihnen die Errichtung eines christlichen Königreiches Jerusalem, das allerdings nur bis 1187 Bestand hatte.

Bei der Rückeroberung der Hafenstadt Akkon durch die Kreuzfahrer gründeten deutsche Kreuzritter dort ein Hospital und nannten sich »Brüder vom Deutschen Haus St. Marien in Jerusalem«. Im Jahr 1198 erfolgte in Anlehnung an den Templer-Orden die Erhebung zum Ritterorden, mit der Aufgabe, Pilger im Heiligen Land zu schützen. Fortan nannte sich die ritterliche Bruderschaft »Deutscher Orden«. Sie »trugen als erste die Farben der künftigen Macht: aus dem Weiß ihres Mantels hob sich das schwarze Kreuz; aus dem Mantel wird einmal ein Banner, aus demütiger Führerschaft Herrentum; aus dem Dienst an der Ewigkeit ein Dienst an der Erde«[17].

Da es in Palästina aber außer der Hafenstadt Akkon nichts mehr zu schützen gab, trachtete der einflussreiche Hochmeister Hermann von Salza (um 1162–1239), ein Vertrauter Kaiser Friedrichs II., nach einem neuen Betätigungsfeld für seinen Orden: Er folgte begeistert einem »Hilfegesuch« des Herzogs Konrad von Masowien am Unterlauf der Weichsel gegen die heidnischen Balten, die sich mit aller Macht und offenbar erfolgreich gegen die christliche Schwertmission wehrten. 1230 gründete der Deutsche Orden seine erste Niederlassung an der Ostsee. Die »Heiden«, die von den kampferfahrenen deutschen Orientrittern mit äußerster Härte bekämpft wurden, waren blauäugig, groß und blond und entsprachen dem germanischen Idealbild. »Priester und Priesterinnen zelebrierten unter Bäumen bei gutem Wetter eine schlichte, leichtverständliche Naturreligion. Das waren die Prusai. Etwas später nannte man sie in Deutschland Pruzzen.«[18]

Dem Orden gelang alsbald die Errichtung eines geschlossenen Herrschaftsgebiets, das zeitweise von der Grenze Pommerns bis zum Finnischen Meerbusen reichte. Im Jahre 1291 ging Akkon, das letzte Kreuzfahrer-Bollwerk, verloren, und wie alle übrigen europäischen Kreuzritter verließen auch die Ritter des Deutschen Ordens das Heilige Land. Ihre Zukunft lag nunmehr endgültig und ausschließlich im Ostseeraum, gefestigt noch durch die Übernahme der Marienburg südöstlich von Danzig im Jahr 1309.

»Vom Hochmeister und seinem Verwaltungsstab nach modern anmutenden Richtlinien straff geführt, wuchs der Ordensstaat zur stärksten Macht im Ostseeraum heran. Eine hochentwickelte zentrale Finanzverwaltung lieferte für die staatlichen und militärischen Aufgaben hinreichende Einkünfte. Am Ausbau der eroberten Gebiete waren Siedler aus allen Teilen des Reiches beteiligt; nach und nach wuchsen sie mit der alteingesessenen preußischen Bevölkerung zusammen. Zur Sicherung wurden die Landschaften mit einem Netz von Burgen überzogen; zur Förderung wirtschaftlicher Prosperität gründete der Orden zahlreiche Städte.«[19]

Dem Hochmeister standen in der Leitung des Ordensstaates fünf Großgebieter zur Seite; einer davon residierte in Königsberg. Die einheimische Bevölkerung fand sich indes nie mit der Obrigkeit des Deutschen Ordens ab und begehrte in zahlreichen Aufständen gegen die mönchische Ritterherrschaft auf. 1386 vereinigte sich das christlich gewordene Litauen mit Polen, und ein Heer unter König Wladislaw II. Jagiello fügte 1410 dem Orden in einer Schlacht bei Tannenberg eine schwere Niederlage bei, die dessen Vormachtstellung beendete. Das Ordensland wurde in zwei Schritten – in den beiden Friedensverträgen von Thorn 1411 und 1466 – in ein weltliches Lehensland umgewandelt, das der polnischen Krone unterstellt wurde.

Der Übertritt des letzten Hochmeisters, Albrecht von Brandenburg-Ansbach aus dem Hause Hohenzollern, zum evangelischen Glauben im Jahr 1525 besiegelte endgültig das Ende der Herrschaft des Deutschen Ordens im preußischen und baltischen Raum. Im gleichen Jahr wurde aus dem einstigen Ordensland das »Herzogtum Preußen«, das von nun an in der Familie der Hohenzollern weitervererbt werden konnte. Herzog Albrecht von Hohenzollern, wie sich der Hochmeister des Deutschen Ordens nun nannte, versprach zwar dem polnischen König Sigismund I. seine Loyalität, aber er blieb ein eigenständiger Fürst.

Friedrich in der Räuberhöhle

Im gleichen Jahr, als im »ersten Frieden« von Thorn das Totenglöck-
lein für den Deutsche Orden geläutet wurde, tauchte 1411 der erste
Hohenzoller etwas weiter westlich auf, ein gewisser Friedrich VI.
(1371 – 1440). Er war Burggraf von Nürnberg, wohin er eigentlich
gar nicht gehörte, denn er war kein Franke, sondern Schwabe aus
dem Geschlecht der Hohenzollern, deren Stammsitz bis heute
weithin sichtbar und äußerst dekorativ zwischen Hechingen und
Bisingen auf der Burg gleichen Namens dräut. Im Jahr 1190 war die
Nürnberger Burggrafenschaft durch Erbe an Friedrich I. von Zol-
lern (ab 1350 Hohenzollern) gefallen, der ein Jahr später aus Schwaben nach Franken umzog.

Hier, in der grauen Vorzeit des tiefen beziehungsweise hohen
Mittelalters, begegnen wir also jenem legendären ersten *Friedrich*,
der der Namensgeber von so vielen Hohenzollern wurde, dass sie
mit der Zählung immer wieder von vorn begannen. Der Preuße
und Preußenkenner Joachim Fernau spöttelte vor dreißig Jahren
über Friedrich VI.: »Das Schicksal hatte seine gemütlichen schwä-
bischen Vorfahren nach Nürnberg verschlagen, offensichtlich als
erste Abhärtungsstufe, bevor es diesen sechsten Friedrich 1411 weiter in jenes Land katapultierte, in dem die Menschen angeblich
noch auf den Bäumen saßen. Als [der deutsche] König Sigismund
den Nürnberger in jenem ominösen Jahr 1411 als Reichsbeauftrag-
ten in die Mark Brandenburg schickte, um Ordnung zu schaffen,
erkundigte sich Friedrich vorsichtshalber erst bei den nördlichen
Nachbarn nach dem, was ihn erwartete. Nichts Gutes. Die Braunschweiger, die Pommern und Mecklenburger nannten die Mark
Brandenburg eine Räuberhöhle, die man nur schwer bewaffnet
betreten könne. Das hatte Friedrich auch vor. Zunächst gewann er
den kriegerischen Erzbischof von Magdeburg für den Feldzug,
dann warb er selbst noch eine Schar von Rittern an und zog los.«[20]

Fortan nennt sich der Nürnberger Burggraf nicht mehr Friedrich VI., sondern Friedrich I., da er nun Kurfürst von Brandenburg
geworden und als solcher der Erste namens Friedrich war. Denn

25

niemand zog – damals wie heute – gen Osten, wenn nicht irgendetwas dabei zu gewinnen war. Und Brandenburg, genannt die »Streusandbüchse des Deutschen Reiches«, bescherte dem Burggrafen immerhin die Kurwürde, die zur Wahl des deutschen Kaisers berechtigte.

Mit Kurfürst Friedrich I. betritt 1411 eine Persönlichkeit die Mark Brandenburg, die bereits alles Wesentliche aufweist, was auch Friedrich den Großen später charakterisiert: äußerste militärische Entschlossenheit, die gegen Raubritter wie die Quitzows zum Erfolg führt, sowie hohe Bildung, Schönheitssinn im privaten sowie Toleranz im religiösen Bereich.

Friedrich I. nahm sich die schönste Frau seiner Zeit zur Gemahlin und prägte maßgeblich die Politik seiner Epoche, Letzteres genauso wie Jahrhunderte später sein berühmter Nachfahre. Kurfürst Friedrich I. wandte sich nach Ende des Konstanzer Konzils im Jahr 1418, auf dem der Böhme (Tscheche) Jan Hus als Ketzer verurteilt und verbrannt wurde, von seinem König ab. Ihm passte die gewaltsame Verfolgung der Hussiten nicht. Hus und seine Anhänger vertraten als erste Reformatoren unter anderem die Ansicht, dass die Heilige Kommunion in beiderlei Gestalt – nicht nur das Brot als Sinnbild für den Leib Christi, sondern auch der Wein als Sinnbild für das Blut Christi – allen Gläubigen gereicht werden müsse. Damals war dies den Geistlichen vorbehalten. Diese Forderung wurde auf dem Konstanzer Konzil abgelehnt.

Verärgert über König Sigismund und über die anhaltenden Fehden und Kleinkriege in der Mark Brandenburg, zog sich Kurfürst Friedrich I. 1425 auf den Familiensitz Cadolzburg in Mittelfranken zurück und übergab die Regentschaft über die Mark seinem Sohn Johann. Zwei Jahre später ließ er sich breitschlagen, dann doch die Kriege des Deutschen Reiches gegen die Hussiten zu organisieren, aber 1433 war er schon wieder als Vermittler zwischen König, Papst und Hussiten tätig. Auch hier offenbart sich jene Toleranzhaltung, die für Friedrich den Großen so überaus gewichtige Bedeutung gewann.

Mars und Venus: Holländischer Einfluss

Damit kommen wir endlich zum »Großen Kurfürst« Friedrich Wilhelm (1620 – 1688). Sein Großvater Johann Sigismund hatte 1618 das einstige Deutsch-Ordensland, das Herzogtum Preußen, von seinem Schwiegervater geerbt. Von da an wurden die Mark Brandenburg und das jenseits von Polen im Osten liegende Herzogtum Preußen von den brandenburgischen Kurfürsten in Personalunion regiert. Aber auch im tiefen Westen erbten die brandenburgischen Hohenzollern von einem kinderlosen Herzog. 1614 waren ihnen rheinische Gebiete zugefallen: linksrheinisch, nahe der Grenze zu den Niederlanden, das Miniherzogtum Kleve sowie rechtsrheinisch die Grafschaften Mark und Ravensberg im heutigen Ruhrgebiet, dazu Minden in Westfalen.

Die Stadt Kleve erhielt, genauso wie Berlin und Königsberg in Preußen, den Status einer »brandenburgischen Residenzstadt«. Die neu gewonnenen Splitterterritorien blieben politisch und wirtschaftlich eher lose an Berlin gebunden. Erst das Streben Preußens nach Westen im 19. Jahrhundert vereinigte die brandenburgischen Rheinprovinzen mit ihrem fürstlichen Kernland; da hieß dieses aber schon nicht mehr Markgrafschaft Brandenburg.

Im Jahr 1640, als der Dreißigjährige Krieg schon zweiundzwanzig Jahre lang durchs Land tobte, trat Friedrich Wilhelm inmitten katastrophaler politischer Verhältnisse die Nachfolge seines in Königsberg in Ostpreußen auf der Flucht verstorbenen Vaters an. Als Vierzehnjähriger war Friedrich Wilhelm den Schrecken des Dreißigjährigen Krieges entzogen worden. Die prägenden Jahre für den jungen brandenburgischen Kurprinzen waren ein Bildungsaufenthalt in den Niederlanden von 1634 bis 1638.

Die Niederlande standen damals auf dem Höhepunkt ihrer europäischen Geltung und beeindruckten den Kurprinzen tief. »Er bildete sich an der Universität Leiden auf den Gebieten der modernen Staats-, Rechts- und Naturwissenschaften, studierte die Quellen des wirtschaftlichen Reichtums der Republik, lernte in den Feldlagern der oranischen Heerführer den hohen Stand des Militärwesens kennen und orientierte seinen Kunstgeschmack an der statthalterlichen Hofkultur in Den Haag.«[21]

Als er im Dezember 1640 mit knapp zwanzig Jahren sein »von so vielen Fürsten gewaltsam besetztes« und vom Krieg völlig verwüstetes Erbe antrat, war er »ein Fürst ohne Land, ein Kurfürst ohne genügend Macht, ein Verbündeter ohne Freunde«, schreibt der Urenkel Friedrich der Große in seinem Werk über die »Geschichte des Hauses Brandenburg«.[22]

Friedrich Wilhelms Hauptaugenmerk lag unmittelbar darauf, mit den Schweden zu einer erträglichen Einigung zu gelangen. Denn seit 1630 standen die Truppen König Gustav Adolfs im Lande, mit entsprechender Ausbeutung von Land und Leuten. Die Schweden hatten das Haus Hohenzollern de facto entmachtet und aus Brandenburg einen *failed state* gemacht, also so etwas wie Somalia heute.

Mit viel Geschick gelang es dem jungen Friedrich Wilhelm im Jahr 1643 zu erreichen, dass die Schweden zumindest formal das kurfürstliche Land wieder an die Hohenzollern zurückgaben. Da er damals die Mark und (Ost-)Preußen vom »tief im Westen« gelegenen Kleve aus regierte, war der Weg nicht weit in die geliebten und bewunderten Niederlande. Kein Wunder, dass er im Dezember 1646 in Den Haag in eine der bedeutendsten Familien Europas einheiratet: in das Haus Oranien, das den Statthalter der Republik der Vereinigten Niederlande stellte.

Mit der neunzehnjährigen, schwarzhaarig-gelockten Louise Henriette von Oranien führte Kurfürst Friedrich Wilhelm eine exotische Schönheit nach Hause, in die er leidenschaftlich verliebt war. Sie allerdings hätte einen Franzosen bevorzugt, der jedoch nicht standesgemäß war. Vor allem aber gewann der Brandenburger in ihr eine ausgezeichnete politische Beraterin, die ihn auf seinen Reisen zwischen Kleve und Königsberg sowie sogar auf seinen Kriegszügen nach Polen und Schweden begleitete. Kein Wunder, dass die dunkle Prinzessin aus den Niederlanden auf den holprigen Landstraßen zahlreiche Fehlgeburten erlitt und »nur« sechs Kinder zur Welt brachte, von denen am Ende ein einziges Kind,

Friedrich III., den Vater überlebte und beerbte. Da sie sehr unter diesem hohen Kinderverlust litt, gründete sie 1665 das erste Waisenhaus Deutschlands.

In den ersten Jahren nach der Hochzeit hatte das junge Kurfürstenpaar in dem ganz von holländischer Kultur geprägten Kleve gewohnt, denn Berlin litt noch sehr an den Folgen des Dreißigjährigen Krieges, und das dortige Schloss war unbewohnbar. Doch »einige Jahre nach ihrer Hochzeit lernte die junge Kurfürstin den nördlich von Berlin gelegenen Ort Bötzow kennen und fand Gefallen an der reizvollen havelländischen Umgebung«[23].

Sie ließ das dortige Jagdhaus in ein Schloss umbauen, das innen und außen wie ein holländischer *Paleis* aussah, und nannte den Ort sowie das Schloss 1652 nach ihrer Herkunft Oranienburg. Dieses Domizil wurde ihr bevorzugter Aufenthaltsort, der mit zahlreichen Allegorien ausgestattet und ausgemalt wurde.

Auch der allzeit verliebte Gemahl Friedrich Wilhelm trug das Seine dazu bei: In einem Raum des Schlosses Oranienburg ist über einem Kamin ein aussagekräftiges Ölgemälde des Niederländers Jan Lievens zu sehen, mit dem Titel »Mars und Venus«. Friedrich Wilhelm hatte Lievens, der eng mit Rembrandt zusammenarbeitete, eigens für zwei Jahre nach Berlin kommen lassen, um dieses Bild mit sehr persönlichem Bezug zu dem Kurfürstenpaar zu schaffen.

Man sieht einen dunkel gemalten Kriegsgott Mars mit schwarzem, langem lockigem Haar – genauso wie es der Kurfürst trug –, der einer vollkommen nackten Venus an die rechte Brust fasst und dabei lüstern mit dem Daumen ihre Brustwarze zu erregen sucht. Im Gesicht des Mars glüht Leidenschaft, bei ihr zurückhaltende Hingabe. All dies drückt freizügig-einprägsam aus, was heute Historiker mit dem kühlen Satz charakterisieren: »Louise Henriettes Ehe mit Friedrich Wilhelm war glücklich.«[24] Und Friedrich der Große glaubt über seinen Urgroßvater zu wissen: »Unempfänglich für die gefährlichen Verführungen der Liebe, war er nur schwach gegen seine eigene Gattin.«[25]

Allegorisch bezieht sich die Darstellung außerdem auf die poli-

tischen Hintergründe der Zeit. Nach den Schrecken des Dreißigjährigen Krieges will das Bild darauf hinweisen, »dass nach dem
endlich erfolgten Friedensschluss von Münster 1648 der Kriegsgott von seinem Waffenhandwerk Abstand nimmt und sich mit
der Liebesgöttin beschäftigt«[26]. Venus nimmt dabei heimlich den
Kommandostab des Kriegers Mars, während ein kleiner Amor
ihm unbemerkt auch noch das Schwert abnimmt. Genau so hatte
sich Kurfürst Friedrich Wilhelm vielleicht seine Zukunft erträumt:
im Bett bei seiner Gemahlin statt auf den Schlachtfeldern. Es kam
anders.

Zunächst waren beide Herrschaften bemüht, das vom Dreißigjährigen Krieg verwüstete Land wieder aufzubauen. Insbesondere
Louise Henriette holte holländische Techniker, Ingenieure, Architekten, Handwerker und Siedler in die entvölkerte Mark. Diese legten Sümpfe trocken, »führten moderne Methoden in der Land-
wirtschaft, im Gartenbau und zur Bodenverbesserung ein und
machten Oranienburg zum Musterbeispiel einer holländischen
Milchwirtschaft, die als Vorbild für viele weitere Regionen diente«[27].

Mit besonderem persönlichen Ehrgeiz verfolgte der Kurfürst
zudem den Aufbau einer eigenen Flotte und den Erwerb von Kolonien in Afrika. »Er hatte erkannt, daß der Reichtum und die Macht
der niederländischen Republik im Wesentlichen aus dem weltweiten Seehandel und ihrer Kolonialpolitik resultierte. [...] 1680 und
1682 brachen zwei brandenburgische Expeditionen zur afrikanischen Goldküste auf und schlossen im Namen Friedrich Wilhelms
mit vierzehn Stammeshäuptlingen Handels- und Schutzverträge,
die diese unter die Oberhoheit des Brandenburgers stellten [...].
Die auf einem Inselberg an der Küste von Guinea errichtete Festung ›Großfriedrichsburg‹ war für einige Jahre Stützpunkt bran-
denburgischer Kolonialpolitik; der erhoffte wirtschaftliche Erfolg
stellte sich jedoch nicht ein.«[28]

Innenpolitisch rang der Kurfürst mit den durch den Krieg
selbstbewusst gewordenen Vertretern des Adels und des städti-
schen Bürgertums. Heraus kam ein Kompromiss, der das Land

nachhaltig veränderte. Es schien so, als habe sich der Adel gegen-über Friedrich Wilhelm durchgesetzt, denn die Adligen behielten ihre uneingeschränkte Herrschaft über die Bauern, die in Leib-eigenschaft zu den Gutsbesitzern standen. Und die Bürger behiel-ten zahlreiche Rechte über ihre Städte. Aber als Gegenleistung stimmten Adel und Städte einer zentralen Verwaltung zu. Damit wurde der Grundstein für das Beamtentum gelegt, das sich unter Friedrich dem Großen dann durch besondere Staatstreue und Effi-zienz hervortat.

Außerdem waren Adel und Stadtbürger bereit, für den Aufbau und den Unterhalt eines stehenden Heeres zu zahlen, eine Grund-voraussetzung für die vom Kurfürst angestrebte absolute Macht. In seinem »politischen Testament« begründete Friedrich Wilhelm später seinen Drang nach einer dauerhaften Armee: »Alliancen seindt zwahr gutt, aber eigene Krefte noch besser, darauff kan man sich sicherer verlassen.«[29]

Nach dem Ende des Dreißigjährigen Krieges schwelten unge-löste Konflikte weiter, insbesondere im Nordosten Europas. Im Kampf um die Ostseeherrschaft überfiel Schweden 1655 Polen und riss bis 1660 große Landesteile an sich. In diesem Krieg mischte auch der Kurfürst auf beiden Seiten mit. Kurfürstin Louise Hen-riette indes, die in Briefkontakt zur polnischen Königin stand, setzte sich 1657 bei ihrem Mann Friedrich Wilhelm dafür ein, den schwedischen Bündnispartner im Stich zu lassen. Als Gegenleis-tung verzichtete Polen auf die Oberhoheit über den östlichen Teil des ehemaligen Deutschordenslandes, das Herzogtum Preußen. Die Souveränität des Hauses Hohenzollern über (Ost-)Preußen war nun erreicht, sodass man ab 1657 von Brandenburg-Preußen sprechen muss. Mit einem »Bündnisverrat« wurde also der ent-scheidende Grundstein für den späteren Aufstieg Brandenburg-Preußens zum Königshaus gelegt.

Dieser durch Louise Henriette maßgeblich beeinflusste Sin-neswandel des Kurfürsten kann als letzte holländische Prägung der preußisch-brandenburgischen Politik gelten, denn die ambi-tionierte Oranierin starb zum Entsetzen des Kurfürsten im Jahr

1667. Ein Jahr später vermählt er sich mit der verwitweten Herzogin Dorothea von Holstein-Glücksburg, doch diese zweite Ehe erreichte nicht mehr die gleiche Bedeutung wie jene mit Louise Henriette.

Retter der Hugenotten: Der Große Kurfürst

Kurfürst Friedrich Wilhelm verstrickte sich weiterhin in komplizierte Bündnisverträge, führte weiterhin Kriege und wechselte ständig die Seiten. »Schwindelerregend« findet dies Sebastian Haffner und fährt fort: »Seine Feinde oder Verbündeten waren immer die Stärkeren: Frankreich, Holland, auch manchmal der Kaiser, im Westen, Schweden und Polen im Osten. Dass er überhaupt in ihrem großen Spiel mitspielte und mitmischte, und zwar ständig, und ständig die Seiten wechselnd zwischen Mächten, die ihn erdrücken konnten: Das hatte etwas Erstaunliches, auch Großartiges, es lag darin eine Kühnheit, ja, eine imponierende Frechheit.«[30]

Im Dezember 1674 schließt er sich zum Beispiel einer großen Koalition mit Holland, Spanien und Österreich gegen das mächtige Frankreich Ludwigs XIV. an. Daraufhin fallen die mit Frankreich verbündeten Schweden in die Mark Brandenburg ein. Doch Friedrich Wilhelm ist mit seinem stehenden Heer von inzwischen 28 000 Mann gut vorbereitet und besiegt die Invasoren nahe Fehrbellin. Heute noch weist eine weithin sichtbare Siegessäule auf die Stätte des Triumphes hin. Ermutigt durch diesen Überraschungserfolg, setzte Friedrich Wilhelm 1677 und 1678 nach und trieb die Schweden zurück. Allerdings blieben Wismar bis 1903 und Teile Pommerns bis 1815 schwedischer Besitz. Diese grandiosen militärischen Erfolge festigten das Ansehen des preußisch-brandenburgischen Fürsten, und seit der Schlacht von Fehrbellin wurde er von seinen Zeitgenossen denn auch der »Große Kurfürst« genannt.

In Wien hingegen, am Kaiserhof, regte sich der Neid, der den Samen legte für Österreichs spätere Intrigen gegen Preußen. Friedrich der Große weiß aus familieninternen Erzählungen zu berichten, dass der kaiserliche Minister Hocherus die »Frechheit besessen habe«, über Kurfürst Friedrich Wilhelm »zu sagen: ›Man sehe zu Wien mit Kummer, dass sich ein neuer Vandalenkönig an den Ufern der Ostsee ausbreitet‹«.[31]

Abgesehen von seinem kriegerischen Ruhm überragte der Große Kurfürst vor allem durch seine religiöse Toleranz die Herrscherhäuser seiner Zeit.

Der französische »Sonnenkönig« Ludwig XIV. hob im Jahr 1685 die weitgehende Religionsfreiheit in seinem Lande auf. Er verlangte von allen Franzosen den katholischen Glauben. Vor allem die französischen Anhänger des Reformators Calvin, die sich selbst Hugenotten nannten, waren nun massiver Verfolgung, Ächtung und Unterdrückung ausgesetzt. Daraufhin lud der Große Kurfürst, ebenfalls Anhänger der Lehre Calvins, seine französischen Glaubensgenossen ein, in Brandenburg und Preußen mit seiner überwiegend lutherischen Bevölkerung eine neue Heimat zu finden. Von den Hunderttausenden Hugenotten, die Frankreich verließen, folgten etwa nur zwanzigtausend *Réfugiés* dem Ruf des Großen Kurfürsten in das als unwirtlich und rückständig geltende Brandenburg-Preußen. Doch bis heute haben diese Hugenotten das Image des toleranten Großen Kurfürsten so geprägt, als wären alle Hugenotten zu ihm ausgewandert.

Friedrich Wilhelm selbst hatte Sorge, ob die Glaubensflüchtlinge auch bleiben würden. Denn die Verjagten aus dem sonnigen Frankreich fanden in Brandenburg überwiegend kleine düstere Orte und kahles Land vor. Deshalb schenkte der Große Kurfürst den *Réfugiés* mehr Rechte als irgendein anderer Fürst und geizte nicht mit Anreizen. Er bezahlte zum Beispiel hundert Taler für das erste Paar Strümpfe, das von den Hugenotten in seinem Land gewebt wurde; er zahlte Prämien für die Herstellung von Fensterglas und Flaschen. Erst anhand dieser Sonderausgaben erkennt man, woran es in der Mark und in Preußen mangelte: eigentlich an allem.

Die hugenottischen Handwerksmeister sind sorgfältiger gekleidet als die Einheimischen, sind erfahren und geschickt: Perückenmacher, Schneider, Weber, Uhrmacher, Zuckerbäcker, Kaufleute … die Liste der Berufe der Neuankömmlinge ist lang. Außerdem sind sie durch ihre calvinistische Glaubensstärke treue, noch dazu dankbare Untertanen mit hohen Wertevorstellungen, die im Alltag allerdings auf die einheimische Bevölkerung allzu rigoros wirken. Deshalb setzt sich der Calvinismus außerhalb der hugenottischen Gemeinden nicht durch. Brandenburg-Preußen bleibt evangelisch-lutherisch, das Fürstenhaus Hohenzollern calvinistisch, ein Gegensatz, der in der Geschichte immer wieder zu Reibereien führte, letztendlich aber auch dazu beitrug, dass den Hohenzollern stets Toleranz abverlangt wurde.

Als der Große Kurfürst 1688 starb, hatte er sein Land politisch, militärisch und wirtschaftlich beträchtlich gestärkt. Vor seinem einzigen überlebenden Sohn aus erste Ehe, der als Friedrich III. die Nachfolge antrat, lag eine goldene Zeit, möchte man meinen.

König *in* Preußen: Der Großvater Friedrich I.

Er selbst hätte es als Omen bezeichnet: dass er 1657 im Schloss zu Königsberg in Ostpreußen geboren wurde. Kurfürst Friedrich III., von Natur aus klein und durch einen Unfall bucklig, strebte nach Anerkennung, ohne dafür, wie sein Vater, in den Krieg ziehen zu müssen. 1701 gelang ihm tatsächlich ein in der Geschichte einmaliges »chef-d'œuvre de politique – ein politisches Meisterstück«,[32] wie sein Enkel später lobte: Er wurde König, von Kaisers Gnaden.

Dennoch wurden über diesen Friedrich viele Gehässigkeiten ausgeschüttet: »Er regierte sein Land nicht; Weiber und Günstlinge taten es. An seinem Hofe wohnte die Intrige, die Hinterlist, die Schmeichelei, Laster jeder Art. Er selbst war mehr als eitel: Sein Hang zur Pracht, zur Verschwendung ging bis ins Kindische.«[33]

Alle Quellen deuten darauf hin, dass dieses negative Urteil im Allgemeinen auf Friedrich III. zutrifft. Und dennoch bleibt der Gewinn des Königstitels ein genialer Schachzug, egal, ob man sich darüber empört oder mokiert. Denn es ist unzutreffend, sein Streben nach der Königskrone allein auf persönliche Eitelkeit zurückzuführen. Ja, die gab es. Aber Friedrich III. sah sich auch gezwungen zu handeln, sollten das Ansehen und die Macht, die sein Vater für Brandenburg erworben hatte, nicht unter seiner Regierung wieder verblassen:

»Er wollte nicht hinter den Nachbarn in Sachsen und Hannover zurückstehen, die bereits zu Königen gekrönt worden waren oder dies in Aussicht hatten. Der Rijswijker Friedenskongress im Jahre 1697, bei dem die Gesandten Friedrichs als nicht gleichberechtigt angesehen wurden und so von den Verhandlungen ausgeschlossen waren, tat ein Übriges.«[34] Da innerhalb des Deutschen Reiches keine Krone mehr zu vergeben war, fand Kaiser Leopold I. einen Ausweg. Er erklärte sich einverstanden, wenn Friedrich sich in Preußen, das nicht zum Reich gehörte, selbst zum König ausriefe. Als Gegenleistung verlangte Kaiser Leopold I. einen, wie er dachte, hohen Preis: unter anderem, dass alle Schulden, die das Haus Habsburg gegenüber Brandenburg hatte, gestrichen würden, dass die Hohenzollern auf immer und ewig bei Kaiserwahlen für einen Habsburger stimmen müssten und dass ihm Friedrich achttausend brandenburgische Soldaten auszuleihen habe. Die brauchte der Kaiser dringend, denn er hatte den sogenannten Spanischen Erbfolgekrieg vom Zaun gebrochen. Es ging um den vakanten Thron in Madrid. Die französischen Bourbonen und die österreichischen Habsburger erhoben jeweils Anspruch darauf, und andere Nationen mischten bei dem Konflikt kräftig mit.

Friedrich III. stimmte dem Handel zu. Während andere aufeinander einschlugen, reiste der gesamte Hofstaat des Kurfürsten im Dezember 1700 gen Osten, in der schlechtesten Jahreszeit, als die Wege schwer passierbar waren. Dennoch war man nur zwölf Tage lang von Berlin nach Königsberg unterwegs, denn Friedrich hatte es eilig, wollte keinen wetterbedingten Verzug riskieren. Ihm war sehr wohl bekannt, dass es auch mächtige Gegner dieser kaiserlichen Entscheidung gab, darunter Prinz Eugen von Savoyen, den Oberbefehlshaber der kaiserlichen Armee. Als dieser die Nachricht vom Kronvertrag hörte, so erzählt Friedrich der Große in seiner Familiengeschichte, zürnte er in Wien mit den Worten: »Der Kaiser müsste die Minister, die ihm einen solch' perfiden Rat gegeben haben, aufhängen lassen.«[35]

Am 18. Januar 1701 krönte sich in Königsberg in Ostpreußen der brandenburgische Kurfürst selbst zum König *in* Preußen und begann mit der Nummerierung wieder von vorne: Aus Friedrich III. wurde nun König Friedrich I.

Der Kaiser hatte aus zwei Gründen auf die Einschränkung des Titels »König *in* Preußen« gepocht: Zum einen wollte er Friedrich innerhalb des Deutschen Reiches nicht allzu sehr aufwerten; da half es, dessen Königswürde auf ein »ausländisches« und damit minder angesehenes Königreich zu beschränken. Zum anderen gab es noch den polnischen König, der damals bereits den Zusatztitel »König *von* Preußen« trug. Denn Polen hatte sich den westlichen Teil des Deutschordenslandes – das Ermland und das preußische Pomerellen – einverleibt. Der deutsche Kaiser hätte wahrscheinlich damals dennoch keine Rücksicht auf polnische Ansprüche genommen, hätte es sich nicht beim polnischen Herrscher um einen deutschen Fürsten gehandelt: Friedrich August I., »der Starke«, Kurfürst von Sachsen, war 1697 vom polnischen Adel zum König gewählt worden. Außerdem war er mit Kaiser Leopold engstens verbunden, da er zuvor als Oberbefehlshaber der kaiserlichen Truppen für ihn gegen die Türken gekämpft hatte.

Doch den frisch gekrönten preußischen König Friedrich I. störten solche Überlegungen des Wiener Hofes nicht. Er freute sich seines neuen Titels und lebte fortan in Saus und Braus, oder, wie es die Geschichtswissenschaftler ausdrücken: »Die neue Würde hatte eine exzessive Prachtentfaltung zur Folge.«[36] Die Ausgaben verdreifachten sich im Verhältnis zu den Einnahmen, wozu auch die zweite Gemahlin des Königs, Sophie Charlotte, eine Welfenprinzessin aus dem Hause Braunschweig-Lüneburg, hemmungslos beitrug. Ihr verdanken wir allerdings das schönste Schloss Preußens, das nach ihr benannte Charlottenburg in Berlin.

Mehr noch aber kann man in der Großmutter Friedrichs des Großen bereits all jene Anlagen erkennen, die im Enkel so überdeutlich zum Vorschein treten werden. Die Parallelen sind verblüffend: Sophie Charlotte führte, nachdem sie drei Kinder geboren hatte, darunter den Thronfolger Friedrich Wilhelm (benannt nach dem Großen Kurfürst), eine getrennte Ehe. Sie ließ Charlottenburg für sich allein bauen – die Parallele zum späteren Sanssouci Friedrichs des Großen liegt auf der Hand – und führte dort eine eigene Hofhaltung. Die Welfenprinzessin war selbstbewusst, impulsiv und wissbegierig, das Gegenteil zu ihrem Mann. »Sie liebte die abendlichen Maskeraden, Bälle und Hoffeste [wie Friedrich in Rheinsberg und Berlin!], auf denen sie ihre vielfältigen musikalischen und schauspielerischen Talente effektvoll zur Geltung bringen konnte. Ihr Mann dagegen zog sich früh zurück, sodass man, wie ein Hofbeamter äußerte, von den Abendveranstaltungen der Königin sogleich zum Morgenempfang des Königs gehen konnte.«[37]

Genauso wie der Enkel in Potsdam, versammelte sie in Charlottenburg bereits namhafte Gelehrte, Philosophen, Freidenker und Künstler um sich, die den Gesprächen Glanz verliehen. Was Friedrich dem Großen später Voltaire bedeutete, das war ihr der Philosoph Gottfried Wilhelm Leibniz, den sie vom Hof ihres Vaters nach Berlin holte. »Mit dem Universalgenie Leibniz, dem Lehrer ihrer Jugend, verband sie von 1698 bis zu ihrem Tod 1705 ein besonders enger Gedankenaustausch. In Charlottenburg sprachen sie oft über die Rechtfertigung Gottes angesichts des Übels in der Welt; Fragen, die Leibniz letztendlich zur Niederschrift der *Essais de Théodicée* bewegten.«[38]

Wer oder was ist Gott? Auch diese Frage beschäftigte den berühmten Enkel im Gespräch mit Voltaire später intensiv. »Madame, es ist unmöglich, Sie zu befriedigen. Sie wollen das Warum vom Warum wissen«, soll Leibniz geklagt haben, wie uns der Enkel Friedrich, der seine Großmutter gar nicht kannte, mitteilt. Königin Sophie Charlotte starb 1705 im Alter von siebenunddreißig Jahren während eines Besuches bei ihrer Mutter in Hannover. Eine Halsentzündung war ihr zum Verhängnis geworden. Man hatte ihr auf dem Sterbebett angeboten, einen calvinistischen Geistlichen kommen zu lassen, doch sie wehrte ab: »Lasst mich doch ohne zu disputieren sterben.«[39] Auch Friedrich hielt sich die Geistlichen bis an sein Lebensende fern, sobald er allein entscheiden konnte.

Schon länger war offenbar geworden, dass die ausschweifenden höfischen Repräsentationskosten den Staat an den Rand des Ruins bringen würden. Doch statt zu sparen, griff König Friedrich I. lieber nach einer Chimäre. Der König glaubte bekanntermaßen an Zauberkunst und andere übernatürliche Dinge. In Berlin trat 1701 ein Apothekerlehrling namens Johann Friedrich Böttiger auf, der behauptete, dass er herkömmliches Metall in Gold verwandeln könne. Friedrich I. glaubte dies aufs Wort und wollte begeistert den Alchemisten für sich verpflichten. Doch der Schwindler wusste um seinen Betrug und entzog sich durch rasche Flucht nach Sachsen dem Zugriff des preußischen Königs. Um es kurz zu machen:

Dort kam Böttiger vom Regen in die Traufe. August der Starke ließ den »Goldmacher« so lange einkerkern, bis dieser aus Verzweiflung und Zufall die Herstellung von Porzellan entdeckte, die dem sächsischen König dann eine andere Goldgrube in Gestalt des Meißener Porzellans bescherte.

Und das Ende Friedrichs I.? »Er starb, wie nie ein Herrscher vor ihm und nie ein Herrscher nach ihm: Er starb vor Schreck. Die Geschichte liest sich wie eine Moritat, sie passt zu ihm: Königin Sophie Luise, seine dritte Frau, war allmählich verrückt geworden. Sie litt schon seit Jahren an düsterer Schwermut. Gelegentlich tobte sie auch. Infolgedessen hielt man sie in einem abgelegenen Flügel des Schlosses unter Verschluss. Als eines Tages der König im Lehnstuhl ein kleines Nickerchen machte, schreckte ihn eine ›grauenhafte Erscheinung‹, wie es die Chronik nennt, auf. Vor ihm stand eine große, weiße Gestalt mit wirrem, medusenhaftem Haar, die nackten bluttriefenden Arme zum Himmel erhoben, und wollte sich auf ihn stürzen.«[40]

Der König hielt seine Gemahlin wohl für die berüchtigte »Weiße Frau« der Hohenzollern, die den Tod ankündigt. Er erholte sich nicht mehr von diesem Schrecken und starb wenige Tage später an Herzversagen.

Lange Kerls: Der Vater Friedrich Wilhelm I.

Als sein Sohn Friedrich Wilhelm I. am 25. Februar 1713 das Erbe antrat, wäre er auch beinahe vor Schreck umgefallen. Der Schuldenberg, den sein Vater hinterließ, belief sich auf zwanzig Millionen Taler. »Das ganze Heer der silberbetreßten Höflinge blickte voller Furcht und Ungewissheit auf den fünfundzwanzigjährigen Mann, der schon als Kronprinz so ganz anders gewesen war als sein Vater. Allen schwante Böses. Tatsächlich flogen sie in hohem Bogen.« [41]

Friedrich Wilhelm I. ließ sich als Erstes den Etat vorlegen und strich die Liste der Ausgaben von oben bis unten durch. Er kürzte die verschwenderische Hofhaltung auf das Nötigste. Von den siebenunddreißig Kammermusikern blieb genau ein Trompeter übrig, der königliche Stall wurde von sechshundert auf einhundertzwanzig Pferde reduziert. Am ärgsten traf es die üppige Hoftafel: Mundschenke, sogenannte Meister- und Ritterköche und die Schar an Küchen- und Bäckermeistern und ihre Gehilfen wurden insoweit obsolet, als beim Mittag- oder Abendessen für zwölf Personen nur noch sechs Schüsseln auf den Tisch gestellt werden durften. »Die wöchentliche Küchenrechnung reduzierte sich dementsprechend von etlichen tausend Talern (!) auf wenige hundert.«[42]

Die neue Einfachheit und schlichte Sachlichkeit verdankte der junge Friedrich Wilhelm I. seiner Jugendreise nach Holland. Dort lernte er nicht nur etwas über Handel und Schifffahrt; am meisten zeigte er sich beeindruckt von der schlichten, calvinistisch geprägten Bürgerlichkeit selbst der hochstehenden und reichen Niederländer. So führte er nun als König ein, was weder damals noch heute selbstverständlich ist: Die Staatsausgaben haben sich nach den Einnahmen zu richten. Frankreich zum Beispiel musste 1720 den Staatsbankrott erklären und erholte sich davon nicht mehr, bis es 1789 zur Revolution kam. So weit ließ es Friedrich Wilhelm I. gar nicht kommen. Er war menschlich zweifellos ein schrecklicher Prolet und ein totaler Versager als Vater, aber was die Konsolidierung der Finanzen anging: *Chapeau!* In kürzester Zeit hatte er sogar den Beinamen »Plus-Macher«, was verdeutlicht, dass die hauptsächlichen Staatsschulden des Vaters tatsächlich von persönlichem Prunk, Pomp und Verschwendungssucht herrührten. Eine typische Äußerung von ihm lautet: Die Regenten seien zum Arbeiten geboren und »nicht zum Flaschenleeren und faulen Weiberleben«.[43]

Von den vierundzwanzig Schlössern, die er erbte, behielt er nur sechs für sich und seinen Hofstaat; alle übrigen verkaufte oder verpachtete er. Selbstredend blieb er bei solch einer Haltung auch der einzige preußisch-brandenburgische Herrscher, der nur einen Schlossbau in Auftrag gab. Außerdem veräußerte er jede Menge Luxusartikel seiner Eltern: »Die kostbaren Weine aus dem Schlosskeller wurden ebenso verkauft wie die silbernen Tafelservice, Möbel, Kronleuchter.«[44] Ein Tauschhandel mit August dem Starken, der in Dresden eine Hofhaltung pflegte, die Versailles kaum nachstand, war bezeichnend für die neuen Schwerpunkte, die Friedrich Wilhelm setzte: Er überließ dem eitlen Sachsen 151 extrem teure Porzellanstücke, darunter besonders große chinesische Vasen, und erhielt im Gegenzug sechshundert sächsische Dragoner samt Ausrüstung und Pferden.[45]

Denn die Hauptleidenschaft des preußischen Königs galt seinem Militär. »Mein Vater fand Freude an prächtigen Gebäuden, großen Mengen Juwelen, Silber, Gold und äußerlicher Magnifizienz – erlauben Sie, dass ich auch mein Vergnügen habe, das hauptsächlich in einer Menge guter Truppen besteht«, sagte er bei seinem Regierungsantritt vor seinen Beamten und ausländischen Diplomaten.[46] Seine dazu »notwendigen Massenrekrutierungen und Zwangswerbungen bürdeten der Bevölkerung unvorstellbare Lasten auf. Selbst Berlin wurde erst 1730 von den Rekrutierungen ausgenommen, als der König einsah, dass Wirtschaft, Geistlichkeit und andere Bereiche des öffentlichen Lebens in ihrer Existenz bedroht waren.«[47]

Besondere Berühmtheit erlangte sein »Rothes Bataillon Grenadiers«, das aus besonders großgewachsenen Soldaten bestand. »Stationiert waren die ›Rothen Grenadiere‹ zunächst in Wusterhausen. Im Jahr 1717 machte Friedrich Wilhelm I. die ›Rothen Grenadiere‹ zum Leib-Bataillon und verstärkte sie um fünf Kompanien. Gemeinsamen mit dem kronprinzlichen Regiment wurden sie zum ›Langen Potsdamer Königsregiment Nr. 6‹. Voraussetzung bei der Rekrutierung war eine Mindestkörpergröße von 1,88 Metern, damals sechs Fuß, was bald dazu führte, dass man das Regiment volkstümlich ›die Langen Kerls‹ nannte.«[48]

Friedrich Wilhelm schickte seine Werber und Presser durch ganz Europa, um sich »Riesen« für seine Langen Kerls zu besorgen. Darunter war sogar ein Ire namens James Kirkland, der 2,17 Meter maß und überall Aufsehen erregte. Von den großgewachsenen Soldaten erwartete der König eine schnellere und wirkungsvollere Handhabung der langläufigen Vorderladergewehre und damit die Möglichkeit, auf größere Distanz zu treffen. Der Unterhalt der Langen Kerls war teuer. Der sonst so sparsame König sorgte nicht nur hervorragend für das leibliche Wohl seiner Grenadiere, er ließ ihnen sogar Häuser in Potsdam erbauen, die er manchem verdienstvollen Soldaten nach Ausscheiden aus dem Regiment schenkte.

Wie teuer ihm seine Soldaten wirklich waren, jeder Einzelne von ihnen, erfährt man aus folgenden Rechtsprechungen des Königs: Ein Musketier des beliebten Dönhoff'schen Regiments hatte bei einem Einbruch die gigantische Summe von sechstausend Talern gestohlen. Das Militärgericht verurteilte ihn zum Tode. Als man Friedrich Wilhelm das Urteil meldete, war der König außer sich, zitierte die Richter herbei, verprügelte ›die Schurken‹ eigenhändig und sprach den Soldaten frei. Ein Proviantmeister in Memel hingegen fand weniger Erbarmen: Bei einer Überprüfung war bei dem Mann ein Defizit von dreitausend Talern in der Kasse festgestellt worden. Der Fall wurde dem König gemeldet, wobei hinzugefügt worden war, der Mann sei ansonsten unbescholten und willens, das Defizit durch den Verkauf seines Hauses auszugleichen. Die Antwort Friedrich Wilhelms lautete: »Ich schenke die Schuld, sollen aber aufhängen lassen.«[49]

Angesichts dieser unglaublichen Justizwillkür – es gibt Hunderte von solcherart Exzessen des Königs, und zum schlimmsten kommen wir noch im nächsten Kapitel – ist Friedrich Wilhelms Reform der Gerichtsbarkeit im Jahr 1717, die von so manchem Biographen und Historiker gerühmt wird, eine Farce. Diese irrationale Militärversessenheit trug ihm den Beinamen »Soldatenkönig« ein. Die französische Version *Roi Sergeant* scheint angebrachter. Denn Friedrich Wilhelm benahm sich im persönlichen Umgang mit seinen Soldaten nicht wie ein Feldherr, sondern pflegte sie anzubrüllen und herumzukommandieren wie ein *Sergeant*, ein Unteroffizier. Mehr war und mehr konnte er auch nicht.

Als junger Kronprinz hatte er sich als Freiwilliger auf eigene Kosten im Gefolge des Herzogs von Marlborough aufgehalten und aus der Ferne einige Schlachten im Spanischen Erbfolgekrieg verfolgt. Nach der Schlacht von Malplaquet, die 35 000 Tote forderte, war ihm übel. Er war schockiert. Möglicherweise ist diese Erfahrung der Grund, warum er peinlich bemüht war, Krieg zu vermeiden. Nur ein einziges Mal ließ er sich zum Kriegführen zwingen, und das nur kurz. 1715 nahm er an einem Feldzug im sogenannten Nordischen Krieg gegen König Karl XII. von Schweden teil, der sich für ihn auszahlte. Er gewann jene Gebiete, die seinem Großvater, dem Großen Kurfürsten trotz großer Anstrengungen versagt geblieben waren: Teile Vorpommerns mit Stettin und Usedom wurden preußisch.

Die Schlacht von Malplaquet, in der Nähe von Lille, am 11. September 1709, brachte für Friedrich Wilhelm noch eine weitere Erfahrung. Der damals zwanzigjährige preußische Kronprinz begegnete hier einem Bruder im Geiste: dem zwölf Jahre älteren Fürst Leopold I. von Anhalt-Dessau (1676–1747), besser bekannt als der »Alte Dessauer«, Gemeinsam hatten sie die blutige Schlacht erlebt; der Jüngere als Zuschauer, der Ältere als Teilnehmer. Sie lernten sich kennen und schätzen. Fortan galt der Dessauer Fürst dem preußischen Prinzen und König als militärisches Vorbild.

Dessen Leben und Taten sind eng mit dem Aufstieg Brandenburg-Preußens zur Großmacht verbunden. In seiner fünfzigjährigen Militärzeit diente der Alte Dessauer den drei preußischen Königen Friedrich I., Friedrich Wilhelm I. und Friedrich dem Großen. In dieser Zeit kämpfte er auf allen wichtigen Kriegsschauplätzen Europas und beeinflusste maßgeblich die Kriegstechnik des preußischen Heeres.

Beide Männer teilten jedoch nicht nur die Leidenschaft für das Militär, auch ihre Charaktere glichen sich aufs Haar. Beide waren extrem eifersüchtig, sie »glänzten« jeweils auf ihre Weise mit dröhnendem Männergebaren, ungestümem Temperament, Gebrüll und Gewalttaten im privaten Bereich. Wie man bei einer Schlossführung in Dessau-Wörlitz erfahren kann, hatte sich der junge Dessauer dereinst in die Apothekertochter Anna Luise Föhse verliebt. Als er einen Verwandten von ihr in einem trauten Gespräch mit seiner Anneli beobachtete, vermutete er sofort einen Nebenbuhler, geriet in die für ihn typische Rage, jagte den Mann mit gezogenem Degen durch das Haus der Geliebten und stach ihn nieder. Der Mord blieb ungesühnt! Und: keiner verübelte ihm diese Gewalttat. Anneli heiratete ihren Wüstling, und deutsche Historiker sowie der Volksschriftsteller Karl May verherrlichten ihn ähnlich wie Friedrich den Großen.

Sein eigentliches Verdienst hat er sich indes ganz auf militärischem Gebiet erworben, nicht unbedingt im Siegen, sondern mit einer genialen Erfindung, die er erstmals während des Spanischen Erbfolgekrieges in der ersten Schlacht von Höchstädt an der Donau am 20. September 1704 vorführte. Der Alte Dessauer hatte in jungen Jahren erkannt, dass ein taktmäßiger Marschschritt das schnelle Feuern aus der Bewegung heraus ermöglichte. So wurde er zum Erfinder des berühmten preußischen Gleichschritts, der im Laufe der Zeit von allen Armeen dieser Welt übernommen wurde, nicht zuletzt von der Nationalen Volksarmee der DDR, die ihn in einer heute in Deutschland unbekannten Perfektion praktizierte.

Weil der Dessauer mit höchster Akribie ständig an Verbesserungen seines Regiments feilte, fiel ihm außerdem auf, dass rasches Schießen auch schnelles Laden voraussetzt. Deshalb führte er an der Stelle des bisher verwendeten hölzernen Ladestocks, der in der Hektik des Gefechts häufig zerbrach, den eisernen Ladestock ein. So einfach diese Idee klingt, so revolutionär und effizient war sie. Außerdem führte der Alte Dessauer jenen Drill ein, der jeden einzelnen Soldaten im Gefecht zur menschlichen Maschine machte, zum Roboter: Tausendmal geübt, marschierten die Dessauer-Einheiten in stoischer Ruhe im Gleichschritt in die Schlacht und schossen ruhig und furchtlos auf die gegnerischen Linien, auch wenn sich ihre eigenen Reihen lichteten. Der Kadavergehorsam war geboren und mit ihm die perfekte Militärmaschine, die Friedrich der Große dann so weidlich ausnutzte. Damit kommen wir zurück zum kleinen Fritz, zu seinen Kinder– und Jugendjahren.

»Der Schuft Fritz«:
Vom Vater zum Tode verurteilt

Der größte Fehler an ihm ist seine Verstellung und Falschheit.
Graf von Seckendorff

Die große Schwester und der Mohr

Es bietet einen liebreizenden Einblick in die Beziehung zweier
Königskinder, die ein Leben lang hielt: das Bild des Hofmalers
Antoine Pesne aus dem Jahr 1714, das heute in Schloss Königs Wusterhausen zu sehen ist. Es zeigt in rührender Weise, wie der kleine
süße, pausbäckige Friedrich, gerade zwei Jahre alt, fragend zu seiner fünfjährigen Schwester Wilhelmine aufsieht. »Mach ich's auch
richtig?«, scheint ihm ins Gesicht gemalt. Und sie, die Große, die
Fünfjährige, bereits ganz in erwachsene Damengarderobe gekleidet, hält ihn beruhigend an der Hand und blickt selbstbewusst in
Richtung Betrachter. Der Ausdruck in Wilhelmines Gesicht, die
Komposition der Szene der beiden Kleinen, alles dies ist echt,
lebensgetreu. Antoine Pesne hat hier eine Meisterleistung voll-
bracht, die bis heute nicht voll gewürdigt wurde.

Mit großer Zärtlichkeit hingen diese beiden Geschwister aneinander und waren einander eine Stütze in den zahlreichen Tiefen
ihrer beider Leben. Was auf Pesnes Bild praktisch zum Ausdruck
kommt, die helfende Hand Wilhelmines, der sich der Schwester
anvertrauende Knabe, dies alles ist bereits Sinnbild für die späteren schweren Schicksalsjahre der beiden Königskinder. Der Kleine

scheint noch etwas schwankend auf den Füßen zu stehen. Das üblicherweise an den Schultern befestigte Gängelband, das dazu diente, das Kind beim Laufenlernen zu unterstützen und es aufzufangen, ist indes nicht mehr zu sehen. Stattdessen weist ihn die orangefarbene Schärpe als »Prinz von Oranien« aus, ein Titel, den er später als König ablegen wird. Das dunkelblaue Samtkleidchen entspricht der damaligen Kindermode. Jungs trugen vom 16. bis zum 18. Jahrhundert bis zum Beginn des siebten Lebensjahres Mädchenkleider; so lange standen sie in der Regel unter der Obhut einer Amme beziehungsweise eines Kindermädchens. Sobald die Jungs einem männlichen Lehrer übergeben wurden, änderte sich auch die Bekleidung hin zur »männlichen« Hose.

Im Hintergrund erkennen wir einen »Hof- oder Kammermohr« mit Sonnenschirm, geradewegs wie später im »Struwwelpeter«.[1] Seit Mitte des 17. Jahrhunderts kamen »Negersklaven« direkt von der afrikanischen Westküste nach Europa. »Reich mit exotischen Accessoires und farbenprächtiger Kleidung ausstaffiert, sollten die Hofmohren vom Reichtum und der Macht der adligen Herrschaft zeugen. In der Hierarchie der Dienerschaft arbeiteten jene Afrikaner als Diener der oberen Kategorie und wurden selbst in solch' herausgehobenen Funktionen, wie als ›Prinzenerzieher‹ in nicht unbedeutenden Herrscherfamilien in ganz Deutschland eingesetzt.«[2]

Woher der »Kammermohr« der beiden Kinder stammt, ist in der bekannten Literatur nirgends erwähnt. Gewiss ist, dass sich das Haus Brandenburg unter dem notorisch verschuldeten König Friedrich I. aus finanziellen Gründen am Sklavenhandel der damaligen Zeit beteiligt hatte. Schon 1690 fuhren brandenburgische Kaufleute mit ihrem Schiff zweimal über den Atlantik und brachten jeweils siebenhundert Sklaven aus Afrika nach Amerika. König Friedrich Wilhelm I. schaffte die Sklaverei jedoch wieder ab.

In Berlin erinnert noch die »Mohrenstraße« an jene Zeit, als das Königreich Preußen unter Friedrich Wilhelm I. die enorme Zahl von hundertfünfzig Afrikanern im Hof- und Militärdienst unterhielt. Friedrich der Große soll noch dreißig afrikanische Musiker im Dienst gehabt haben.[3]

Natürlich stand an den europäischen Höfen beim Erwerb eines Hofmohren die Freude am Exotischen und an dem von Jean-Jacques Rousseau vertretenen philosophischen Bild des »edlen Wilden« im Vordergrund. Historiker vermuten allerdings noch ein weiteres, tiefer gehendes Motiv: »Angesichts der Vertrauensstellung der Mohren, die meist die privilegierten Posten um die Person des Herrn ausfüllten, kommt noch eine andere Möglichkeit in Betracht. Die ›Mohren‹, die keinen Kontakt mit der einheimischen Bevölkerung hatten, der auch das übrige Personal entstammte, stellten keinerlei Gefahr dar. Man konnte auf ihre – notgedrungene – Treue rechnen, brauchte sich vor ihnen nicht in acht zu nehmen und konnte auf die so oft angewandte Mahnung ›pas devant les domestiques‹ [nicht vor der Dienerschaft] verzichten.«[4]

Generell mag diese Einschätzung zugetroffen haben. Im Falle unseres Friedrichs indes liegt sie grob daneben, denn dessen Kammermohr redete sehr wohl, nicht mit der einheimischen Bevölkerung, sondern schlimmer, mit ausländischen Spionen und Beobachtern des Hofes. Laut Graf Seckendorff war der »Kammermohr« Friedrichs neben dem Hausmeister Eversmann einer seiner besten Informanten über den Thronfolger.[5]

Ein Wort zu Seckendorff. Er stellt eine der wichtigsten Quellen über den jungen Friedrich dar. Reichsgraf Friedrich Heinrich von Seckendorff stammt aus einem Dörfchen mit dem etwas unpassenden Namen Königsberg. Es liegt nicht in Ostpreußen, sondern in den unterfränkischen Haßbergen, einer abgelegenen Gegend. Laut den doppelsinnigen Worten des dortigen Bürgeramts gilt noch heute, dass es »vom großen Touristenstrom bisher verschont« geblieben ist. Gute Nacht, dachte sich wohl auch der Seckendorff, machte sich aus dem Staub und trat 1693 in holländischen Militärdienst, 1697 in kaiserlichen, und focht ein Jahr später an der Seite Prinz Eugens gegen die Türken. Im Spanischen Erbfolgekrieg war er natürlich auch überall dabei. Keine Frage: Der Unterfranke aus dem anderen Königsberg war ein verwegener

Abenteurer. 1726 gönnte man ihm eine Kampfpause. Der Kaiser schickte ihn als Botschafter nach Berlin, wo er aufgrund seiner kriegerischen Vergangenheit von König Friedrich Wilhelm I. begeistert aufgenommen wurde. Die Naivität des preußischen Königs, seine Begeisterung für ein Schlachtross wie Seckendorff, all dies führte dazu, dass der Graf nahezu unbegrenztes Vertrauen am Hof genoss und Zugang zur königlichen Familie erhielt, die intimsten Dinge erfuhr und alles, wirklich alles in seinen »geheimen Journalen« an den Wiener Hof weitergab, insbesondere an Prinz Eugen.

Das Kaiserhaus in Wien fühlte sich durch Seckendorff hervorragend informiert, glaubte über Preußen und seinen Herrscher alles zu wissen, konnte jahrelang die Außen- und Familienpolitik Friedrich Wilhelms I. entscheidend beeinflussen. Preußen und damit Deutschland hätten einen völlig anderen, wahrscheinlich weniger militärischen Weg eingeschlagen, wenn nicht der Kaiser in Wien über den verschlagenen Seckendorff in Potsdam und Berlin mitregiert hätte. Nur an einem biss sich der Intrigant Seckendorff offenbar die Zähne aus – an dem jungen Friedrich. Der schrieb 1751 über ihn: »Graf Seckendorff besaß den schmutzigsten Eigennutz; das Lügen war ihm derart zur Gewohnheit geworden, dass er sich der Wahrheit ganz entfremdet hatte; […] er hatte sich durch seine Intrigen großes Zutrauen verschafft und hätte gern den ganzen Hof regiert.«[6]

Seckendorff wiederum berichtete verärgert nach Wien: »Der größte Fehler an ihm [Friedrich] ist seine Verstellung und Falschheit, daher mit großer Behutsamkeit sich ihm anzuvertrauen ist.«[7]

In späteren Jahren focht Seckendorff wieder in zahlreichen Kriegen auf vielen Seiten. Nach 1745 lebte er in Meuselwitz bei Altenburg in Thüringen. Im Siebenjährigen Krieg, als Friedrich mit seinem Husarengeneral Zieten durchs neutrale Herzogtum Gotha zog, rächte er sich an dem Intriganten seiner Jugend. Er ließ Seckendorff verhaften und für ein halbes Jahr ins damals berüchtigtste preußische Gefängnis schicken, nach Magdeburg. Möglich, dass es stimmt, wenn die Historiker schreiben, Seckendorff sei festgenommen worden, weil Friedrich vermutete, er betätige sich mal wieder als »Informant« für Österreich. Gründe dafür, dem Seckendorff mal einen Denkzettel zu verpassen, hatte Friedrich jedenfalls allemal.

Von solchen Sorgen unbelastet und noch kindlich unbeschwert wirken hingegen die beiden Kinder auf dem Bild Antoine Pesnes. Der kleine Friedrich sieht gesund aus, obwohl uns die Schwester Wilhelmine später in ihren Memoiren aus den Kinderjahren berichtet: »Mein Bruder zeigte sich indessen von sehr zarter Konstitution. Seine Schweigsamkeit wie sein Mangel an Lebhaftigkeit gaben zu berechtigten Besorgnissen für sein Leben Anlass. Er war häufig unpäß und man hatte der Königin versichert, dass er nicht mehr lange leben könnte.«[8]

Mordanschlag? Die Ränke Grumbkows und des Alten Dessauers

Wer brachte solche negativen Gerüchte über den kleinen Thronfolger in Umlauf und zu welchem Zweck? Bei Wilhelmine erfahren wir, dass ihres Vaters engste Vertraute (oder »Günstlinge«, wie es damals hieß) – Fürst Leopold I. von Anhalt-Dessau, genannt der Alte Dessauer, und Friedrich Wilhelm von Grumbkow – mehrfach gegen die Thronfolge Friedrichs intrigierten und diesen an die Seite zu drängen suchten, bis hin zur tatsächlichen Beseitigung. Kaum geboren, sah sich der unschuldige Friedrich bereits im Baby- und Kleinkindalter schlimmen Kabalen ausgesetzt.

Den Alten Dessauer hielt Wilhelmine »aller Gewalttaten fähig, um zum Ziele zu gelangen«. In Grumbkow erkannte sie einen der »befähigsten Minister« ihres Vaters. Er war ihrer Meinung nach »sehr höflich, geistreich und redegewandt und gefällt vor allem durch seine unerbittliche Spottlust, die ja in unserem Jahrhundert besonders geschätzt wird«. Das äußere Gebaren Grumbkows täuschte aber, behauptet sie, eigentlich sei er »tückisch, eigennützig« und habe ein »verräterisches Herz«.[9]

Grumbkow (1678–1739) stammte aus Pommern, wurde Soldat und zählte mit Graf Seckendorff und dem Alten Dessauer zu jenem Kreis von erfahrenen Haudegen aus dem Spanischen Erbfolgekrieg – vor zwanzig Jahren nannte man so etwas eine »Seilschaft«, heute heißt es beschönigend »Netzwerk« –, die Friedrich Wilhelm I. so sehr gefielen. Dem König gegenüber verstand Grumbkow so aufzutreten, wie dieser es an Männern schätzte: derb, grobschlächtig, handfest. Gleichzeitig war er ohne Frage ein hervorragender Diplomat und wurde deshalb von Friedrich Wilhelm I. mit außenpolitischen Angelegenheiten betraut.

Beide nun, Grumbkow und der Alte Dessauer, witterten angesichts der häufigen Erkrankungen Friedrichs im Jahr 1715 eine Chance, eigene Interessen zu verfolgen. Der Alte Dessauer überredete den König, die kleine Wilhelmine seinem fünfzehnjährigen Neffen als künftige Gemahlin zu versprechen. Dieser wiederum war als Sohn der Schwester des Alten Dessauer auch ein entfernter Verwandter des Königs. Er entstammte der Linie der zweiten Frau des Großen Kurfürsten, trug den Titel Markgraf von Schwedt und war Anwärter auf den preußischen Thron, falls die königliche Hauptlinie erlöschen sollte. Da Friedrich Wilhelm I. in dem kleinen, schwächelnden Friedrich bislang nur einen einzigen Sohn hatte, »stellte ihm der Fürst von Anhalt, von Grumbkow unterstützt, vor, dass es aus politischen Gründen notwendig sei, mich mit seinem Neffen, dem Markgrafen von Schwedt, zu vermählen«, klagt Wilhelmine. »Sie gaben vor, dass die zarte Gesundheit meines Bruders wenig Zuversicht für sein Leben gewähre und dass die Königin anfinge, so beleibt zu werden, dass sie schwerlich noch Kinder haben würde; dass der König beizeiten an die Erhaltung seiner Staaten denken müsse, die zerstückelt würden, wenn ich eine andere Partie eingeinge.«[10]

Der König stimmte wohl zunächst diesem Plan zu. Als jedoch die Mutter, Königin Sophie Dorothea, von diesen Absichten erfuhr, kam es zu einem heftigen Ehekrach, denn sie wiederum wollte ihre Tochter Wilhelmine mit dem englischen Thronfolger verheiraten und nicht mit einem Kleinfürsten aus dem Oderbruch. Dieser Ehezwist dauerte fünfzehn Jahre, und natürlich war Wilhelmine die Hauptleidtragende dabei. Laut Friedrichs Schwester schöpften Grumbkow und der Alte Dessauer Jahre später erneut Hoffnung, die Thronfolge in ihrem Interesse zu beeinflussen, als der König angeblich schwer erkrankte. Nach seinen häufigen jähzornigen Tobsuchtsanfällen, in der Literatur auch verschleiernd »leidenschaftlichste Aufwallungen«[11] genannt, neigte er zu hypochondrischer Schwermut. Es war im Winter 1727 auf 1728, als Friedrich Wilhelm I. sein Testament schrieb, es seiner Frau übergab und »in seiner Hypochondrie sogar soweit ging, dass er das Szepter niederzulegen und die Regierung dem Kronprinzen zu übergeben beschloss. Er selbst wollte sich nebst seiner Gemahlin nach Wusterhausen zurückziehen.«[12]

Grumbkow und der Alte Dessauer versuchten vergebens des Testaments habhaft zu werden. Zu dieser Zeit, so berichtet Wilhelmine, begann ihr Vater »von Tag zu Tag mißtrauischer zu werden« und »legte sich nicht mehr zu Bett, ohne seinen Degen und ein paar geladene Pistolen neben sich zu haben«[13]. »Auch mit der Gesundheit Friedrichs »war es damals nicht wohl bestellt«, fährt Wilhelmine fort. Beide Günstlinge versuchten ihrer Erinnerung nach, das Testament »mit Tücke den Händen der Königin zu entreißen; gelang ihnen dies, so würden sie es sicher dahin bringen, dass das Testament für ungültig erklärt« würde und sie den Markgrafen von Schwedt auf den preußischen Thron setzen konnten. Indes: »Die Gesundheit des Königs sowie des Kronprinzen befestigten sich von Tag zu Tag, und dadurch wurden die angenehmen Aussichten, die sich die Ränkeschmiede von dem baldigen Ableben beider versprachen, in die Ferne gerückt. Sie beschlossen, nun selbst einzugreifen.«[14]

Doch ihr Plan wird ruchbar. Frau von Blaspiel, »ein Günstling der Königin«, laut Wilhelmine »eine kokette Schönheit«, hatte auf dunklen Liebeswegen »alle Einzelheiten des schrecklichen Komplotts, das der Fürst von Anhalt und Grumbkow gegen den König und meinen Bruder im Schilde führten«, erfahren. Bei der Vorführung einer Seiltänzertruppe im Theater am Neuen Markt »sollten gleichzeitig das Theater wie das Schloss in Brand gesteckt und mein Vater und mein Bruder während der unvermeidlichen Verwirrung, welche die Feuersbrunst hervorrufen würde, erdrosselt werden; denn das Haus, in dem gespielt wurde, war aus Holz, nur mit sehr engen Ausgängen versehen und stets so überfüllt, dass man sich nicht rühren konnte, was ihr Vorhaben begünstigte«. Vorteilhaft kam hinzu, glaubt Wilhelmine, dass der Alte Dessauer damals die preußischen Truppen befehligte und sich mit diesen der Regierung »sicherlich bemächtigen würde«.[15]

Friedrich Wilhelm I. reagierte auf die Putsch-Verdächtigungen erstaunlich kühl. Er konfrontierte Grumbkow ganz einfach mit der Hofdame Blaspiel. Da diese keine überzeugenden, juristisch stichhaltigen Beweise vorlegen konnte, wurde sie bestraft, und Grumbkow blieb in Amt und Würden. Wilhelmine bemerkte jedoch, dass ihr Vater »zu klug war, um nicht einzusehen, dass der Fürst von Anhalt und Grumbkow nicht ganz unschuldig sein konnten«; er blieb beiden gegenüber künftig auf der Hut.

Français wie ein Franzose, Deutsch wie ein Kutscher

Klug war auch die Entscheidung Friedrich Wilhelms I. gewesen, die ersten Jahre seines Sohnes in die erzieherische Hand einer liebevollen, vertrauten Person zu legen, seiner eigenen einstigen Gouvernante. Madame Marthe de Rocoulle war eine Französin, eine jener Hugenotten, die nach 1685 dem Ruf des Großen Kurfürsten nach Berlin gefolgt waren. Sie stand infolgedessen besonders loyal zum Königshaus und galt als absolut zuverlässig. Zudem brachte sie Friedrich Französisch gewissermaßen als Muttersprache bei, denn der Adel und die geistigen Eliten Europas unterhielten sich damals fast ausschließlich in dieser Sprache, die als Zeichen von Kultiviertheit galt. Friedrich blieb seiner französischen

Ziehmutter bis zu ihrem Lebensende anhänglich verbunden, offensichtlich aus Dankbarkeit für ihre aufrichtige Zuneigung zu ihm. Als Jugendlicher und als Erwachsener besuchte er sogar einmal wöchentlich ihre offenbar munteren Gesellschaften. Bei ihm gelang ihr, was ihr beim Vater versagt geblieben war: einen feinen Sinn für Kultur und Sprache zu wecken. Madame Rocoulle starb 1741 im Alter von zweiundachtzig Jahren.

Nicht immer konnte sie jedoch ihre schützende Hand über den Kleinen halten. Der Vater konnte es gar nicht erwarten, dass Friedrich endlich Soldat werde, und stellte am 1. September 1717 eine sogenannte »Kompanie der Kronprinzlichen Kadetten« auf. Damit, so war der Vater überzeugt, könne man beginnen, bereits dem Fünfjährigen »die Liebe zum Soldatenstand einzuflößen«. Auf einer Rechnung dieser Kompanie ist zu ersehen, dass man für den kleinen Prinzen ein Trommelfell und eine Trommel im Wert von 12 Groschen angeschafft hatte, das einzige Musikinstrument, das dem Vater gefiel: Es ist laut und einfach zu handhaben.[16]

Als Friedrich sechs wurde, fand Wilhelmine in seiner Gesellschaft willkommene »Erholung« von den täglichen Lernstrapazen. »Nie haben sich Geschwister so zärtlich geliebt. Er war geistreich, seine Gemütsart aber war finster. Er dachte lange nach, bevor er antwortete, aber dafür antwortete er richtig. Er lernte sehr schwer, und man erwartete, dass er einmal mehr Verstand als Geist an den Tag legen würde.«[17] Über das katastrophale Verhältnis zum Vater berichtet die Schwester: »Meinen Bruder hingegen konnte er nicht leiden und malträtierte ihn, wo er seiner ansichtig wurde, so daß er ihm eine unüberwindliche Furcht einjagte, die sich bis ins Alter der Vernunft hinein erhielt.«[18]

Mit Erreichen des siebten Lebensjahres wurde Friedrichs Erziehung durch Graf von Finckenstein – »er war kalt und ganz Soldat«[19] – und Oberst von Kalckstein weitergeführt. Albrecht Konrad Reinhold Reichsgraf Finck von Finckenstein (1660 – 1735) zählte ebenso wie Christoph Wilhelm von Kalckstein zur kriegserprobten »Seilschaft« des Alten Dessauer. Während Wilhelmine den Finckenstein für ehrenwert, aber unfähig hielt, sah sie in

Kalckstein einen »Intriganten, der bei den Jesuiten studiert« hatte. Am schlimmsten aber war für sie, dass Kalckstein vom Alten Dessauer als Prinzenerzieher empfohlen worden war. Beide Hofmeister spielten aber nur eine untergeordnete Rolle, zumal der König sie in pädagogischen Fragen überging und höchstpersönlich bestimmte, was seinem Sohn beizubringen war.

Denn außer der Erziehung zum Soldaten lag dem Vater nichts mehr am Herzen, als seinem Sohn die rechte christliche Gesinnung einzuhämmern. In seiner »Instruction« [Anweisung] vom 13. August 1718 befiehlt er: »Insonderheit muß Mein Sohn eine rechte Liebe und Furcht vor Gott, als das Fundament und die einzige Grundsäule unserer zeitlichen und ewigen Wohlfahrt recht beigebracht, hingegen aber alle schädliche und zum argen Verderben abziehende Irrungen und Secten, als Atheist-Arian-Socinianische, und wie sie sonst Namen haben mögen, als ein Gift, welches so zarte Gemüther leicht bethören, beflecken und einnehmen kann, aufs Äußerste gemieden und in Seiner Gegenwart nicht davon gesprochen werden, wie denn ingleichen Ihm auch vor die katholische Religion, als welche mit gutem Fug unter den selben gerechnet werden kann, so viel, als immer möglich, eine Abscheu zu machen. […] Muß Er von der Allmacht Gottes wohl und dergestalt informiert werden, dass ihm allzeit eine heilige Furcht und Veneration [Verehrung] vor Gott beiwohne.«[20]

Doch schon manche Zeitgenossen sahen deutlich, welche negativen Folgen diese überzogenen Vorstellungen haben würden. Denn für den Religionsunterricht wurden calvinistische Pastoren bestimmt, die »das Schiff mit sovielem Ballast überladen (haben), dass es anders nicht als sinken konnte«.[21]

Einer der Hofprediger, Noltenius, sah die Dinge kritischer. Er äußerte offen seine Abneigung gegen die Erziehungsmaßnahmen Friedrich Wilhelms I., etwa wenn dieser seinem Sohn zur Strafe Psalmen Davids und den Katechismus auswendig lernen ließ. Als der König wenig später aus Angst um sein Seelenheil den Kammerdienern befahl, beim Abendessen pietistische Gesänge anzustimmen, wurde er von der Familie nicht mehr ernst genommen. Trotz Angst vor Strafe konnten Wilhelmine und Friedrich bei diesem Übermaß an Bigotterie oft kaum das Lachen unterdrücken.

Gelegentlich gab es weitere Entspannung. In manchen Fächern wurde Friedrich zusammen mit den Söhnen der beiden Erzieher sowie einem jungen von Canitz, die auch seine Spielgefährten waren, unterrichtet. Gemeinsam mit den Schwestern Wilhelmine und Friederike wurde er in Kalligraphie geschult. Ihr Lehrer, der bekannte Kalligraph Hilmar Curas, lobte die königlichen Kinder mit Randbemerkungen wie »*très bien*« [sehr gut]. Er erkannte schon damals den pädagogischen Wert des modernen Positivunterrichts, wie solche Randnotizen auf den überlieferten kalligraphischen Übungsblättern belegen. Bei ihm erhielt Friedrich auch den ersten Geschichtsunterricht. Außerdem lehrte Curas Französisch, das der Junge aber ohnehin von allen Seiten zu hören bekam. Deutsch hörte er nur von der Dienerschaft.

Ein einziges Mal wurde Friedrich später zur Rede gestellt, warum er zeitlebens Französisch sprach. 1757 beklagte sich ihm gegenüber Professor Gottsched in Leipzig, dass die deutschen Dichter »nicht Aufmunterung genug hätten, weil der Adel und die Höfe zu viel Französisch und zu wenig Deutsch verstünden«. Friedrich antwortete in Französisch: »Ich habe von Jugend auf kein deutsches Buch gelesen. *Je parle comme un cocher* – ich rede [Deutsch] wie ein Kutscher.«[22]

Den eigentlichen wissenschaftlichen Unterricht leitete ein Franzose, Jacques Égide Duhan de Jandun (1685–1746). In der Champagne geboren und 1690 mit seinen hugenottischen Eltern nach Berlin emigriert, war er zunächst als Lehrer am Collège Français der Hugenotten in Berlin tätig. Später wurde er Soldat und fiel Friedrich Wilhelm 1715 beim kurzen Krieg gegen die Schweden in Stralsund als besonders tapfer auf. Dies und nur dies allein war das Kriterium, wonach der König einen Lehrer für seinen Sohn aussuchte. Dass Duhan jedoch selbst hochgebildet war, unterschätzte der König, was sich für Friedrich als Glücksfall erwies. Duhan weckte in seinem Schüler jene Begeisterung für philosophische und literarische Werke, die ihn später so berühmt gemacht haben. Entgegen der ausdrücklichen Anweisung des Königs vermittelte er Friedrich auch Grundkenntnisse in Latein, der Kirchensprache der Katholiken. Unbemerkt von dem König und seinen Spitzeln gelang es Duhan, dem Kronprinzen sage und schreibe 3775 französische Bücher zukommen zu lassen, die Friedrich als »Geheimbibliothek« bezeichnete. Kein Wunder, dass Friedrich einem solchen Lehrer und Freund bis an dessen Lebensende gewogen war und für ihn später sorgte.

Indes, der Vater ahnte, dass nicht alles mit rechten Dingen zuging. Und so entwarf Friedrich Wilhelm I. wieder einmal eigenhändig den Stundenplan für seinen Sohn, in dem er die Lehrinhalte und den Tagesablauf äußerst pedantisch, teils minutiös vorschrieb. Ziel des Unterrichts sollte seiner Meinung nach die Vorbereitung auf die Nachfolge als Monarch sein; alles Schöngeistige und Allgemeinbildende war untersagt.

Eine Woche im Leben des Neunjährigen

Sein »Hausreglement« vom September 1721 für den sommerlichen Aufenthalt in Wusterhausen zeigt uns, was er von und für Friedrich erwartete:

Am Sonntage soll Er des Morgens um sieben Uhr aufstehen, sobald Er die Pantoffeln an hat, soll Er vor dem Bette auf die Knie niederfallen und zu Gott kurz beten, und zwar laut, daß Alle, die im Zimmer sind, es hören können. Das Gebet soll dieses sein, so Er auswendig lernen muß: »Herr Gott, heiliger Vater! ich danke dir von Herzen, daß du mich diese Nacht so gnädiglich bewahret hast; mache mich geschickt zu deinem heiligen Willen und daß ich nichts möge heute, auch alle mein Lebtage thun, was mich von dich scheiden kann, um unsers Herrn Jesu, mei

nes Seligmachers Willen. Amen!« Und hierauf das Vater-
unser.

Sobald dieses geschehen, soll Er sich geschwinde
und hurtig anziehen und sich propre [sauber] waschen,
schwänzen [Haare zum Zopf binden] und pudern, und
muß das Anziehen und kurze Gebet in einer Viertelstunde fix und fertig sein, alsdann es ein Viertel auf acht Uhr
ist.

Wenn das geschehen ist, dann sollen alle Seine Domestiquen [Bediensteten] und Duhan hereinkommen, das
große Gebet zu halten, auf die Knie; darauf Duhan ein Kapitel aus der Bibel lesen soll und ein oder ander gutes Lied
singen, da es drei Viertel auf acht sein wird. Alsdann alle
Domestiquen wieder herausgehen sollen; Duhan soll alsdann mit Meinem Sohne das Evangelium vom Sonntage
lesen, kurz explicieren [erklären] und dabei allegiren
[sich darauf beziehen], was zum wahren Christenthume
nöthig ist, auch etwas vom Catechismo Noltenii repetiren
[wiederholen] und soll dieses geschehen bis neun Uhr;
alsdann mit Meinem Sohne zu Mir herunterkommen soll
und mit Mir in die Kirche gehen und essen; der Rest vom
Tage aber ist vor Ihn.

Des Abends soll Er um halb zehn Uhr von Mir guten
Abend sagen, dann gleich nach der Kammer gehen, sich
sehr geschwind ausziehen, die Hände waschen und sobald solches geschehen ist, soll Duhan ein Gebet auf den
Knien halten, ein Lied singen, dabei alle Seine Domestiquen wieder mit zugegen sein sollen, alsdann Mein Sohn
gleich zu Bette gehen soll, daß Er halb elf gleich zu Bette
ist.

Des Montags um halb sechs Uhr wird Er gewecket, und
sobald solches geschehen ist, sollen sie Ihn anhalten, daß
Er, sonder sich zu ruhen oder nochmals umzuwenden,
hurtig und sogleich aufsteht und muß Er alsdann nieder-
knien und ein kleines Gebet halten, wie des Sonntags früh.

Sobald Er solches gethan, soll Er, so geschwinde als möglich, die Schuhe und Stiefeletten anziehen, auch das Gesicht und die Hände waschen, aber nicht mit Seife; ferner soll Er das Casaquin [ein Jäckchen] anziehen, das Haar auskämmen und schwänzen, aber nicht pudern lassen.

Indeß Er sich kämmen und einschwänzen läßt, soll Er zugleich Thee und Frühstück nehmen, daß das zugleich Eine Arbeit ist, und muß dieses Alles vor halb sieben Uhr fertig sein. Alsdann Duhan und alle Seine Domestiquen hereinkommen sollen, und wird alsdann das große Gebet gehalten, ein Capitel aus der Bibel gelesen, ein Lied gesungen, wie am Sonntage, welches Alles bis sieben Uhr dauert, da die Domestiquen auch wieder weggehen sollen. Von sieben bis neun Uhr soll Duhan mit Ihm die Historie traetiren [behandeln]; um neun Uhr kommt [der Hofprediger] Noltenius, der soll Ihn bis drei Viertel auf elf Uhr im Christenthum informiren. Um drei Viertel auf elf Uhr soll Er sich das Gesichte geschwind mit Wasser und die Hände mit Seife waschen, sich weiß anziehen, pudern und den Rock anziehen und um eilf Uhr zum Könige kommen; da bleibt Er bis zwei Uhr; alsdann Er gleich wieder nach Seiner Kammer geht.

Duhan soll alsdann auch gleich da sein, Ihm von zwei bis drei Uhr die Landcharte zu weisen; dabei sie Ihm sollen aller Europäischen Reiche Macht und Schwäche, Größe, Reichthum und Armuth der Städte expliciren. Von drei bis vier Uhr soll Er die Moral traetiren, von vier bis fünf Uhr soll Duhan deutsche Briefe mit Ihm schreiben und dahin sehen, daß Er einen guten Stylum bekomme. Um fünf Uhr soll Er die Hände waschen und zum Könige gehen, ausreiten, sich in der Luft und nicht in der Kammer divertiren [unterhalten] und thun, was Er will, wenn es nur nicht gegen Gott ist.

Dienstag ganz wie Montag, nur daß Vormittags Pantzendorf [Fechtmeister] statt Noltenius [Geistlicher] von neun bis halb eilf Uhr kommt; und Nachmittags Arithmetik statt Briefschreiben.

Mittwoch wie Montag, ausgenommen von sieben bis halb zehn Uhr soll mit Ihm Duhan nichts als die Historie traetiren und Ihm was auswendig lernen lassen, damit die Memorie [das Merkvermögen] verstärkt werde. Halb zehn Uhr soll Er sich geschwinde anziehen und zum Könige kommen. Das Übrige vom Tage gehört vor Fritzchen.

Donnerstag Vormittag wie am Mittwoch; Nachmittag wie am Montag Nachmittag; statt des deutschen Briefschreibens aber soll Er lernen, einen guten Französischen zu schreiben und die Rechenkunst.

Freitag Vormittag wie Mittwoch, im deutschen Schreiben und Arithmetica.

Am Sonnabend soll des Morgens bis halb elf Uhr in der Historie, im Schreiben und Rechnen Alles repetirt werden, was Er die ganze Woche gelernt hat, auch in der Moral desgleichen, um zu sehen, ob Er profitiret hat, so ist der Nachmittag vor Fritzen, hat Er aber nicht profitiret, so soll Er von zwei bis sechs Uhr Alles repetiren, was Er in den vorigen Tagen vergessen hat.

Im Aus- und Anziehen müssen sie Ihn gewöhnen, daß Er hurtig aus und in die Kleider kommt, soviel als menschmöglich ist. Sie sollen auch dahin sehen, daß Er sich selbst aus- und anziehen lerne und daß Er propre und reinlich werde, und nicht so schmutzig sei.«[23]

Jagen, Rauchen, derbe Späße: Wusterhausen

Ab dem neunten Lebensjahr nahm der König seinen Sohn mit auf Land- und Wasserjagden als Vorübung zum Kriegshandwerk, doch Friedrich konnte »dem Waidwerk niemals Freude abgewinnen«, wie es Seckendorff in seinen Berichten nach Wien verriet.[24]

Zur königlichen Selbstdarstellung der damaligen Zeit gehörte das Jagen sowie eine Menagerie mit exotischen Tieren. Die Menagerie König Friedrichs I. hatte der Soldatenkönig aufgelöst. Die seltenen Tiere, wie Stachelschweine aus Amerika und alpine Steinböcke, wurden einfach in den Grunewald ausgesetzt, wo man dann mittels Parforcejagd, der Lieblingsjagd Friedrich Wilhelms I., hinter ihnen herhetzte, um sie zur Strecke zu bringen. Auch Jagden auf Wölfe waren üblich, wofür eigenes «Wolfjagdzeug« in Oranienburg und im Jagdschloss Grunewald verwendet wurde. Die Jagd, seit Karl dem Großen dem Adel vorbehalten, stellte für viele damalige Herrscher einen beliebten Zeitvertreib dar und diente häufig auch diplomatischen Zwecken indem man befreundete Fürsten zu einem Jagdaufenthalt einlud. In unseren Tagen nutzt diese unzeitgemäße Art der Männerfreundschaft unter Staatslenkern nur Wladimir Putin, der während seiner Amtszeit als russischer Präsident unter anderem mit Italiens Ministerpräsident Berlusconi auf die Jagd ging und sich dabei betont maskulin mit nacktem, rasiertem Oberkörper und Jagdgewehr vor Kameras präsentierte. Da schrumpft in der Rückschau doch gleich das bisschen Jagd-Pomp des 1,65 Meter kleinen, fassdicken Preußenkönigs auf ein erträgliches Maß.

Für Friedrich Wilhelm I. war die Jagd an sich jedoch schon eine Sucht. In Wusterhausen, südöstlich von Berlin mitten im Wald gelegen, baute er sich ein Jagdschloss gleichen Namens, heute Königs Wusterhausen genannt. Er richtete es ganz nach seinem Geschmack rustikal, also spartanisch ein. »Hierhin floh er schon als Knabe vor dem ihm verhaßten Hofleben seiner prunksüchtigen Eltern, hier schoß er seinen ersten Hirsch, hier hielt er sich am liebsten zur Jagd auf.«[25]

Was heute den Tierschutz auf den Plan riefe, war damals einer der typischen Späße Friedrich Wilhelms I.: Zwischen den beiden Kavaliershäusern vor dem Schloss in Wusterhausen stand ein Tor, »auf dessen Pfosten zur Zeit Friedrich Wilhelms je ein weißer und schwarzer Adler in Käfige gesperrt waren. Als Torschildwachen figurierten zwei lebendige Bären, denen die Zähne rasiert und die

Vorderpratzen auf den Rücken gebunden waren.«[26] Wilhelmine nennt beide Bären folgerichtig »sehr, sehr böse«.

Es ist nun nicht so, dass man aus heutiger Sicht solcherart Tierquälerei als »zeitgemäß« entschuldigen könnte. Denn der Fast-Zeitgenosse Goethe mahnte schon in Versform:

Wer Tiere quält, ist unbeseelt,
und Gottes guter Geist ihm fehlt
Mag noch so vornehm drein er schau'n,
man sollte niemals ihm vertrauen.

Friedrich schreibt später in seinem *Anti-Machiavell*: »Die Jagd ist eine von den sinnlichen Ergetzlichkeiten, die den Leib sehr bewegen, und den Verstand nicht verbessern.« Er fügt aber hinzu: »Ich tadle nur das übermäßige Jagen.«[27]

Als Erwachsener drückte er gegenüber Baron Bielfeld (siehe Seite 111) seine Abneigung gegen das Jagen in der für ihn typischen Art aus, kurz und prägnant: »Die Jagd steht noch unter dem Kaminfegen.«

Wir sehen also: Niemals hätte der Sohn Friedrich mit dem jagdversessenen Vater auf einer Ebene stehen oder reden können. Dabei war Jagen damals geistig gesehen noch primitiver, als man heute gemeinhin glaubt. Denn die Jäger gingen nicht auf die Pirsch, schlichen nicht stundenlang durchs Unterholz oder saßen tagelang auf einem Hochsitz, geduldig wartend. Wie die Wusterhausener Akten berichten, mussten Hunderte von Hofleuten und örtliche Bauern zunächst ein riesiges Areal einzäunen, wobei eine Stelle offen blieb. Man nennt so etwas »Fangjagden, bei denen Jagdnetze oder Garne aufgestellt wurden. Vor sie wurden die Tiere mit Hilfe kräftiger Hunde, die auf Sicht jagten, gehetzt, gestellt und mit Spießen, der sogenannten Saufeder, der Fang gegeben.«[28]

Rotwild wurde statt mit der Saufeder mit dem Gewehr erledigt, aber auf welche Weise! »In einem runden, aus den mit Stangen, Leinen und Pflöcken befestigten hohen Tüchern gebildeten Lauf von rund 70 Metern wird in einer sogenannten Abjagd aus nächster Nähe Rotwild von Jägern abgeschossen. Schaulustige beobachten von einem in der Mitte des Laufes aufgestellten zweiten Kreis aus halbhohen Tüchern das Geschehen. Das Wild wird den Jägern, die im Lauf verteilt stehen, von Treibern mit Stöcken vor die Gewehre getrieben.«[29]

Wenn es einem Hirsch oder Rehbock dann doch gelang, über diese Tücher zu springen und zu entkommen, hieß dies damals, er sei »durch die Lappen gegangen«, sagt die Schlossführerin von Königs Wusterhausen. Daher also stammt das bekannte Sprichwort.

Theodor Fontane berichtet, dass die Königsfamilie unter Friedrich Wilhelm »zwei Monate alljährlich« in Wusterhausen wohnte – vom 24. August bis zum Hubertusfest am 3. November, das zugleich das jährliche Abschiedsfest von Wusterhausen war. In der Enge des Schlosses konnte man sich nicht aus dem Wege gehen. Die Gegensätze zwischen Vater und Sohn kamen denn auch nirgendwo deutlicher zum Ausdruck als hier.

Friedrich waren die pompösen Hofjagden zuwider, und er verheimlichte dies nicht. Als Kind wurde ihm regelmäßig bei dem Abschlachten des Wildes schlecht. Als Jugendlicher verstand er es, sich mit einem Buch zu verdrücken und anschließend den väterlichen Zorn stoisch über sich ergehen zu lassen. Aus Wusterhausen schrieb der sechzehnjährige Friedrich im Jahr 1728 an Leutnant von Borcke – einen jungen Gardeoffizier in Berlin, der ihm zur »kameradschaftlichen Erziehung« zugeteilt worden war – einen traurigen Brief nach dem anderen: »Wir haben hier täglich schreckliche Auftritte; mir ist das so über, dass ich lieber betteln wollte, als noch länger in dieser Weise zu leben. Morgen Parforcejagd, übermorgen am Sonntag Parforcejagd, am Montag wieder Parforcejagd.«[30]

Friedrich war aufs Reiten nicht erpicht, denn er war zwei Jahre zuvor in Potsdam vom Pferd gestürzt und hatte eine ziemliche Blessur am Kopf davongetragen – und natürlich Hohn und Spott vom Vater, wie wir aus Seckendorffs »Geheimberichten« nach Wien erfahren.[31]

Auf den Jagden und im darauffolgenden allabendlichen Tabakskollegium im Schloss Wusterhausen waren »die üblichen Verdächtigen« versammelt: Seckendorff, Grumbkow, Finckenstein und Kalckstein, natürlich der Alte Dessauer sowie meistens auch General von Pannwitz, der seit dem Spanischen Erbfolgekrieg einen entstellenden Schmiss im Gesicht trug.

Seit der Einführung des Tabaks aus Amerika gehörte ein Rauchersalon oder »Tabakskollegium«, wie es damals genannt wurde, zur gängigen Ausstattung eines barocken fürstlichen Hofes. Doch wie auf einem naiven Gemälde von Georg Lisiewski zu sehen ist, verstand König Friedrich Wilhelm unter »Kolleg« einen schlichten, großen Raum, in dem eine Männerrunde aus engsten Vertrauten des Königs, darunter gelegentlich auch Diplomaten und interessante Durchreisende, bei Bier und Pfeifenqualm das Neueste aus aller Welt beredete. Friedrich Wilhelm I. vertrat zudem die Meinung, dass der Gebrauch des Tabaks gegen »böse Luft« gut sei. Wer nicht rauchen wollte, tat einfach als ob, so wie die Berufssimulanten Seckendorff und der Alte Dessauer.

Damals rauchten auch schon Frauen, wie zum Beispiel auf einem niederländischen Ölbild von Jan Steen abgebildet, das im Jagdschloss Grunewald hängt. Allerdings: »Rauchen galt damals, wie das Trinken, als ein Laster, das den Frauen besonders schwer angekreidet wurde.«[32]

Zur Tabaksmännerrunde zählten auch »lustige Räte«. Das waren arbeitslose Gelehrte, die dem König als kompetente Berater, aber auch als unterhaltsame Hofnarren zur Verfügung standen. »Wurden die Aussagen eines ›lustigen Rates‹ als nicht zutreffend empfunden, führte dies zu derben Scherzen der Militärs, die, vom König geduldet, bis zu Handgreiflichkeiten führen konnten. Die wohl schillerndste Gestalt unter den Teilnehmern des Tabakskollegiums war Jakob Paul von Gundling (1673–1731), Gelehrter und ›lustiger Rat‹, vom König gleichermaßen geachtet und gedemütigt.«[33]

Das Gemälde von Lisiewski, das in Königs Wusterhausen zu sehen ist, zeigt die Gäste der illustren Runde. »Zur Rechten Friedrich

Wilhelms I., der dem Betrachter halb den Rücken zuwendet, sitzt auf einer lehnenlosen Holzbank der Lieblingssohn August Wilhelm, der spätere Erbe des Schlosses. Die Prinzen Heinrich und Ferdinand betreten den Raum, um dem ›allergnädigsten Papa‹ eine gute Nacht zu wünschen. Der Thronfolger Friedrich lebte zum Zeitpunkt der Entstehung des Gemäldes bereits in Rheinsberg.«[34] Die Hofetikette war im Tabakskollegium aufgehoben. Niemand erhob sich, wenn der König eintrat. Jeder sollte sagen können, was ihn bewegte.

Wenn Friedrich zur Teilnahme an dieser Runde gezwungen wurde, so langweilte er sich nach seinen Worten in dieser »höchst buntscheckigen und übel ausgesuchten Gesellschaft«, die seiner Meinung nach nicht zusammenpasste und in der keine vernünftige Unterhaltung möglich war. Zum Zeitvertreib knackte er Nüsse auf – »eine Unterhaltung, die ihres Schauplatzes würdig ist«. In Versform verspottet er das Tabakskollegium dann am schönsten:

Ich hab' mich aus der Tabagie gedrückt,
Sonst wär' ich ohne Hexerei erstickt;
Dort kann man herzlich Langeweile spüren,
Geredet wird allein vom Bataillieren [Kämpfen]
Mir, der ich friedlicher Gemütsart bin,
Will dieses Thema gar nicht in den Sinn.
Die Flucht ergreifend, eile ich zum Mahl,
Nicht etwa, weil ich gar so hungrig bin,
Nein, um mit einem Zuge den Pokal
Zu leeren auf die Königin.[35]

Brutale Jugend: Fast erdrosselt und ins Essen gespuckt

Dass der jugendliche Friedrich damals wohl des öfteren seinen Frust in Alkohol ertränkte, gelegentlich auch »mit großem Widerwillen«, wird anschaulich vom damaligen sächsischen Gesandten

Ulrich Friedrich von Suhm (1691–1740) an seinen König, August den Starken, berichtet. Ende Oktober 1728 schreibt er nach Dresden:

Seit einiger Zeit hatte die Entfremdung zwischen Vater und Sohn zugenommen. Bei dem Sohn bleibt ein Verdruss über den andauernden Zwang, in dem er leben muss. Dieser Zwang wird ihm schließlich unerträglich, und als ich in Wusterhausen ankam, schüttete er mir sein Herz mit solcher Offenheit aus, dass ich in Verlegenheit geriet. Er schwor, dies Leben nicht mehr ertragen zu können. […]

Endlich kam das Hubertusfest heran. Nach der Etikette sitzt der Kronprinz bei der Tafel dem König gegenüber und legt das Fleisch für alle Tischgäste vor. Ich saß neben ihm und somit gegenüber der Königin. Jedermann musste gleich viel trinken; nur ich bekam dank besonderer Gnade des Königs etwas weniger.

Der Kronprinz trank viel, doch mit großem Widerwillen. Er zeigte mir sein Widerstreben und versicherte mir, er werde morgen ganz krank sein. Als der Wein zu wirken begann, wiederholte er mir ziemlich laut die Gründe seines Missvergnügens. Die Königin winkte mir fortwährend, ihn zum Schweigen zu bringen. Ich sagte ihm alles mögliche, was ihm in seinem angerauschten Zustand den Mund verschließen konnte, und bat ihn, den Rest von Vernunft, der ihm etwa geblieben sei, zu bewahren. Aber es half alles nichts, im Gegenteil! Er fiel über mich her und sagte mir alles, was ihm gerade in den Sinn kam, doch stets mit dem Schlußsatz: »Aber ich liebe ihn doch!« Dabei wies er auf den König.

Da wir sehr eng saßen, bin ich sicher, dass ein Teil seiner Worte sehr gut verstanden wurden, besonders der immer wiederkehrende Schlußsatz. Plötzlich fragte mich der König: »Was sagt er?« Ich antwortete, der Kronprinz sei berauscht und könne nicht mehr. Der König erwiderte: »O, er tut nur so, aber was sagt er?« Ich antwortete, er hätte mich in den Arm gezwickt und dabei gesagt, der König zwänge ihn zwar, zuviel zu trinken, aber er liebte ihn doch.

Der König wiederholte, der Prinz stelle sich nur berauscht. Ich entgegnete, ich bürge dafür, dass er es wirklich sei; denn er hätte mir den rechten Arm derart misshandelt, dass ich kein Gefühl mehr darin hätte.

Der Kronprinz wurde nun tiefernst, aber bald wirkte der Wein wieder so auf ihn ein, dass er in derselben Weise fortfuhr. Die Königin, der das peinlich wurde, zog sich zurück. Die Tafel wurde nun aufgehoben, aber man setzte sich bald wieder hin, und General Keppel [holländischer Gesandter in Berlin] sowie ich rieten dem Kronprinzen, sich schlafen zu legen; denn er konnte tatsächlich nicht mehr stehen. Darauf schrie er, er wolle erst dem König die Hand küssen. Wir riefen, das sei recht, und der König reichte ihm angesichts seines Zustandes lachend die Hand über den Tisch. Aber der Kronprinz verlangte auch die andere Hand, und während er beide abwechselnd küsste, schwor er, ihn von ganzem Herzen liebzuhaben, und nötigte den König, sich vorzubeugen, damit er ihn umarmen könnte. Diese Szene wurde von einem wiederholten »Hoch der Kronprinz!« begleitet. Hierdurch ermuntert, stand er auf, ging um den Tisch herum, warf sich an den Hals des Königs, umarmte ihn fest und fiel dann auf die Knie. In dieser Stellung verharrte er lange, sprach immerfort zum König, und dieser wurde sehr gerührt und sagte immerzu: »Nun, das ist schon gut, werde Du nur ein ehrlicher Kerl, sei nur ehrlich usw.«

Dieser Auftritt war äußerst rührend und entlockte den meisten Anwesenden Tränen. Schließlich hob man den Kronprinzen wieder auf, der König zog sich zurück, und Keppel und ich nebst einigen Offizieren brachten den

Kronprinzen in sein Schlafzimmer, wo er gleich zu Bette gelegt wurde. Da er im Tabakskollegium nicht mehr erschien und ich noch in der Nacht abreiste, habe ich ihn seither nicht mehr gesehen. Der König war in der besten Laune und schien mit allem Vorgefallenen höchst zufrieden.[36]

Doch die Günstlinge des Königs flößten ihm ein, Friedrichs offen bekundete Zuneigung sei eine reine Komödie gewesen. Mit dieser Behauptung stießen sie bei Friedrich Wilhelm auf fruchtbaren Boden, denn dieser hatte ohnehin von Anfang an diesen Verdacht gehegt. Wenig später flammte der Hass des Königs auf seinen ältesten Sohn erneut auf. Friedrich Wilhelm verachtete den »Weichling« Fritz, er demütigte ihn öffentlich, wo er nur konnte, zerrte ihn buchstäblich in den Schmutz, ließ sich von ihm die Stiefel küssen und verhöhnte ihn dann auch noch: Wenn er an Friedrichs Stelle wäre, ließe er sich eine solche Behandlung nicht ungestraft gefallen! Manchmal stellten sich sogar Generäle dem Rasenden in den Weg, denn man musste fürchten, dass der König in seiner unsäglichen Wut den Kronprinzen erschlagen würde.

Alles deutete daraufhin, dass Friedrich Wilhelm seinen ungeliebten Erstgeborenen durch körperliche Misshandlung und massives Mobbing loswerden wollte. Doch mit einer bemerkenswerten Zähigkeit hat Friedrich alle Beseitigungsversuche seit Kindesalter bewusst und unbewusst überstanden. Wiederholt und drohend forderte der Vater ihn auf, zugunsten seines jüngeren Lieblingssohns August Wilhelm abzudanken, also seinem Thronrecht als Erstgeborener freiwillig zu entsagen. Doch Friedrich entgegnete schlagfertig, er werde dies nur tun, wenn der Vater öffentlich bekannt gebe, dass sein Erstgeborener ein »Bastard« sei, also der uneheliche Spross aus einer Liaison des Königs mit einer Mätresse. Dem Alten verschlug es die Sprache, er lief rot an und trollte sich. Denn mit dieser von Friedrich genannten Bedingung war der »keusche und treue Ehemann« nun doch nicht einverstanden.[37]

Friedrich versuchte im besagten Jahr 1728 in Wusterhausen einen zweiten Anlauf, den Vater gnädig zu stimmen. Am 11. September wandte er sich schriftlich an ihn:

Mein lieber Papa!
Ich habe mich lange nicht unternehmen mögen, zu meinem lieben Papa zu kommen, theils weil es mir abgerathen, vornehmlich aber, weil ich mich noch einen schlechten Empfang, als den ordinären sollte vermuthen sein, und aus Furcht, meinen lieben Papa mehr mit mein gegenwärtiges Bitten zu verdrüßen, habe es lieber schriftlich thun wollen. Ich bitte also meinen lieben Papa, mir gnädig zu sein, und kann hiebei versichern, daß nach langem Nachdenken, mein Gewissen mir nicht das Mindeste gezeihet hat, worin ich mich etwas zu reprochiren [vorwerfen, tadeln] haben sollte; hätte ich aber wider mein Wissen und Willen gethan, daß meinem lieben Papa verdrossen habe, so bitte ich hiermit unterthänigst um Vergebung, und hoffe, daß mein lieber Papa den grausamen Haß, den ich aus allem seinen Thun genug habe wahrnehmen können, werde fahren lassen; ich könnte mich sonsten gar nicht darein schicken, da ich sonsten immer gedacht habe, einen gnädigen Vater zu haben und ich nun das Contraire [Gegenteil] sehen sollte. Ich fasse dann das beste Vertrauen, und hoffe, daß mein lieber Papa dieses Alles nachdenken, und mir wieder gnädig sein wird, indessen versichere ich ihn, daß ich doch mein Tage nicht mit Willen fehlen werde und ungeachtet seiner Ungnade mit unterthänigstem und kindlichstem Respect bin meines lieben Papa getreuester und gehorsamster Diener und Sohn Friderich.[38]

Obwohl man gerade gemeinsam im königlichen Jagdschloss (wuster)hauste, kam die Antwort des unerbittlichen Vaters ebenfalls schriftlich, weshalb wir sie heute kennen:

Sein eigensinniger, böser Kopf, der nit seinen Vater liebet, dann wann man nun alles thut, absonderlich seinen Vater liebet, so thut man was er haben will, nit wenn er dabei steht, sondern wenn er nit alles sieht. Zum andern weiß er wohl, daß ich keinen efeminirten [weibischen] Kerl leiden kann, der keine menschliche Inclinationen [Neigung] hat, der sich schämt, nit reiten noch schießen kann und dabei malpropre [unsauber] an seinem Leibe, seine Haare wie ein Narr sich frisiret und nit verschneidet [gemeint ist militärischer Kurzhaarschnitt] und ich alles dieses tausendmal repremandiret [gerügt], aber alles umsonst und keine Besserung in nits ist. Zum andern hoffährtig, recht baurenstolz ist, mit keinem Menschen spricht, und nit popular [beliebt] und affabel [freundlich] ist, und mit dem Gesichte Grimassen macht, als wenn er ein Narr wäre, und in nits meinen Willen thut, als mit der Force [Gewalt] angehalten; nits aus Liebe und er alles dazu nits Lust hat, als seinem eigenen Kopf folgen, sonsten alles nits nütze ist. Dieses ist die Antwort.

Friderich Wilhelm[39]

Die Schikanen des preußischen Königs gegenüber seinem Sohn waren in Stadt und Land, ja europaweit bekannt. Sie stellten einen beträchtlichen Anteil am damaligen Klatsch zumindest der deutschen Kleinfürstenhöfe, da jeder »ausländische« Gesandte, der am preußischen Hof akkreditiert war, besonders gerne und ausführlich von diesen Quälereien berichtete. In Seckendorffs Aufzeichnungen kommt dieses Thema ständig vor. So schrieb der Reichsgraf 1725 an Prinz Eugen nach Wien: »Obgleich der König den Kronprinzen herzlich liebt, so fatiguirt [ermüdet] er ihn mit früh Aufstehn und allen Strapazen den ganzen Tag dergestalt, daß er bei seinen jungen Jahren so ältlich und so steif aussieht, und dahergeht, als ob er schon viele Campagnen [Feldzüge] gethan hätte.«[40]

Der König hatte schon vor Jahren dem Leibarzt Horch befohlen, die »zweckmäßige Dauer der Nachtruhe« zu bestimmen, denn »viel Schlaf, sagte der König, mache die Kinder dumm«.[41]

Das alles aber war noch nicht das Schlimmste. Die eigentlichen Exzesse spielten sich nicht vor den Augen der Öffentlichkeit ab. So berichtet Wilhelmine in ihren Memoiren Jahre später von heftigen »Zänkereien« in Wusterhausen zwischen dem König und seinen beiden Kindern: »Täglich gab es Streit, und der Zorn meines Vaters gegen meinen Bruder und mich ging endlich so weit, dass er uns, die Mahlzeiten ausgenommen, aus seiner und der Königin Gegenwart verbannt. Der König ließ meinen Bruder und mich beinahe verhungern, er übte bei Tisch das Vorschneideamt, gab allen außer meinem Bruder und mir ihren Anteil. Und wenn etwas in einer Schüssel [übrig] blieb, spie er hinein, um uns zu hindern, davon zu essen. […] von früh bis abends plagte uns der Hunger, und wir nährten uns, mein Bruder und ich, von nichts als Milch und Kaffee, und mittags und abends erhielten wir dabei vor aller Welt alle möglichen Ehrentitel.«[42]

Whilhelmines Erinnerungen sind voll von väterlichen Gewalttaten. Mal schmiss er bei Tisch mit Tellern nach ihr und Friedrich. Doch die Kinder waren im Laufe der Jahre trainiert, solchen Wurfgeschossen auszuweichen. Ein andermal schlug er mit einer Krücke nach ihnen, sodass Wilhelmine zweimal in Ohnmacht fiel. Und ihr Bruder hatte fast täglich »die gewohnten Liebkosungen seiner Faust- und Stockhiebe entgegenzunehmen«.[43]

Schließlich dreht der Vater völlig durch. Was der achtzehnjährige Friedrich der Schwester Wilhelmine eines Tages im Jahr 1730 anvertraut, überbietet alles Dagewesene: »Als ich eines Morgens in das Zimmer des Königs trat, fasste er mich erst bei den Haaren und warf mich zu Boden; und nachdem er die Kraft seiner Arme an meinem armen Körper erprobt hatte, schleppte er mich trotz meiner Gegenwehr zum nächsten Fenster; dort wollte er das Amt des Stummen im Serail [44] übernehmen, denn er fasste die Schnur, welche den Vorhang festhielt, und legte sie um meinen Hals. Zum Glück für mich war mir noch Zeit geblieben, mich zu erheben, ich ergriff seine beiden Hände und fing an zu schreien. Ein Lakai eilte mir alsbald zu Hilfe und entriss mich seinen Händen. Täglich bin ich denselben Gefahren ausgesetzt.«[45]

Der preußische König Friedrich Wilhelm I. wollte seinen Sohn Friedrich umbringen! Gezielt oder im Affekt? Es war nicht sein letzter Versuch. Friedrich beschließt zu handeln. Er vertraut der Schwester an, er werde fliehen. Daraufhin Wilhelmine: »Die Lage meines Bruder war so heillos, dass ich sein Vorhaben nicht tadeln konnte, aber ich sah nur jammervolle Folgen voraus. Sein Plan war so schlecht ausgedacht und die beteiligten Mitwisser [waren] so kopflos und so unfähig, eine so verhängnisvolle Sache gut durchzuführen, dass sie nur scheitern konnte.«[46]

Prinz Eugen vereitelt Heiratspläne

Eigentlich hatte Friedrich gehofft, sich längst auf andere Weise der Tyrannei des Vater entziehen zu können, nämlich durch Verheiratung mit einer englischen Prinzessin. Dazu gab es berechtigten Anlass, da bereits Friedrichs Großmutter Charlotte und die Mutter Sophie Dorothea aus dem englisch-hannoverschen Herrschergeschlecht der Welfen stammte. Seit 1714 regierten die Welfen das Kurfürstentum Braunschweig-Lüneburg und das Königreich Großbritannien in Personalunion.

Friedrich Wilhelm I. besuchte mit seiner Familie häufig die mächtigen Verwandten, wenn diese in Hannover statt in London weilten. Dort schlug Sophie Dorothea ihrem Vater König Georg I. im Jahr 1723 erstmals vor, vier seiner Enkel miteinander zu vermählen. Nach ihren Vorstellungen sollte ihre Tochter Wilhelmine von Preußen den hannoverschen Enkel Friedrich Ludwig (1707–1751) heiraten, der als englischer Thronfolger vorgesehen war. Und Amalia, genannt Emily (1711–1786), die Schwester Friedrich Ludwigs, sollte den preußischen Kronprinzen Friedrich ehelichen. Eigentlich befürworteten beide Familien, die welfischen »Engländer« und die hohenzollerschen Preußen, diese Doppelhochzeit. Doch als es um die Einzelheiten in den Heiratsverträgen ging, zeigten sich Differenzen. Während die Hannoveraner weitsichtig mit der Doppelhochzeit Politik betreiben wollten und ein solides Bündnis zwischen Großbritannien/Hannover und Preußen anstrebten, sah der preußische »Hausvater« Friedrich Wilhelm I. darin zunächst eine reine Familienangelegenheit, durch die er sich politisch eben nicht festlegen lassen wollte.

Hinzu kam, dass das kaiserliche Österreich massiv gegen diese Heiratspläne eingestellt war, die die Machtverhältnisse in Deutschland und Europa erheblich zu verändern drohten. Wien begann über seinen Mittelsmann Seckendorff, der so unsäglichen Einfluss auf Friedrich Wilhelm I. ausübte, diese Pläne zu durchkreuzen. Seckendorff wurde zudem reichlich mit Geld versorgt, um sich weiteren Einfluss zu erkaufen. Er bestach Minister Grumbkow, den königlichen Günstling. »Gegen eine hohe Pension verkaufte er sich an Seckendorff, teilte ihm alle vertraulichen Äußerungen seines Herrn mit und suchte diesen in österreichischem Sinne und gegen England zu beeinflussen.«[47]

Der preußische Gesandte Benjamin Friedrich von Reichenbach in England wurde ebenfalls von Seckendorff bestochen. Auftragsgemäß »berichtete« dieser nach Berlin, in Hannover und England wünsche man die Doppelhochzeiten nur, um Preußen politisch von sich abhängig zu machen. In London verbreitete Reichenbach, Prinzessin Wilhelmine sei »dick und hässlich«, und Friedrich sei schwermütig. Prinz Eugen, »der an diesen Intrigen stark beteiligt war«[48], wies Seckendorff an, dafür zu sorgen, dass der preußische König Friedrich Wilhelm I. nur noch von Leuten umgeben sei, »von denen man versichert sein kann, dass sie keine anderen als ehrliche und dem kaiserlichen Interesse gemäße Principa ihm beibringen, auch von des Grumbkow und Eurer Exzellenz Anhang abhängen«.[49]

Doch Prinz Eugen hatte die Rechnung ohne die Königin gemacht. Sophie Dorothea kämpfte wie eine Löwin, um ihre Heiratspläne verwirklicht zu sehen. Sie scheute sich nicht, über den gebürtigen Preußen Konrad Alexander von Rothenburg, der damals französischer Gesandter in Berlin war, König Ludwig XV. von Frankreich einzubinden. Sie erbat von ihm seine Unterstützung am Londoner Hof, die Ludwig XV. tatsächlich zusicherte. Der französische König ließ sogar dem jungen Friedrich über Rothenburg ausrichten, »dass er ihm für seine Gesinnung dankbar wäre und Anteil an ihm nähme«.[50]

Also: Drei namhafte Königshäuser der damaligen Zeit – Paris, London und Wien – waren über die politischen und persönlichen Interna des Hauses Hohenzollern bestens informiert und mischten kräftig mit. Das konnte nicht gutgehen.

Friedrich betätigte sich damals erstmals politisch. Genaugenommen beging er Hochverrat, denn er hinterging seinen Vater. Nicht nur, dass er geheime Beziehungen zum französischen Hof unterhielt. Viel schlimmer noch: Er hatte sich ebenfalls heimlich auf ein englisches Angebot eingelassen und schriftlich verpflichtet (!), nur die englisch-hannoversche Prinzessin Amalia zu heiraten, nach Hannover überzusiedeln und dort zu residieren und später die Kosten für die Hofhaltung im Schloss Herrenhausen zurückzuzahlen.

Seiner Sache nun gewiss, reiste im Frühjahr 1730 der englische Gesandte Sir Charles Hotham nach Berlin, um die Heiratspläne endlich in die Tat umzusetzen. Der König aber ging nur noch auf Wilhelmines Verheiratung ein und erklärte dem verdutzten Briten, sein achtzehnjähriger Sohn Friedrich sei fürs Heiraten noch zu jung. Man möge warten, bis er dreißig sei. Hintergrund für Friedrich Wilhelms Sinneswandel war diesmal nicht nur der allgemeine österreichische Einfluss am preußischen Hof. Vielmehr hatte der umtriebige Grumbkow von Reichenbach aus London erfahren, welches Versprechen der Prinz gegenüber der englischen Krone abgegeben hatte. Wahrscheinlich lagen Friedrich Wilhelm keine echten Beweise für den Verrat seines Sohnes vor, aber die Informationsquelle Reichenbachs scheint ausreichend glaubwürdig gewesen zu sein, um das Verhältnis zwischen König und Kronprinz auf einen absoluten Tiefpunkt zu bringen.

»Als Friedrich sah, dass es um seine Hoffnung auf die englische

Heirat und damit auf Befreiung aus der väterlichen Härte schlecht stand, verpflichtete er sich Hotham nochmals schriftlich, nur Amalie zu heiraten«,[51] und bat das englische Königspaar um Geduld. Sodann schmiedete er Pläne, wie er sich endgültig dem väterlichen Zugriff entziehen könnte.

»Allerdurchlauchtigster König«: Flucht, Todesurteil, Gnade

Die Gelegenheit bot sich kurz darauf. Friedrich Wilhelm I. unternahm Anfang Juni 1730 gemeinsam mit dem Sohn und großem Gefolge eine ausgedehnte Reise an zahlreiche süddeutsche Höfe; außerdem sollten die preußischen Gebiete im Westen »inspiziert« werden. Ein erster Fluchtversuch Friedrichs scheiterte in Ansbach, wo ebenfalls ein Hohenzoller als Markgraf regierte. Diesem »Oheim« gegenüber äußerte sich Friedrich derart leichtsinnig über seinen Plan, dass der Markgraf den Kronprinzen überwachen ließ, seinen Fluchtversuch zu Pferde vereitelte und so tat, als wäre nichts gewesen.

Friedrich schrieb daraufhin einen Brief nach Berlin, in dem er sich über den Markgrafen von Ansbach beklagte. Der Adressat des Briefes hieß Leutnant Hans Hermann von Katte (1704−1730) und war in die Fluchtpläne des Prinzen eingeweiht. Wann sich die beiden Unglücksraben erstmals begegneten, ist nicht mehr nachvollziehbar. Sie verbanden jedoch gemeinsame Interessen: Flötenspiel und Poesie. Die vor allem von englischen Historikern gerne und oft verbreitete Spekulation über eine homosexuelle Beziehung zwischen den beiden entbehrt jeder Grundlage.

Schwester Wilhelmine jedenfalls beschreibt Katte in den düstersten Farben. Vor allem was seine »Kompetenz« als Fluchthelfer angeht, lässt sie kein gutes Haar an ihm, auch weil sie selbst als Mitwisserin des Fluchtplanes des öfteren durch Katte in Gefahr gebracht worden war. Ein Beispiel: »Als ich Sonntags aus der Kirche kam, traf ich Herrn von Katte, der vor der Schlosstreppe auf mich wartete; er händigte mir recht unvorsichtig einen Brief meines Bruders ein.« Wilhelmine ist verärgert, da sie weiß, dass die Briefübergabe von einer Hofdame beobachtet wurde, deren Tür offen stand und die sich so gesetzt hatte, »dass sie alles sehen konnte, was vorging. ›Ich komme von Potsdam‹, sagte Katte, ›ich habe dort drei Tage inkognito zugebracht, um den Kronprinzen zu sehen; er hat mich mit diesem Brief betraut, mit dem ausdrücklichen Befehl, ihn Eurer Königlichen Hoheit selbst zu übergeben.‹ […] Ich nahm den Brief, ohne ein Wort zu erwidern, und eilte wie der Blitz die Treppe hinauf, über die begangene Unvorsichtigkeit sehr aufgebracht.« Nachdem Wilhelmine den kompromittierenden Brief gelesen hatte, »opferte« sie ihn »dem Feuer«.[52]

Doch nicht nur Katte beging stümperhafte Fehler. Der Brief, den ihm Friedrich aus Ansbach schrieb, erreichte ihn nämlich nicht, da der Prinz vergaß, das Schreiben richtig zu adressieren. Und so landete es bei einem Cousin Kattes, der es schließlich an den König weiterleitete.

Inzwischen nahm das Verhängnis seinen Lauf. Die Reise des Königs ging weiter nach Heidelberg. Auf dem Weg dorthin sollte die Sache steigen, da Frankreich in erreichbarer Nähe lag. Friedrich weihte einen seiner Leibpagen ein, der aus einer pommerschen Linie des schottischen Adelsgeschlechts derer von Keith stammte. Er beauftragte den jungen Burschen, Pferde zur Flucht zu besorgen. Die weiteren Ereignisse schildert der Biograph Max Hein:

In Ludwigsburg, während des Besuchs am württembergischen Hof, kaufte sich Friedrich einen roten Reiserock, den er am 4. August in Gegenwart seines Gouverneurs [hier leitender Gesellschafter] Rochow bei der Abreise von Ludwigsburg im Reisewagen anlegte. Schon am Neujahrstag 1730 hatte der König Rochow verstärkte Vorsicht anbefohlen; in letzter Zeit waren ihm von verschiedenen Seiten Warnungen über Fluchtpläne des Prinzen zugekommen. Als Rochow den roten Rock sah, ahnte er sofort, zu welchem Zweck dieser dienen sollte, und meinte, dem König dürfe der Rock wohl nicht unter die Augen kommen. Er wußte nun, dass die Flucht beschlossen war, und machte den Kammerdiener Gummersbach, der nachts in der Nähe des Kronprinzen schlief, auf die drohende Gefahr aufmerksam. An diesem Tage erreichte man Steinsfurth südlich von Sinzheim […], wo das Nachtquartier, wie Friedrich Wilhelm es liebte, in Scheunen aufgeschlagen wurde. Der König bestimmte, daß der Aufbruch am nächsten Morgen erst gegen fünf Uhr erfolgen sollte, da die Reise bis Mannheim nicht weit war; dort wollte er dem Kurfürsten von der Pfalz einen Besuch abstatten. Die Scheune Friedrich Wilhelms lag der des Kronprinzen schräg gegenüber. Noch vor halb drei, also in der Dunkelheit, erhob sich dieser und zog den roten Rock an. Darüber erwachte Gummersbach und äußerte Bedenken wegen des auffallenden Kleidungsstücks, aber Friedrich entgegnete kurz: »Ich will ihn anziehen«; er setzte hinzu, er werde zum König gehen. Der Diener sandte einen Jäger zu Rochow, der in den Kleidern geschlafen hatte und sofort herbeikam. Friedrich trat in seine Scheune zurück. Gegen drei Uhr erschien der Page Keith mit zwei Pferden. Auf Rochows Frage, was das für Pferde seien, redete er sich aus, es seien die Pferde der Pagen. Andere Herren, darunter Seckendorff, waren inzwischen wach geworden und kamen zu Rochow. Friedrich blieb nichts anderes übrig, als seine Absicht für diesen Morgen aufzugeben. […] Noch an demselben Abend bat er nach der Ankunft in Mannheim den Pagen Keith auf einem Bleistiftzettel, Postpferde zu bestellen. Am nächsten Tag nach dem Gottesdienst aber warf sich dieser reumütig dem König zu Füßen und gestand alles. […] Friedrich Wilhelm, der im eigenen Hause so zügellos der ersten Erregung nachgab, konnte sich beherrschen. Er begegnete im Vorzimmer Rochow und sagte ihm unauffällig: ›Fritz hat desertieren wollen […]. Ihr, Rochow, sollt mir dafür mit Kopf, Hals und Kragen repondieren [bürgen], sofern Ihr ihn nicht in Wesel lebendig oder tot einliefert.‹[53]

Wesel am Niederrhein gehörte seit 1609 genauso wie Kleve zum brandenburgischen Herrschaftsgebiet. Erst dort, auf eigenem Boden, konnte Friedrich Wilhelm juristische Gewalt über seinen Sohn ausüben.

Die »Ordre« des Königs sollte unauffällig ausgeführt werden, damit Friedrich erst beim Eintreffen in Wesel erfuhr, dass seine Flucht verraten und ein für allemal gescheitert war. In Wesel befand sich bereits ein weiterer Mitverschwörer Friedrichs, der ältere Bruder seines Leibpagen, Leutnant Peter Karl Christoph von Keith (1711–1756). Dieser erfuhr zufällig durch einen vorausreisenden Pagen von der Verhaftung des Kronprinzen, ahnte Übles und rettete sich in einem Gewaltritt nach Den Haag. Dank einer Viertelstunde Vorsprung vor den ihm nachgeschickten Verfolgern fand er Zuflucht in der britischen Botschaft, wo man ihm zur Überfahrt nach England verhalf. So war wenigstens einer gerettet. Doch auch Keiths Flucht zog hochpolitische Folgen nach sich.

Am 12. August erreicht der preußische Hof die Stadt Wesel, wo der König seinen Sohn persönlich verhört. Hier bricht die alte Wut sich wieder Bahn. Der König droht mit gezücktem Degen, seinen Sohn niederzustechen. Wieder einmal muss sich ein preußischer General dazwischenwerfen und den Vater zügeln. Friedrich gesteht, dass er nach Frankreich gehen und sich später mit Katte und Leutnant Keith in Straßburg treffen wollte. Tags darauf schildert er in einem weiteren Verhör, er habe in französische Dienste treten wollen, um sich im Kampf auszuzeichnen und so die Gnade seines »Herrn Papa« wiederzugewinnen.

Doch aufgrund der Flucht Keiths in die britische Botschaft in Den Haag und dem Wochen zuvor gegenüber Sir Hotham abgegebenen Versprechen Friedrichs glaubt der stets misstrauische Friedrich Wilhelm I., einer weitverzweigten französisch-englischen Verschwörung auf die Spur gekommen zu sein. Er erteilt Befehl, seinen Sohn nach Brandenburg auf die Festung Küstrin an der

Oder zu verlegen. Sollte er auf der Reise dahin einen Fluchtversuch unternehmen, sei Sorge zu tragen, »dass die anderen ihn nicht anders als tot bekommen«.[54]

Katte war in der Zwischenzeit ruhig in Berlin geblieben und wurde am 16. August von seiner Verhaftung vollkommen überrascht. Ihm wurden 178 Fragen vorgelegt, besonders über die Einzelheiten des Fluchtplans und die Intrigen um die Heirat des Kronprinzen mit Amalie (Emily) von England.

Am Hubertustag wurde Katte von zwei Militärgerichten zu lebenslänglicher Festungshaft verurteilt. Was den Kronprinzen anging, so erklärten sich die Gerichte für nicht zuständig. Allen Drohungen und Einschüchterungen des Königs zum Trotz weigerten sich die Generäle, von ihrem Richterspruch abzugehen. Daraufhin verhängte Friedrich Wilhelm aus eigener absolutistischer Machtvollkommenheit über beide die Todesstrafe. Auf Befehl des Vaters musste der Kronprinz am Fenster seiner Zelle in Küstrin die Hinrichtung seines Freundes mitansehen. Auf seinem Gang zum Schafott blickte Katte zum Zellenfenster empor. Friedrich bat ihn mit lauter Stimme um Verzeihung, und Katte antwortete: »Hoheit, Sie schulden mir nichts!« Dann nahm er sich selbst das Halstuch ab, um seinen Hals für das Fallbeil zu entblößen. »Als sein Haupt, mit einem Schlag abgetrennt, zu seinen Füßen rollte, streckte er im Fallen die Arme gegen das Fenster aus, an dem mein Bruder gestanden hatte«, berichtet Wilhelmine. »Man sah ihn nicht mehr; eine tiefe Ohnmacht hatte ihn befallen, und die Herren waren genötigt, ihn aufs Bett zu tragen. Er blieb mehrere Stunden bewusstlos dort liegen. Sobald er wieder zu sich kam, war der erste Anblick, der ihn traf, der blutige Körper des armen Katte, den man so hingelegt hatte, dass er nicht umhin konnte, ihn zu sehen. Dies Schaustück bewirkte, dass ihn zum zweiten Mal eine Schwäche befiel. Als er sich davon erholt, ergriff ihn ein heftiges Fieber.«[55]

Da der König seine Gemahlin mit der (unwahren) Mitteilung erschreckte, er habe »den Schuft Fritz« hinrichten lassen, doch auch die Umgebung des Königs glaubte, dem Vater sei es dieses Mal wirklich ernst – wie oft hatte er ihn fast totgeschlagen? –, wurden im Hintergrund Diplomaten aktiv. Denn die Szene erinnert doch zu sehr an den Gründervater des Alten Testaments, an Abraham und seinen Sohn Isaak. So wie dieser aus »Gottestreue« bereit war, seinen Sohn zu opfern, wollte nun offenbar der Soldatenkönig Friedrich Wilhelm aus Gesetzestreue – Gleichbehandlung der Untertanen unabhängig von Rang und Herkunft – seinen Sohn wegen Desertion aufs Schafott schicken. Aus zahlreichen europäischen Fürstenhäusern kamen Bittgesuche. Ein Pate Friedrichs, immerhin deutscher Kaiser, interveniert, die Mutter weint und fleht, halb Europa ist in Aufruhr. Wilhelmine ist sich sicher, ihr Vater »hätte das Urteil vollstrecken lassen, wenn nicht alle fremden Mächte, besonders der Kaiser, für den Kronprinzen eingetreten wären«. Dem preußischen König wurde aus Wien ausgerichtet, »der Prinz sei zwar sein Sohn, er gehöre aber dem Reich, und es stünde Seiner Majestät keinerlei Recht über ihn zu«[56].

Lothar de Maizière schrieb dazu: »Bei nüchterner Betrachtung sehen wir in Friedrich Wilhelm I. einen Mann, für den es undenkbar und auch unehrenhaft gewesen wäre, als König, auf seinen Sohn anderes Recht anzuwenden als auf jeden Untertanen. Er forderte unbedingten Gehorsam und das Erfüllen von Pflichten nur deshalb, weil er selbst gehorsam war und seine Pflichten erfüllte.«[57] Diese Ansicht entspricht der typischen Legendenbildung um Friedrich Wilhelm I. Richtig ist vielmehr, dass der König – wieder einmal – sowohl im Falle Kattes als auch Friedrichs einen Richterspruch aus persönlichen Gründen verschärft hatte.

Doch auch an dem wutschnaubenden Friedrich Wilhelm geht die Affäre nicht spurlos vorüber. Er ist einem Schlaganfall nahe und lenkt schließlich ein. Statt Hinrichtung lässt er am 19. November seinen Sohn einen Eid ablegen, dass er »sich seines Vaters Willen willigst zu unterwerfen habe«. Innerlich hat Friedrich sich dem Vater wohl nicht mehr angenähert. Aber er war bereits Politiker genug, um äußerlich zerknirscht zu tun und sich fortan den Anweisungen des Königs klaglos zu fügen. Die Briefe Friedrichs beginnen von nun an nicht mehr mit »mein lieber Papa«, sondern mit »Allerdurchlauchtigster König und Vater« …

»Meine alte Kuh«:
Er mag Frauen, aber nicht seine

Ich erkannte, dass er nur deshalb heiraten will,
weil er dann mehr Freiheit zu haben hofft.
Graf von der Schulenburg

»Im Kostüm der Eva«: Die erste Geliebte

Friedrich hatte sich in Küstrin dem Vater äußerlich gefügt, um am Leben zu bleiben. Nachdem er den geforderten Loyalitätseid abgelegt hatte, durfte er seine Zelle verlassen; künftig galt ganz Küstrin, Festung und Stadt, als sein Gefängnis. Hier wurde er in die Verwaltung und zum Militär abkommandiert, worüber er genaue Berichte nach Berlin schicken musste. Ihm wurde spartanische Lebensführung auferlegt, und der Vater befahl sogar, dass er auf den Stadtäckern das Pflügen lernte. Jedoch, von der anfänglich tiefen Niedergeschlagenheit erholte sich Friedrich erstaunlich rasch. Kaum dem Tod entronnen, erlebte wenige Wochen später der Kammerdirektor Christoph Werner Hille am 19. Dezember 1730 Friedrich als »lustig wie ein Buchfink«.[1] Verstellung oder Wahrheit?

Nach einem Jahr durfte Friedrich weitere Kreise ziehen und Ausritte in die Umgebung unternehmen. Der Vater wollte ihn dadurch zur Jagd ermutigen! Doch der junge Mann Friedrich verstand darunter anderes. Er machte gewissermaßen Jagd auf das schöne Geschlecht. Im Schloss Tamsel bei Küstrin fand er ab August 1731 jene Zerstreuung, nach der er sich seit 1728 gesehnt hatte.

Denn Friedrich war schon drei Jahre zuvor erstmals mit den Freuden der Liebe bekannt geworden.

Es war in der Zeit, als sein Vater in einer Depression ans Abdanken dachte. Damals, im Januar 1728, versuchten die engsten Vertrauten Friedrich Wilhelms I., es sind immer dieselben – Grumbkow und Seckendorff –, den König abzulenken. Beide überredeten ihn, seinen Nachbarn August den Starken in Dresden zu besuchen. Dem preußischen König wurde in Dresden ein so überschwänglicher Empfang bereitet, dass dieser auch den sechzehnjährigen Friedrich nachkommen ließ. »Der Hof zu Dresden war damals der glänzendste Deutschlands«, erinnert sich Wilhelmine. »Die Pracht war hier bis aufs Äußerste getrieben und man frönte allen Genüssen; mit Recht durfte er mit der Insel Cythère verglichen werden: die Damen waren sehr liebenswert und die Herren sehr galant.«[2]

Der französische Maler Antoine Watteau hat dieses damalige Lebensgefühl in Öl auf Leinwand gebannt. 1717 malte er die »Überfahrt nach Cythère«, ein Werk, das Friedrich später als König erwarb. Hier sind die Wünsche und Phantasien einer Gesellschaft abgebildet, die sich heiter und unbeschwert Spiel und Tanz ergab. Man sieht Liebespaare, die sich als Schäferinnen und Schäfer geschmückt zur Überfahrt auf die griechische Sageninsel Kythera anschicken, wo die Liebesgöttin herrscht. Feste und erotisch-orgiastische Abenteuer sind der einzige Sinn ihres Lebens.

In solch eine sinnenfreudige Atmosphäre stolperte nun der streng calvinistisch-puritanische preußische König mit seinem Teenager! Wilhelmine fährt fort:

Der König [von Polen und Kurfürst von Sachsen, August der Starke] hielt eine Art Serail, das aus den schönsten Frauen seines Landes bestand. Als er starb, schätzte man die Zahl der Kinder, die er von seinen Mätressen hatte, auf 354. Der ganze Hof folgte seinem Beispiel; man dachte nur an das Wohlleben, und Bacchus und Venus waren die herrschenden Gottheiten. Der König von Preußen vergaß da bald seine Frömmelei; die ausschweifenden Gelage und der Ungarnwein versetzten ihn wieder in gute Laune. […] Grumbkow, der inmitten der Feste seiner Ziele nicht vergaß, wollte sich diese günstige Laune zunutze machen und den König verleiten, sich Mätressen zu halten; er teilte seinen Plan dem König von Polen mit, und dieser übernahm es, ihn auszuführen.

Eines Abends nach einem Trinkgelage führte der König von Polen den König [von Preußen] wie von ungefähr in ein reich ausgestattetes Gemach von auserlesenem Geschmack. Mein Vater stand in Bewunderung vor all den Schätzen, als man plötzlich eine Tapetenwand hob und ein höchst unerwarteter Anblick sich darbot. Es war eine weibliche Gestalt im Kostüm der Eva, die nachlässig auf einem Ruhebett ausgestreckt dalag. Das Geschöpf war schöner, als man Venus und die Grazien darstellt; ihr Körper wie aus Elfenbein war weiß wie Schnee und schöner gestaltet als der der mediceischen Venus in Florenz. Das Kabinett, das diesen Schatz in sich barg, war von so vielen Kerzen beleuchtet, dass ihr Schein das Auge blendete und die Schönheit dieser Göttin noch strahlender erschien.

Die Veranstalter dieser Komödie zweifelten nicht, dass dieser Anblick das Herz des Königs [von Preußen] entzünden würde; allein es kam ganz anders. Kaum hatte der König die Schöne gesehen, als er ihr empört den Rücken zudrehte; und meinen Bruder hinter sich gewahrend, schob er ihn sehr unsanft aus dem Zimmer hinaus; er selbst verließ es auch auf der Stelle und zeigte sich über den Streich sehr ungehalten. […] Anders stand es mit meinem Bruder. Trotz der Vorsorge des Königs hatte er vollauf Zeit gehabt, die Venus zu betrachten, die ihm nicht den Abscheu einflößte, den sie bei seinem Vater hervorrief. […] Mein Bruder hatte sich [indes bereits] leidenschaftlich in die Gräfin Orzelska verliebt, die zugleich die natürliche Tochter und die Mätresse des Königs von Polen war.[3]

Die fünf Jahre ältere Anna Karolina Gräfin Orzelska (1707–1769) entstammte einer Liaison Augusts des Starken mit der Tochter eines französischen Weinhändlers. Der König legitimierte sie unter Verleihung des Gräfinnentitels, als sie achtzehn wurde, und stieg mit ihr hernach angeblich gleich ins Bett.[4] Zuvor hatte schon der Bruder der Gräfin mit ihr Inzest begangen, wie Wilhelmine wissen will. Gemeint ist ihr Halbbruder Friedrich August Graf Rutowski; den wiederum hatte August der Starke zusammen mit einem 1686 erbeuteten Türkenmädchen namens Fatima gezeugt. Es gibt zeitgenössische Hinweise darauf, dass sich der sächsische Monarch bereits an der »Sklavin« vergangen hatte, als diese noch ein Kind von sechs Jahren war.[5]

Wo solche Zustände herrschen, verwundert es nicht, dass die junge Orzelska auch mit anderen Männern am Dresdner Hof reihenweise verkehrte. »Im Grunde lebte sie wie eine Prostituierte am Hof, oder, wie wir heute sagen würden, als Callgirl in gehobenen Kreisen.«[6] Obwohl Friedrich, wenn man seiner Schwester Wilhelmine glaubt, die bereitwilligen Dienste der Gräfin Orzelska in Dresden nicht in Anspruch nahm, war er ihr vollkommen verfallen. »Der prüde Vater weiß nichts davon, aber er ist besorgt. ›Fritz, Fritz, ich fürchte, es gefällt dir hier allzu wohl.‹ Der Kronprinz entgegnet mutig: ›Wenn Sie nicht wünschten, dass ich mich vergnüge, warum ließen Sie mich mitkommen?‹ Er genießt diese ungewohnte Freiheit ebenso wie die Annehmlichkeiten der Dresdner Kultur.«[7]

Anders als der Vater wusste August der Starke über die Leidenschaft Friedrichs zur Gräfin Orzelska längst Bescheid. Wilhelmine: »Die Aufmerksamkeiten, die ihr mein Bruder erwies, erfüllten ihn mit grausamer Eifersucht. Um diesem Zustand ein Ende zu machen, ließ er ihm die Formera antragen, unter der Bedingung, dass er der Orzelska entsagen würde.«[8]

Also daher wehte der Wind: Als August der Starke dem preußischen König und seinem Sohn den Überraschungsblick auf die splitternackte Schönheit in eindeutiger Positur genehmigte, wollte er Vater und Sohn gleichermaßen verführen. Denn jene dargebotene Grazie, die laut Wilhelmine schöner war als die Venus der Medici, war keine andere als »die schöne Formera«. »Mein Bruder versprach alles, um jene Schönheit besitzen zu dürfen, die seine erste Geliebte wurde.«[9]

Nachdem man einen Monat lang in Dresden verweilt und ein freudenreiches Leben genossen hatte, kehrte der preußische König mit seinem Sohn nach Berlin zurück. Nun ging das frühere spartanische Leben wieder seinen gewohnten Gang. Scheinbar. Denn, seit der Rückkehr aus Dresden war Friedrich nach Wilhelmines Worten »in düsterste Melancholie verfallen. Seine Gesundheit wurde dadurch angegriffen; er magerte zusehends ab, wurde häufig von Schwächezuständen befallen, die befürchten ließen, dass er schwindsüchtig würde [...] und wenn ich ihn nach der Ursache seines Kummers fragte, gab er stets die schlechte Behandlung des Königs an.«[10]

Dieser wiederum beklagte sich am 26. April 1728 in einem Brief an seinen Freund, den Alten Dessauer: »Mein ältester Sohn ist sehr krank und wie eine Abzehrung. Sie können sich einbilden, wie mir zumute dazu ist. Ich will bis Montag abwarten. Wenn es dann nit besser wird, ein Consilium aller Doctor halten. [...] Wenn die Kinder gesund sein, dann weiß man nit, dass man sie lieb hat.«[11]

Die Ärzte bringen dann das Unglaubliche an den Tag. »Endlich entdeckte man, dass es durch nichts anderes als die Liebe entstanden war«, erzählt die Schwester. »Er hatte sich in Dresden an ein ausschweifendes Leben gewöhnt, dem er sich hier nicht länger hingeben konnte, weil ihm die Freiheit mangelte, aber sein Temperament konnte die Entbehrung nicht ertragen.«[12]

Angesichts solcher Exaltiertheit und Hysterie seines Sohnes tobte der Vater. »Den Liebesbeweisen und Wohltaten, die er ihm erst erwiesen hatte, folgten nun Vorwürfe und Schelte.«[13]

Doch »da er viel sich selbst überlassen blieb, ergab er sich den Ausschweifungen«, berichtet Wilhelmine über Friedrichs Sexualleben. Und weiter: »Einer der Pagen des Königs, namens Keith, wurde der Vermittler seiner Vergnügungen.«[14] Nebenbei dichtete Friedrich seine ersten Zeilen, die seiner größten und wahrschein lich ewig-einzigen *echten* Liebe gewidmet waren: der reizvollen Or-zelska! Als im Mai 1728 August der Starke zu einem Gegenbesuch nach Berlin kam und die erotische Gräfin in seinem Gefolge mit-brachte, war Friedrich schnell von seiner schwermütigen Krank-heit geheilt. Zumal sie sich häufig mit ihm heimlich traf.

Weil sie gerne und oft in Männerkleidung und Uniform auftrat, mutmaßen einige Biographen, dies sei der eigentliche Grund, war-um sich Friedrich gar so sehr in sie verliebt habe – in Anspielung auf eine ihm nachgesagte Neigung zum männlichen Geschlecht. Als die aufreizende Orzelska nach einem Monat Aufenthalt in Ber-lin und Potsdam wieder Richtung Dresden zog, ward sie für Fried-rich nicht mehr gesehen. Sie heiratete zwei Jahre später einen deut-schen Kleinfürsten; die Ehe hielt drei Jahre, danach zog sie weiter, führte ein Abenteuerleben in Venedig und Frankreich, wo sie 1769 in Avignon starb.

Die Orzelska hinterließ eine Sehnsucht nach körperlicher Liebe bei Friedrich, die dieser fortan durch Gelegenheitsaffären zu stil-len suchte. Von einer dieser »Geliebten« berichtet Voltaire. Es war »die Tochter eines in Potsdam ansässigen Schulmeisters aus Bran-denburg. Sie spielte ziemlich schlecht Klavier, der Kronprinz be-gleitet sie auf der Flöte. Er glaubte verliebt in sie zu sein. […] Da er aber immer so tat, als liebte er sie, so ordnete der Vater an, dass das junge Mädchen den Platz in Potsdam abschreiten musste, wäh-rend der Henker sie vor den Augen seines Sohnes peitschte.«[15]

Im Laufe des Jahres 1731 von Graf Adolf Friedrich von der Schu-lenburg (1685–1741) darüber belehrt, dass er »Herr seiner Leiden-schaften« werden müsse »und sich vor allem davor hüten« solle, »sich mit den Frauen abzugeben, sonst werden diese kleinen Freu-den tausend Leiden nach sich ziehen« – ganz abgesehen davon, dass er sich auch seine »Gesundheit ruinieren« könne – antworte-te Friedrich unbekümmert, er sei »jung und nicht Herr über diese Gefühle«. Außerdem seien es ja »nur kleine Fehltritte«.[16]

»Um die Du sterben möchtest«: Luise von Wreech

Der Küstriner Gefängnisaufenthalt brachte dem Kronprinzen eine vorübergehende Zeit der Entsagung. Schon wenige Tage nach der Haftlockerung am 15. August 1731, dem Geburtstag seines Vaters, verliebte er sich jedoch Hals über Kopf in Luise Eleonore von Wreech, Herrin von Schloss Tamsel.[17] Bei ihr vergaß der calvinistisch erzogene Königssohn das neunte Gebot: »Du sollst nicht begehren deines nächsten Weib.« Denn Frau von Wreech war verheiratet. Ein Gemälde des preußischen Hofmalers Antoine Pesne zeigt die damals Vierundzwanzigjährige tatsächlich als außerordentliche Schönheit, eine Blondine mit Eleganz und Selbstbewusstsein.[18] Übrigens: keine Spur von Männlichkeit! Ihr äußeres Erscheinen war vielmehr betont feminin mit außerordentlich sinnlichen Reizen, sodass selbst der als strenger Moralist bekannte Begleiter Friedrichs, Graf von der Schulenburg, 1732 in einem Brief an Grumbkow schwärmt: »Er sprach lange mit Frau von Wreech, die ihm nicht gleichgültig zu sein scheint, und sie war auch tatsächlich sehr schön, ihr Teint wie Lilien und Rosen.«[19] Grumbkow gab diesen Eindruck gleich nach Wien weiter; in der ihm eigenen Art sprach er »von einer ›starken *amour*‹, in die der Prinz verfallen sei, und fügte noch einige derbe Worte hinzu«.[20]

Immer wieder wird deutlich, dass Friedrich sich zu Frauen hingezogen fühlte, die Sex-Appeal hatten. Von wegen, er suchte die Gebildete, ihm intellektuell Ebenbürtige, wie vielerorts betont wird. Ja, er möchte einmal eine Frau heiraten, »die keine dumme Gans« ist, hatte er als Zwanzigjähriger wiederholt angekündigt. Diese Äußerungen sowie seine späteren Briefwechsel mit hochgebildeten Frauen verführten viele Biographen dazu, seine Ansprüche an das »schöne Geschlecht« fehlzuinterpretieren. Denn er unterschied schon damals glasklar zwischen der »Gemahlin und künftigen Königin« einerseits und den Frauen als Gespielinnen andererseits. Zur Befriedigung seiner sexuellen Gelüste war ihm nach eigenen Worten »die schlechteste Berliner Hure lieber«. An anderer Stelle auf dieses Thema angesprochen, offenbarte er frei-

mütig: »Ich will das Leben genießen. [...] Ich liebe das schöne Geschlecht, doch meine Liebe ist flatterhaft. Ich will nur den Genuss.«[21]

Was sagt dies nun über die attraktive Blondine Luise von Wreech
aus? Friedrich fasste rasch eine starke Zuneigung zu ihr und
»musste sich in seinem Ungestüm für Unartigkeiten auch manche
Belehrung gefallen lassen und um Verzeihung bitten«[22]. Er durfte
sie aber laut eines mündlichen Vertrags als seine »liebste Cousine«
und »Freundin« anreden. In seinen Briefen, in denen er sich manchmal für sein »Gekritzel« und seine Fehler entschuldigt – *j'ai écri sur
lit*, ich habe sie auf dem Bett verfasst – gestand er seiner »lieben,
vortrefflichen Cousine« ganz offen seine Leidenschaft und unterzeichnet mit den Worten: »*Votre très parfait ami, Cousin et Serviteur
Frédéric* – Ihr vollkommenster Freund, Cousin und Diener Friedrich«. An anderer Stelle schwärmt er: »Alles, was von Ihnen kommt,
entzückt mich durch Geist und Grazie. [...] Ich sehe Sie im Geiste
erröten. [...] Von dem Wunsche geleitet, Ihnen einen neuen Beweis meines blinden Gehorsams zu geben, schicke ich Ihnen, was
Sie von mir gefordert haben.«[23] Das war offenbar sein Porträt. Dies
sagte sehr viel über ihre Zuneigung aus. Und es war Frau von
Wreech, die ihn halb scherzhaft, halb prophetisch erstmals »den
großen Friedrich« nannte; warum auch immer.[24]

In seinem Überschwang ging er sogar so weit, der Mutter der
Angebeteten zu schreiben und in den Briefen die Schönheit ihrer
Tochter sowie seine Bewunderung für sie hervorzuheben, wie
Theodor Fontane zu berichten weiß, dem die Originalbriefe aus
der Hand der Urenkelin von Luise von Wreech vorlagen. Als Friedrich sich im Februar 1732 von Luise verabschieden musste, dichtete er dramatisch und zweideutig zugleich:

Was ich zu sagen Dir bisher vermied,
Ich sag' es nun: Ich liege Dir zu Füßen.
Ich trage Fesseln, aber jene süßen,
Von denen nie ein Herz freiwillig schied,
Mit jedem Ringe, jedem neuen Glied

Wächst nur die Lust zu tragen und zu büßen. […]
Verhülle Deiner Wünsche liebstes Ziel,
Verschweige, dass nur Eine Dir gefiel,
Um die Du sterben möchtest jede Stund.[25]

Fontane fand das ebenfalls vieldeutige Antwortgedicht der Angebeteten und veröffentlichte es in seinen *Wanderungen*:

Welch' Wunder trug sich zu? Was ist's, das sich begab?
Es steigt ein Königssohn, ein Prinz zu mir herab,
[…] all' meiner Seele Schwung
Entspringt aus einem nur, aus der Bewunderung
Womit ich vor Dir steh'; Dein Tun, das in mir lebt,
Dein Schicksal ist's allein, was mich zu Dir erhebt.
[…] Du gabst mehr Ehre mir, als je mein Herz erfuhr,
Und all' mein Sein ist Dank und stille Huld'gung nur.

»Lieber will ich Hörner tragen«: Heirat wider Willen

Friedrichs Küstriner »Festungshaft« mit einem Auslauf von einem
Zwanzig-Kilometer-Radius endete am 4. April 1732. Er erhielt im
Rang eines Oberst die Führung eines Infanterieregiments in Neuruppin zugeteilt, also weit weg vom König. Keine bedeutende Aufgabe.

Unterdessen plante der Vater Unheilvolles: die Heirat seines
»missratenen Sohnes«, aber natürlich nicht mit einer Engländerin!
Darin war Friedrich Wilhelm vor allem von seinen österreich-
freundlichen Beratern Seckendorff und Grumbkow unterstützt
worden. Ursprünglich sollte Friedrich unter drei Prinzessinnen
eine Auswahl treffen dürfen. Aber auf Betreiben der beiden, »hinter denen die Wünsche des Prinzen Eugen standen, wurde dem
König die Prinzessin Elisabeth Christine von Braunschweig-Be-
vern, eine Nichte der Kaiserin, empfohlen, weil man damit die In-

teressen Preußens enger an Habsburg zu binden hoffte. Grumb-kow hat später für das Zustandekommen der Verbindung eine kaiserliche ›Begnadigung‹ von 40 000 Gulden erhalten.«[26]

Friedrich war über die Wahl seiner künftigen Gattin entsetzt. Gegenüber Graf Schulenburg hatte er die Hoffnung ausgedrückt, dass eine Heirat mit der Prinzessin von Mecklenburg zustande kommen würde. Elisabeth Katharina Christiane von Mecklen-burg-Schwerin, damals gerade erst dreizehn Jahre alt geworden, war die Enkelin des Zaren Iwan V. und Nichte der Zarin Anna Iwa-nowna. Graf Schulenburgs Kommentar dazu: »Ich sagte, in Wien wäre öffentlich davon gesprochen worden, doch hielte ich die Sache für ein Hirngespinst, da ganz Europa sich gegen eine Verbin-dung zweier so mächtiger Staaten auflehnen werde.«[27]

Friedrich gab nicht auf. Er fragt den mit dem Wiener Hof bes-tens vertrauten Insider, ob der Kaiser ihm denn nicht seine zweite Tochter Maria Anna zur Frau geben würde. »Ich erwiderte, das wäre doch nicht sein Ernst«, entgegnet der Graf entsetzt. »Warum nicht?«, fragt Friedrich. Doch Schulenburg winkt ab. Keine Chan-ce für den preußischen Kronprinzen auf eine österreichische Erz-herzogin.[28]

Friedrich tobt. Innerlich und schriftlich. Dabei geht es eigent-lich gar nicht um die Braunschweiger Prinzessin. Entscheidend ist für ihn, dass er erneut dem eisernen und eigensinnigen Willen des übermächtigen Vaters gehorchen soll. Er geht so weit, am 18. Feb-ruar Grumbkow schriftlich anzukündigen, dass er den Gehorsam verweigern werde: »Und wenn man sich auf den Kopf stellt, so wird man doch nicht zum Ziele kommen. Denn ich will mich nicht für immer unglücklich machen.« Gleichzeitig bettelt er bei dem einflussreichen Günstling des Vaters um Alternativen: »Ich verweigere nicht die Heirat an sich; aber könnte ich doch wenigs-tens die Prinzessin von Eisenach oder die Schwester von der neh-men, die man mir aufladen will.«[29] Friedrich kannte beide nicht. Es ging ihm also offenkundig nur darum, dass *er* die Wahl traf und nicht der verhasste Vater.

Mit Bitten und Drohungen gleichermaßen macht sich der

erregte Friedrich in einer Fülle von Briefen an die Vertrauten seines Vaters Luft. Seine Worte werden immer schriller: »Kommt es zu der Ehe mit Elisabeth Christine, dann wird eine unglückliche Prinzessin mehr auf der Welt sein. […] Lieber will ich Hörner tragen.«[30]

Doch es bleibt bei der Prinzessin aus Braunschweig. Auf den Bildern der damaligen Zeit wirkt sie durchweg sehr hübsch und geistreich. Das Urteil in Berlin war konträr. König Friedrich Wilhelm I. hatte tatsächlich die Stirn, sie seinem Sohn in einem Brief als »weder hässlich noch schön« anzupreisen. Die Mutter, Königin Sophie Dorothea glaubte: »Die Prinzessin ist schön, aber dumm wie ein Bund Stroh, sie hat gar keine Erziehung. Ich weiß nicht, wie sich mein Sohn dieser Äffin anpassen soll.«[31]

Am Ende fügt sich Friedrich. Ihm graut vor der Brutalität des Vaters, denn schließlich steht er immer noch unter Arrest. »Wenn der König durchaus will, dass ich heirate, so will ich gehorchen«, lenkt er gegenüber Graf Schulenburg ein, fügt aber hinzu: »Danach lasse ich meine Frau sitzen und gehe meine Wege.« Als der entsetzte Protestant Schulenburg ihm religiöse Vorhaltungen wegen »Ehebruch mit Vorsatz« machen will, schneidet ihm Friedrich das Wort ab und setzt noch eins obendrauf: »Ich würde ihr die gleiche Freiheit lassen.«[32] Schulenburg dazu: »Ich erkannte, dass er nur deshalb heiraten will, weil er dann mehr Freiheit zu haben hofft.«[33]

Am 12. Juni 1733 fand im braunschweigischen Schloss Salzdahlum die Hochzeit statt. Wer war diese ungeliebte Prinzessin? Eigentlich war sie keine standesgemäße Partie für Friedrich, da ihr minderbemittelter Vater Herzog Ferdinand Albrecht in abhängigem Militärdienst des preußischen Königs stand, um sein Auskommen zu haben. Sie malte gerne; ein Selbstporträt entstand unter Anleitung des berühmten Antoine Pesne. Dieser wiederum malte sie im Jahr 1740 mit Nelken, die sie vor die Brust hält. Das Bild ist heute im Schloss Charlottenburg zu sehen, eine Kopie im Schloss Mosigkau bei Dessau; darauf wirkt sie wirklich bezaubernd. Nelken sind in der Blumensprache ein Zeichen der ehelichen Liebe. Und hier drückt sich sinnbildlich die besondere

Tragik dieser Ehe aus: Während er, Friedrich, rücksichtslos tut, was ihm gefällt, und ihr vollmundig die Freiheit anbietet, sich Liebhaber zu halten – zumindest theoretisch, praktisch musste er seinen angeberischen Liberalismus nie unter Beweis stellen –, während er sich also so verhalten will wie alle Fürsten seiner Zeit, so, wie er es am sächsischen Hof kennen- und schätzen gelernt hat, ist sie tatsächlich voll in ihn verknallt.

An ihre Großmutter schrieb sie drei Jahre nach der Hochzeit, da war sie erst einundzwanzig: »Ich möchte sagen, dass […] ich ganz stolz darauf bin, das Glück zu haben, die Frau eines so großen Fürsten zu sein, der jede gute Eigenschaft besitzt.« Das muss man sich einmal vorstellen! Der jede gute Eigenschaft besitzt! Und weiter heißt es ganz verliebt: »Man muss ihn lieben, wenn man ihn kennt.«[34] Da spricht eine tiefe Seele. Er hingegen quittiert diese Hingabe später mit demütigendsten Beleidigungen, als hätte er nicht selbst in seiner Jugend unter solchen Kränkungen gelitten. Seiner Schwester Ulrike stellte der Rüpel seine Frau Jahre nach der Hochzeit mit den Worten vor: »Dies ist meine alte Kuh.« Das zumindest berichtet entrüstet Reichsgraf Heinrich von Lehndorff, der Kammerherr Elisabeth Christines war.[35]

Dem jungen Paar stand in den ersten drei Ehejahren das Kronprinzenpalais in Berlin zur Verfügung. Doch eigentlich wohnte nur sie darin. Während der sonst so ruppige König Friedrich Wilhelm I. rasch damit begann, seine siebzehnjährige, hübsche Schwiegertochter mit Geschenken, Komplimenten und Liebenswürdigkeiten zu erfreuen – er neigte mit zunehmendem Alter dazu, sich in junge Mädchen zu verlieben –, litt sie anfänglich unter den Gehässigkeiten der Schwägerinnen. Schon im Laufe der Verlobungsfeierlichkeiten im März 1732, als Elisabeth Christine erstmals für einige Wochen in Berlin weilte, war es hinter ihrem Rücken zu niederträchtigen Äußerungen gekommen. Friedrichs dritte Schwester Charlotte, die nur ein Jahr jünger war als seine Braut und bereits mit deren Bruder Karl verlobt war, geiferte bei Tisch: »Ich wohnte eines Morgens ihrer Toilette bei, und mir verging der Atem, denn sie roch ganz erbärmlich, sie muss mindestens zehn oder zwölf Fisteln haben, anders lässt sich der Geruch nicht erklären. Ich bemerkte auch, dass sie schief gewachsen ist; ihr Rock ist an einer Seite auswattiert, und eine Hüfte sitzt ihr höher als die andere.«[36]

Hier passt die Bemerkung: Alles erstunken und erlogen. Zumindest was den körperlichen Teil angeht. Ob Elisabeth Christine wirklich erbärmlicher gerochen hat als andere Damen der damaligen Zeit, darf bezweifelt werden. Fest steht indes, dass sie diesbezüglich eher Anlass zur Klage über ihren Gatten gehabt hätte. Denn Friedrich war nachweislich sein Leben lang ein Schmutzfink. Hatte der Vater ihn schon als Kind ständig zur Reinlichkeit anzuhalten versucht, war er als junger Mann nur gelegentlich sauber. Graf Schulenburg beginnt seinen Bericht über den Besuch bei Friedrich in Küstrin im Oktober 1731 bezeichnenderweise mit den Worten: »Ich fand den Kronprinzen gewaschen (vor).«[37] Muss man das betonen, wenn es nicht etwas Besonderes ist? Als »Alter Fritz« wurde er dann berühmt für sein schäbiges Äußeres. Er muss schlimm ausgesehen (und gerochen) haben. Und machte damit auch noch Werbung. Er verkaufte der Öffentlichkeit seine mangelnde Hygiene und seine äußere Nachlässigkeit als Bescheidenheit!

Auch Wilhelmine kümmerte sich eines Tages um die »Neue«. Friedrich stellte sie seiner Braut vor: »Hier ist meine Schwester, die ich über alles liebe.« Damit signalisierte er Elisabeth Christine gleich, wo sie auf seiner Skala stand: weiter unten als die Schwester. Danach fuhr er in scharfem Ton fort: »Sie dürfen nicht das geringste unternehmen, ohne vorher ihren Rat eingeholt zu haben, verstehen Sie mich?«[38]

Solcherart war also die Atmosphäre in Berlin. Und Elisabeth Christine wurde gleich allein gelassen, zumindest von Friedrich. Dieser kehrte nach der Hochzeit zu seinem Regiment nach (Neu-)Ruppin zurück, und seine Frau langweilte sich im Palais Unter den Linden. Sie malte, schrieb Briefe an Verwandte – und wartete auf Friedrich. »Schon nach kurzer Zeit begann Elisabeth Christine zu kränkeln, klagte über Übelkeit und musste immer wieder das Bett hüten. Dieses immer wiederkehrende ›Unwohlsein‹ […] war offenbar nichts anderes als ein psychosomatisches Leiden: Elisabeth Christine vermisste ihr ›Zuhause‹, fühlte sich in Berlin zutiefst unglücklich und sehnte sich nach einer liebevollen Geste ihres Gemahls.«[39]

»Keinen besseren Freund«: Die Schwestern

Doch dieser hatte nach eigenem Bekunden in seiner »liebsten Schwester« Wilhelmine alles, wonach er sich als junger Mann bei einer Frau sehnte, sofern es nicht um körperliche Befriedigung ging. Ihr gestand er einmal, neben ihr gebe es für ihn »keinen besseren Freund auf der Welt«. Nur ihr könne er sein »ganzes Herz so öffnen wie Gott«.[40] Zu Graf Ernst Christoph Manteuffel (1679–1749), einem einstigen sächsischen Minister, der seit 1730 in Berlin lebte, sagte er im Juli 1736 anlässlich eines großen Soupers über Wilhelmine: »Die hört das Gras wachsen und weiß besser Bescheid, als man glaubt.« Das war auch als Warnung gedacht, denn Manteuffel stand sich mit Seckendorff gut.[41]

Und Wilhelmine? Natürlich nahm der Vater damals im August 1730 zu Recht an, dass sie von dem Komplott Friedrichs und Kattes Kenntnis hatte. »Und da er in Justizdingen sehr rasch bei der Hand war, warf er sie mit Fußtritten aus einem bis zum Boden reichenden Fenster hinaus«, weiß Voltaire vom Hörensagen zu berichten. »Die Königinmutter, die zugegen war, konnte ihre Tochter gerade noch bei den Röcken festhalten. Der Prinzessin verblieb eine Quetschung unter der linken Brust, die sie ihr ganzes Leben lang als Zeichen väterlicher Gefühle behielt und deren Narbe sie mir zu zeigen geruhte.«[42]

Außerdem wurde sie schon wenige Wochen nach dem Fluchtversuch ihres Bruders, im November 1730, für ihre Mitwisserschaft auf ewiglich bestraft, indem der König sie kurzerhand mit dem völlig unbedeutenden Friedrich von Brandenburg-Bayreuth, dem Erbprinzen des Markgrafentums Bayreuth, einer Nebenlinie der

Hohenzollern, verheiratete. Aus der Traum vom englischen Königsthron!

Eigentlich hätte sie zeitlebens wütend auf den Bruder sein können. Denn es war sein Fluchtversuch, der ihre durchaus berechtigten Hoffnungen auf eine Hochzeit mit dem englischen Thronfolger endgültig zunichtemachte. Doch kein Wort, keine Klage davon in ihren Memoiren. Aus ihrer Sicht trug stets der Vater die Verantwortung dafür, wie alles gekommen war.

Am Rande bleibt noch zu bemerken: Der englische Thronfolger Friedrich Ludwig starb 1751, neun Jahre vor seinem Vater. Somit wäre Wilhelmine, selbst wenn ihr Jugendtraum in Erfüllung gegangen wäre, nie Königin von England geworden. Und jene Prinzessin Amalie (Emily), die zu heiraten sich Friedrich mehrfach schriftlich verpflichtet hatte? Auch sie wurde nicht glücklich. Sie starb einsam und unverheiratet wenige Wochen nach Friedrichs Tod, im Oktober 1786.

Für Wilhelmine war Bayreuth der Schock ihres Lebens: Die Beschreibung ihres Empfangs in Hof, der ersten Stadt auf Bayreuther Gebiet, bleibt unübertroffen scharfzüngig: »Der Hofmarschall von Reitzenstein mit einigen Herren des Hofes und dem ganzen Adel der Umgegend erwarteten mich vor der Treppe, wenn man eine hölzerne Leiter so nennen darf. [...] Sie sahen alle aus wie der Knecht Ruprecht; statt der Perücken ließen sie ihre Haare tief ins Gesicht hinein fallen, und Läuse von eben so alter Herkunft wie sie selbst hatten in diesen Strähnen seit undenklichen Zeiten ihren Wohnsitz aufgeschlagen; ihre sonderbaren Figuren waren mit Gewändern behangen, deren Alter hinter dem der Läuse nicht zurückstand. [...] sie dünkten sich in diesen antiken Lumpen so imposant wie der Kaiser [...] Endlich machte ich mich von dieser Arche Noah los und ging zu Tisch.«[43]

Nach der Thronbesteigung Friedrichs trieb sie stets die Sorge um, der ihr so wesensverwandte Bruder könnte, erfüllt von seiner Aufgabe als Monarch, ihr die bisherige Anteilnahme an seinem Leben vorenthalten. Während Friedrich mit seinem Kriegsruhm Europa erschüttert, sieht sie sich in der Provinz verkümmern, vor allem da ihr Gatte es vorzieht, seine Zeit mit Mätressen zu verbringen. Deshalb kommt es vorübergehend zu einer Entfremdung auch zwischen ihr und Friedrich. Denn die in ihrer Frauenehre tief gekränkte Wilhelmine wird die Hauptmätresse ihres »haltlosen Gemahls« dadurch los, dass sie sie mit einem österreichischen Grafen verheiratet. Der königliche Bruder ist ausdrücklich dagegen, da er gerade mit Österreich Krieg führt und keinerlei Gefälligkeiten von dort entgegennehmen will; die Hochzeit galt als eine solche. Doch Wilhelmine gehen in diesem Fall persönliche Interessen vor der hohen Politik ihres Bruders. Sie widersetzt sich ihm und wird die Rivalin los.

Somit dürfte Wilhelmine die einzige Person im Leben Friedrichs gewesen sein, die es sich erlauben konnte, ungestraft gegen den Willen des »Großen« zu handeln, seitdem er den Thron bestiegen hatte. Das allein ist schon aussagekräftig genug über das besondere Verhältnis dieser beiden Geschwister. Friedrich reagierte zwar beleidigt auf die »Eigenmächtigkeit« seiner Schwester. Dem Bemühen des Bruders August Wilhelms und einer Hofdame ist es indes zu verdanken, dass im Jahr 1747 eine völlige Versöhnung der beiden herbeigeführt werden konnte. Wieder schreibt er Wilhelmine vertraulichste Briefe und erhält bis zu ihrem Lebensende ihre dankbaren und beglückenden Gegenbeweise tiefster Seelenverwandtschaft. »Beide haben in dieser Verbindung, deren Stetigkeit und Tiefe außerordentlich ist, gefunden, was beiden die Ehe versagte: kongeniales Verständnis, völlige Ergänzung des eigenen Wesens und einen durch äußere Trennung kaum behinderten inneren Austausch.«[44]

Ein Jahr vor ihrem Tod am 10. August 1757 schreibt sie dem Bruder wie eine Geliebte: »Ich weiß, lieber Bruder, dass Du das Herz begehrst. Das meinige gehört Dir ganz. Meiner Hingabe wird nur mein Tod ein Ziel setzen. […] Mein Herz würde vom Morgen bis zum Abend plaudern, wenn es sprechen könnte, und Dir alles erzählen, was es für den teuren Bruder empfindet.«[45]

Sie stirbt im Alter von neunundvierzig Jahren am 14. Oktober 1758, dem Tag, an dem er die blutige Niederlage bei Hochkirch erleidet. Solche Phänomene sind aus der Parapsychologie weidlich bekannt. In seiner *Geschichte des Siebenjährigen Krieges* setzt er ihr dann in dritter Person ein literarisches Denkmal: »Die zärtlichste, die festeste Freundschaft verband den König mit seiner würdigen Schwester. Ihre Bande hatten sich schon in zarter Kindheit geknüpft. Gleiche Erziehung und gleiche Anschauungen hatte sie gefestigt. Eine Treue, die jeder Probe standhielt, machte sie unauflöslich.«[46]

Friedrich hatte sechs weitere Schwestern; eine namens Charlotte war im Jahr 1714 im Babyalter verstorben. Ihr rückte eine andere Charlotte nach. Dem Grafen Manteuffel vertraute er einmal seine Ansichten über diese Schwester an. Er schätze Charlotte (1716–1801) »sehr wegen ihrer Munterkeit und ihres Mutterwitzes«. Sie sei »ein wahrer Hanswurst, und ihr Mutwille kommt auch in ihren Briefen zum Ausdruck«, erklärte Friedrich doppeldeutig. In der Familie trug sie den Spitznamen »die dulle Lotte«, war von einfacherem Gemüt und gefiel dadurch dem Vater, weil sie seinem Wesen am nächsten kam. Charlotte war die Lieblingstochter Friedrich Wilhelms I. Logischerweise konnte Wilhelmine sie deshalb nicht ausstehen. Sie fand, dass sie sich dem Vater anbiedere, oder, wie es damals hieß, »sie hatte ein einschmeichelndes Wesen, war stets freundlich, gefällig und sanft«. Wilhelmine schreibt bissig: »Ich kannte ihr Inneres nicht, sonst hätte ich meine Freundschaft einem würdigeren Gegenstand zugewandt.«[47]

Ihre Ehe mit Karl I. von Braunschweig-Wolfenbüttel, dem Bruder der Elisabeth Christine, verlief über viele Jahre offenbar glücklich. Mit Friedrich hatte sie nichts gemeinsam, weder was das Temperament angeht, noch die Interessen. Ihre Vorliebe galt nämlich der deutschen Literatur, die ihr Bruder verachtete. Diese Neigung verstand sie, an ihre Tochter Anna Amalia weiterzugeben, die dereinst als Herzogin in Weimar die berühmte Anna-Amalia-Bibliothek gründete. Charlotte starb im hohen Alter von fünfundachtzig Jahren in Braunschweig.

Über Sophie (1719–1765), die in der Familie »die gute Tobise« genannt wurde, urteilte Friedrich, »dass sie das beste Herz von der

Welt und viel gesunden Verstand« habe. Doch fürchtete er stets, dass ihr Mann Friedrich Wilhelm von Brandenburg-Schwedt sie verderben werde. Diesen »tollen Markgrafen«, wie er aufgrund seiner Verrücktheiten im Volk genannt wurde, hätte einst Wilhelmine auf Betreiben des Alten Dessauer heiraten sollen. Friedrich bezeichnet seinen Schwager aus Schwedt als »den größten Narren und Lumpen im ganzen Land«.[48] Die Tochter aus dieser Ehe, Anna Elisabeth Luise, heiratete später ihren Onkel Ferdinand, den jüngsten Bruder Friedrichs. Sophie starb bereits 1765 mit fünfundvierzig Jahren.

Friederike Luise (1714–1784) soll die hübscheste Schwester gewesen sein. Sie war erst fünfzehn Jahre alt, als sie den um nur zwei Jahre älteren Markgrafen Karl Wilhelm aus Ansbach heiraten musste, ebenfalls eine Nebenlinie der Hohenzollern. Einst wurde dieses Gebiet von der Hauptlinie regiert, den Burggrafen von Nürnberg. Obwohl seine Frau bildhübsch war, vergnügte sich dieser »wilde Markgraf« mit zahlreichen Frauenzimmern beliebiger Herkunft. Wilhelmine charakterisierte Friederike einmal als »engelschön aber launisch« und als »schlecht erzogen«; sie lebte mit ihrem Mann »wie Hund und Katz«. Auch Friedrich, von dem keine besondere Zuneigung zu Friederike bekannt ist, erfuhr von dem Dauerkrach der beiden »Kinder auf dem Ansbacher Thron« und vermerkte: *Ils se haissent comme le feu* – »sie hassen sich wie Feuer«. Bevor eine Bombenexplosion 1945 die Fensterscheiben des Zimmers, das Friederike bewohnte, zerstörte, konnte man auf einigen von ihnen Inschriften lesen, die mit einem Diamant eingeritzt waren.[49] Friederike hatte den Satz eingekratzt: *Je souffre sans oser le dire* – »ich leide, ohne dass ich es zu sagen wage«, und daneben fand sich die Antwort ihres Mannes: *Un cœur sans amour est comme une armée sans tambour* – »ein Herz ohne Liebe ist wie eine Armee ohne Trommler«. Diese Antwort hätte von Friedrich stammen können. Friederike wurde nach der Geburt zweier Kinder verrückt und starb 1784 in geistiger Umnachtung.

Die einzige Schwester, die es schließlich auf einen Thron schaffte, war Luise Ulrike (1720–1782): Sie wurde 1744 mit dem König

von Schweden verheiratet. An späterer Stelle wird noch auf sie einzugehen sein. Gleiches gilt für die kokette Amalie (1723–1787), die
jüngste Schwester Friedrichs, die als Einzige unverheiratet blieb
und um die sich Sagen und Legenden ranken. Nach dem Tod Wilhelmines unterhielt Friedrich mit ihr den engsten Kontakt.

»Meine beste Mama«: Die Brieffreundinnen

Dass Friedrich der Große zahlreiche Korrespondenzen mit allen
möglichen Herren Philosophen, Militärs, Künstlern, Architekten
und sogenannten Intimi führte, wissen viele. Weniger bekannt ist,
dass er auch mit Frauen auf hohem intellektuellem Niveau lange in
Briefwechsel stand, sogar während der dunkelsten Tage seiner
Kriege. Zu nennen ist hier zunächst die sechsundzwanzig Jahre ältere Gräfin Sophie Charlotte von Camas (1686–1766). »Da ist nicht
viel von hoher Politik und großen Kriegstaten, von oft überschwänglicher Beteuerung der Bewunderung und Verehrung, wie
in den Briefen an Luise Dorothea, Herzogin von Sachsen-Gotha
oder Maria Antonia, Kurfürstin von Sachsen die Rede«, schreibt
Hans Droysen, der sich wie kein zweiter mit den Briefen Friedrichs
beschäftigt hat. Die Korrespondenz mit Gräfin Camas »zeigt uns
den König von der liebenswürdigsten Seite, und aus den Antworten der Gräfin begreift man das Vergnügen, das der König an diesem Briefwechsel fand«[50].

Gräfin Camas war fast so alt wie Friedrichs Mutter, zählte zum
Kreis des »Mittwochskollegiums« der Madame de Rocoulle und
freundete sich mit Elisabeth Christine an, die Friedrich 1742 darum
bat, sie als ihre Oberhofmeisterin übernehmen zu dürfen. Friedrich erfüllte diese Bitte seiner Frau mit Freuden. Sie zählte später
zu den vier Damen, die er gerne im kleinen Kreis um sich hatte und
die er ab 1763 jeden Silvesterabend mit seiner Schwester Amalie zu
einer sogenannten Confidenztafel einlud. Zum Zeichen, dass jetzt
die Damen die Herrschaft hätten, lagen hier eine Krone und ein

Szepter aus Zucker auf jedem Gedeck. Als seine Vertraute in der unmittelbaren Nähe seiner ungeliebten Gattin übernahm sie oft eine Vermittlerrolle. Gräfin Camas starb 1766 im Schloss Schönhausen. Im Kondolenzschreiben an seine Frau zeigte sich Friedrich tief bewegt: »Es ist ein wahrer Verlust, die Frau von Camas […]. Wenn ich sie wieder zum Leben erwecken könnte, täte ich es auf der Stelle.«[51]

Gräfin Camas war im Grunde genommen ein Mutterersatz für Friedrich. Das Verhältnis zu seiner eigenen Mutter war von Kindheit an belastet durch die schweren Ehekrisen seiner Eltern. Sophie Dorothea versuchte die Kinder stets auf ihre Seite zu ziehen. Bemerkte dies ihr Mann, ließ er seine Wut an den Kindern, zumal an Friedrich, aus. Pflichteten die Kinder hingegen dem Vater bei, war die Mutter erbost. Eine neutrale Haltung der Kinder wurde von beiden Eltern gleichermaßen mit Liebesentzug bestraft. Der Gräfin Camas dagegen konnte Friedrich völlig unbefangen sein Herz ausschütten, ohne dass er negative Folgen befürchten musste. Deshalb sprach er sie stets mit »meine beste Mama« an.

Am 2. August 1744 dankt er ihr, »dass Sie die Sorgen der Freundschaft mit mir teilen wollen; ich liebe Sie darum nur noch mehr« […] und klagt dann: »Vergessen Sie einen Freund nicht, mit dem man spielt, wie mit dem König im Schach, dem man alle Steine wegnimmt.«[52] Mit dieser etwas exaltierten Ausdrucksweise bezieht sich Friedrich auf die Abreise seiner Schwester Ulrike nach Schweden, die ihm tatsächlich sehr nahegegangen sein muss. Ein andermal schreibt er: »Meine beste Mama Camas, Sie sind die beste Person auf der ganzen Welt. Ich umarme Sie von ganzem Herzen.« Er schmeichelt: »Wenn alle Welt den Menschenverstand auf dem Rücken trüge, wie Sie ihn unter Ihrer Haube tragen, würde man in der Welt nicht so viel Tollheiten geschehen sehen, wie es der Fall ist.«[53] In seinen Briefen an sie fasst er oft seine Politik und seine militärischen Erfolge oder Niederlagen in knappen Worten zusammen; daneben findet sich allerlei Alltägliches, das Friedrich als ganz gewöhnlichen Sterblichen zeigt.

Sie wiederum gratuliert ihm zu seinen Siegen und tröstet ihn über die Niederlagen. Ganz wie eine Mutter schreibt sie ihm jährlich zum Geburtstag, manchmal zu sehr darauf bedacht, die höfische Form zu wahren. Das äußert sich dann in Sätzen wie: »Ich rechne so stark auf die Güte E.[urer] M.[ajestät], dass ich mir ohne Zaudern die Freiheit nehme, Sie zu Ihrem Geburtstag zu beglückwünschen.« Auch Kurioses findet sich in dieser Korrespondenz. Am 30. November 1762 – noch tobt der Siebenjährige Krieg – schreibt Gräfin Camas von Magdeburg aus: »Ich kann nicht genug bewundern, wie E. M. inmitten Ihrer Arbeiten und all der Mühe, die Sie ohne Zweifel begleiten, noch daran denken, uns anderen das Leben angenehm zu machen. Ich erhalte eben Ihren ausgezeichneten Tabak. Ich habe gleich davon mit einem wahren Entzücken genommen.«[54]

In einem völlig andersartigen Briefwechsel stand Friedrich mit der nahezu gleichaltrigen Herzogin Luise Dorothea von Sachsen-Gotha-Altenburg (1710–1767). Mit ihr verbanden ihn philosophische, kulturelle und allgemein intellektuelle Interessen – und die Bekanntschaft mit Voltaire. In gewisser Weise war er mit ihr nicht nur seelenverwandt, war doch ihre Stiefmutter eine Tochter des Großen Kurfürsten. Zu Beginn des brieflichen Gedankenaustausches stand indes eine Beschwerde der Herzogin. In ihrem ersten Schreiben kurz nach seiner Thronbesteigung im Jahr 1740 »wehrte sie sich gegen die Soldatenwerbung von preußischen Werbern in ihrem Lande; denn auf Grund des Westfälischen Friedens von 1648 verbot die Gothaer Landesordnung von 1666 den Untertanen die Annahme ›aller auswärtigen Kriegsdienste‹ und drohte fremden Werbern Strafe an. Die Überheblichkeit des Königs gegenüber dem ihm unbekannten kleinen Herzogtum wich aber der Hochachtung vor der selbstbewussten Herzogin in Gotha, wie sich später zeigte, als Luise Dorothea den König 1748 in [einer] Vormundschaftssache um diplomatischen Beistand in Wien bat«,[55] schreibt Helmut Roob.

Doch der Gesinnungswandel Friedrichs ist wohl eher darauf zurückzuführen, dass der Mann Luise Dorotheas, der Gothaer Herzog, dem politischen Druck aus Potsdam nachgab und sechshundert thüringer Rekruten für Friedrichs Armee nach Preußen schickte. Der spätere Briefwechsel mit der Gothaer Herzogin enthielt zahlreiche philosophische Betrachtungen. Während Friedrich »Gottes Fügung« im Leben bezweifelt und eher an »Glück und Zufall« glaubt, verteidigt Luise Dorothea entschieden ihren festen protestantischen Glauben. Sie teilte mit Friedrich die Auffassung, »dass die Regierung eines aufgeklärten Fürsten von Vernunft geleitet und auf die Erhaltung des Landes und das Gemeinwohl der Untertanen gerichtet sein sollte«,[56] setzte davon aber ähnlich wenig in die Tat um wie der preußische König.

Friedrich besuchte sie während und nach dem Siebenjährigen Krieg mehrfach. Der Kontakt zwischen beiden blieb in erster Linie eine Geistesverwandtschaft.

Mit der Landgräfin Karoline Henriette von Hessen-Darmstadt (1721–1774) stand Friedrich nicht nur in brieflichem, sondern auch in familiärem Kontakt. Nach ihrem Tod machte Goethe sie unter dem Namen »die Große Landgräfin« in seinen Lebenserinnerungen »Dichtung und Wahrheit« weltberühmt. Ebenso wie Charlotte von Braunschweig schätzte sie die deutsche Literatur. An Friedrich hingegen ging die Moderne, der Zeitgeist, im letzten Drittel seines Lebens vorüber. Während er bis zum Schluss nur französische Werke las, unterhielt die hessische Landgräfin bereits Kontakte zu Herder, Goethe und Wieland. Allerdings bevorzugte auch sie die französischen Philosophen. Friedrich war dermaßen von ihr beeindruckt, dass er nach ihrem Tod den Angehörigen eine marmorne Urne schickte, mit der für ihn typischen Aufschrift: »*Femina sexo, ingenio vir* – vom Geschlecht her eine Frau, vom Geist her ein Mann«.[57] Die Urne ist heute noch im Herrngarten zu Darmstadt zu sehen. Eine enge verwandtschaftliche Beziehung der beiden entstand durch die Tochter der Landgräfin, Friederike (1751–1805), die 1769 Friedrichs Neffen heiratete, den »Dicken Lüderjahn«, der Friedrich als König auf den preußischen Thron folgte.

Auch mit Maria Antonia Walburga, der Kurfürstin von Sachsen (1724–1780) tauschte Friedrich rege Briefe aus; vielmehr sie mit ihm. Sie war kulturell hochgebildet und politisch interessiert.

Nach dem Tod ihres Schwiegervaters und mehr noch dem ihres Mannes im Oktober 1763 mischte sie kräftig in den Regierungsangelegenheiten Sachsens mit, wobei ihr Hauptinteresse der Behauptung der polnischen Königskrone galt. Sie führte einen ausgedehnten Briefwechsel mit Friedrich und suchte ihn zudem zweimal persönlich in Sanssouci auf, wobei es ihr stets um die Verhinderung einer Teilung Polens ging. Als Musikliebhaberin, die mehrere Instrumente spielte und sogar als Sängerin auftrat, hoffte sie den gleichgesinnten preußischen König auch für ihre politischen Ziele zu gewinnen. Vergebens.

Denn Friedrich war längst geübt darin, den politischen Wünschen, Zielen und Intrigen anderer Staaten und Monarchen mit Vorbehalt zu begegnen. Als Jugendlicher war er oft noch naiv gewesen, wie sich am vertraulichen Umgang mit dem sächsischen Diplomaten Ulrich Friedrich von Suhm erkennen lässt. Mit der Zeit aber durchschaute er, auch geschult durch die exzellente Beobachtungsgabe seiner Schwester Wilhelmine, welche Ziele die Vertreter ausländischer Höfe verfolgten. Denn in Berlin tummelten sich zahlreiche Repräsentanten deutscher Kleinstaaten sowie französische, englische und österreichisch-kaiserliche Diplomaten und Politikspekulanten. Friedrichs Verhalten ihnen gegenüber, jede seiner Äußerungen in der Öffentlichkeit wurde von diesen »Gesandten« akribisch festgehalten, interpretiert, analysiert, an die heimische Regierung weitergegeben und in erneute politische Handlungen beziehungsweise Gegenmaßnahmen umgesetzt. Ein Meister darin, die Informationen aus Berlin für die eigene Politik zu nutzen, war Prinz Eugen.

»Korallenrote Lippen«: Rheinsberg

Ich liebe vor allem Friedrichs Sinfonie in D-Dur. Das ist gelöste Musik,
im wahrsten Sinne des Wortes gut gelaunt und gelassen – Züge, die ja auch
große Teile von Friedrichs Wesen ausgemacht haben und sicher auf
seine Staatsführung abfärbten. Holger Wemhoff, Klassikradio

Was wäre, wenn: Begegnung mit Prinz Eugen

Prinz Eugen (1663–1736) war einer der einflussreichsten Männer
im Leben Friedrichs. Nie direkt, immer im Hintergrund, dafür
aber tiefgreifend und nachhaltig. In Paris als Sohn des Grafen von
Soisson aus dem Hause Savoyen geboren und aufgewachsen, wurde er mit zwanzig aufgrund seiner schwächlichen Konstitution
von der französischen Armee zurückgewiesen und bot verärgert
seine Dienste dem Gegner Österreich an. Dort bewährte er sich im
kaiserlichen Heer mit glänzenden Siegen gegen die Türken und gegen seinen ehemaligen König, Ludwig XIV. von Frankreich. Im
Spanischen Erbfolgekrieg errang er den Ruf des bedeutendsten
Feldherrn seiner Zeit und wurde damit dem heranwachsenden
Friedrich stets als militärisches Vorbild angepriesen.

Indem Prinz Eugen mit Hilfe seines Berliner »Botschafters«
Seckendorff Einfluss auf die Eheschließung Friedrichs genommen
hatte und damit maßgeblich die Abwendung Preußens von England erreichte, hat er die deutsche, ja die europäische Politik der
nächsten zweihundert Jahre entscheidend mitbestimmt und trägt
wesentlichen Anteil an dem Schicksal und dem persönlichen
Glück und Unglück der beiden Geschwister Wilhelmine und
Friedrich sowie dessen Zwangsgattin Elisabeth Christine. Irgend-

wann beschlich Prinz Eugen die Sorge, dass seine Machenschaften in Berlin entdeckt werden würden und dass dies Folgen haben könnte. In einem Brief vom 9. März 1732 aus Wien an Seckendorff in Berlin zeigte er sich zwar höchst zufrieden darüber, dass sein Plan, die Heirat Friedrichs mit Elisabeth Christine von Braunschweig, Erfolg gehabt hatte. Gleichzeitig befürchtete er, der Kronprinz werde eines Tages dahinterkommen, und mutmaßte, dass dessen »Groll immerdar im Herzen ihm geblieben und […] mithin eher ein schlimmer als guter Effect für den kaiserlichen Dienst zu vermuten ist«.[1] Prinz Eugens Ahnung trog ihn nicht. Friedrich wusste längst über die Hintergründe Bescheid, hatte Seckendorff Jahre zuvor durchschaut und weder ihm noch dem Wiener Hof diese Intrige je verziehen. Nur – zum damaligen Zeitpunkt kam er nicht gegen den Vater an, der in seiner sträflichen Naivität nichts von alledem begriff.

Natürlich drängt sich an dieser Stelle die Frage auf, was gewesen wäre, wenn sich dieser »edle Ritter«, wie er in einem Leipziger Volkslied aus dem Jahr 1719 genannt wird, aus den preußischen Angelegenheiten herausgehalten hätte? Man mag diese Frage für müßig halten. Ich erlaube mir dennoch folgende Überlegung, damit man die Dimension der Eugen'schen Einmischung versteht: Wäre die Doppelhochzeit von Wilhelmine und Friedrich mit den jeweiligen englischen Königskindern zustande gekommen, spricht alles dafür, dass Friedrich nie einen Schlesischen Krieg geführt hätte. Insofern könnte man Prinz Eugen sogar anlasten, dass seine Beeinflussung der preußischen Politik nur vier Jahre nach seinem Tod Österreich den größten Schaden im damaligen Jahrhundert zugefügt hat, nämlich den Verlust Schlesiens.

Ohne Prinz Eugens Machenschaften in Berlin hätte Friedrich, wie von seinem möglichen Schwiegervater, dem englischen König Georg II. gewünscht, seinen Blick vom Schloss Herrenhausen bei Hannover, und nicht von dem damals winzigen Potsdam aus, in die weite Welt des British Empire gerichtet; er hätte später englische Truppen befehligt. Preußens, Deutschlands und Englands Schicksal wäre komplett anders verlaufen.

So aber trat im Jahr 1733 Österreich mal wieder in einen seiner vielen Kriege ein. Diesmal ging es nicht um den spanischen, sondern um den polnischen Thron: Am 1. Februar 1733 war August der Starke, König von Polen und Kurfürst von Sachsen, gestorben. Frankreich glaubte das Recht zu haben, Stanislaw Leszczyński, den Schwiegervater Ludwigs XV., als König von Polen auszurufen; Österreich und Russland waren dagegen. Und schon brach wieder ein Krieg aus. Es ist nachgerade zynisch, dass Friedrich dem Großen und Preußen als Ganzem bis heute das Image des Militarismus anhängt, während Prinz Eugen und das damalige Österreich eine solche Wertung zumindest ebenfalls verdient hätten.

Am 30. Juni 1734 zog Friedrich erstmals in den Krieg – auf österreichischer Seite! Er war Teil jener preußischen Hilfstruppen, die im Auftrag seines Vaters Friedrich Wilhelm I. am Rhein für die kaiserlich-österreichische Sache kämpfen sollten. Zehntausend Mann seiner sonst so gehätschelten Soldaten hatte der alte König für eine Sache abgestellt, die nicht die seine war, nur um dem deutschen Kaiser in Wien wohlgefällig zu sein. Dies wird in der Geschichtsschreibung oft unterschlagen, heißt es doch bis heute in vielen Werken über Friedrich Wilhelm I., er habe zwar viele Soldaten unterhalten, aber nie Krieg geführt. Der Vater gab Friedrich die Weisung mit, vor allem Prinz Eugen kennenzulernen. Er sollte »den Kriegsverlauf genau beobachten und die Beweggründe der Maßnahmen erforschen«.[2]

Friedrich traf also nun endlich persönlich jenen Mann, der bisher so tiefgreifend sein Leben bestimmt hatte. Zwar gewann er vor der Legende Prinz Eugen trotz dessen altersschwacher und kränklicher Erscheinung »die höchste Achtung«, gewahrte aber, dass der Krieg zögerlich geführt wurde und die Truppen offen ihre Unlust zeigten. In dem Vierteljahr seines »Kriegsdienstes« sah er, dass »man aus der Verwirrung und Unordnung, die in dieser Armee stecken, eine Lehre ziehen kann«.[3] Er zog sie, sechs Jahre später.

Im Herbst 1734 wurde Friedrich indes wieder nach Berlin zurückbefohlen, um dort erstmals einen Teil der Regierungsgeschäfte vom Vater zu übernehmen, der unter Depressionen litt und kränkelte. Eine der Aufgaben, um die sich Friedrich kümmern musste, war die Überwachung der Eingliederung von 20000 Flüchtlingen in der weit entfernten »Provinz« Preußen, dem späteren Ostpreußen. Das Erzbistum Salzburg, das bis 1816 ein unabhängiger katholischer Staat war, hatte 1731 beschlossen, sich von seinen unbeugsamen evangelisch-lutherischen Gläubigen zu trennen; der Erzbischof wies sie einfach aus. Zu ihrem Glück erklärte sich der preußische König Friedrich Wilhelm I. bereit, die Glaubensflüchtlinge aufzunehmen. Am 30. April 1732 kamen die ersten 843 Salzburger in Berlin an; insgesamt begaben sich 20000 von ihnen unter den Schutz der preußischen Krone. Damals entstand das geflügelte Wort: »Preuße wird man nur aus Not, ist man's geworden, dankt man Gott.«

Friedrich Wilhelm I. handelte nicht nur aus Nächstenliebe für die protestantischen Glaubensbrüder. Seit 1656 litt Ostpreußen unter dramatischem Bevölkerungsschwund. Erst hatten Tataren 34000 Menschen in die Sklaverei entführt, dann starben 1709 mehr als 200000 Einwohner, das war ein Drittel der Bevölkerung, an der Pest. Jener Zipfel Land, auf den sich immerhin das Anrecht der preußischen Königswürde stützte, drohte zu verelenden. Da kamen die Salzburger gerade recht. Der König beauftragt seine Beamten: »Ihr werdet alle Sorge fürkehren, dass sie wohl eingesetzt werden […][außerdem] muss man suchen, Ihnen das Pflügen und was sonst zum ackerwerk gehöret, recht zu lernen.«[4] Den Salzburgern wurden Land, Vieh, Ackergeräte und Saatgut gestellt; sie erhielten großzügige Kredite und das Wichtigste in der damaligen Zeit: langfristige Befreiung vom Militärdienst. 15000 Ankömmlinge wurden allein im Raum Gumbinnen angesiedelt. Auch Königsberg und Insterburg blühten wieder auf. Sechs neue Städte und 332 Dörfer entstanden. Als Friedrich im Sommer 1735 gemeinsam mit dem Vater eine Inspektionsreise nach Ostpreußen unternahm, zeigte er sich stark beeindruckt vom Erfolg der Siedlungspolitik. Sie währte nur zweihundert Jahre. Die Nachkommen dieser Flüchtlinge mussten 1945 erneut aufbrechen und alles hinter sich lassen.

Doch nicht allein wegen der Unterstützung bei der Amtsführung hatte König Friedrich Wilhelm I. seinen Sohn vom Kriegsschauplatz am Rhein zurückbeordert; das war die offizielle Version. Eigentlich ging es dem König um etwas ganz anderes: um einen Enkel, der die Thronfolge sichern sollte.

»Venus opfern wir im Schoß der Nacht«: Er und sie

Denn zwei Jahre nach der Hochzeit wird der preußische König ungeduldig. Am 8. November 1735 schreibt er seiner Schwiegertochter: »Madame, da heute Ihr Geburtstag ist, beglückwünsche ich Sie von ganzem Herzen und wünsche Ihnen ein langes Leben und in einigen Monaten einen dicken, wackeren Jungen. Ich sende Ihnen eine Kleinigkeit als Geschenk; sehen Sie darin ein Zeichen meiner Freundschaft. Ich verbleibe Ihr treuer Vater Friedrich Wilhelm.«[5]

Damals wurde zwar Kinderlosigkeit in einer Ehe stets der Frau angelastet, in diesem Fall jedoch fiel es er Außenwelt nicht schwer, zu erkennen, dass der Mangel an Nachkommenschaft auch an Friedrich liegen könnte. Eines Tages von Graf Manteuffel darauf angesprochen, entgegnete Friedrich: »Ich kann meine Frau nicht mit Leidenschaft lieben, und so liebe ich sie mehr pflichtgemäß als aus Neigung.« Manteuffel schildert sodann die weitere Unterhaltung: »Mir scheint, dass Eure Königliche Hoheit nicht genug Gewicht darauf legen; denn sonst müssten Sie unfehlbar Nachkommen haben, da ich überzeugt bin, dass die Prinzessin schön ist und durchaus imstande, Kinder zu bekommen.«

»Das ist richtig, sie ist sehr hübsch, aber ich bin nie in sie verliebt gewesen. Trotzdem müsste ich der verworfenste Mensch sein, wenn ich sie nicht wirklich hochschätzte; denn erstens ist sie von sehr sanfter Gemütsart, zweitens so willfährig wie denkbar, und drittens tut sie mir alles zu Gefallen. Sie kommt mir sogar in allem entgegen, was mir nach ihrer Meinung Freude machen kann. Sie kann sich deshalb auch nicht beklagen, dass ich sie vernachlässige. Ich weiß also wirklich nicht, woran es liegt, dass ich kein Kind habe.« – »Eure Königliche Hoheit widmen sich ihr vielleicht nicht genug.« – »Da haben Sie vielleicht recht. Aber hier in Berlin bin ich stets unruhig und verängstigt, sehe mich jederzeit angefahren und misstrauisch beobachtet.«[6]

Friedrich war also gehemmt durch die ständige Aufsicht des Vaters und dessen allzu deutliches Drängen. Einmal ging er sogar so weit, die seltenen Besuche beim Vater mit einem »Vorgeschmack des Todes« gleichzusetzen.[7]

Der Vater erkannte wohl, wo das Problem liegen könnte. Und so siegte sein Interesse an Nachkommen seines Sohnes über seinen Überwachungsdrang. Gleich nach der Hochzeit hatte er 1733 Schloss Rheinsberg in der Nähe von Neuruppin als Geschenk für das junge Paar erworben. Zwar erreicht man Rheinsberg heute von Berlin aus mit der Bahn oder dem Auto in einer Stunde, aber man ahnt auf dem nach wie vor verzwickten Weg dahin, dass dieses Schloss bei damaligem Empfinden weitab von Berlin lag, räumlich wie gesellschaftlich; im märkischen Wald versteckt, an einem malerischen See gelegen, fern jeder Zivilisation. Ein ideales »Liebesnest« also.

Der Architekt Knobelsdorff (1699–1753) mit dem exotischen Vornamen Georg Wenzeslaus baute bis 1736 die alte Wasserburg um, jedoch nicht ganz nach den Wünschen Friedrichs. Knobelsdorff war ein überzeugter Anhänger der »edlen Einfachheit« der griechischen Baukunst; dies hat sein Verhältnis zu Friedrich, der den Überschwang des Rokoko liebte, frühzeitig getrübt. Doch noch muss Friedrich hinnehmen, was er bekommt. Bezahlt hat es zudem Elisabeth Christine mit ihrer Mitgift. Im Sommer desselben Jahres zog das Paar in seine Waldidylle ein – und beide waren begeistert! Endlich, endlich waren sie ohne Aufsicht, und wenn sie wollten, auch miteinander allein. Vor allem Elisabeth Christine beschreibt ihrer Großmutter in heller Freude den Tagesablauf in Rheinsberg: »Von halbzwei bis drei dinieren wir, dann trinken wir den Kaffee und bleiben dabei bis vier Uhr zusammen, dann liest und studiert er wieder bis sieben Uhr abends, wonach bis neun Uhr Musik gemacht wird.«[8] Erst um zwei Uhr nachts geht das Paar zu Bett, und »so geht die Zeit rasch dahin [...] und ich bedaure immer, wenn der Tag zu Ende ist, aber ich befinde mich dabei vortrefflich«, freut sich Elisabeth Christine.

Er sieht es genauso: »Ich bin glücklich, diese Stätte zu besitzen, wo man nur Ruhe kennt, die Blumen des Lebens pflückt und die kurze Zeit genießt, die uns auf Erden geschenkt ist. [...] Hier bin ich auf meinem Fleckchen Erde und genieße die Freuden des Landlebens in vollen Zügen.«[9]

Aber, mehr noch als Elisabeth Christine ahnt oder weiß: Ihr Friedrich genießt auch seine persönliche Freiheit, zu lassen und zu tun, was ihm gefällt. Denn für ihn bedeutet die Ehe, dass der Vater sich nun endlich aus seinen Angelegenheiten heraushält – »die Ehe macht mündig«, hoffte er mehrfach im Kreis seiner Vertrauten.[10]

Da hatte er sich aber getäuscht! Kaum eingezogen, erreichte Friedrich aus dem fernen Berlin bereits eine drängelnde, nervende Anfrage. Dieses Mal will es der Grumbkow wissen, wie es denn um Nachwuchs stehe. Friedrich antwortet am 23. September 1736 sarkastisch und derb: »Ich bin Ihnen sehr verpflichtet für die Wünsche, die Sie mir für meine Fortpflanzung aussprechen, und wenn ich dieselbe Bestimmung habe wie die Hirsche – die gegenwärtig in der Brunftzeit sind –, so könnte jetzt in neun Monaten geschehen, was Sie mir wünschen.«[11] An anderer Stelle äußert er sich begeistert über die Freuden mit seiner Frau im Bett: er schwärmt in aller Deutlichkeit von dem »wunderschönen Leib« und dem »zuckersüßen Vötzchen« seiner Elisabeth Christine.[12]

Weniger derb, dafür genauso klar, fasst Friedrich in einem Gedicht seine Rheinsberger Gefühle zusammen, beschreibt gewissermaßen einen Tag seines Lebens, »das wir an dieser glücklichen Stelle führen«:

Dort unterm Himmelblau am Fuß der Buchen
Wird Wolff [ein Philosoph] studiert, wie sehr auch
die Pfaffen fluchen.

Frohsinn und Grazien halten hier ihr Haus;
Auch andere Götter lassen wir nicht aus.
Bald, wenn wir glühn in hehrem Überschwang;
Tönt Mars und Pallas unser Hochgesang;
Bald wird ein Trunk dem Bacchus dargebracht
Und Venus opfern wir im Schoss der Nacht.[13]

Zumindest in diesen Jahren der Ehe, in denen das junge Paar psychisch, physisch und optisch vom Alb des Königsvaters und dessen ewig neugierigen Günstlingen befreit war, gibt es genug direkte Aussagen Friedrichs und seiner Frau darüber, dass sie Freude miteinander und aneinander hatten. In vielen Werken über Friedrich sind diese Jahre verkannt worden. Häufig wird ihm einfach Verstellung untergeschoben, nur um die spätere Schroffheit gegenüber seiner Frau erklären zu können sowie um die Annahme über eine (spätere) homoerotische Neigung zu untermauern. Nichts aus den Rheinsberger Jahren lässt eine solche Deutung zu. Auch die Reaktion seiner Frau bescheinigt ein normales Eheleben. Die von Wilhelmine als schüchtern und linkisch geschilderte Elisabeth Christine zeigt sich in den Rheinsberger Jahren selbstbewusst und fröhlich und hat berechtigte Hoffnung, dass ihr derzeitiges harmonisches Zusammenleben mit Friedrich immer so weitergehen werde. Ganz verliebt erzählt sie: »Der Aufenthalt in Rheinsberg ist mir so angenehm, wie er es in Gesellschaft des Liebsten, das ich auf der Welt besitze, nur sein kann, und wie könnte ich mich in der Gesellschaft dessen langweilen, den ich am meisten liebe, nämlich den Kronprinzen.«[14]

Von seinen gelegentlichen Reisen schrieb er ihr damals oft – »freundliche kurze Briefe mit kleinen Aufträgen, Mitteilungen vertraulichen Inhalts«.[15] Von keinem der stets wachsamen Hofschranzen – Friedrich nennt sie »Spione« – ist aus den Rheinsberger Jahren ein negatives Urteil über das Paar zu finden. Im Gegenteil, selbst Graf Seckendorff findet lobende Worte über die Harmonie des Ehepaares im Allgemeinen und über Elisabeth Christine im Besonderen.

Einer, der bei der Wiedergabe seiner Beobachtungen als völlig unvoreingenommen angesehen werden kann, ist der Hamburger Kaufmannssohn Jakob Friedrich Freiherr von Bielfeld (1717–1770), den Friedrich auf einer Reise im Jahr 1738 kennen- und schätzen gelernt hat. Friedrich lud ihn nach Rheinsberg ein, und der Baron hinterließ die ausführlichste und zusammenhängendste Darstellung des galanten Lebens am »Rheinsberger Hof«. Im Unterschied zu den späteren »Tafelrunden« in Sanssouci wirkt es unbeschwert von politischen Sorgen, frei vom Zynismus Friedrichs und von der aufdringlichen Eitelkeit Voltaires. Bielfelds Beschreibung vom Rheinsberger Hof offenbart uns Friedrich und seine Gattin von einer »überwältigend schönen« Seite. Die spätere Entfremdung offenbart einen Abgrund in Friedrichs Seele, den heute niemand mehr zu erfassen vermag. Es ist wohl besser so. Bielfeld ist von Friedrichs Bildung und Toleranz beeindruckt:

> Seine Unterhaltungen am Tisch sind charmant. Er redet viel und ausgezeichnet; sein Verstand scheint allen möglichen Themen gleichermaßen zugewandt; und seine Vorstellungen über jedes Einzelne davon bringt eine Fülle neuer und genau bedachter Ideen hervor. [...] Eine angemessene und höflich vorgebrachte andere Meinung ist ihm nicht unangenehm. Er besitzt die seltene Gabe, den Scharfsinn anderer hervorzuheben und ihnen die Gelegenheit zu geben, ihre Überlegenheit in jenen Dingen darzustellen, in denen sie besser sind. Er spaßt häufig, neckt auch manchmal, aber nie mit Schärfe, und eine geistreiche Entgegnung missfällt ihm nicht.
>
> Widerspruch und Lächeln, das scheinen seine beiden Lieblingsdarstellungen zu sein. [...] Müsste ich meilenweit barfuß gehen, um dieses vorzügliche Vergnügen des Speisens in seiner Gegenwart zu erlangen, ich würde es tun, zumindest einmal in der Woche.[16]

Auch über Elisabeth Christine findet Baron Bielfeld die schmeichelhaftesten Worte; man ist versucht zu glauben, der Baron habe sich ein wenig in sie verliebt:

> Ihre Königliche Hoheit ist groß von Gestalt; ihre Figur ist, in einem Wort, perfekt. Niemals habe ich eine regelmäßigere Körperform in all ihren Proportionen gesehen. Ihr Nacken, ihre Hände und Füße könnten jedem Maler als Modell dienen. Ihr Haar, das ich besonders bewundert habe, ist von schönstem Flachsblond, manchmal fast weiß, und schimmert, wenn nicht gepudert, wie Perlenketten. Ihr Teint ist bemerkenswert hell, und ihre großen blauen Augen offenbaren Lebhaftigkeit und Anmut. [...] Ihre Gesichtszüge sind offen; ihre Augenbrauen gepflegt, elegant und regelmäßig. Ihre Nase ist klein und kantig, aber elegant gestaltet. Ihre korallenroten Lippen und ihr wohlgeschwungener Hals sind gleichermaßen bewunderungswürdig. Güte und Tugend treten in ihrer Haltung deutlich hervor; insgesamt können wir von ihrer Erscheinung sagen: bei der Entstehung dieser großartigen Prinzessin haben sich die [antiken] Grazien selbst übertroffen.

Auch über ihren Schmuck und ihre Kleidung zeigt sich Bielfeld beeindruckt: »Es gibt wohl kaum eine Prinzessin in Europa, die so viele schöne Diamanten hat wie sie, und keine, die sie besser zu ihrem Vorteil trägt als Ihre Hoheit.«

Und er widerspricht der in der Literatur Hunderte Male nachgebeteten Gehässigkeit von Friedrichs Mutter Sophie Dorothea, ihre Schwiegertochter sei »dumm wie ein Bund Stroh«. Es ist tragisch, dass dieser Eindruck der »bösen Schwiegermutter« für bare Münze genommen und unkritisch bis heute als Tatsache weitergegeben wird – alles nur um verständlich zu machen, warum der so hochgebildete Friedrich sich später abrupt und nachhaltig von seiner Frau abwandte. Der unvoreingenommene Bielfeld belehrt uns eines Besseren: »Ihre Hoheit spricht wenig, besonders bei Tisch [da hört sich ja Friedrich gerne reden!], aber alles, was sie sagt, ist von höchster Qualität. Sie scheint einen ungewöhnlichen Verstand zu haben, den sie außerdem noch ziert mit unablässigem Studium der besten französischen Autoren.«

Offenbart sich hier Friedrichs Einfluss oder ein bislang missachteter Gleichklang der Interessen beider?

Bielfeld ist zudem begeistert, wie herzlich und »aufrichtig liebenswürdig« Elisabeth Christine die Gäste behandelt. Hingerissen ist er auch von ihren Tanzkünsten: Sie tanzte mit »höchster Perfektion«, ihre Haltung dabei »ist gleichermaßen graziös, leicht, elegant und majestätisch. Allein dieser Anblick würde genügen, in ihr eine Dame von höchstem Rang zu erkennen.«

Der aufmerksame Bielfeld nimmt außerdem wahr, dass Friedrich und Elisabeth Christine täglich Stunden allein miteinander verbringen, fern der Gäste, ohne Bedienstete: »Nach dem Abendessen gehen der Prinz und die Prinzessin in ihr Appartement, um dort ihren Kaffee einzunehmen.«

»Meine glücklichsten Jahre«: sagen beide

Schon auf den ersten Blick gerät Baron Bielfeld in Begeisterung. Er schreibt am 30. Oktober 1739 einer Freundin: »Wenn Berlin und Potsdam aussehen wie Gemälde von Rembrandt, dann sieht Rheinsberg aus wie ein Gemälde von Watteau« – jenem französischen Maler, der 1717 in Paris mit seinem *Embarquement pour Cythère*, deutsch »Überfahrt nach Kythera«, der Insel der Liebesgöttin Aphrodite, bildlich den Geist der Epoche zum Ausdruck brachte. Rheinsberg nun ist Friedrichs preußisches Cythère. Das hat Bielfeld sofort richtig erkannt; denn auch das ganze »Setting« stimmt: »Ein immenser See spült seine Wogen beinahe bis an die Fundamente; und auf der gegenüberliegenden Seite liegt ein schöner Wald aus Eichen und Buchen in Form eines Amphitheaters.«

Das künstlerische Schaffen Watteaus ist gekennzeichnet von

der Sehnsucht nach einer Scheinwelt ewigen Feierns, dem Traum von Schönheit und Eros. Dabei ging es nie um die Erfüllung dieser Sehnsucht; der Weg dahin war das Ziel – eine Einstellung, die auch zu anderen Grundsätzen Friedrichs passte, die er später als Freimaurer gewonnen hat. Auch in der Freimaurerei geht es darum, nach Vollkommenheit zu streben, nicht diese zu erreichen. Doch nicht Watteau im fernen Frankreich, sondern ausgerechnet der an antiker Strenge geschulte Architekt Knobelsdorff fing als Maler auf der Leinwand die gleiche heitere Atmosphäre in Rheinsberg ein, noch dazu genauso, wie Bielfeld sie uns in Worten schildert.

Knobelsdorff malte 1737 die Rheinsberger Gesellschaft, wie sie am gegenüberliegenden Seeufer flaniert, im Hintergrund das Schloss. Ganz links ist Oberst Senning, ein Lehrer Friedrichs, dargestellt; der Herr in Weiß, der ein Porträt vor sich auf dem Schoß hält, wird als Knobelsdorff gedeutet. In der Mitte sieht man die Königin Sophie Dorothea bei einem ihrer seltenen »Inspektions-Besuche«. Schräg neben ihr schreitet ein »Mohr«; natürlich hält er einen Sonnenschirm, so als ob Hofmohren nie etwas anderes zu tun gehabt hätten. Hinter Königin Sophie folgt artig die Kronprinzessin Elisabeth Christine, die sich fragend-bittend nach ihrem Friedrich umblickt, der nur widerwillig der Mutter zu folgen scheint. Ein anderes Paar tanzt hingegen unbekümmert vor der Königin herum, die dieses Treiben möglicherweise indigniert zur Kenntnis nimmt; zumindest kommt in ihrem Gesichtsausdruck und ihrer Körperhaltung ein betontes Wahren der *contenance royale* zum Ausdruck.

So wie das tanzende Paar im Mittelpunkt des Gemäldes Fröhlichkeit verbreitet, war wohl die Stimmung allgemein. Bielfeld berichtet auch von einer neuen Mode anlässlich eines Balls: Friedrich, »der normalerweise keinen anderen Anzug trägt als die Uniform seines Regiments, erschien in einer Jacke aus seegrünem Mohair, geschmückt mit breiten silbernen *Brandenbourgern*.« So nannte man die quergestellten Litzen, die links und rechts der Knöpfe über die ganze Brust reichen. Diese Dekoration wurde im 17. Jahrhundert in Brandenburg eingeführt, daher der Name, und später weltweit bei Uniformen übernommen. In Deutschland tragen zum Beispiel die Reiter des Celler Landgestüts bei den alljährlichen Hengstparaden im Herbst Galauniformen mit »Brandenburgern«.

Bielfeld fasst seine Eindrücke zusammen: »Ich verlebe hier wahrhaft entzückende Tage: königliche Stimmung, Götterwein, Engelsmusik, köstlichen Zeitvertreib, sowohl im Garten als auch im Wald und bei Wasserfahrten; die Pflege des Briefeschreibens und der Geisteswissenschaften, angenehme Unterhaltung. Alles wirkt zusammen, um seinen Teil für diesen verzauberten Palast beizutragen.« Ihm fällt zudem auf, dass im Gegensatz zu anderen Fürstenhöfen, wo der Empfang von Schneidern, Modeschöpfern und Perückenmachern im Mittelpunkt steht, hier in Rheinsberg »jeder liest, nachdenkt, zeichnet, schreibt, malt oder ein Instrument spielt«. Es gab Maskenbälle, Konzerte, Theateraufführungen, alles ohne höfische Etikette; ein demokratischer Musenhof, wie Bielfeld feststellen kann. Im Rückblick, im Jahr 1772, erinnert sich Friedrich: »In Rheinsberg habe ich meine glücklichsten Jahre verlebt.« Genauso sah es Elisabeth Christine![17]

Die Herren und Damen der Hofgesellschaft

Zum Hofstaat gehörten neben gelegentlichen Besuchern wie Bielfeld regelmäßig auch Bürgerliche, Offiziere aus Neuruppin, Musiker, Künstler – die Hauptsache war, Friedrich fand sie interessant. So etwa Charles Etienne Jordan (1700–1745), ein ehemaliger Geistlicher und Nachkomme aus einer bürgerlichen Hugenottenfamilie. Laut Bielfeld war er klein mit schwarzen Haaren, schwarzem Bart und dicken, großen Augenbrauen, unter denen »sehr stechende Augen« hervorblickten. Seine Haut hatte einen typischen südfranzösischen dunklen Teint. Er beherrschte die gewandte, geistvolle Unterhaltung. Auf Anregung von Graf Manteuffel kam Jordan 1736 nach Rheinsberg. Dort betätigte er sich als begabter Vorleser. 1740, nach der Thronbesteigung Friedrichs, wurde er zum Kurator der

Universitäten sowie zum Aufseher über die Waisenhäuser und Krankenhäuser Berlins ernannt. Jordan kümmerte sich um Arbeitslose und Bettler sowie um die Verbesserung der Polizei. Dem Pariser Vorbild folgend, teilte er Berlin in Polizeireviere ein und regte Droschken als »öffentliche« Verkehrsmittel an. Leider starb er 1745, nur fünf Jahre nach Beginn seiner Tätigkeit. Die Taxifahrer Berlins müssten Jordan eigentlich ein Denkmal setzen.

Als besonderer Exot unter den vielen Exzentrikern, die Friedrich um sich scharte, erwies sich ein weiterer Hugenotte, Heinrich August Baron de la Motte Fouqué (1689–1774). Er war Kompanieführer im Regiment des Alten Dessauer, wirkte in Rheinsberg maßgeblich an den vielen Theateraufführungen mit, fiel beim Alten Dessauer in Ungnade, wurde aber von Friedrich 1740 rehabilitiert und diente dem König als erfahrenes »Schlachtross« und als General in sämtlichen Kriegen. Sein Enkel Friedrich de la Motte Fouqué wurde im 19. Jahrhundert ein bekannter Schriftsteller von Spukgeschichten.

Isaak Franz Egmont von Chasot (1716–1797), der dritte gebürtige Franzose in der Runde, war kein Hugenotte, sondern floh nach einem Duell 1734 aus der französischen Rheinarmee ins österreichische Lager, wo er sich mit Friedrich anfreundete. Dieser mochte Chasot, weil er ihn »geistreich, witzig und ritterlich« fand. »Seine täglichen Rededuelle mit Jordan an der Rheinsberger Tafel trugen sehr zur Unterhaltung des Kreises bei, weniger anscheinend sein Flötenspiel, da er, wie Friedrich bemerkte, dem sanften Instrument bei Tag und Nacht die schmetternden Töne der Trompete entlockte und damit den Kopfschmerz seines Zimmernachbarn Wylich hervorrief.«[18] Chasot hat sich später in den beiden ersten Schlesischen Kriegen als Chef der »Bayreuther Dragoner« hervorgetan, vor allem in der Entscheidungsschlacht von Hohenfriedberg am 4. Juni 1745, wo er sechsundsechzig österreichische Fahnen erbeutete.

Gemeinsam mit Bielfeld tauchte im September 1739 ein Italiener aus Venedig auf. Francesco Algarotti (1712–1764) entstammte ebenso wie Bielfeld einer Kaufmannsfamilie und kannte Rom,

Paris, London, St. Petersburg. Friedrich schrieb über seinen Besuch: »Wir haben von Geometrie, von Poesie, von allen Wissenschaften und von Spielereien gesprochen, kurz von allem, wovon man überhaupt sprechen kann. Er hat viel Feuer, viel Lebhaftigkeit und viel Weichheit; mir zusagend wie nur irgend möglich.«[19] Auf Anregung Algarottis ließ Friedrich in Rheinsberg ein Observatorium bauen; er erhob ihn später in den Grafenstand und führte mit ihm nach 1740 einen regen Briefwechsel.

In Rheinsberg am engsten verbunden fühlte sich Friedrich mit Dietrich Freiherr von Keyserlingk (1698–1745). Der kurländische Edelmann war ihm schon länger bekannt. Keyserlingk war Friedrich 1729, ein Jahr vor der Flucht, vom Vater als Gesellschafter zugeteilt worden und dadurch zunächst keine Empfehlung. Indes, der Vater machte Keyserlingk für das Verhalten seines Sohnes mitverantwortlich und entließ ihn aus seiner Stellung. Wenig später begann Keyserlingk mit dem Kronprinzen auf eigene Faust zu korrespondieren, und als er dann in Rheinsberg anklopfte, begrüßte ihn Friedrich begeistert mit den blumigen Worten, sein Kommen sei wie der »Durchbruch der Sonne durch den frostigen Winternebel«.[20]

Auch Keyserlingk war weitgereist, er kannte den Versailler Hof, sprach vier Sprachen fließend, übersetzte den englischen Dichter Alexander Pope vom Englischen ins Französische und bestach in Rheinsberg natürlich durch seine Bildung und Weltläufigkeit, in der er mit Algarotti zur Belustigung der Tafelrunde wetteiferte. Friedrich, der Freunde gerne mit Spitznamen auszeichnete, übersetzte den Nachnamen »Kaiser«-ling zu »Cäsarion«. Nach dessen frühem Tod 1745 äußerte er in der für ihn damals typischen exaltierten Weise, »dass Cäsarion mir alles« war.

Bielfeld hielt weniger von ihm. Er sah in Friedrichs Günstling einen aufdringlichen, hyperaktiven Angeber, der stets »in die Eingangshalle von Rheinsberg stürmte wie ein Wirbelwind«. Bei der ersten Begegnung »nahm er mich beim Arm, führte mich in sein Zimmer und während er sich umzog, deklamierte er Teile der *Henriade*[21], Verse deutscher Gedichte, sprach von Hunden und Pferden, aß ein paar Kapern, machte einige Luftsprünge, übte einige Tanz-schritte; dann sprach er über Politik, Mathematik, über Malerei, Architektur, Literatur und militärische Angelegenheiten. Ich blieb bewegungslos sitzen, hörte nachdenklich zu und bewunderte al-les.« Bielfeld, der Schelm!

Eine andere Person beeindruckte Bielfeld indes sehr: Michael Gabriel Fredersdorff (1708–1758), der Kammerdiener Friedrichs. »Er ist groß und gutaussehend, verständnisvoll und einfallsreich. Er ist höflich, aufmerksam, rege und gefügig. Er ist bescheiden und vorurteilslos. Ich bin überzeugt, dass er eines Tages eine großarti-ge Persönlichkeit wird.«

Wenn es nach dem Abendessen keine Theateraufführungen gab, so berichtet Bielfeld, lud eine der Damen die Gäste in ihr Ap-partement ein. Das ging reihum, jeden Abend traf man sich bei ei-ner anderen Dame. Dort gab es dann Kaffee und unterhaltsame Gespräche.

»Die Frauen breiten einen unbeschreiblichen Reiz über den täg-lichen Verkehr aus«, hält Friedrich fest. »Ganz abgesehen von dem holden Minnedienst, sind sie für die Gesellschaft unentbehrlich; ohne sie ist jede Unterhaltung matt.«[22] Das soll ein Frauenfeind sein?

Zu diesen Damen gehörte die schlagfertige »kleine Tettau«, von Friedrich nur »Finette« gerufen. Auguste von Tettau, damals neun-zehnjährige Hofdame Elisabeth Christines, war am ganzen Hof, besonders bei Friedrich beliebt. Den Spitznamen Finette hatte er ihr gegeben, als sie in Rheinsberg die Rolle einer gleichnami-gen Dienerin in Philippe Néricault-Destouches' Stück *Le Philosophe marié* (»Der verheiratete Philosoph«) gespielt hatte.

Die Aufführung des Stückes verdient an dieser Stelle eine nähe-re Betrachtung. Nicht nur sah sich Friedrich selbst als Philosophen; er war ja zudem verheiratet. Kennt man das Stück, das ihm offen-bar so gut gefallen hat – sonst hätte er es nicht ausgerechnet in seinem Refugium Rheinsberg spielen lassen –, dann fällt auf, dass darin das Thema der Wiederentdeckung der ehelichen Liebe vor-kommt. Diese war im Rokoko durch Mätressen »Kultur« und

Interessenheiraten weitgehend abhandengekommen. Destouches setzte sich in mehreren seiner Theaterstücke für die Erneuerung der Liebes- und Ehemoral, für die *mœurs gothiques* der guten alten Zeit ein und setzte damit einen Gegentrend zur totalen Libertinage der Königshöfe und Fürstenhäuser. In den Komödien von Destouches erfolgt also eine Umorientierung hin zur ehelichen Liebe. Muss dazu noch mehr gesagt werden?

»Der Prinz ist kein Zecher«:
Aber er gibt Champagnerorgien

Doch kein Paradies ohne Schattenseite, meint Bielfeld und berichtet selbstironisch über ein »Missgeschick«, das ihm passierte und gleichzeitig das Kronprinzenpaar einmal von einer ganz anderen Seite zeigte: der des gemeinschaftlichen Schabernacks. Eines Abends nach dem Konzert kam Friedrich auf Bielfeld zu und sagte: »Gehen Sie hinauf und holen Sie Ihre Hoheit, die Prinzessin.« Elisabeth Christine hatte an diesem Abend nicht am Konzert teilgenommen, sondern mit einer Reihe jener Gäste Karten gespielt, die keinen Zutritt zum Konzert hatten. Die Prinzessin machte Bielfeld glauben, sie sei besorgt und dächte, es handle sich um eine ernste Angelegenheit. Sie eilte mit ihm flugs hinunter, wo sämtliche Bewohner des Hauses versammelt wurden. Kaum saßen alle an der Tafel, begann Friedrich, ein Champagnerglas in der Hand, mit Toasts auf verschiedene Anwesende, die diese mit Trinksprüchen erwidern mussten.

Und so ging es Runde um Runde. Die Heiterkeit nahm zu, »sogar die Damen unterstützten uns darin, die Fröhlichkeit zu steigern«. Nach zwei Stunden »waren selbst die größten Becken durch ständiges Nachfüllen überschwemmt«, erinnert sich Bielfeld, der mit einer Reihe Gleichgesinnter nach draußen gehen musste, um sich zu erleichtern. Zwar habe ihm die frische Luft gutgetan, aber als er ins Schloss zurückkehrte, sei er »von einer Art Dampf umgeben worden, der die Sinne getrübt« habe. Bevor er die Tafel verlassen hatte, hatte er sich ein Glas Wasser kommen lassen. Als er an seinen Platz zurückkehrte, forderte ihn die Prinzessin, die ihm genau gegenübersaß, auf, dieses Glas Wasser in einem Zug zu leeren. Er tat es und bestellte mehr davon, mischte seinen »Wein mit Wasser, um mich zu erfrischen«. Aber es half alles nichts. Zu allem Übel gab ihm auch noch »der Prinz die Ehre« und bat ihn, sich neben ihn zu setzen:

»Er sagte mir viele liebenswürdige Dinge, weihte mich in seine Zukunftspläne ein, soweit mein schwaches Lichtlein überhaupt in der Lage war, diesen zu folgen, denn gleichzeitig gab er mir kräftig zu trinken, Humpen auf Humpen.« Dem Rest der Gesellschaft sei es ähnlich ergangen, angesichts »des Nektars, der in solch reichen Strömen floss«. [...]

[Plötzlich,] »ob zufällig oder mit Absicht, zerbrach die Prinzessin ein Glas. Das war wie ein Signal für unsere unüberlegte Ausgelassenheit und ein Beispiel von höchstem Wert, es nachzuahmen. Im Nu flogen alle Gläser in alle Ecken des Saales; alles, was aus Glas war, Schalen, und Vasen sowie sämtliches Porzellan und die Tischdekoration wurden in Tausende von Scherben zertrümmert. Und inmitten dieser allgemeinen Zerstörung stand der Prinz [...] in völliger Ruhe. Doch die Heiterkeit legte sich nicht, im Gegenteil. Während des ganzen Tumultes entwischte der Prinz plötzlich, gefolgt von seiner Prinzessin.

Ich hingegen, der ich unglücklicherweise keinen Bediensteten fand, der menschlich genug gewesen wäre, meine umherirrenden Schritte zu führen und mein torkelndes ›Gewebe an Körper‹ zu unterstützen, ich strebte behutsam auf die große Treppe zu, und – ohne im geringsten zu zögern – rollte ich auf ihr von ganz oben bis zum Fuße hinab. Dort blieb ich bewusstlos liegen. Dort wäre ich wahrscheinlich auch verschieden, wenn nicht eine alte Bedienstete vom Schicksal die Chance erhalten hätte, dort vorüberzugehen. In der Dunkelheit hielt sie mich für einen der großen Schlosshunde und schmiss mir einen einigermaßen unehrenhaften Ausdruck an den Kopf, gleichzeitig trat sie mich in den Bauch. Erst als sie erkannte, dass ich ein Mensch war, und mehr noch, ein Höfling, hatte sie Mitleid mit mir und rief nach Hilfe. Endlich kam mein Diener. Beide brachten mich zu Bett, holten einen Arzt, der mich zur Ader ließ, verbanden meine Wunden, und bis zu einem gewissen Grad war ich dann wieder bei Sinnen. Erst am nächsten Tag erfuhr ich, dass mein Mißgeschick auf einem Betrug beruhte.« Denn Elisabeth Christine hatte, »in einem Anflug von Übermut«, das Wasser, von dem Bielfeld so reichlich zu sich genommen hatte, gegen »Sellerie-Wein« ausgetauscht, »der so klar wie Quellwasser ist; und so schüttete ich nichtsahnend Wein zu Wein statt Wasser in mich hinein«.

Bielfeld lag mit seinem Kater und den Folgen vierzehn Tage lang im Bett. Friedrich besuchte ihn in den folgenden Tagen und tat alles, damit er sich wieder erholte, sagt Bielfeld. Und: »An diesen Tag werde ich mich noch lange erinnern und kann heute darüber genauso lachen wie die anderen damals.« Allerdings, so Bielfeld, sei der Prinz selbst kein Zecher, und solche bacchanalischen Feiern hätten eher selten stattgefunden.

»Marcha Real«: Er komponierte Spaniens Nationalhymne

Häufig aber fanden Flöten- und Violinkonzerte statt. Das berühmte Bild Adolph Menzels, das Friedrich bei einem Flötenkonzert in Sanssouci zeigt, schildert auf perfekte Weise die musische Neigung Friedrichs, die dieser bereits von Jugend an pflegte. Unbeeindruckt vom Wüten des Proletenvaters gegen jede Art von Musik außer

Trommel und militärischer Signaltrompete, hatte Friedrich zunächst heimlich, dann unbekümmert offen begonnen, Querflöte zu erlernen. Mit seiner musikalischen Neigung und Begabung war er nicht der Einzige in der Familie; auch seine Schwestern Wilhelmine und Amalie spielten Instrumente und komponierten sogar. Als Friedrich sieben Jahre alt war, hatte ihn ein Organist erstmals in die Musiktheorie eingeführt. Nach dem in vielerlei Hinsicht so bedeutsamen Besuch am Dresdner Hof im Jahr 1728 wurde ihm erlaubt, den sächsischen Flötenlehrer Johann Joachim Quantz (1697–1773), den er dort kennengelernt hatte, zweimal jährlich für Unterricht zu engagieren.

Nach dem Fluchtversuch von 1730 war natürlich wieder sämtliche Musik untersagt. Erst in Rheinsberg konnte Friedrich erneut mit dem Musizieren beginnen. Nach seiner Thronbesteigung holte Friedrich im Dezember 1741 seinen Lehrer Quantz endgültig an den Berliner Hof, »wo er dem König direkt unterstellt war und ausschließlich in dessen Kammermusik eingesetzt wurde. Quantz unterrichtete den Monarchen täglich, leitete die allabendlichen Hauskonzerte und begleitete ihn sogar auf seinen Feldzügen.«[23] Außerdem fertige Quantz zahlreiche Flöten für Friedrich an, von denen heute noch acht Exemplare erhalten sind. »Die Abende in Rheinsberg sind im allgemeinen der Musik gewidmet«, berichtet Bielfeld. »Der Prinz hält die Konzerte in seinem Salon, wozu man nur mit Einladung Zutritt erhält. Eine solche Einladung gilt als außerordentlicher Gunstbeweis. […] Er spielt die Flöte in höchster Perfektion, zeigt große Geschicklichkeit mit seinen Fingern und offenbart ein breites Spektrum an Musikstücken. Ich hatte mehr als einmal die Ehre, genau hinter ihm zu stehen, als er spielte, und war bezaubert von seiner Spielweise; er beherrscht insbesondere das Adagio.«

Ein Kenner von Musik Friedrichs ist Holger Wemhoff, Chefmoderator und stellvertretender Programmdirektor von »Klassikradio«. Ich habe ihn gefragt, welchen Einfluss Musikverständnis auf die Psyche und auf das politische Handeln von Politkern, insbesondere Staatschefs, hat.

Holger Wemhoff ist überzeugt, »dass die Liebe zur Musik – weniger das Verständnis – den Menschen grundsätzlich zum Positiven verändert. Bei manchen Staatsmännern kann das natürlich zu merkwürdigen Verwirrungen und Verirrungen führen. Ich denke da an den bayerischen König Ludwig II. und seine verquaste Beziehung zu Richard Wagner. Aber in der Regel – und leuchtendes Beispiel dafür ist Friedrich der Große, der ja gerade auch das Bildungsbürgertum in entscheidender Weise geprägt hat – wirkt Musik auf den Normalmenschen wie auf den Staatsmann wie ein reinigender Katalysator. Weitere bekannte Beispiele sind natürlich vor allem der Pole Ignacy Jan Paderewski (1860–1941), der ein gefeierter großer Pianist und Komponist war und später, im Jahr 1919, von seinen Landsleuten als heißgeliebter Außenminister und Staatspräsident verehrt wurde. Und dann ist da natürlich Altkanzler Helmut Schmidt, der von uns Deutschen zu Recht verehrt wird und der ja sogar einige CDs mit Bach-Konzerten aufgenommen hat. Mit der Edition ›Kanzler und Pianist‹ ist ihm sogar eine eigene Reihe gewidmet.«[24]

In diesem Zusammenhang ist auch der ehemalige englische Premierminister Edward »Ted« Heath (1919–2005) zu nennen, der in seiner Kirchengemeinde die Orgel spielte – übrigens auch bei einem Staatsbesuch in Deutschland. Heath hat sogar einmal das London Symphony Orchestra dirigiert und gemeinsam mit Helmut Schmidt ein Klavierkonzert gegeben. Aus jüngerer Zeit ist Condoleezza Rice unter den Politikern als Pianistin aufgefallen. Während ihrer Zeit als Sicherheitsberaterin von Präsident George W. Bush im Weißen Haus gab sie auch Konzerte, 2002 zum Beispiel gemeinsam mit dem Cellisten Yo-Yo Ma.

Friedrich komponierte unter Anleitung seines Kammerorchesterleiters Carl Heinrich Graun Sonaten und Sinfonien. Was ist von den Kompositionen Friedrichs zu halten? »Das sind sicherlich keine großen Meisterwerke, die entscheidenden Einfluss auf den Verlauf der Musikgeschichte genommen haben«, erklärt Wemhoff, »aber sie klingen nicht bemüht und schon gar nicht nach einem Laien – der er ja streng genommen eigentlich war. Sie klingen vor allem ehrlich, authentisch, mit Hingabe und Verständnis und mit Liebe komponiert, und zwar nicht nur die Flötenmusik, sondern auch seine Orchesterwerke. Ich liebe vor allem seine Sinfonie in D-Dur, die wir auch regelmäßig in unserem Programm spielen. Das ist gelöste Musik, heiter, im wahrsten Sinne des Wortes gut gelaunt und gelassen – Züge, die ja auch große Teile von Friedrichs Wesen ausgemacht haben und sicher auf seine Staatsführung abfärbten.«

Wie erschließt man heutzutage Hörern die Besonderheit der Flötenmusik und Sinfonien Friedrichs? Wemhoff: »Ich kann ein Anmoderationsbeispiel von mir nennen: ›Wenn man sich heutzutage die zugeknöpfte Verkniffenheit einiger Politiker anschaut, würde man ihnen fast wünschen: Ach, Mensch, setz dich doch mal für ein paar Minuten ans Klavier, geh in ein Konzert, leg etwas Mozart auf, und die Entspannung kommt von ganz alleine. Einer, der es konnte und dem man weiß Gott keinen schlechten Führungsstil unterstellen konnte, kommt hier: Der Herrscher als Musiker – hier ist Musik von Friedrich dem Großen. Frau Merkel, bitte genau zuhören.‹«

Flötenkonzerte, Kammermusik und Sinfonien, das ist die Musik, die man gemeinhin mit Friedrich verbindet. In Deutschland völlig in Vergessenheit geraten ist indes folgendes Kuriosum: Immer, bevor die spanische Fußballnationalmannschaft gegen Deutschland antritt, ertönt die Nationalhymne eines Deutschen. Nein, ich meine nicht Joseph Haydn, der die Musik zur deutschen Nationalhymne komponierte; er war ein Österreicher. Die Nationalhymne der Spanier komponierte – wenn auch unbeabsichtigt – der Preußenkönig. Bald nach der Beendigung des Siebenjährigen Krieges übergab Friedrich dem spanischen Botschafter, den er für einen Musikkenner hielt, die eigene Komposition eines Marsches. Dieser wiederum wusste, dass sein König Karl III. (1716–1788) den preußischen Monarchen sehr verehrte, und sandte den Marsch nach Madrid. Karl III. ließ ihn während seiner Regierungszeit dann häufig spielen. Doch danach geriet er in Vergessenheit. Im Jahr 1869 ließ Francisco Serrano, Herzog de la Torre (1810–1885), zu seinem Regierungsantritt als Regent von Spanien einen Preis ausschreiben für den besten Marsch, der dann zur Nationalhymne werden sollte. Unter den fünfhundert Vorschlägen entschied sich Serrano für die damals hundert Jahre alte Komposition Friedrichs, nannte sie »Marcha Real« – königlicher Marsch, und seither ist das Werk aus Potsdam die Nationalhymne der Spanier.[25]

Die drei Weltkugeln: *Freymäurer*

Musik spielte auch in einem anderen Kreis, dem sich Friedrich anschloss, stets eine große Rolle. Wolfgang Amadeus Mozart gehörte ihm an, Joseph Haydn, später die amerikanischen Jazz-Musiker Duke Ellington, Count Basie und Nat »King« Cole. Die Rede ist von der jahrtausendealten »Geheimorganisation« der Freimaurer. Ihre Ursprünge führen sie zurück auf die Baumeister der Pyramiden der alten Ägypter, über König Salomons Architekten des Tempels zu Jerusalem bis hin zu den Baumeistern der mittelalterlichen Kathedralen. Ihre moderne Neuausrichtung erfolgte im Jahr 1717, als in London eine Reihe von englischen »Bauhütten« – italienisch Loggia oder Loge genannt – neue Statuten beschlossen und ihre Struktur neu organisierten. Durch englische Kaufleute verbreitete sich die neuzeitliche Freimaurerei dann rasch in alle Welt.[26]

»Geheim« waren Freimaurer nur so lange, wie sie in Staaten mit autoritären Regimen organisiert waren. Denn sie traten seit 1717 dafür ein, ihre über Jahrtausende intern gepflegte Prämisse von Freiheit, Gleichheit und Brüderlichkeit für die Mitglieder ihrer Bauhütten/Logen nunmehr nach außen, in die Gesellschaft zu tragen. Ihre Idee wurde dann 1789 von der Französischen Revolution als Slogan übernommen und radikaler umgesetzt, als Freimaurer dies beabsichtigten. Denn Freimaurer treten auch ein für Frieden sowie kulturelle und religiöse Toleranz. Unter den Friedensnobelpreisträgern unserer Tage finden sich zehn Freimaurer. Überall, wo Freimaurer verboten sind, gibt es Diktaturen. Stalin und Hitler verboten sie und steckten Widerspenstige in KZ und Gulag. In den meisten islamischen Ländern droht ihnen Ähnliches. Im Iran und in Saudi-Arabien steht auf Freimaurerei die Todesstrafe.

Zur Zeit Friedrichs herrschten in allen Ländern Diktaturen, damals nannte man sie Monarchien. Doch im Hintergrund brach sich die Freiheitsidee der Freimaurer Bahn, kam über englische Kaufleute nach Hamburg, wo 1737 die erste Freimaurerloge auf deutschem Boden gegründet wurde. Sie trägt den Namen »Absalom zu den drei Nesseln«. Und auch viele Adlige fanden diese Bewegung der Aufklärung interessant und traten ihr bei, obwohl die Ideen der Freimaurer jenem Staatssystem widersprachen, aus dem sie ihr elitäres Dasein ableiteten. Doch dieses Interesse ist leicht zu erklären. Denn auch englische und französische Philosophen des 17. und 18. Jahrhunderts, die nichts mit den Freimaurern zu tun hatten, begannen die »Freiheit des Christenmenschen« – wie Luther es schon nannte – nun humanistisch und naturphilosophisch zu erklären und zu propagieren. Und so unterstützen sich Philosophen und Freimaurer gegenseitig, was auf die damalige Bildungselite, den Adel, dann nicht ohne Einfluss bleiben konnte.

Friedrich kam über eine Reise mit seinem Vater im Sommer 1738 mit dem damals geheimen Weltbund in Kontakt. Bei einem illustren Abendessen in Den Haag war auch der Graf Albert Wolfgang von Schaumburg-Lippe zugegen. Dieser erzählte im abendlichen Kreis von der neuen philosophischen Bewegung der »Freymäurer«. Der preußische König machte sofort Front gegen diesen »Unsinn«, während Graf Lippe ihm die tiefere Bedeutung der Bewegung zu erläutern suchte. Vergeblich. Friedrich aber ging später, unbemerkt von seinem Vater, auf den Grafen zu und bat ihn unter strikter Verschwiegenheit um Aufnahme in den Freimaurerbund. Auf der Rückreise nach Berlin bewerkstelligte Graf Lippe während eines Zwischenaufenthalts in Braunschweig in einer buchstäblichen Nacht-und-Nebel-Aktion die Aufnahme des Kronprinzen. Diese erfolgte in der Nacht vom 14. auf den 15. August 1738 im Gasthof »Zum Schloss Salzdahlum«. Aus Hamburg herbeigeeilte Mitglieder der Loge »Absalom zu den drei Nesseln« hatten zuvor einen der

Räume in eine »Loge« verwandelt. Der Vater Friedrichs erfuhr glücklicherweise nie von dieser erneuten »Büberei« seines Sohnes, denn sie war eigentlich schon wieder eine riskante Sache. Das kann man allein daran ermessen, dass im selben Jahr in Venedig und im Königreich Polen die Freimaurer zu »Staatsfeinden« erklärt und verboten wurden; ein Jahr später folgten Spanien und Portugal.

Das kümmerte Friedrich wenig. Nach Rheinsberg zurückgekehrt, gründete er 1739 gleich selbst eine »Hofloge«, indem er seinen dortigen Freundeskreis für die humanitären Ideale und philosophischen Ideen der Freimaurer begeisterte. Unter anderen wurden Jordan, Algarotti, Keyserlingk sowie Friedrichs Bruder August Wilhelm Mitglieder der Rheinsberger Loge. Als König machte Friedrich seine Mitgliedschaft zu den Freimaurern dann öffentlich; ein damals wie heute ungeheurer Vorgang. Ich kenne zurzeit keinen deutschen Politiker, der Freimaurer ist und es wagt, sich öffentlich dazu zu bekennen. Aus der jüngeren Vergangenheit sind nur Verstorbene zu nennen: einer der Gründerväter der Bundesrepublik, Carlo Schmid (SPD), der ehemalige Ministerpräsident von Hessen, Holger Börner (SPD), und Thomas Dehler, Mitbegründer der FDP.

Wie wichtig ihm die freimaurerische Bewegung der Aufklärung war, ist allein daran abzulesen, dass sich Friedrich nur wenige Wochen nach seiner Thronbesteigung zum »Großmeister der Freimaurer in Preußen« ausrief und am 13. September 1740 in Berlin die Loge »Aux Trois Globes« (Zu den drei Weltkugeln) gründete. Ab 1772 stellte Friedrich diese Loge unter den besonderen Schutz des preußischen Staates. Damit behielt er gleichzeitig als zwar »aufgeklärter«, aber immer noch absolutistisch regierender Monarch in seinem Königreich die Kontrolle über eine der ältesten »Geheimgesellschaften« der Welt. Der Name »Weltkugel« sollte eine Anspielung auf das Ziel der Freimaurer sein, eine weltweite Brüdergemeinschaft zu schaffen. Die Zahl drei ist Bestandteil der Namen vieler Logen und ein Bezug zu drei wesentlichen Menschheitsfragen, mit denen sich die freimaurerische Philosophie intensiv befasst: Wie bin ich geworden, wie lebe ich und wie wird mein Vergehen sein?

Friedrich regte die Gründung zahlreicher weiterer Logen an, nicht nur in Preußen, sondern auch in befreundeten Fürstentümern, sodass er mit Fug und Recht als der Begründer der deutschen Freimaurer gilt. Ohne seinen besonderen Schutz, ohne seine deutschlandweite Empfehlung und ohne sein öffentliches Bekenntnis dazu wäre die deutsche Freimaurerei wohl nie nach den USA, England und Frankreich zur viertgrößten Landesgruppe aufgestiegen – bis 1933. Dann war Schluss. Die Freimaurer in Deutschland konnten nach 1945 an diesen Erfolg bis heute nicht mehr anknüpfen. Es fehlt an einem zweiten Friedrich.

Doch alles Gute hat auch eine Kehrseite (auch das ist eine unter Freimaurern gepflegte Erkenntnis): Friedrich, der stets ein Januskopf war und blieb, schließlich wurde er doch im *Janu*-ar geboren, äußerte sich im Alter höchst kritisch über die von ihm eingeführte Freimaurerei. Am 18. Mai 1782 klagt er in einem Brief an den befreundeten französischen Philosophen D'Alembert mal wieder über den »Aberglauben« in ganz Europa – sein lebenslanges Hauptthema – und berichtet verärgert aus Deutschland:

»Denken Sie mal, dass noch kürzlich ein deutscher Fürst auf dem Bauch seiner Gemahlin eine Messe lesen ließ, in der festen Überzeugung, dass sie dadurch schwanger würde. Denken Sie daran, dass es in Sachsen eine Sekte gibt, die wie die Hexe Endor Tote beschwört, und dass die Freimaurer mit ihren Logen eine religiöse Sekte darstellen, die – und das will schon was heißen! – noch weit abgeschmackter ist als die anderen zusammengenommen. So steht's mit der armen Menschheit, und so wird es immer bleiben. Dummheit, Fabeln und Wunder werden stets über Vernunft und Wahrheit triumphieren.«[27]

Das Thema Aberglaube, die »Dummheit der Menschheit« und was genau »Vernunft und Wahrheit« sind, diskutierte Friedrich jahrzehntelang mit dem namhaftesten Kultschriftsteller der europäischen intellektuellen Szene des 18. Jahrhunderts. Und dieser Gedankenaustausch begann in Rheinsberg. Friedrich hatte seine

Bibliothek in einem der beiden runden Schlosstürme unterbringen lassen. In diesem Raum, Regal für Regal voller antiker Literatur sowie der neuesten Werke aus Frankreich, blickte ein Gemälde von der Wand. Der darauf Abgebildete ist im Jahr 1736 zweiundvierzig Jahre alt und war unter einem Pseudonym berühmt geworden. Ursprünglich hieß er François-Marie Arouet l.(e) j.(eune) – François-Marie Arouet der Jüngere. Dann kam er – der Mode seiner Zeit entsprechend – auf die Idee, mit den Buchstaben seines Familiennamens zu spielen; wir werden ein ähnliches Beispiel bei Friedrich in Sanssouci erleben. Man nennt dies ein Anagramm. Arouet sortierte also seinen Namen um: Aus dem ›u‹ machte er ein ›V‹ und aus dem ›j‹ ein ›i‹: A–R–O–V–E–T–L(e)–I(eune). Und so stand 1718 auf dem Theaterzettel seiner Tragödie »Œdipe« (Ödipus) zum ersten Mal der neue Name des Dichters: VOLTAIRE.

»Aus dem FF«: François und Frédéric

Ich schätze Friedrich den Großen als ersten aufgeklärten Herrscher.
Er war ein Mann, der [...] ganz zauberhafte Briefe an Voltaire
wie an seinen Kammerdiener schreiben konnte.
Axel Springer

»Möchte Ihren Spuren folgen«: Der Homer der Franzosen

»Ich verstehe, dass man Voltaire liest. Aber wie man diese Laus ertragen kann, das verstehe ich nicht und ist wohl nur aus der völligen Vereinsamung des Königs zu erklären.«[1] So krass urteilte
Joachim Fernau in seinem Preußenbuch und widmete dem so Vernichteten ganze zwei Seiten.

Es gibt in der Geschichte keine Parallele zur Freundschaft und
zur Hassliebe von *Frédéric le Grand* und *François le Jeune*. Nie zuvor
und nie mehr »danach hatte ein Philosoph einen solch direkten
Zugang zu einem bedeutenden Staatschef, nie so viel Einfluss auf
dessen Psyche, seine Lebensauffassung und sein moralisches Handeln. »Betrachten Sie meine Taten künftig als die Frucht Ihrer Lektion«, schrieb Friedrich bezeichnenderweise in einem frühen Brief
an Voltaire.

Begonnen hatte alles mit einem Kniefall des preußischen Kronprinzen:

»Monsieur, wenngleich ich nicht die Genugtuung habe,
Sie persönlich zu kennen, so sind Sie mir doch durch Ihre
Werke sehr wohl bekannt. Es sind, wenn ich mich so aus-

drücken darf, Schätze des Esprits und Werke, die mit soviel Geschmack und Kunst gearbeitet sind, dass ihre Schönheit bei jedem Wiederlesen ganz neu erscheinen. Ich vermeinte darin den Charakter ihres genialen Schöpfers wiederzuerkennen, der unserem Jahrhundert und dem menschlichen Geist überhaupt zur Ehre gereicht. Die großen modernen Männer werden eines Tages Ihnen und nur Ihnen allein zu Dank verpflichtet sein. […] Zu den Eigenschaften des exzellenten Dichters gesellen Sie eine Unzahl sonstiger Kenntnisse. […] Was darf vom Autor so vieler Meisterwerke noch alles erwartet werden! […] Sie sind eine moralische Lektion, bei der man Denken und Handeln erlernt. […] Sie verführen mit solcher Feinheit und solchem Raffinement zum Genuss an den Wissenschaften, dass ein jeder, der Ihre Werke gelesen hat, voller Ehrgeiz Ihren Spuren folgen möchte.«

Und so geht es seitenweise. Es ist unglaublich, wie sich *Frédéric, le Prince Royale de Prusse* – so unterschreibt er – in seinem ersten Brief vom 8. August 1736 aus Rheinsberg bei Voltaire anbiedert. Außerdem drückt er die Hoffnung aus, »eines Tages den Mann zu sehen, den ich seit so langer Zeit von weitem bewundere«.[2]

Die Antwort Voltaires erfolgte prompt einen Monat später: »Monseigneur, man müsste gefühllos sein, um von dem Brief, mit dem Eure Königliche Hoheit mich zu ehren geruhten, nicht inniglichst gerührt zu sein. Er schmeichelte meiner Eigenliebe nur zu sehr; aber die Liebe zum Menschengeschlecht, die seit je in meinem Herzen lebt und die, wie ich zu behaupten wage, meinen Charakter prägt, schenkte mir eine tausendfach reinere Freude, als ich erkannte, dass es auf der Welt einen Prinzen gibt, der als Mensch denkt, einen Fürsten-Philosophen, der die Menschen beglücken wird.« Und so weiter. Und so weiter.

Den Komplimenten Friedrichs wird mit ebensolchen entgegnet; da haben sich zwei gefunden, die sich geschmeichelt fühlen, vom anderen wahrgenommen zu werden. Und noch eines verbindet beide auf Anhieb, Schon im ersten Brief Voltaires kommt zur Sprache, was beide »Denker« zeitlebens über alle Differenzen hinweg verbunden hat: »Nur die wahrhaft guten Könige waren es, die, ganz wie Sie, damit begannen, dass sie sich bildeten […] und *Aberglauben* verabscheuten.«

Gleichzeitig liebten beide trotz vehementer gegenteiliger Beteuerungen die Lobhudelei. Friedrich nennt in einem Anflug von Erkenntnis in seinem zweiten Brief an Voltaire die Eigenliebe und den Dünkel »grausame Tyrannen der Seele«, bemerkt aber wenige Zeilen weiter nicht, wie er in Selbstlob geradezu badet: »*Et d'un peu de vertu si l'Europe me loue* … – Und so geringer Tugend wegen Europa mich auch preist, Herr, ich danke sie Euch und gestehe dies ein.«

Welche Tugend? Ganz Europa preist ihn? – Es ist richtig, dass Friedrich schon als Kronprinz europaweit berühmt war. Bei *dem* Vater kein Wunder. Alle Welt wusste, wie Friedrich malträtiert worden war, bis hin zur drohenden Hinrichtung. Das auch war der Grund, warum Voltaire antwortete: Der Franzose fühlte sich geschmeichelt, vom damals berühmtesten Königssohn – heute wäre es Prinz William – solcherart hofiert zu werden. Friedrichs Tugend bestand nach damaliger Auffassung darin, dass er nicht gegen seinen grausamen Vater geputscht und diesen ermordet hatte – ähnliche Gewalttätigkeiten kannte man ja vom Zarenhof.

Vor diesem Hintergrund wird Voltaires Kompliment des »Fürsten-Philosophen« für einen Vierundzwanzigjährigen verständlich. Außerdem gewährte ihm Voltaire damit das, wonach der junge Schöngeist sich damals am meisten sehnte: die Anerkennung als Philosoph. Gleich mit dem ersten Antwortbrief. Und so schwelgt Friedrich fortan in der Annahme, mit Voltaire auf gleicher Stufe zu stehen. Sicherheitshalber erfindet er in fast jedem Brief neue Superlative für den französischen Denker, nennt ihn »Salomon des Nordens«, den »größten Franzosen«, schwärmt von Schloss Cirey, wo Voltaire damals lebte, als »einem Ort, der tausendfach süßer ist als die Insel der Kalypso« – obwohl er ihn niemals gesehen hat! Nach zwei Jahren nennt er Voltaire dann vertraulich »mein treuer Freund«.

Und dieser bleibt ebenso bei seiner anfänglichen Schmeichelei und fährt fort, ihn als den »Fürsten-Philosophen« zu titulieren, schwärmt von Friedrich als »mein Fürst«, der »alle Künste kennt, von der Musik bis hin zur wahren Philosophie«, und schreibt bereits nach einem Dreivierteljahr Korrespondenz im Mai 1737: »Ich werfe mich Eurer Königlichen Hoheit zu Füßen.« Warum hatte er dies nötig?

Voltaires Leben ist wie ein Abenteuerroman. Geboren 1694 als Sohn eines Notars, erhält er eine elitäre Jesuiten-Erziehung. Adlige Mitschüler führen ihn früh schon in die aristokratische Gesellschaft ein, die der hochbegabte Bürgersohn François mit seinem Esprit beeindruckt. Künftig bewegt er sich wie selbstverständlich unter Grafen und Herzögen. Die Aristokratie wird und bleibt seine Welt, die er nicht mehr verlässt. Er startet seine berufliche Karriere zunächst als Diplomat; wird Gesandter in den Niederlanden, dann »Gesellschaftsdichter« am Hofe von Anne Louise Bénédicte de Bourbon, Herzogin von Maine (1676–1753), die Dichter und Philosophen um sich schart, darunter auch Rousseau. 1717 landet Voltaire erstmals im Gefängnis – er hatte den französischen Regenten, Herzog Philippe von Orleans, mit Spottversen beleidigt.

Wieder in Freiheit, veröffentlicht der Dichter das Epos *Henriade*, eine Eloge auf König Heinrich IV., französisch Henri, der 1598 mit dem Edikt von Nantes den Protestanten Religionsfreiheit in Frankreich zugestanden hatte. Die *Henriade* war also gleich wieder ein Schlag ins Gesicht der despotischen Obrigkeit, wurde sie doch zu Recht als Aufruf zur »Toleranz« verstanden. Sie trug Voltaire später den Ehrentitel »Homer der Franzosen« ein.

Der junge Dichter reüssiert problemlos mit einem Werk nach dem anderen. Frankreichs Bildungsschicht ist von ihm begeistert. Insgesamt verfasst er siebenhundert Theaterstücke, Romane und historische Bücher. Doch 1726 folgt ein zweiter kurzer Aufenthalt im berüchtigten Pariser Gefängnis, der Bastille. Wieder hat er einen Adligen beleidigt. Da er allerdings inzwischen berühmt ist, entlässt man ihn nach kurzer Zeit aus der Haft, unter der Auflage, Frankreich zu verlassen. Voltaire geht bis 1729 nach England ins

Exil. Hier studiert er die Werke des Aufklärers und Philosophen John Locke, dessen hauptsächliche Überlegung darin bestand, dass eine Regierung nur dann berechtigt sei, über ein Volk zu herrschen, wenn die Beherrschten dieser Regierung explizit zustimmen. Mit anderen Worten: Locke forderte Demokratie.

Obwohl Voltaire die aufklärerischen englischen Ideen schätzt, geht er selbst nie so weit wie Locke. Er arrangiert sich vielmehr mit dem Adel, genießt seine Gunst und erlaubt sich gelegentlich dichterische Spitzen gegen die Aristokratie. Ab 1733 hat Voltaire auch finanziell ausgesorgt. Er wird zudem der Geliebte der verheirateten Adligen Émilie du Châtelet (1706–49), die ihn auf ihrem Schloss Cirey in der Champagne wohnen lässt. Beider Verhältnis ist ein offener, aber geduldeter Gesellschaftsskandal.

1949 als »europäisches Modell« abgelehnt

In diese Zeit fällt der Beginn der Korrespondenz mit Friedrich, die bis zum Tod Voltaires im Jahr 1778 andauert. Gewaltig ist die Zeitspanne, die dieser Briefwechsel umfasst. Er spiegelt ein halbes Jahrhundert wider. »Der Briefwechsel kann als erster kontinuierlicher europapolitischer Austausch auf höchster Ebene bezeichnet werden, zwischen einem deutschen Regenten, der die Landkarte, und einem französischen Philosophen, der das Denken veränderte.«[3]

Angesichts einer bürokratisch und wertefremd gewordenen deutschen Regierungspolitik fragt man sich, ob nicht wieder der Einfluss von Philosophen auf die Politik nötig wäre. Ich habe zahlreiche Politiker aller Parteien dazu gefragt. Nur Gregor Gysi, Galionsfigur und Fraktionsvorsitzender der Partei »Die Linke« im Bundestag, gab mir eine Antwort:

> Zur Zeit Friedrichs hing das auch mit der Besonderheit der Französischen Aufklärung zusammen, die sich unter anderem als ein Projekt zur Fürstenerziehung begriff.

Außerdem müssen die damaligen Kommunikationsbe-
dingungen eingerechnet werden. Zu Zeiten einer noch
unentwickelten Pressefreiheit standen nur die Mittel der
Korrespondenz zur Verfügung. Heute muss man eher entscheiden, was man nicht liest. Auch in folgender Hinsicht
besteht ein Unterschied zu damals: Die Philosophie ist bezüglich ihrer Ansprüche bescheidener geworden, was
auch Ausdruck größerer Klugheit sein kann. Philosophen
beschäftigen sich heute in der Hauptsache mit Begriffs-
klärungen. Die Politik hat dagegen immer eine latente Bereitschaft zur begrifflichen Unklarheit, zur Mystifikation
und Ideologisierung. Von daher besteht eher eine »natürliche« Distanz zwischen Politikern und Philosophen.

Diejenigen Philosophen, die sich öffentlich zur Politik
äußern, tun das allerdings nicht explizit als Philosophen,
sondern als Staatsbürger, die sich aufgrund einer gewissen Reputation Gehör verschaffen können. Jürgen Haber-
mas ist dafür ein gutes Beispiel. Auf jeden Fall sollten Politiker zur Kenntnis nehmen, wenn Intellektuelle von Rang
meinen, ihre Beunruhigung über aktuelle Entwicklungen
äußern zu müssen.[4]

Während Voltaire in der DDR als »Aufklärer« eine gewisse Bedeutung auch in jüngerer Zeit zuerkannt wurde – der Liedermacher
und Dissident Wolf Biermann bezeichnete immerhin noch 2008
den 1987 in Ost-Berlin verstorbenen hochangesehenen Professor
Wolfgang Heise als »meinen DDR-Voltaire« –, findet der »Brief-
freund« Friedrichs im Westen seit Ende des Zweiten Weltkrieges
nur noch Erwähnung im Französischunterricht der Gymnasien.
Einer der Gründerväter der Bundesrepublik, Carlo Schmid (SPD),
berichtet in seinen Memoiren: »Am 13. Juni 1949 wurde der Deutsche Rat der Europäischen Bewegung in Wiesbaden konstituiert.
[...] Es zeigte sich viel ›Sektierertum‹. [...] Unter den Europabeflis-
senen gab es nicht wenige, für die es ein moralisches Postulat war,
für Europa einzutreten. [...] Viele hielten es dabei mit Immanuel

Kant. [...] Weniger zahlreich waren jene, die den Geist der Aufklärung beschworen und in der Freundschaft Voltaires und Friedrichs des Großen ein europäisches Modell sahen.«[5] Carlo Schmid gehörte zu den Letzteren, schließlich zählt er zu jenen Größen des 20. Jahrhunderts, die sich stets für eine enge deutsch-französische Verbindung eingesetzt haben. Zu einer Zeit, in der das gefährlich war, im Jahr 1936, referierte Schmid in Berlin in einem kleinen Kreis über das Thema »Rousseau und Friedrich der Große«.

Nichts von einer Einflussnahme deutscher Philosophen auf die Politik hält der Altmeister des deutschen Journalismus, Peter Scholl-Latour. »Wenn man etwa an Theodor Adorno denkt und an die ›Frankfurter Schule‹, mit ihrer ›Dialektik der Aufklärung‹; auf die konnte man nun wirklich verzichten. [Die Frankfurter Schule hatte theoretischen Einfluss auf die 68er-Studentenbewegung.] Hinzu kommt, dass unter den deutschen Philosophen der Nationalgedanke völlig anders ist als in Frankreich. Johann Gottlieb Fichte hatte ja schon etwas ›Völkisches‹ an sich. Insofern haben die deutschen Philosophen meiner Meinung nach nie eine glückliche Rolle gespielt, und Gott sei Dank gibt es solche Einflüsse auch nicht mehr.«[6]

De Gaulle: »Voltaire verhaftet man nicht«

Eine erste Begegnung Voltaires mit Friedrich gab es im September 1740 in Kleve. Dorthin hatte sich der junge König zu einem Antrittsbesuch nach seiner Thronbesteigung begeben; und für Voltaire im nordfranzösischen Schloss Cirey lag Kleve in erreichbarer Nähe. Im November desselben Jahres besuchte Voltaire sodann seinen königlichen »Schüler« erstmals in Berlin. Im Juni 1743 kehrte er erneut in die preußische Hauptstadt zurück; diesmal jedoch nicht als Philosoph, wie er vorgab, sondern als heimlicher Emissär des französischen Königs. Voltaire gab sich also dafür her, seinen Freund, den preußischen König, über dessen Pläne auszuhorchen und – wenn möglich – auf die Seite Frankreichs zu ziehen. Doch damals schon war Friedrich nicht mehr der überschwängliche »Fürsten-Philosoph«, wie ihn Voltaire kennengelernt hatte, sondern ein erfolgreicher Feldherr, und die diplomatische Mission Voltaires scheiterte.

In Versailles verstand es Voltaire indes weiterhin, einflussreiche Persönlichkeiten mit seinem »direkten Draht nach Potsdam« zu beeindrucken, insbesondere die Mätresse König Ludwigs XV., Jeanne Antoinette Poisson, besser bekannt als Madame de Pompadour. Voltaire wurde ihr Günstling. Sie verhalf ihm zum ersehnten Adelstitel und zur Aufnahme in die »Académie française«. Als 1749 die von ihm bereits mit seiner Nichte Marie-Louise Denis betrogene Geliebte Émilie du Châtelet an einer Fehlgeburt starb, verlor er damit seine direkte Verbindung zum Adel. Er brauchte sofort Ersatz und suchte einen neuen Protegé. Nichts leichter als das. Hatte nicht all die Jahre der preußische König Friedrich um ihn geworben »wie Jupiter um Danae«, wie Voltaire einmal süffisant bemerkte? Nun konnte er dem Ruf des »Philosophen aus Potsdam« großmütig erliegen.

Er schickte seine mittellose Mätressen-Nichte in die Schweiz und traf am 10. Juli 1750 in Potsdam ein, im Gepäck die »Horchaufträge« von Madame Pompadour. Die Dichter-Diva ließ sich gleich mit Ehrentiteln überschütten: Voltaire wurde der Kammerherrenschlüssel überreicht – damit waren in erster Linie Einkünfte verbunden – sowie der Orden »Pour le Mérite« an die Brust geheftet. Friedrich ließ sich sogar betören, der ferngebliebenen Nichte Marie-Louise ein »Salaire« auszusetzen, das dieser in die Schweiz überwiesen wurde. Der König zeigte sich großzügig, weil er sich geschmeichelt fühlte.

Und so lebte Voltaire in Sanssouci und Berlin in Saus und Braus. Es gab Maskeraden, Festessen, Konzerte, Empfänge – auch bei Elisabeth Christine. Dazu Opernbesuche und Theater. Als Gegenleistung hatte Voltaire erlesene Unterhaltungen zu bieten und täglich genau zwei Stunden die Gedichte Friedrichs in französischer Sprache zu korrigieren; das war natürlich eigentlich weit unter seiner

Würde. Aber für viel Geld schluckte Voltaire selbst diese Kröte. Vorerst. Es bleibt letztlich nicht nachvollziehbar, warum Friedrich die wahre Natur Voltaires so lange verdrängte. Der wesentlich jüngere Dichter Pierre-Augustin de Beaumarchais (1732–1799), dessen Stück »Der tolle Tag« als Vorlage für Mozarts »Figaro« diente, urteilte über seinen Landsmann: »Sein Temperament ist höchst cholerisch, seine Augen sind funkelnd und böse: Alles Feuer, das man in seinen Werken findet, ist in seinem Benehmen. [...] Reizbar ohne Anhänglichkeit, genusssüchtig ohne Leidenschaft, hält er an nichts Einzelnem durch eigene Wahl fest, sondern an allem durch Unbeständigkeit. Sein Geist ist richtig, sein Herz falsch. Eitel bis zum Übermaß, aber noch mehr eigennützig, arbeitet er noch weniger für den Ruhm als fürs Geld.«[7]

Die Geldgier ist es denn auch, die ihm in Berlin zum Verhängnis wird. Er verstrickt sich in dubiose Geldgeschäfte, muss sich – mit Lessing als Dolmetscher – vor Gericht verantworten, schlägt verbal um sich, beleidigt Friedrichs Präsidenten der Akademie der Wissenschaften, seinen Landsmann Pierre-Louis Moreau de Maupertuis, belügt im Dezember 1752 auch noch Friedrich. Das reicht. Am 26. März 1753 ist es Zeit zu gehen. Endlich. So denken beide Seiten. Der fürstlich bezahlte Voltaire fühlt sich in seiner Wahrnehmung »ausgepresst wie eine Orange«. Denn ein Höfling hatte ihm hinterbracht, dass der König über Voltaire gesagt habe, wenn man eine Orange ausgedrückt habe, könne man die Schale wegwerfen.[8] Und Friedrich vertraut seiner Schwester Wilhelmine an: »Sein Charakter wird verächtlicher als je.«[9]

Es kommt zu einer weiteren Erniedrigung des Dichter-Genies, zu einem regelrechten Skandal! Auf seiner Rückreise nach Frankreich wird der achtundfünfzigjährige Philosoph in Frankfurt festgenommen. Fünf Wochen lang schmort er in Haft. Der Bannstrahl Friedrichs hat ihn erreicht. Für Voltaire ist das alles eine richtige »Ostgoten- und Vandalengeschichte«. Als Vandalen bezeichnete man damals in Europa die Deutschen, so wie sie im 20. Jahrhundert von den Briten als »Hunnen« betitelt wurden. Der Sinn ist stets der gleiche.

Der Vorwurf, der gegen Voltaire erhoben wird, lautet: Er habe »vergessen«, seine teuren Insignien als preußischer Kammerherr vor der Abreise aus Potsdam zurückzugeben. Außerdem habe er sich einen Privatband mit Gedichten des Königs widerrechtlich angeeignet. Mit anderen Worten: Voltaire hat geklaut. Er ist außer sich. Zu Recht. Hier zeigt sich der zunächst so unüberlegt großzügige Friedrich von einer Kleinlichkeit, die mit dem Älterwerden zunahm. Die Provinzposse eskaliert auch noch, als Voltaire versucht, über eine Gartenmauer zu fliehen, bis hin zum Einsatz mit Pistolen. Daraufhin wird er zusätzlich unter Anklage wegen Verdachts auf ein »Pistolenattentat« gestellt. Niemand ist verletzt worden! Alles Frankfurter Kleingeist, in vorauseilender Anbiederung an den großen Friedrich in Potsdam. Ganz Frankreich nahm diese Niedertracht an Voltaire persönlich und hat sie nie vergessen: Charles de Gaulle bemerkte noch zweihundert Jahre später: »Voltaire verhaftet man nicht.« Damals ging es allerdings um den französischen Philosophen Jean-Paul Sartre.[10]

»Mein Aufenthalt in Berlin«: Die Diva ist beleidigt

Wieder freigekommen, fährt Voltaire zu seiner von Friedrich ausgehaltenen Geliebten nach Ferney in die Schweiz und rächt sich. Er veröffentlicht seine kurzen Memoiren über die Zeit am preußischen Hof: *Mein Aufenthalt in Berlin.*

Er beginnt mit einer kurzen Schilderung des Vaters von Friedrich, den er als »Vandalenkönig« tituliert. Damit ist gleich schon mal für die Leser geklärt, in welchem Land die Handlung spielt. Um schnurstracks zum eigentlichen Thema vorzudringen. Voltaire bezichtigt Friedrich der Homosexualität, indem er Folgendes aus dem Tagesablauf des Königs schildert: »War seine Majestät angekleidet und gestiefelt, so […] ließ er zwei oder drei Günstlinge kommen, Leutnants aus seinem Regiment, Pagen, Haiduken oder junge Kadetten. Man trank Kaffee. Der, dem man das Taschentuch zuwarf, blieb eine Viertelstunde mit dem König allein. Die Dinge gingen nicht bis zum Äußersten, denn der Prinz war zu Lebzeiten seines Vaters von seinen Eintagsliebschaften ziemlich übel mitgenommen und ebenso wenig davon klug geworden. Die erste Rolle konnte er nicht spielen, so musste er sich mit der zweiten Rolle begnügen.«[11]

Voltaire bringt mit diesen Hinweisen zum Ausdruck, dass Friedrich nicht von Haus aus homosexuell veranlagt gewesen sei, sondern sich in seiner Jugend durch die vielen Liebschaften mit Frauen eine Geschlechtskrankheit zugezogen habe, die ihn letztendlich impotent gemacht habe. Deshalb habe er später junge Männer bevorzugt, die ihm sexuelles Vergnügen bereitet haben sollen. Obwohl Voltaires *Memoiren* oft als »Rachepamphlet« gescholten wurden, um dadurch ihre Glaubwürdigkeit in Frage zu stellen, ist dieser »Hinweis« Voltaires gerne breit angenommen worden und inzwischen gängiger Bestandteil der Literatur über Friedrich den Großen. Ein Arzt, der Friedrich unmittelbar nach seinem Tod untersuchte, konnte indes nichts feststellen, was auf eine Geschlechtskrankheit hindeutet.

Doch lassen wir Voltaire noch ein wenig plaudern: »Man speiste in einem kleinen Saal, dessen hervorragendster Schmuck in einem Bild bestand, dessen Entwurf er seinem Maler Pesne, einem unserer besten Künstler, gegeben hatte. Es war ein schönes erotisches Gemälde. Man sah, wie junge Männer Frauen umarmten, Nymphen unter Satyrn, spielende Amoretten, Gitone, einige Personen, die beim Anblick dieser Kämpfe sich erregten, Turteltauben, die sich küssten, Böcke, die auf Ziegen, und Widder, die auf Schafe sprangen. Oft waren die Mahlzeiten ebenso philosophisch. Jemand, der uns zugehört hätte, hätte beim Anblick dieses Bildes geglaubt, die sieben Weisen Griechenlands im Bordell zu hören.«[12]

Dann die Steigerung: »Er war bei Günstlingen, die jünger waren als ich, an merkwürdige Beweise seiner Zärtlichkeit gewöhnt; und als er eines Tages vergaß, dass ich nicht in ihrem Alter war und keine schönen Hände hatte, nahm er eine meiner Hände und küsste sie. Auch ich küsste ihm die Hände und machte mich zu seinem Sklaven.«[13]

Liebte Friedrich den großen Voltaire auch als Mann? Oder war es der Dichter, der sich Hoffnung auf eine körperliche Zuneigung machte? »Ich träume von meinem Prinzen, wie man von seiner Geliebten träumt«, schwärmt Voltaire schon mal über Friedrich.[14]

Man solle sich davor hüten, solche Äußerungen Voltaires wörtlich zu nehmen, warnen die Historiker. Nun – dann braucht man gleiche Ausdruckweise auch bei Friedrich nicht überzuinterpretieren. Im 18. Jahrhundert war eine hochexaltierte Sprache alltäglich und nicht das Gleiche gemeint wie heute. Alles Weitere ist Spekulation. Es gibt von Friedrich begeisterte Bekundungen seiner Zuneigung zu Frauen, jedoch keine homoerotischen Äußerungen. Außer Voltaire will niemand im Umfeld Friedrichs jemals eine Neigung zu Männern wahrgenommen haben.

Doch Voltaires »Beobachtungen« fanden natürlich begeisterte Aufnahme an allen Fürstenhöfen Europas. Ob wahr oder erfunden, spielte keine Rolle. Im Grunde genommen waren Voltaires Ausführungen zur vermeintlichen Homosexualität Friedrichs nicht so skandalös, wie man heute glaubt. Denn das 18. Jahrhundert war sexuell freizügiger noch als die Gegenwart. Wenn man die Briefe der Liselotte von der Pfalz über den Versailler Hof liest, so erfährt man dort, dass die »Freuden der Liebe« häufig unter Männern und unter Frauen erfahren und genossen wurden. Bei Franzosen jedenfalls konnte Voltaires Geschwätzigkeit über die vermeintlichen sexuellen Neigungen nicht wirklich reüssieren. Friedrich indessen soll von diesem »Anwurf« erst nach Voltaires Tod erfahren haben.

Eigentlich war nur im 19. und 20. Jahrhundert eine mögliche Homosexualität Friedrichs ein Tabu beziehungsweise ein Reizthema. Aus heutiger Sicht wäre es völlig irrelevant, wenn nicht eine bestimmte Interessensgruppe versuchte, Friedrich nun von der »anderen Seite« für sich zu vereinnahmen.

Le grand Factotum: Der schöne Kammerherr

In der Welt Friedrichs hat auch ein Name seinen Platz, der weder zu den Großen der Tafelrunden von Rheinsberg und Sanssouci zählte noch als General Schlachten gewann. Als *Le grand Factotum du roi Frédéric* – als »Mädchen für alles« hat ihn Voltaire in seinen *Memoiren* der Lächerlichkeit preisgeben wollen. Es handelt sich um den Kammerdiener Michael Gabriel Fredersdorff (1708–1758), der schon Bielfeld in Rheinsberg aufgefallen war. Anders als Voltaire äußerte sich jener positiv-neutral über ihn. Fredersdorff und Friedrich kannten sich schon aus der Küstriner Haftzeit. Voltaire hetzt über damals: »Nach einem halben Jahr bekam er einen Soldaten, der ihn bediente. Dieser junge, schöne, gut gewachsene Soldat, der auch Flöte spielte, diente zur Belustigung des Gefangenen in mehr als einer Beziehung. Später haben seine guten Eigenschaften ihm Glück gebracht. Ich sah ihn als Kammerdiener und Minister zur gleichen Zeit, mit all der Unverschämtheit, die diese beiden Stellungen verleihen können.«[15]

Fest steht: Die Karriere von Fredersdorff *ist* ungewöhnlich. In Rheinsberg spielt er, der Diener, im Hoforchester. Unmittelbar nach seiner Thronbesteigung macht ihm Friedrich ein sehr teures Geschenk: das Rittergut Zernikow bei Rheinsberg. Zusätzlich lässt er Fredersdorff durch die kinderlose Baronin von Trachenberg adoptieren, um ihm einen Adelstitel zu verschaffen. Fredersdorff, der Shootingstar, dankt es seinem Herrn mit absoluter Loyalität, wird Friedrichs »spitzer Stift« im Finanzbereich. Oder, wie man damals sagte, er führt die Aufsicht über die private Schatulle des Königs. Fredersdorff rechnet scharf, manchmal auch ab. Er verweist Langfinger aus der Hofküche, verweigert Voltaire die »Erstattung« ungebührlicher Ausgaben, streicht vermeintlich überhöhte Rechnungen von Architekten, Gärtnern, Schneidern und Juwelieren. So wird er in gewisser Weise zum gefürchteten »man behind the throne«. 1753, im Jahr des »Abgangs« von Voltaire aus Potsdam, heiratet Fredersdorff die Tochter eines Bankiers und Gewehrfabrikanten. Ein Nachfahre dieser Frau aus zweiter Ehe war

der Dichter Achim von Arnim. Er erinnerte sich an seine Großmutter und deren berühmten ersten Mann:

»Ihre Neigung erwarb ein damals schon kranker, sonst sehr
schöner Mann, der Geheime Kämmerer des neuen Königs Friedrich II. […] Friedrich sah nicht gern verheiratete Leute in seiner
Nähe, [doch] die Krankheit Fredersdorffs nahm zu. Er erklärte
dem Könige, dass er nur durch diese Heirat zu genesen hoffe. Der
König willigte ein. […] So war das Krankenlager der Eingang einer
Ehe, in welcher meine Großmutter, wenngleich als Jungfrau unter
tausend Kümmernissen […] drei Jahre, bis er nach vielen Leiden
verschied, gelebt hat. […] Ich habe ein Bild von ihr im Reitkleid gesehen, es war eine halbmännliche Tracht. Sie ritt auch wie Männer.«[16]

Hier ist sie wieder, die Anspielung auf eine homosexuelle Neigung Fredersdorffs und damit auf Friedrich. Waren Fredersdorff
und Friedrich wirklich ein Männerpaar? Vielleicht bestand zwischen ihnen nur eine besonders intensive Männerfreundschaft? Es
gibt in der jüngeren Geschichte einen ähnlichen Fall: den der amerikanischen Präsidentengattin Eleanor Roosevelt, der in den drei-
ßiger Jahren eine homoerotische Beziehung zur Journalistin Lorena Hickok nachgesagt wurde. Liest man den Briefwechsel der
beiden, in dem solche leidenschaftlichen Beteuerungen vorkommen wie »ich fühle mich leer ohne Dich«, so möchte man glauben,
dass beide Frauen ein Verhältnis miteinander hatten.[17]

Doch wie bei Friedrich und Fredersdorff gibt es auch hier nur
schriftliche, uneindeutige Äußerungen. Von Friedrich wissen wir,
dass er zur Exaltiertheit neigte, von Eleanor Roosevelt ist das Gleiche bekannt. Sind heutige Schulmädchen, die sich, wie es Mode
geworden ist, zur Begrüßung auf den Mund küssen, gleich Lesben?

Gewiss: Die Briefe und Zettel Friedrichs an seinen Kammerdiener aus dessen letzten Lebensjahren sind in mehrfacher Hinsicht
ungewöhnlich: Er schrieb sie in (schlechtem) Deutsch; sie offenbaren höchste Sorge um den Schwerkranken, und sie zeigen Friedrich in den Jahren 1753 bis 1757 von einer zutiefst menschlichen, ja,
geradezu verzweifelten Seite: »Wen ein Mittel in der welt währe,

Dihr in zwei minuten zu helffen, so wolte ich es Kaufen, es möchte auch So theuer seindt, wie es imer Wolte […] es wunder mihr nicht, dass Dihr die Krankheit überdrüsslich ist. Wenn es von mir Dependihrte [abhinge], so wehre nichts, das ich nicht thäte, umb Dihr gleich zu helfen.«

An anderer Stelle heißt es: »Du Kanst nicht pinkeln und ich kan nicht gehen, wihr Seindt allebeide nicht mehr Nutz, als daß uns der Schinder holet! […] Ich Wolte Dihr so gerne helffen, als ich das leben habe! (..) ich meins gewisse guht mit Dihr, und wann ich einen Menschen finden könnte, der Wirklich im Stande Dihr zu helffen wehre, so Wolte ich im vom Japan Komen lassen. […] und wann Du mihr lib hast, so lege deiner genesung nichts im Wege. Gottbewahre! […] Wann Du nur Wieder an Kräften zunehmest, so werde ich wieder lustich, sonsten glaube ich, daß alle meine besten bekanten und freünde zu verlihren bestimet bin […] Ich Küsse den Doctor, wenn er Dihr gesundt macht! […] wohr heüte Mittag die Sonne Scheint, So werde ich ausreiten. Kome doch am fenster, ich wolte Dihr gerne Sehen!«

Der König hat Hoffnung bis zum Schluss, glaubt gar beim Todkranken Besserung festzustellen: »Wünsche von hertzen, das es sich von tagzu–tage mit Dihr besseren Möhge, gestern habe ich Deine besserung Celebriret, mit zwei butteillen [Flaschen] ungerschen wein.«[18]

Am 12. Februar 1758 starb der Kammerdiener Fredersdorff in Potsdam, während Friedrich weit entfernt im Siebenjährigen Krieg focht. Nichts ist über seine Reaktion auf diese Nachricht bekannt. Er, der sonst in seinen Tausenden von Briefen an die Geschwister und Freunde sein Herz ausschüttete, schwieg hier. Der Gründer und damalige Herausgeber der *Bild*-Zeitung und der Zeitung *Die Welt*, Axel Springer, zeigte sich 1968 von diesen Briefen beeindruckt: Friedrich »war ein Mann, der sein Land unendlich viel wichtiger nahm als sich selbst – und darüber hinaus ganz zauberhafte Briefe an Voltaire wie an seinen Kammerdiener schreiben konnte.«[19]

Und wie ging es mit den beiden Egomanen Friedrich und Voltaire weiter? Sie vermochten nicht auf Dauer miteinander zu leben, konnten aber auch nicht für längere Zeit ohne Nachricht voneinander bleiben. Dank der Vermittlung Wilhelmines wurde die Korrespondenz bald wieder aufgenommen. Und ähnlich wie sich Friedrich Sorgen um den kranken Fredersdorff machte, zeigte er sich später beunruhigt über den Gesundheitszustand des »treuen Freundes«. 1776 bietet Friedrich Voltaire sogar kostbare, seltene Medizin an: »Ich habe vom [türkischen] Sultan Mekka-Balsam als Präsent bekommen, somit aus erster Hand. Falls Ihr Arzt meint, daß die Anwendung dieses Balsams Ihnen förderlich sein könnte, würde ich Ihnen gern ein Fläschchen davon zukommen lassen.«[20]

Zu den Türken hatten beide ein besonderes »Verhältnis«, jeder für sich unterschiedlich, im Urteil aber meistens gleich.

Aufgeklärt: Der Humanist und die Religionen

Für Friedrich waren Moslems so ähnlich wie Katholiken.
Peter Scholl-Latour

»Jeder nach seiner Façon«: Katholiken und Tataren

Um diesen Ausspruch Friedrichs wird seit der Integrationsdebatte der letzten Jahre in Deutschland immer wieder viel Aufhebens gemacht: »*Alle Religionen seindt gleich und guht, wan nuhr die Leüte, so sie profesieren* [(öffentlich) bekennen], *erliche Leüte seindt, und wen Türken und Heiden kähmen und wolten das Land pöbplieren* [bevölkern], *so wollen wier sie Mosqueen und Kirchen bauen.*«[1]
Diese Bemerkung des jungen Königs Friedrich, in einer steilen Handschrift an den Rand eines Antwortbriefes vom 15. Juni 1740 gekritzelt, wird stets herangezogen, wenn es mal wieder »Glaubenskrieg« – bis hin zum Brandanschlag – um den Bau einer Moschee in Berlin gibt[2] oder allgemein über die Einwanderung von Türken und Arabern diskutiert wird. Dabei war der Hintergrund von Friedrichs Randvermerk damals ein ganz anderer. Es ging um Katholiken! Die Stadt Frankfurt/Oder fragte an, ob ein Katholik das Bürgerrecht in einer evangelischen Stadt erwerben dürfe.
Und ein paar Tage später, in einem Brief vom 22. Juni 1740, in dem es um Schulen für Kinder katholischer Soldaten ging, schrieb Friedrich seinen berühmtesten Satz nieder: »Die Religionen Müsen alle Tolleriret werden und Mus der fiscal nuhr das auge darauf haben das Keine der andern abruch Tuhe, *denn hier mus ein jeder nach seiner Fasson Seelich werden.*«[3]
Der Schlussteil des Satzes steht in heutigem korrektem Deutsch

am Rathaus des größten Berliner Bezirkes, Reinickendorf. Er hat seit Juni 1740 Gültigkeit in Preußen, seit 1948 auch in der Bundesrepublik. »In einem Vielvölkerstaat und Einwanderungsland wie Preußen mit einem Flickenteppich als Staatsgebiet und unterschiedlichsten Konfessionen war Toleranzpolitik eine Existenzfrage und Daseinsgarantie. Wer hier gegen bestimmte Bevölkerungsgruppen hetzte, rüttelte an den Grundfesten des Staates.«[4]

Peter Scholl-Latour erklärt die gravierenden Unterschiede zu heute: »Jene Einwanderer, die nach Preußen kamen, waren keine Arbeitssuchenden aus armen, rückständigen Ländern. Im Gegenteil: überall war die wirtschaftliche Lage besser als in Preußen. Die Einwanderer von damals, die *Réfugiés* aus Frankreich und Österreich, waren gebildet, handwerklich hoch entwickelt. Und sie waren *christliche* Glaubensflüchtlinge, die heilfroh waren, mit dem Leben davongekommen zu sein. Deshalb verhielten sie sich aus Dankbarkeit für ihre Rettung staatstreu. Allerdings gab es auch einen Nebeneffekt: In Berlin und Potsdam, wo die Neuankömmlinge zeitweise die Alteingesessenen zahlenmäßig überboten, müsste man die Frage stellen: Sind die Preußen damals nicht Hugenotten geworden?«

Ein weiterer wesentlicher Unterschied ist, dass damals die Einwanderer in Preußen nicht »integriert«, sondern »akkulturiert« wurden. »Bei aller Toleranz – Friedrich der Große hätte eine orientalische Lebensform seiner Einwanderer wohl weniger goutiert«, glaubt Scholl-Latour.[5] Bereits in der zweiten und dritten Generation mischten sich die Hugenotten mit den Einheimischen. Besonders seit der Thronbesteigung Friedrichs ab 1740 kann man feststellen, dass etwa siebzig Prozent der hugenottischen Nachkommen Ehen mit preußischen Einheimischen eingingen, was auch auf die Bewunderung für die politischen Leistungen Friedrichs und insbesondere für ihn als Person und Monarch zurückzuführen ist. Welche Lehre könnte man daraus für die heutige Integrationsdebatte ziehen?

Preußen nahm seit dem Großen Kurfürsten jeden auf. Egal woher er kam, egal zu welcher Religion der Einwanderer oder eroberte Untertan sich bekannte. Aber alle hatten loyale Preußen zu werden. Eine außereuropäische Subkultur mit heimlicher Ablehnung der Gesellschaft, Religion und Politik des Gastlandes, wie sie sich heute in manchen Zuwanderermilieus findet, war völlig ausgeschlossen. Friedrich war bereit, Toleranz auszuüben, er forderte sie aber auch ein. *Zero tolerance* für Intoleranz. So viel zu dem häufig zitierten Satz Friedrichs: »Jeder muss nach seiner Façon selig werden.«

Was Muslime in Preußen angeht, so dachte Friedrich nicht nur an Türken. Vielmehr waren es die muslimisch gewordenen Tataren, die am Rande des preußischen Staates zu Untertanen Friedrichs geworden waren. Am 22. Juli 1775 verfasste er einen Erlass zur Ansiedlung – oder wie er sagte »Ansetzung« von Tataren in der Provinz Westpreußen, dem Gebiet, das er durch die erste Teilung Polens gewonnen hatte. Einen Beamten mahnt er:

Ich habe Euch in Meiner Order vom 7. Juni […] unter andern aufgetragen, Euch zu bemühen, die in Polen sich aufhaltenden Tartaren [sic] zu persuadiren [überzeugen], daß selbige sich in Meinen Landen niederlassen, und zwar in der Gegend an dem Goplower See herum gegen die Polnische Grentze, in so weit dieser See und die vielen Moräste nur urbar gemacht werden können. Ihr habt Mir aber noch nichts darüber gemeldet, wie weit Ihr darin gekommen seyd und was Ihr deshalb für Hoffnung habet. Da nun gegenwärtig ein Obrister von diesen Tartaren, Nahmens Zacharias Murza Baramowsky an Mich geschrieben und ein Regiment von ihnen zu errichten sich offeriret [angeboten], so habe denselben Meine eigentliche Intention bekandt gemacht, daß Ich es nemlich gerne sehen würde, wenn diese Leute sich gantz und gar in Meinen Landen in der obbenannten Gegend etabliren wollten, und daß er sich dieserwegen an Euch adressiren [wenden] und über die Sache weiter tractiren [verhandeln] könne. Ihr werdet demnach Euch alle ersinnliche Muhe geben,

[…] zu bewürcken, wie diese Leute zu gewinnen und in's Land gezogen werden können. Ich will ihnen gerne erlauben, Moscheen zu bauen und sollen sie allen Schutz geniessen.[6]

»Die türkische Nation hat Verstand«

Über die Türken herrschten im 18. Jahrhundert recht unterschiedliche Vorstellungen. Sie waren vor allem geprägt durch die Türkenkriege, in denen sich Europa gegen die aggressive Ausbreitung des Osmanischen Reiches nach Westen zu wehren hatte. Die Türken kämpften seit dem 15. Jahrhundert gegen den mächtigen Seefahrerstaat Venedig, gegen Österreich und Polen, ab dem 18. Jahrhundert auch gegen Russland. Preußen war nie ein Gegner. Voltaire wunderte dies auch nicht. In seinem Pamphlet von 1753 wetterte er zum Beispiel über den Vater Friedrichs, den er nie gekannt hat: »Man muss gestehen, dass im Vergleich mit dem von Friedrich Wilhelm ausgeübten Despotismus die Türkei eine Republik ist.«[7] Und sein Urteil über Friedrich fiel damals nicht besser aus: »Ich fühlte, wie sehr meine Freiheit einem König missfallen musste, der absoluter war als der Großtürke.«[8]

Friedrich hatte eine differenziertere Meinung über die Türken, die er 1775 in seinen Gedanken über andere Nationen folgendermaßen äußerte: »Die türkische Nation hat von Natur Verstand, nur die Unwissenheit erhält sie dumm; sie ist tapfer ohne Kunst, sie versteht nichts von Polizei, und ihre Politik ist noch viel erbärmlicher. Das Dogma vom Fatalismus, welches in sehr großem Ansehen steht, macht, dass die Gläubigen die Ursache aller Unglücksfälle Gott zuschreiben und ihre Fehler nie gut zu machen suchen. Constantinopel [seit 1876 Istanbul] zählt zwei Millionen Einwohner. Die Macht dieses Reiches kommt von seiner weiten Ausdehnung her; dessen ungeachtet würde es nicht mehr bestehen, wenn nicht die Eifersucht der europäischen Fürsten es erhielte.«[9]

Wer glaubt, die Türken kämen im Urteil Friedrichs schlecht weg, der sollte sich mit seinen Ansichten über Nachbarstaaten vertraut machen: »In keinem Lande sind die Männer von Genie so selten wie in Dänemark. [Es] gehört zu den Mächten zweiten Ranges und ist als Zubehör zu betrachten, das durch seinen Beitritt zu einer Partei auf der Waage der Mächte das Gewicht derselben um ein Gramm vermehrt. Geht man von hier nach Schweden hinüber, so findet man zwischen beiden Königreichen keine weitere Ähnlichkeit, als die Gier nach Subsidien.«[10]

Friedrichs Vorstellungen von den Türken beruhten nicht auf exotischen Reiseberichten der damaligen Abenteuerliteratur oder auf militärischen Auseinandersetzungen. Zum letzten Mal hatten sich Türken und Deutsche bei der zweiten Belagerung Wiens im Jahr 1683 gegenübergestanden. Friedrich machte ganz persönliche Erfahrungen. Volker Tschapke, Präsident der Preußischen Gesellschaft Berlin-Brandenburg, kennt sich zu diesem Thema aus und weiß um einige ungewöhnliche Details: »Im Jahr 1739 übergab der Herzog von Kurland dem Preußenkönig Friedrich Wilhelm I. zwanzig großgewachsene Türken für seine ›Langen Kerls‹. Ihnen ließ der Soldatenkönig in der Nähe der Garnisonskirche in Potsdam einen Saal als Moschee herrichten, denn er legte großen Wert darauf, dass ›seine Mohammedaner‹ ihren religiösen Pflichten nachgehen konnten. Daraus entwickelte sich die Aufstellung geschlossener muslimischer Truppenteile in der preußischen Armee: Muslimische Reiter nahmen an einer Reihe von Schlachten teil, darunter etwa 1757 bei Groß-Jägersdorf, 1758 bei Zorndorf und am 16. August 1762 bei Reichenborn. Da diese kleine Truppe mit besonderer Bravour gekämpft hatte, ordnete Friedrich nach dem Krieg 1763 an, dass ein muslimischer Truppenstamm beibehalten werden sollte. Wie es in den Urkunden heißt, fanden diese bei der Truppenbesichtigung von 1772 ›den vollen Beifall des Königs‹.«[11]

Außenpolitisch gab es schon länger Kontakte zwischen Berlin und Konstantinopel. »Als 1701 das Königreich Preußen gegründet wurde, war das Osmanische Reich der erste Staat, der seine Glückwünsche übermittelte«, erzählt Tschapke. »Eine aus fünfzehn Personen bestehende Delegation unter der Leitung von Asim Effendi kam nach Berlin und leitete damit direkte diplomatische Beziehungen ein.«

Doch diese schlummerten lange vor sich hin. Erst als Friedrich glaubte, die Türken als Gegengewicht zu Österreich nutzen zu können – gemäß dem Grundsatz »der Feind meines Feindes ist mein Freund« –, sandte er 1755 Graf Karlo E. Rexin nach Konstantinopel. Rexin konnte aber bis 1761 nicht mehr erreichen als einen Handels- und Freundschaftsvertrag mit Sultan Mustafa III. Der lag weit unter Friedrichs Erwartungen. Zur Fortsetzung der politischen Verhandlungen traf am 9. November 1763 ein türkischer Gesandter in Berlin ein: Achmet Effendi Resmi Pascha. Was Friedrichs Hoffnungen auf eine strategische Zusammenarbeit mit der Türkei betraf, hatte dieser Besuch eine sehr ernüchternde Wirkung. Denn Achmet Resmi ersuchte den König, ihm für seinen Sultan die drei Astrologen auszuborgen, die Friedrich offenbar zu seinen großen Siegen verholfen hatten. Dies berichtet der Dolmetscher Friedrich Diez in seinem 1813 veröffentlichten Vorwort zu einer in Deutschland erschienenen Schrift Achmet Resmis.[12]

Da war der Effendi an den Richtigen geraten. Offensichtlich wusste er nicht, wie sehr Friedrich jede Art von Aberglauben verachtete. Laut Diez beschied der preußische König dem Türken, er habe drei Mittel gefunden, seine Länder zu verteidigen. Erstens mittels »Kenntnissen aus der Geschichte«; zweitens mittels einer »beständig unterhaltenen und wohl unterwiesenen Armee in hinreichender Anzahl und Rüstung, welche selbst zu Friedenszeiten täglich geübt wird«. Und drittens »sorge ich dafür, dass mein Schatz immer mit Geld angefüllt sei, um stets die Kriegskosten in Bereitschaft zu haben und von keines Menschen guten Willen abhängig zu sein. Diese drei Dinge sind meine Astrologen; andere habe ich nicht.«

Friedrich ärgerte sich schwarz: Bereits eine Million Taler hatte er in die Bemühungen um das Bündnis mit der Türkei gesteckt, ohne greifbares Ergebnis. Über den Besuch Achmet Resmis, der mit seinen dreiundsiebzig Gefolgsleuten zunächst auf einem Gut in Weißensee bei Berlin untergebracht war, berichtete die *Haude-Spenersche Zeitung* bezeichnenderweise nur Anekdotisches: »Hiernächst hat er Sich mit Spatzierengehen in den dasigen Gärten divertiret, und […] auf einem Stuhle zu oftermalen gesessen, und unter widerholter Janitscharen-Music denen Anwesenden Coffee präsentieren lassen. Hiernächst sind höchgemeldeter Herr Gesandter den 9ten dieses Monaths Morgens um 10 Uhr, nachdem Sie öffentlich gespeiset, in fünf Kutschen mit 6 Pferden bespannet mit Ihrer ganzen Suite … über die lange Brücke, dem Königl. Schlosse und der Schloß-Freyheit vorbey, unter den Linden durch die Wilhelmstrasse, bis nach dem ehemaligen Vernezoberschen Palais, Ihren prächtigen Einzug gehalten.«[13]

Friedrich verspürte 1763/64 keine Neigung mehr zu großem Prunk. Er unterhielt seinen türkischen Gast an Silvester 1763 vielmehr in der Akademie der Wissenschaften mit chemischen Experimenten. Außerdem wurden eine Luftpumpe, eine »Elektrisiermaschine« und das Naturalienkabinett vorgeführt. Die Verhandlungen zogen sich hin. Friedrich musste für den Aufenthalt der türkischen Delegation zahlen und soll verzweifelt über Achmed Resmi ausgerufen haben: »Er frisst mir die Haare vom Kopf.«

Nach einem halben Jahr zogen die Türken endlich wieder von dannen, in der Tasche dann doch einen Vertrag über ein Verteidigungsbündnis. Doch der Großwesir legte ihn in Istanbul in eine Schublade. »Später!«, sagte er. Als dann das türkische Interesse an dem Militärbündnis mit Preußen aufgrund eines Krieges mit Russland wieder erwachte, gab Friedrich zur Antwort: »Zu spät.«

Von Voltaire bis Westergaard: Religiöser Fanatismus

Sind Muslime nicht satirefähig? Diese Frage stellte sich Europa, als nach der Veröffentlichung von Mohammed-Karikaturen in der dänischen Zeitung *Jyllands-Posten* am 30. September 2005 die Empörung in der islamischen Welt so weit ging, Dänemark als Land zu boykottieren, vor der UNO zu diffamieren und diplomatisch zu isolieren. In England zeigte der damalige britische Außenminister Jack Straw Verständnis und kritisierte die Veröffentlichung der dänischen Karikaturen als »unnötig, unsensibel, respektlos und falsch«.[14]

Erst im September 2010, als sich der Zorn gelegt hatte, fasste sich Bundeskanzlerin Angela Merkel (CDU) ein Herz und pries Europa als einen Ort, an »dem ein Zeichner so etwas darf«. Der dänische Mohammed-Karikaturist Kurt Westergaard erhielt von deutschen Journalisten im Beisein der Bundeskanzlerin einen Preis für sein Verdienst um die Meinungsfreiheit. Überreicht in Potsdam, dem deutschen Gral der Aufklärung. Gewissermaßen unter den Augen Friedrichs hob der zweite Festredner Joachim Gauck hervor: »Es erfüllt mich mit Abscheu, wenn unser Eintreten für Freiheit als hegemoniale Politik des Westens diffamiert wird.« Und Merkel stellte fest: »Religionsfreiheit bedeutet nicht, dass die [islamische Rechtsauffassung] Scharia über dem Grundgesetz steht.«[15]

»Für den Westen geht es seit geraumer Zeit ans Eingemachte«, glaubt der Heidelberger Journalist Jürgen Gottschling und fährt fort: »Wer nicht nur in Frankreich über ein Minimum an literarischen Kenntnissen verfügt, denkt in dieser Angelegenheit sofort an Voltaires berühmte Tragödie ›Mahomet‹. Sie gilt auch heute noch als ein Schlüsseltext der europäischen Aufklärung. […] In Deutschland hat sich kein Geringerer als Goethe für seine Verbreitung eingesetzt. Er selbst übertrug es 1802 ins Deutsche. […] Voltaire selber wiederum hat bei der Entstehung Ermunterung und anteilnehmendes Interesse durch den damaligen Vorzeige-Herrscher der Aufklärung Friedrich den Großen erfahren – so ist das Stück auch vielfältig mit der deutschen Geistesgeschichte verknüpft. Keinem anderen Gesprächspartner gegenüber hat sich der große Franzose so ausführlich über Sinn und Ziel seines fanatismuskritischen Hauptwerks ausgesprochen wie gegenüber dem Preußenkönig.«[16]

Le Fanatisme ou Mahomet le Prophète – »Der Fanatismus oder

Mohammed der Prophet«[17] lautet der Titel der Tragödie in voller Länge. Voltaire hatte bereits 1736 mit dem Verfassen begonnen, danach die beiden ersten Akte Friedrich zur »Begutachtung« nach Rheinsberg geschickt und 1740 vollendet. Im Dezember 1740 übermittelte Voltaire den ganzen »Mahomet« mit einem langen erklärenden Begleitschreiben Friedrich. Darin heißt es unter anderem:

»Sire, ich gleiche zur Zeit Mekka-Pilgern. […] Ich erlaube mir, Ihnen eine neue Abschrift der Tragödie *Mahomet* zu schicken, die Sie haben wollten, und das schon lange. […] Eure Majestät wissen, welcher Geist mich beseelte, als ich dieses Werk verfasste. Die Liebe zum Menschengeschlecht und das Grauen vor Fanatismus, zwei Tugenden, die immer an Ihrem Thron verweilen sollen, haben meine Feder geführt. Ich war stets der Ansicht, dass die Tragödie kein simples Spektakel sein dürfe, welches das Herz berührt, ohne es zu bilden. […] [Das] Gift [des Aberglaubens und des Fanatismus] brodelt fort, wenngleich auf kleinerer Flamme: diese Pestilenz, die erstickt zu sein scheint, bringt von Zeit zu Zeit neue Keime hervor, die den Globus infizieren.«[18]

Seiten später folgen jene Sätze, die bis heute alle Muslime in Wallung bringen: »Ich gebe zu, dass wir ihn [Mohammed] hochachten müssten, wenn er, als legitimer Herrscher geboren oder mit Zustimmung der Seinen an die Macht gelangt, Gesetze des Friedens erlassen hätte. […] Doch dass ein Kamelhändler in seinem Nest Aufruhr entfacht, dass er zusammen mit ein paar Koreischiten [Stammesmitglieder Mohammeds] seine Mitbürger glauben machen will, dass er sich mit dem Erzengel Gabriel unterhielt; dass er sich damit brüstet, in den Himmel entrückt worden zu sein und dort einen Teil jenes unverdaulichen Buches [gemeint ist der Koran] empfangen zu haben, das bei jeder Seite den gesunden Menschenverstand erbeben lässt, dass er, um diesem Werke Respekt zu verschaffen, sein Vaterland mit Feuer und Eisen überzieht, dass er Väter erwürgt, Töchter fortschleift, dass er den Geschlagenen die freie Wahl zwischen Tod und seinem Glauben lässt: das ist nun mit Sicherheit etwas, das kein Mensch entschuldigen kann, es sei denn, er ist als Türke auf die Welt gekommen, es sei denn, der

Aberglaube hat in ihm jedes natürliche Licht erstickt. […] Mohammed ist nichts weiter als ein Tartuffe [Betrüger] mit dem Säbel in
der Hand.«[19]

All jenen, die hier Voltaire zustimmen möchten, oder jenen, die
sich über ihn aufregen, sei gleichermaßen gesagt: Kein Geringerer
als ihre katholische Majestät, der französische König Ludwig XV.,
hat das Stück sofort nach der Erstaufführung in Lille im Jahr 1742
verboten. Warum? Ganz klar: Weil damals, anders als heute, jeder
erkennen konnte, dass »Mahomet« ein Stück ist, das grundsätzlich *alle* »alleinseligmachenden« Religionen als Aberglauben an-
prangert: die christliche, die jüdische, die muslimische. Das Stück
richtet sich mit Mitteln der Übertreibung gegen jedwede religiös
motivierte Intoleranz, gegen religiöse Heuchelei und Borniertheit
sowie gegen die Willkür der Mächtigen, die sich bei ihrer Regie-
rungsgewalt auf die Legitimation durch eine Religion berufen.

Und: Moslems spielten damals in den west- und mitteleuro-
päischen Gesellschaften praktisch keine Rolle. Insofern suchte
sich Voltaire lediglich ein exotisches Exempel, das er ausgerechnet
in Mohammed zu finden glaubte, um seine grundsätzliche Kritik
am religiösen Fundamentalismus zu veranschaulichen. Heute ist
das Lesen der Stücke von Voltaire an französischen Schulen einge-
schränkt auf jene, die man für *politically correct* hält. »Mahomet« ist
nicht darunter. In Genf verursachte Voltaire noch mal vor ein paar
Jahren einen Eklat: Der Regisseur Hervé Loichemol hatte »Mahomet« für die Feiern zum 300. Geburtstag Voltaires im Jahr 1994
vorbereitet. Doch Funktionäre der Genfer Moschee sowie der
muslimische Islamwissenschaftler Tariq Ramadan setzten ein Verbot durch.

Zweifellos hat Voltaire Friedrichs Islam-Bild entscheidend geprägt. Denn Friedrich selbst hatte keine Ahnung vom Islam; der
Koran hat ihn nie interessiert, und es ist auch sonst bekannt, dass
er durchaus die Neigung hatte, die Meinung anderer ungeprüft zu
übernehmen. Genauso wie Friedrich seine Frau Elisabeth Christine, bevor er sie kannte, eine »dumme Gans« nannte, nur weil ihm
seine Mutter die Verlobte als solche geschildert hatte, benutzte

Friedrich im Hinblick auf den Propheten Mohammed die Ausdrucksweise Voltaires. In einem Brief an D'Alembert vom 3. April 1770 nennt er Mohammed indirekt einen »Betrüger«, was an Voltaires Hinweis auf die Molière-Figur des *Tartuffe* in seinem Schreiben vom Dezember 1740 erinnert. Hier die Worte Friedrichs: »Gehe ich die Geschichte durch, so finde ich zwei Arten von Betrügern. Erstens solche, die den Aberglauben als Sprungbrett zum Erfolg benutzten, und zweitens solche, die mit Hilfe einiger Vorurteile das Volk zu seinem eigenen Vorteil gängelten. Zu den ersteren rechne ich die Bonzen, Zoroaster, Numa, Pompilius, Mohammed.«[20]

Am 5. Oktober 1777 äußert sich Friedrich an D'Alembert ähnlich: »Was die Religion betrifft, so scheint sich aus allem, was uns vom Altertum überliefert ist, zu ergeben, dass die Herrschsucht sich ihrer zum eigenen Emporsteigen bedient hat. Mohammed und so manches andere Sektenhaupt bezeugen diese Wahrheit. Sie sind zweifellos zu verdammen.«[21]

Allerdings, so gibt Peter Scholl-Latour zu bedenken, muss ein solches Urteil über Mohammed im Zusammenhang gesehen werden: »Denn für Friedrich waren Moslems so ähnlich wie Katholiken.«

»Hure Babylon«: Friedrich, Gott und der Papst

Und Katholiken standen in der religiösen Rangordnung für Friedrich ganz unten. Aber der Reihe nach. Niemand behauptet, dass Friedrich ein Christ war. Die gängige Geschichtsschreibung nennt ihn einen Deisten. Also einen, der an ein höheres, unbestimmtes Wesen glaubt, das die Erde erschaffen hat. Sie gründet sich in ihrem Urteil auf Äußerungen Friedrichs, wie etwa diese vom 19. April 1738 aus Rheinsberg an Voltaire: »Mein Begriff von Gott ist der eines allmächtigen, allgütigen, unendlichen und im höchsten Grade vernunftbegabten Wesens.«[22] Ein andermal sagt er: »Die Stimme der Natur, die die Grundlage der Humanität ist, will, dass wir uns alle lieben und wechselseitig unser Wohlergehen fördern. Das ist meine Religion.«[23]

Das ist es, warum ich denke, dass Friedrich ein Atheist war. Er hat es nur nicht gewagt, sich glasklar mit dem Begriff »Atheist« zu bekennen. Schließlich lebte er in einem Umfeld und in einer Zeit, in der Religion, zumal die christliche, als staatstragend angesehen wurde. Auch von Friedrich. Hätte er sich als Atheist offenbart, hätte dies für seine Herrschaft unmittelbar negative Auswirkungen gehabt, die »Ruhe im Staat« wäre gefährdet gewesen. Deshalb tat er alles, um sie zu erhalten: »Ich wünsche nichts sehnlicher, als das Glück meiner Untertanen so vollkommen zu machen, wie es die Lage jedes Einzelnen gestattet. Da die Ruhe der freien Ausübung der Religion nach Meinung der Menschen einen Teil ihres Glückes ausmacht, so werde ich niemals von dem festen Entschluss abweichen, jede Religion in ihren Rechten und Freiheiten zu erhalten. Die Streitigkeiten der Priester gehören jedoch nicht zur Zuständigkeit der Fürsten«, schrieb er 1741 an den katholischen Kardinal von Sinzendorf in Schlesien.[24]

Letztlich drückt Friedrich hier die Ansicht aus, dass es ihm völlig egal ist, was seine Untertanen denken; Hauptsache, sie geben Ruhe. Von dieser Anschauung des preußischen Königs bis zur Erkenntnis Lenins, Religion sei »Opium fürs Volk«, ist es nur ein kleiner Schritt. Schon früh stand Friedrich im Ruch eines Atheisten. Während seiner Garnisonszeit in Neuruppin meint er sich in einem Brief an Grumbkow gegen diese Anschuldigung verwahren zu müssen: »Wie ich erfahre, hat man dem König falsche Vorstellungen über mich beigebracht und mich als Atheisten hingestellt.«

Aus Rheinsberg klagt er später gegenüber Voltaire: »Die Theologen scheinen sich im wesentlichen [sic] zu ähneln, gleich welcher Religion oder welchem Volk sie angehören: ihr Ziel ist stets, sich despotische Macht über die Gewissen anzumaßen. Das reicht hin, um sie zu eifrigen Verfolgern all derer zu machen, die in edler Kühnheit die Wahrheit zu enthüllen wagten. Unablässig schwingen sie den Bannstrahl in den Händen, um das ständig von ihnen bekämpfte, eingebildete Gespenst der Gottlosigkeit zu zerschmettern.« Da spricht wohl einer aus Erfahrung.

1737 geht es erneut um den Vorwurf des Atheismus: Der Kronprinz beschwert sich gegenüber dem sächsischen Gesandten Suhm, dass einer der väterlichen Günstlinge »es fertiggebracht hat, dem König einzureden, ich sei ein Mensch ohne Religion«. Zwar verteidigt sich Friedrich gegen diesen Vorwurf, solange der bigotte calvinistische Vater am Leben ist, doch wie kommt es, dass er immer wieder in den Ruch des Atheismus gerät, wenn es dafür keinen Anlass gibt? Zumal er im selben Brief wenig später bekennt: »Mein Geist ist ganz im Banne der Philosophie.« Nur dem gleichgesinnten Voltaire gesteht er ehrlich, dass er sich schon mal verstellt: »Fest steht, dass man in Gesellschaft vor solchen Subjekten [Klerikern] auf der Hut sein muss. Ein Mensch, der für unreligiös gilt, ist allgemein verschrien, und wäre er der größte Ehrenmann. Die Religion ist das Götzenbild der Völker; sie beten alles an, was sie nicht begreifen.« Später, 1780, wird er diese »Subjekte« sogar »den Abschaum der Menschheit« nennen.

Weiter an Voltaire: »Ich glaube, dass man besser daran tut, tiefes Schweigen über die christlichen Fabeln zu bewahren, die auf Grund ihres grauen Alters und durch die Leichtgläubigkeit einer unvernünftigen und stumpfsinnigen Menge geheiligt sind. [...] Es gibt vieles gegen die Religion einzuwenden, so dass ich erstaune, dass dies nicht jedem einfällt. Aber die Menschen sind nicht für die Wahrheit gemacht. Ich betrachte sie wie ein Rudel Hirsche im Tierpark, die keine andere Bestimmung haben, als das Gehege zu bevölkern und zu füllen.«

An D'Argens 1762: »Ich neige zu der Annahme, dass die ganze Welt von Konstantin bis Luther schwachsinnig war.« Im selben Jahr schreibt er seiner jüngsten Schwester Amalie, die Äbtissin des weltlichen Stifts Quedlinburg geworden war, in liebevoll-sarkastischer Weise über sein unreligiöses Dasein: »Ich lebe als ein armer Sterblicher, der keinen Hund im Paradiese kennt, in völliger Unkenntnis darüber, empfange das Gute, das mir begegnet, mit Freuden und ertrage das Widerwärtige mit Geduld. [...] Ich beuge mich schweigend vor diesem anbetungswürdigen Wesen [Friedrich weigert sich im Alter, den Begriff »Gott« zu verwenden], indem ich meine Unwissenheit über seine Wege eingestehe, die mir zu offenbaren seiner göttlichen Weisheit nicht gefallen hat. Lebe wohl, liebe Braut Christi! Falls Du [...] in mir einen großen Ketzer siehst, sei trotzdem überzeugt, dass ich Dich mit wahrer Zärtlichkeit liebe.« Mit ähnlicher Spottlust diskutiert Friedrich über Gott und die Welt mit der Gothaer Herzogin Luise Dorothea, vor der er sich wörtlich als »Gottloser« bekennt und am 18. Mai 1764 in seinem Brief resigniert: »Die Schleier der Natur, die engen Schranken unseres Geistes, der Hang zum Wunderbaren [...] gemahnt uns, dass wir im Reich des Truges leben und dass es uns, von ein paar bewiesenen mathematischen Wahrheiten abgesehen, nicht gegeben ist, die Wahrheit zu erkennen. Alles in allem scheinen wir mehr in diese Welt gestellt zu sein, um sie zu genießen, als um sie zu erkennen. [...] Das ist der Grund, weshalb ich dem Glaubenseifer der Frömmler misstraue. [Aber] die Menschen werden bleiben, wie sie immer gewesen sind. Der Wiener Hof wird stets ehrgeizig sein, die Inquisition verfolgungswütig, Seine Allerchristlichste Majestät [Ludwig XV. von Frankreich] ein Schürzenjäger, die deutschen Bischöfe Trunkenbolde und ich Ihr eifriger Verehrer.«

Zur katholischen Kirche hatte Friedrich ein besonders feindseliges Verhältnis. Angefangen beim zölibatären Klosterleben: »Ein Mönch, eine an sich verächtliche Kreatur, kann in einem Staat nur so viel Ansehen genießen, wie ihm das Vorurteil von der Heiligkeit seines Amtes einräumt. Der Aberglaube ernährt ihn, die Frömmelei verehrt ihn und der Fanatismus spricht ihn heilig.« Über die Jesuiten, die er besonders hasst, schreibt er 1737 an Voltaire: »Ich versichere Ihnen, dass ich die Jesuiten zu sehr verachte, um ihre Bücher zu lesen. Die schlimmsten Herzensneigungen ersticken bei ihnen alle geistigen Vorzüge.« An D'Alembert 1765: »Der Papst hat eine neue Bulle erlassen, durch die der Jesuitenorden bestätigt wird; ich habe ihre Bekanntmachung in meinen Staaten sofort verboten. Calvin würde sich, wenn er es hörte, sicherlich dafür erkenntlich zeigen! Ich habe es jedoch nicht dem guten Calvin zuliebe getan, sondern um in meinem Lande nicht eine bösartige Brut mächtig werden zu lassen.«

Den katholischen Bischof von Breslau, Kardinal Philipp Ludwig von Sinzendorf (1699–1747), pflegte Friedrich besonders gerne ruppig anzugehen. Hatte er dem Kardinal 1741 noch vollmundig versichert, er werde sich nicht in kirchliche Personalien einmischen, erfolgte am 17. Dezember 1743 folgende scharfe und spöttische Anweisung: »Der Heilige Geist und ich sind übereingekommen, daß der Prälat Schaffgotsch Koadjutor von Breslau sein soll, und die von Ihren Domherren, die sich dem widersetzen, sollen als Leute betrachtet werden, die dem Wiener Hofe und dem Teufel ergeben sind und die den höchsten Grad der Verdammnis verdienen, weil sie dem Heiligen Geist Widerstand leisten.«[25]

Kardinal Sinzendorf entgegnete diesem weitreichenden Eingriff in seine Angelegenheiten mit Humor: »Das große Einvernehmen zwischen dem Heiligen Geiste und Eurer Majestät ist eine große Neuigkeit für mich; ich wusste nicht einmal, dass die Bekanntschaft gemacht war.«[26]

Als es Beschwerden aus Rom über die rüpelhafte Behandlung der katholischen Kirche seitens des preußischen Königs hagelte, wandte sich Friedrich am 4. August 1744 verärgert an Kardinal Pierre Guérin de Tencin (1680 – 1758), der außerdem französischer Minister unter Ludwig XV. war:

»Gestatten Sie, dass ich Ihnen die Unwissenheit des römischen Hofes in Betreff der schlesischen Angelegenheiten darlege. [...] Ihr Heiliger Vater kennt das Alphabet nicht und will über die Orthographie entscheiden: Das ist jämmerlich! Lehren Sie ihn Lebensart, lieber Kardinal, und bringen Sie ihm gleichzeitig die Überzeugung bei, dass Könige niemals für Ketzer gelten können und dass die Päpste, wenn sie diese dafür nehmen wollen, gut tun würden, sich an die Geschichte Englands zu erinnern.«[27] Friedrich spielte hier auf den Bruch Heinrichs VIII. mit Rom an.

Die Päpste an sich konnte Friedrich zeit seines Lebens nicht leiden, ja, er hasste sie förmlich. Gerne verlieh er ihnen andere »Titel«: Wiederholt nannte er den Papst Dalai-Lama und Mufti, was für ihn

wohl besonders herabwürdigende Bezeichnungen darstellen sollten, und kritisiert seine Schriften und Bullen als »Dummheiten«. In
einem Brief an D'Alembert von 1768 bezeichnet er den Papst als
»einen alten Seiltänzer, der trotz Hinfälligkeit seine Kunst versucht«.

D'Alembert antwortet darauf begeistert am 15. April 1768: »Ihre
Vergleichung des Dalai Lama mit einem alten Seiltänzer [...] ist
ebenso treffend und philosophisch wie witzig. Sie wird von Mund
zu Mund wiederholt.«[28] Vor allem aber liebte es Friedrich, den
Papst in Briefen des häufigeren als »babylonische Hure« zu tituli-
ren; diese Anfeindung gegen das Papsttum findet sich wörtlich bis
heute in der protestantisch-evangelikalen Literatur.[29]

1769 hofft er angesichts der Auflösung des Jesuitenordens in
vielen Ländern: »Das Gebäude der römischen Kirche beginnt zu
wanken; es fällt vor Alter ein. Die verschuldeten Fürsten gelüstet
es nach den Schätzen, die frommer Betrug in den Klöstern auf-
gehäuft hat.«[30] Jahre später spekuliert er: »Mit dem Papst und den
Mönchen wird es zweifellos ein Ende nehmen.«[31] Diese Hoffnung
trog, eine andere nicht: 1776 schreibt er begeistert an Voltaire und
D'Alembert: »Von Tag zu Tag tritt die Vernunft in unserem Europa
freier hervor; die dümmsten Länder werden davon berührt, mit
Ausnahme Polens. [...] Das finstere Westfalen, selbst Bayern suchen einige Lichtstrahlen aufzufangen. [...] Ich preise es als das
größte Glück, dass Deutschland täglich duldsamer wird und der
niederträchtige Religionseifer erlischt. Kein Mensch fragt mehr
seinen Nebenmann, von welcher Religion er ist.«[32]

»Soll ein Fürst selbst regieren?« Der Anti-Machiavell

Nicht nur in Glaubensfragen beschritt Friedrich forsch und unbekümmert neue Wege. Auch vom Regieren hatte er andere Vorstellungen. Erstmals äußerte sich der Kronprinz 1738 unter einem englischen Pseudonym mittels eines »politischen Flugblatts«, wie man

damals eine solche Schrift nannte. Weil die Autorenschaft jedoch nicht geheim blieb, nutzte Benjamin Franklin rund vierzig Jahre später diese »Jugendsünde« Friedrichs für seine Zwecke (siehe Seite 259). Friedrich stellte in seinem Rheinsberger Flugblatt »Betrachtungen über den gegenwärtigen politischen Zustand Europas« an und wetterte: »Der Irrtum der meisten Fürsten besteht in dem Glauben, Gott habe die Menge von Menschen, deren Wohlfahrt ihnen anvertraut ist, bloß aus ganz besonderer Sorge für ihre Größe, ihr Glück und ihren Stolz geschaffen und ihre Untertanen seien nur zu Werkzeugen und Dienern ihrer zügellosen Leidenschaften bestimmt.«[33]

Würden sich die Fürsten von diesen »Irrtümern« freimachen, würden sie erkennen, dass die »Tausenden von Menschen, die ihnen unterworfen« sind, keineswegs »Märtyrer ihrer Launen und ein Spielball ihrer Einfälle« seien, sondern dass die »Bürger«, wenn sie könnten, »aus ihrer Mitte denjenigen ausgewählt« hätten, »den sie für den Gerechtesten hielten«. Friedrich, der Demokrat!? Sechsunddreißig Jahre vor der amerikanischen und einundfünfzig Jahre vor der französischen Revolution postulierte der preußische Kronprinz Demokratie. Und er empörte sich gegen den »unmäßigen Hang nach falschem Ruhm« und »dass die Ehrsucht und eitle Ruhmbegierde Laster sind«. Starke Worte.

In Rheinsberg wusste sein gesamter Freundeskreis, dass der Kronprinz angesichts des nahen Endes seines Vaters fieberhaft an einer Schrift arbeitete, die eine Antwort auf das Werk *Der Fürst* von Niccolò Machiavelli (1469–1527) darstellen sollte. Machiavelli hatte in diesem Buch über erfolgreiches Regieren jede Art von Treulosigkeit und jedes Verbrechen gerechtfertigt, solange es der Staatsräson und dem künftigen Wohl der Allgemeinheit dient. Friedrich glaubte nun, dieser Gewaltideologie als Gutmensch entgegentreten zu müssen. Und verfasste eine staatsphilosophische Schrift, mit der er sowohl seiner Zeit als auch der Nachwelt seine theoretischen Ansichten und Einsichten über das Regieren vermitteln wollte. Er nannte sie *Anti-Machiavell*. 1740 war das Werk fertig. Er schickte es Voltaire, der es in Den Haag anonym herausbringen ließ. Dennoch konnte jeder, der bestimmte Anspielungen zwischen den Zeilen wahrnahm, auf Friedrich als Autor rückschließen.

Friedrichs »Antwort« auf Machiavelli liest sich wie das politische Programm gegen die despotische Willkür seiner Zeit. Wie er selbst in seinem Anti-Buch sagt, gelte es, »die Verteidigung der Menschlichkeit aufzunehmen wider ein Ungeheuer, das sie verderben will«. Im Vorwort beklagt er, dass kaum »einige Sittenlehrer« Machiavelli kritisiert hätten und dieser sich, »seiner schädlichen Lehre ungeachtet, auf dem Lehrstuhl seiner Politik bis auf unsere Zeiten erhalten« habe. Friedrich gibt sich kämpferisch: »Ich übernehme die Vertheidigung der Menschlichkeit wider diesen Unmenschen, der dieselbe vernichten will; ich setze die Vernunft und die Gerechtigkeit dem Betrug und dem Laster entgegen. […] Ich habe allzeit des Machiavels Buch von der Regierungskunst eines Fürsten, als eines der allergefährlichsten Bücher angesehen, so jemals in der Welt ausgestreuet worden.«[34]

Friedrichs *Anti-Machiavell* ist eine polemische Schrift gegen Fürstenwillkür. So weit, so gut, möchte man meinen. Er schiebt 1752 noch ein sogenanntes *Politisches Testament* hinterher, in dem er die Frage »Soll ein Fürst selbst regieren?« aufwirft und vertieft. Der *Anti-Machiavell* indes ist sein eigentlicher romantischer Tugendkatalog für den Idealfürsten, der er dereinst angeblich werden wollte. Doch noch bevor das Werk gedruckt ist, wird Friedrichs schöngeistige Rederei von ihm selbst über Bord geworfen.

Der Vater Friedrich Wilhelm I. stirbt am 31. Mai 1740 in Potsdam. Friedrich ist nun König und hält am nächsten Tag, dem 1. Juni, seine erste Ansprache – an die preußischen Generäle. In der Retrospektive wird man diesen Auftritt als ein Zeichen für den wohl schon lange gefassten Kriegswillen des achtundzwanzigjährigen Königs deuten können. »Tragen Sie unablässig Sorge um die Tüchtigkeit meiner Truppen«, sagt er.[35]

163

MONARCH

Kriege um Schlesien: Der *Warrior King*

»Rendezvous mit dem Ruhm«: Überfall auf Schlesien

»Lieber Podewils«, schreibt Friedrich am 16. Dezember 1740 euphorisch an seinen vorsichtigen Kriegsminister Heinrich Graf von Podewils (1696–1760), »ich habe mit fliegenden Fahnen und klingendem Spiel den Rubicon überschritten; meine Truppen sind voll guten Willens, die Offiziere voller Ehrgeiz, und unsere Generäle dürsten nach Ruhm. Alles wird nach unseren Wünschen gehen, und ich habe Ursache, alles mögliche Gute von diesem Unternehmen zu erwarten.«[2]

Ein »Unternehmen« nennt Friedrich beschönigend seinen Überfall auf Schlesien. Heute bezeichnet man aus gleicher Motivation heraus so etwas als einen »kriegsähnlichen Zustand«.[3] Bleiben wir bei Friedrich; er ist wenigstens in seinen Absichten ehrlich: »Entweder will ich untergehen oder Ehre von diesem Unternehmen haben.« Dabei hatte die Thronbesteigung am 1. Juni 1740 harmlos begonnen. Friedrich, der zuvor schon ans Sterbebett des Vaters nach Berlin geeilt war, holte seine Frau und die Freunde von Rheinsberg nach. An Elisabeth Christine schrieb er: »Wir wohnen in unserem alten Haus; […] von da gehen Sie nach Charlottenburg, für den Fall, dass ich selbst dort bin.« Noch kein Wort von Trennung.

Kurz darauf überließ er seiner Mutter das Schloss Monbijou, wo er ihr gestattete, mit jenem von ihr lang ersehnten Prunk Hof halten zu dürfen, den ihr der derb-rustikale Ehemann jahrzehntelang versagt hatte. Dann krempelte er die Staatsverwaltung um und reiste in größter Hast nach Königsberg in Ostpreußen, um keinen Widerspruch aufkommen zu lassen, dass er König *in* Preußen war. Bei seiner Kron-Bestätigung ließ er sich allerdings nicht mehr, wie seine beiden Vorgänger, mit »heiligem Öl« salben (alles Aberglaube!); ihm reichte die Huldigung der versammelten Königsberger Stände.

Gleiches in Berlin, wo er die Zeremonien um seine weiteren und wesentlich älteren Titel »Kurfürst von Brandenburg« und »Erzkämmerer des Deutschen Reiches« einfach beiseiteschob. Begründung: Diese »Symbole mittelalterlicher Kaiserherrlichkeit« seien unzeitgemäß. »Der Kaiser ist das alte Spuk- und Götzenbild. Einst stellte er eine Macht dar, heute ist er nichts mehr«,[4] tönte er vollmundig, und die ausländischen Diplomaten berichteten es mit erschauderndem Eifer nach Wien und in alle deutschen Lande. Friedrich setzte bewusst diese »Sturmzeichen« in der Außenpolitik. Denn Reichspolitik, das Verhältnis zum Deutschen Kaiser, all dies war für ihn an der Zeit, grundlegend geändert zu werden. Von Kaiser Karl VI., der in Wien regierte, fühlte sich der Vater schon stets betrogen. Der Sohn, neu auf dem Thron, wollte nun andere Saiten aufziehen.

Er beginnt unmittelbar nach Machtübernahme mit einer umfangreichen, europaweiten diplomatischen Initiative. Dabei vertraut er auf alte, erfahrene Militärs als Diplomaten. Einen von ihnen, Paul Heinrich Tilio de Camas (1688 – 1741) aus der preußischen Rheinprovinz Wesel, schickt er an den Versailler Hof. Dort soll er dem sechsundachtzigjährigen Kardinal André-Hercule de Fleury (1653–1743), der die politischen Geschäfte König Ludwigs XV. leitet, ausrichten: »dass ich außerordentlich geneigt bin, ihm dieselbe Gesinnung entgegenzubringen wie mein Vater, vorausgesetzt, dass mein wahrer Vorteil damit übereinstimmt«.

Er weiht Camas in den ganzen Umfang seiner Geheimpolitik

ein: »Ich schicke außerdem Truchseß nach Hannover [zu den Eng-ländern], damit er der Politik des Kardinals Schach bietet. Sie müs-sen [bei Kardinal Fleury] von Truchseß als von einem Mann spre-chen, den ich hochschätze und der mein volles Vertrauen hat, damit mir von seiten Frankreichs bessere Anerbietungen gemacht werden als meinem verstorbenen königlichen Vater. England sucht mein Bündnis, das ist gewiss, und es werden sicherlich vor-teilhafte Vorschläge gemacht werden. Je mehr mir die Engländer bieten, einen desto höheren Ton werde ich Ihnen befehlen [...]. Sie müssen die Franzosen zu den Glauben bringen, dass ich ihnen eine große Gnade erweise, wenn ich ihnen zuliebe auf das Herzog-tum Jülich verzichte und mich mit Berg begnüge.«[5]

Jülich und Berg, das waren die alten rheinischen Erblande noch aus der Zeit des Großen Kurfürsten. Doch längst hatte sich der Pfalzgraf von Sulzbach diese Gebiete »angeeignet« und war darin von England, Frankreich, den Niederlanden und dem Deutschen Kaiser unterstützt worden, wenngleich es die Klausel gab: »un-ter Vorbehalt des preußischen Anspruchs«. Doch keine der Mäch-te glaubte, dass Preußen diese Ansprüche je durchsetzen würde. Zudem gab es einen weiteren heiklen Flecken: Herstal im Maas-gebiet, mitten im Land des Lütticher Fürstbischofs, der damals ein deutscher Reichsfürst war. Dieses Maasgebiet war den Hohenzol-lern 1732 aus dem Erbe des verwandten Hauses Oranien in den Niederlanden zugefallen, was jedoch umgehend durch den Bischof von Lüttich angefochten wurde, da auch dieser glaubte, Preußen werde um diesen weit entfernten Flecken keinen Krieg anfangen. Richtig. Der »Soldatenkönig« Friedrich Wilhelm I. lamentierte über Herstal genauso wie über Jülich und Berg, beschwerte sich beim Kaiser – und tat nichts. Der Kaiser in Wien wiederum sicher-te dem preußischen König Hilfe bei der Streitbeilegung zu, tat aber auch nichts.

Friedrich kannte diesen Zwist aus erster Hand und reiste nun im September 1740 nach Wesel und Kleve an den Rhein, um sich der Angelegenheit vor Ort anzunehmen. Er wohnte auf Schloss Moyland, acht Kilometer südlich von Kleve, wohin er auch Voltaire einlud. Der traf ihn in einem erbärmlichen Gesundheits-zustand an: »Da waren nackte vier Wände. Beim Schein einer Ker-ze entdeckte ich [...] ein kleines Feldbett, darauf lag, in einem Schlafrock aus grobem blauen Tuch gemummt, ein kleiner Mann. Es war der König, der in einem heftigen Fieberanfall unter einer dürftigen Decke schwitzte und zitterte.«[6]

Die Krankheit hindert den »kleinen Mann« nicht daran, dem Bischof in Lüttich ein Ultimatum zu schicken, binnen zwei Tagen einzulenken. Der Bischof ist empört: »Da habe ich ja nicht einmal Zeit, meine Ratgeber zu fragen«, tobt er. »Nie ist ein Reichsfürst so behandelt worden!«[7]

Die Reichspolitik Friedrichs beginnt mit einem Affront. Es fol-gen weitere. Er setzt seine Truppen in Bewegung. Ein Corps Gre-nadiere und Dragoner rücken von den preußischen Rheingebie-ten aus in das Lütticher Land ein und erzwingen Abgaben von den Gütern des Bischofs. Dies – und nicht der Überfall auf Schlesien – ist Friedrichs erste Kriegshandlung; sie wird meist übergangen, da kein Schuss fällt.

Fazit: Die Fürsten des Deutschen Reiches sind »schockiert« – und tun nichts. Da ihm keiner zu Hilfe eilt, muss der Bischof von Lüttich klein beigeben. Aber Friedrich ist nicht wirklich an Herstal interessiert. Es dient ihm nur zur Machtdemonstration. Seine Bot-schaft lautet: Anders als mein Vater lasse ich mir nichts ungestraft wegnehmen, was mir gehört. Dann lässt er sich das Maasgebiet vom Bischof für 200 000 Taler abkaufen und steckt das Geld in den weiteren Aufbau seiner Armee.

Zurück in Berlin zieht sich der kranke Friedrich in sein Refugi-um Rheinsberg zurück. Hier, in der geliebten Einsamkeit, möch-te er den Winter verbringen. Da erreicht ihn in der Nacht zum 26. Oktober 1740 die Nachricht vom überraschenden Tod des fünf-undfünfzigjährigen Kaisers in Wien. Dieser war an einer simplen Erkältung gestorben. Friedrichs Lebensgeister erwachen. *Seine* Er-kältung ist wie weggeblasen. Er erkennt die Tragweite der Stunde. An Voltaire schreibt er aufgeregt: »Dieser Tod durchkreuzt all mei-ne friedlichen Gedanken, und ich glaube, ab Juni [1741 sollte Vol-

taire nach Berlin kommen] wird es eher um Schießpulver, Soldaten und Schützengräben gehen.«[8]

Doch so lange wird es gar nicht dauern. Durch den Tod Kaiser
Karls VI. war ein komplizierter Erbfall eingetreten. Dieser hatte ein
Hausgesetz erlassen – die sogenannte »Pragmatische Sanktion«,
auf Deutsch: die »Anerkennung einer (Thronfolge-)Regelung«.
Denn Karl, Deutscher Kaiser und Erzherzog von Österreich, war
der letzte männliche Habsburger; und damals waren nur männliche Nachkommen erbberechtigt. Angesichts des Ausbleibens
eines Sohnes versuchte Karl nun durch eine Änderung der Erbfol-
geregelung zugunsten seiner Tochter Maria Theresia zu verhindern, dass die habsburgischen Gebiete – bestehend aus Österreich,
Schlesien (im heutigen Polen), Böhmen (im heutigen Tschechien),
Ungarn und Teilen Oberitaliens um Triest – nach seinem Tod aus-
einandergerissen würden. Eigentlich hatten einige deutsche Fürsten, darunter Friedrichs Vater, diese neue Erbregelung ausdrücklich anerkannt. Doch kaum war Karl VI. tot, erhob der bayerische
Kurfürst »als Schwiegersohn des Kaisers« Anspruch auf den Kai-
serthron. Er wurde in diesem Ansinnen unterstützt vom spanischen (!) König Philipp V. sowie aus Sachsen, das sich für seine
Zustimmung Gebietsgewinne in Böhmen zulasten Österreichs erhoffte.

Nun war man »im Reich« auf das Votum des jungen Preußenkönigs gespannt. Doch der hatte die diabolische Politik Machiavel-
lis nicht nur eingehend studiert. Er hatte sie auch verinnerlicht und
sich zudem in die »Geschichte des Hauses Brandenburg« vertieft.
Daher wusste er, dass es schlesische Territorien gab, auf die Preußen einen weit hergeholten »Rechtsanspruch« gegen das Haus
Habsburg erheben konnte. Die Österreicher hören es bis heute
nicht gerne: dass ihr Kaiser 1675 den Großen Kurfürsten um seinen
schlesischen Erbanspruch betrog, indem er ihn arglistig täuschte.
Doch Vertrag ist Vertrag, so lautete damals schon das Völkerrecht.
Und selbst Friedrich räumte gegenüber seinem Minister Podewils
ein: »So wohlbegründete Ansprüche das Haus Brandenburg ehe-
dem auf das Fürstentum Jägerndorf und den Kreis Schwiebus in

Schlesien gehabt hat, so gibt es doch feierliche Verträge, auf die das Haus Habsburg sich berufen wird und durch die das Haus Brandenburg, allerdings betrügerischerweise, sich hat verleiten lassen.«[9]

Doch seine Gier nach Ruhm, die vermeintliche Gunst der Stunde, nämlich die Schwäche, die er bei der erst dreiundzwanzigjährigen Thronfolgerin Maria Theresia in Wien vermutete, das veraltete und weitverstreute österreichische Heer – all dies verleitete Friedrich dazu, die Maske des »Anti-Machiavell« fallen zu lassen. Buchstäblich nach einem Maskenball in Berlin setzt er seine Truppen in Marsch, hat aber den kindischen Übermut, noch den Gothaer Reichsgrafen Gustav Adolf von Gotter als Emissär nach Wien zu schicken, um der »Königin von Ungarn«, wie er Maria Theresia zeitlebens tituliert, ein unverschämtes Angebot zu unterbreiten: Wenn sie Preußens Recht auf ganz Schlesien anerkenne, werde er ihr seine Hilfe »gegen alle offenen und versteckten Feinde, welche die Erbfolge Karls VI. bestreiten«, anbieten und außerdem als Kurfürst von Brandenburg seine Stimme bei der Kaiserwahl für ihren Gemahl abgeben. Wie zynisch dieses »Angebot« war, zeigt die Tatsache, dass Gotter Wien noch nicht erreicht hatte, als Friedrich am Vorabend seiner Offensive zu seinen Offizieren sprach:

»Meine Herren, ich unternehme einen Krieg, für welchen ich keine anderen Bundesgenossen habe als Ihre Tapferkeit, und keine andere Hilfsquelle als mein Glück. Erinnern Sie sich stets des unsterblichen Ruhms, den Ihre Vorfahren auf den Gefilden von Warschau und Fehrbellin erworben haben, und verleugnen Sie nie den Ruf der brandenburgischen Truppen. Leben Sie wohl, brechen Sie auf zum Rendezvous des Ruhms, wohin ich Ihnen ungesäumt folgen werde.«[10]

Die Todfeindin: Maria Theresia

»Der 16. Dezember 1740, an dem Friedrich von Preußen [...] in Schlesien einbrach, ist einer der schwärzesten Tage in der deutschen Geschichte«, äußerte einmal Peter Reinhold, sächsischer Politiker und Reichsfinanzminister der Weimarer Republik.[11] Die Österreicher stimmen ihm bis heute zu.

»Ich habe Breslau«, meldete Friedrich stolz am 4. Januar 1741 seinem Kriegsminister. Die Hauptstadt Schlesiens war schon am 1. Januar ohne einen Schuss in preußische Hand gefallen. Die Niederschlesier, die überwiegend evangelischen Glaubens waren, begrüßten die protestantischen Preußen als Befreier vom katholischen Joch der Habsburger. Viele schlesische Adlige traten in den Militärdienst Friedrichs. Ende Januar 1741 war fast ganz Schlesien besetzt. Kein Kunststück: Alle Vorteile bei diesem Angriff waren auf Seiten Friedrichs. Er verfügte dank seines Vaters über volle Kassen und ein Heer von 60 000 Mann, das wie eine Maschine funktionierte. Die Erzherzogin von Österreich und Königin von Böhmen und Ungarn, Maria Theresia, stand hingegen vor leeren Kassen. Zur Verteidigung Schlesiens, die von Karl VI. als unwahrscheinlicher Fall angesehen wurde, standen nur wenige österreichische Truppen zur Verfügung.

Und auch in den übrigen österreichischen Gebieten »war der Mangel an Soldaten und Geld so verheerend, dass die habsburgische Ländermasse, eine der größten und reichsten des damaligen Europa, zwei Monate nach dem Einfall Preußens noch nicht einmal 10 000 Mann in Schlesien konzentrieren konnte. Es war selbstverständlich, dass unter diesen Umständen die Provinz fast widerstandslos eine Beute des Angreifers wurde, zumal die Festungen des Landes aus Mangel an Mitteln seit Jahrzehnten verwahrlost waren, dass sie sich in halbzerfallenen Zustand befanden.«[12]

Maria Theresia überlässt die Organisation des Widerstands in den ersten Monaten dem Grafen Wilhelm Reinhard von Neipperg, der »jenseits des Gebirges«, in Böhmen, ein Heer aufstellt. Doch die junge Herrscherin ist ihrem preußischen Gegner im Analysieren von Problemen ebenbürtig. Sie erkennt: »Ich sehe wohl, dass bei uns alles mit viel zu großer Langsamkeit geschieht. Sie wird immer unser Verderben sein und man beeilt sich niemals, das zu tun, was das Allernotwendigste ist.«[13]

Um den militärischen Nachteil auszugleichen, beginnt Maria Theresia eine beeindruckende diplomatische Initiative. Dabei nutzt sie schamlos – so viel zum »mangelnden Rechtsempfinden«, das sie dem »bösen Nachbarn« Friedrich vorwarf – den religiös motivierten Hass der Polen und Russen aus, um sie gegen Preußen einzunehmen. Anfang März 1741 kommt es in Dresden zu einer Art »Potsdamer Konferenz« mit Vertretern Österreichs, Russlands, Englands, der Niederlande und Sachsens, um über die Zerschlagung und Aufteilung Preußens zu beraten. Nur Frankreichs Kardinal Fleury hält sich zurück. Mit ihm steht Friedrich bereits in Kontakt und sucht ein Bündnis mit Versailles. An Kriegsminister Podewils schreibt Friedrich zur gleichen Zeit: »Die Verräterei Russlands ist haarsträubend […] Man [wird] so schnell wie möglich mit Frankreich abschließen müssen […] Aber was auch kommen mag, ich werde wenigstens die Genugtuung haben, das Haus Österreich zu erschüttern und Sachsen zu begraben.«[14]

Österreichs Alliierte halten erst einmal still. Russland zum Beispiel muss sich überraschend gegen einen Angriff aus Schweden wehren. Maria Theresia aber kann sich kein Abwarten erlauben und greift an. Am 10. April 1741 kommt es zur Schlacht bei Mollwitz. Zum Entsetzen des preußischen Feldmarschalls Graf Christoph von Schwerin stellt sich der unerfahrene Friedrich selbstbewusst an die Spitze seiner Armee. Es kommt, wie es kommen muss: Die österreichische Kavallerie bricht auf dem rechten Flügel durch, bringt den König in persönliche Bedrängnis, die ersten Preußen weichen zurück, mit ihnen Friedrich. Schwerin reitet vom linken Flügel heran und schickt den König vom Schlachtfeld. Dieser, schockiert von seiner ersten »Niederlage«, geht nicht nur vom Feld. Er geht ganz. Er flieht mit einem Haufen Gleichgesinnter.

Mitten in der Nacht, vier Meilen hinter der Front, bei einer alten Mühle in der Nähe der Stadt Löwen wird der König von Offizieren

Schwerins eingeholt. Sie überbringen dem Nervenbündel Friedrich die überraschende Meldung vom Sieg bei Mollwitz! Graf Schwerin hatte es verstanden, die preußische Infanterie neu zu ordnen. Dann nahm er die vom Alten Dessauer gedrillten Grenadiere, die mehr Furcht vor ihren Feldwebeln hatten als vor dem Feind, und ließ sie unerschrocken zum Klang von Trommeln und Querpfeifen wie eine Raupe gegen die Österreicher vorrücken. Nach acht Stunden Kampf und Gemetzel lagen am Abend neuntausend tote Soldaten beider Seiten auf dem Schlachtfeld; unter ihnen mehr Preußen als Österreicher. Doch Friedrich hatte seinen ersten Sieg.

Als er sich vom Schreck erholt hat, findet er zu seinem Zynismus zurück. Er beleidigt Maria Theresia dort, wo er sie am empfindlichsten trifft, auf religiösem Gebiet. Denn Friedrich der Gottlose, der als Kind die Bibel fast auswendig lernen musste, bestimmt als Text für den Dankgottesdienst Kapitel II, Vers 11–12 des ersten Briefes von Paulus an Timotheus: »Ein Weib lerne in der Stille mit aller Bescheidenheit. Einem Weibe aber gestatte ich nicht, dass sie lehre, auch nicht, dass sie des Mannes Herr sei, sondern ich will, dass sie stille sei.«

Sein ständiger selbstgefälliger Hohn und beißender Spott über jedermann ist es, der ihm immer neue Feinde einträgt und jene, die es bereits sind, zu Todfeinden macht. In Maria Theresia hat er von nun an seine Todfeindin fürs Leben. Es kommen mehr dazu.

An Voltaire wird rasch ein prahlerischer Brief geschrieben, den dieser im Schauspielhaus in Lille, wo gerade der »Mahomet« aufgeführt wird, in der Pause dem französischen Publikum vorliest. Es gibt stürmischen Beifall. Der preußische Sieg passt den Franzosen. Für sie ist Friedrich ein nützlicher Idiot, der dem deutschen Kaiserhaus schadet, während Frankreich keinen Finger krumm machen muss. Friedrich ist verärgert, denn er hoffte nach dem Sieg auf ein Bündnis mit Ludwig XV. So aber steht er den Österreichern weiterhin mutterseelenallein gegenüber. Maria Theresia hofft auch, dass Frankreich weiterhin neutral bleibt. Dann werde sie den Emporkömmling aus Berlin schon kleinkriegen, so ihr Kalkül.

Plötzlich entscheidet sich Frankreich Ende Mai, die bayerischen Ambitionen auf die deutsche Kaiserkrone doch zu unterstützen, und tritt auf Seiten Bayerns und Preußens in den deutsch-deutschen Konflikt ein, der ab jetzt »Österreichischer Erbfolgekrieg« genannt wird und bis 1748 dauert. Es geht drunter und drüber. Keiner traut keinem. Friedrich verleitet die Bayern, Richtung Wien zu marschieren, schließt aber heimlich mit den Österreichern ein Stillhalteabkommen. Das hilft den Österreichern, sich aus der Klemme zu ziehen.

Erst mehr als ein Jahr später, am 17. Mai 1742, kommt es zur zweiten Schlacht zwischen Preußen und Österreich – bei Chotusitz. Machen wir's kurz: Sie war eins zu eins eine Wiederholung der Schlacht von Mollwitz, nur dass diesmal Friedrich nicht vom Schlachtfeld wich. Nach diesem erneuten Sieg der Preußen verlor dieses Mal Maria Theresia die Nerven und willigte am 28. Juli 1742 in Breslau in ein Friedensabkommen ein, das Friedrich die Herrschaft über Ober- und Niederschlesien garantierte. Dafür versprach er stillzuhalten, damit Österreich sich gegen eine inzwischen mächtige Koalition aus Bayern, Spanien, Sachsen, Frankreich, Schweden, Neapel, der Kurpfalz und Kurköln erwehren konnte.

Hätte Friedrich jemals Österreich zerschlagen wollen, damals war die Stunde günstig, kämpfte doch die junge Erzherzogin gegen halb Europa ums Überleben.

Doch Friedrich war es immer nur um Schlesien gegangen. Andere Ambitionen hatte er nicht. Friedrich hat jetzt nach seiner Mollwitzer Feuertaufe Nerven wie Drahtseile. Während Europa im Blut des österreichischen Erbfolgekriegs ertrinkt, eröffnet er am 7. Dezember 1742 die Königliche Oper in Berlin. Er holt sich berühmte Sänger aus Italien, die schönsten Schauspielerinnen und Tänzerinnen aus Paris. Es gibt oft zwei Vorstellungen in der Woche. Der König vergnügt sich köstlich, er hat Liebesaffären, gibt Flötenkonzerte, rauschende Bälle und »Soupers«, also Dinner-Partys im Stile von Rheinsberg. Diese zur Verblüffung der Diplomaten offen zur Schau getragene Sorglosigkeit ist nicht zuletzt eine

Die Urgroßeltern Friedrichs: Der »Große Kurfürst« Friedrich Wilhelm von Brandenburg (1620–1688) mit seiner holländischen Gemahlin Luise Henriette sowie den Söhnen Karl Emil (links), Ludwig (Mitte) und dem späteren König Friedrich I. (rechts). Gemälde von Jan Mytens, um 1666.

Friedrich (links) im Alter von zwei Jahren und Schwester Wilhelmine. Gemälde von Antoine Pesne, 1714.

Friedrich im Alter von sechs Jahren; auf Wunsch des Vaters mit Jagdlanze versehen, obwohl Friedrich zeitlebens die Jagd hasste. Gemälde von Antoine Pesne, 1718.

Friedrich im Alter von neun Jahren. Georg Lisiewski zugeschrieben, 1721.

Der »Soldatenkönig« (Mitte) mit Lieblingssohn August Wilhelm (1. v. re.). Friedrich ist nicht anwesend. Stattdessen erscheinen die jüngeren Brüder Ferdinand und Heinrich im Tabakskollegium in Schloss Wusterhausen, um ihrem Vater gute Nacht zu sagen. Am oberen Tischende zwei Gelehrte, kenntlich gemacht durch einen Hasen in ihrer Mitte als Symbol der Feigheit. König Friedrich Wilhelm I. bediente sich ihrer gern als intelligente »Hofnarren«. Gemälde von Georg Lisiewski, um 1736.

König Friedrich Wilhelm I. auf Hirschjagd in Wusterhausen. Unbekannter Maler.

Friedrich im Alter
von dreiundzwanzig
Jahren. Pastellgemälde,
unbekannter Maler, um 1735.

Friedrichs erste
Liebe: Gräfin Anna
Katharina Orzelska
(1707–1769).
Gemälde von
Rosalba Giovanna
Carriera, um 1739.

Friedrichs Gemahlin
Elisabeth Christine von
Braunschweig (1715–1797)
als Kronprinzessin.
Gemälde von Antoine
Pesne, 1738.

Friedrichs Lieblings-
schwester Wilhel-
mine (1709–1758) als
Markgräfin von Bay-
reuth in Pilgertracht.
Gemälde von Antoine
Pesne, um 1750.

Die jüngste Schwester
Amalia (1723–1787);
sie wurde ab 1757 eine
wichtige Bezugsperson
für Friedrich. Gemälde
von Antoine Pesne, 1757

Friedrich und seine Frau verbrachten nach eigenen Angaben zwischen 1736
und 1740 ihre »schönsten Jahre« in Schloss Rheinsberg. Rechts in Blau die Königin-
Mutter Sophie Dorothea bei einem Besuch; ein »Hofmohr« hält den Sonnenschirm,
dahinter folgen Elisabeth Christine und Friedrich; das tanzende Paar im Mittelpunkt des Gemäldes drückt die in Rheinsberg verbreitete Fröhlichkeit aus. Gemälde
von Georg W. von Knobelsdorff, 1737.

Friedrich und Voltaire in Sanssouci. Farbdruck von 1790 nach einem
Kupferstich von Christian P. J. Haas, um 1770.

Friedrich als
junger König.
Gemälde von
Antoine Pesne,
um 1740.

Hans Joachim von Zieten (1699 – 1786), wegen seiner Überraschungs-
angriffe »Zieten aus dem Busch« genannt, war der berühmteste General
Friedrichs und einer seiner engsten Vertrauten. Gemälde von Wilhelm
Camphausen auf der Burg Hohenzollern in Hechingen, 19. Jahrhundert.

Friedrich entgeht im Siebenjährigen Krieg durch eine List einem Scharf-
schützen des kroatischen Freikorps der Panduren, die in österreichischem
Dienst stehen. Chromotypie nach Carl Röchling, 1895.

»Der König überall«, heißt dieses romantisierende Ölbild von Robert Warthmüller von 1886. Seit 1746 drängte Friedrich auf die Verbreitung des Kartoffelanbaus in Preußen als Maßnahme zur Verhinderung von Hungersnöten.

»Auf dem Weinberg«, nannte Friedrich sein Schloss Sanssouci, das 1747 fertiggestellt wurde; dort wollte er *sans souci*, »ohne Sorge« leben. Zeitnaher Stich von Georg B. Prost, 1750.

Das 1945 verbrannte Bild von Adolph Menzel zeigt die »Tafelrunde« Friedrichs im Marmorsaal von Sanssouci. Friedrich, hinten in der Mitte, wendet
sich Voltaire zu, der auf dem zweiten Stuhl links vom König sitzt und über
den Tisch hinweg ein Gespräch mit Graf Algarotti führt; zwischen beiden
sitzt General von Stille, ganz links »Lord Marischal« George Keith; rechts
vom König Marquis d'Argens, Graf Algarotti, Feldmarschall James Keith,
Graf Rothenburg und La Mettrie. Kopie von Joachim Tietze, 1972.

Friedrich als »Meister vom Stuhl« (viel zu alt dargestellt) bei der Auf-
nahmezeremonie seines Schwagers Friedrich von Bandenburg-Bay-
reuth in eine Freimaurerloge. Kupferstich von Christian G. Geyser, 1740.

Selbst das Leibpferd musste adlig sein: Friedrich im Alter auf seinem
berühmten Schimmel Condé (Name eines berühmten Adelsgeschlechts).
Unbekannter Maler, um 1765.

Friedrich kurz vor seinem Tod 1786
auf den Terrassen von Sanssouci.
Holzschnitt von Adolph Menzel, um 1850.

Grundsätzlich konnte jeder Bürger Friedrich dem Großen sein Anliegen persönlich vortragen, auch am Rande seines täglichen Ausritts; Adolph Menzel nannte sein Gemälde von 1849 »Die Bittschrift«.

Flötenkonzert Friedrichs in Sanssouci mit einem Teil der Tafelrunde. Rechts an die Wand gelehnt Johann Joachim Quantz, der Flötenlehrer Friedrichs; daneben im schwarzen Rock stehend der Geiger Franz Benda; am Cembalo Carl Philipp Emanuel Bach, der achtundzwanzig Jahre im Dienste des Königs stand. Der zweite Herr links außen mit entrücktem Gesicht ist Freiherr Jakob von Bielfeld, ein Freund aus Rheinsberger Tagen; der Mathematiker Maupertuis hingegen blickt gelangweilt an die Decke. Im Hintergrund rechts von Friedrich die alte Gräfin Camas, links Wilhelmine; auf dem linken Kanapee mit Blick zum Betrachter Amalie. Gemälde von Adolph Menzel, 1852.

Friedrich reißt in der Schlacht von Zorndorf am 25. August 1758 trotzig die Fahne an sich und führt seine verwirrten Truppen persönlich ins Gefecht. Kopie eines seit 1945 verschollenen Gemäldes von Carl Röchling von 1904, angefertigt von Joachim Tietze, um 1970.

Fridericus immortalis, »Der unsterbliche Friedrich« nannte der patriotische Historienmaler Georg Schöbel im Jahr 1900 sein Gemälde, auf dem Friedrich, einem Racheengel gleich, der Gruft der Potsdamer Garnisonskirche entsteigt und wie bei Zorndorf selbst das Banner in die Hand nimmt. Anlass für diese Szene bot der Kampf der deutschen Marinesoldaten gegen den Boxeraufstand in China.

Wahlplakat der DVP (Deutsche Volkspartei) von 1924. Der bürgernahe »Alte Fritz« auf seinem Pferd Condé, begleitet von seiner Windhündin Biche (Ricke) als Zeichen der Treue, dahinter die Mühle von Sanssouci als Symbol für seine Gerechtigkeit.

Karikatur von Wilhelm Schulz für die Satirezeitschrift *Simplicissimus* zu den Olympischen Spielen 1936, die in das Jahr des 150. Todestags von Friedrich fielen; Zieten zu Friedrich im Himmel: »Majestät, die da unten schlagen jetzt Brücken.« – »Mein lieber Zieten, am Ende ist das doch der bessere Weg, um nach Sanssouci, nach Ohne-Sorge, zu gelangen.«

»Seid Sozialisten der Tat« – Nazi-
plakat im 150. Todesjahr Friedrichs
als Werbung für das Winterhilfswerk
unter Verwendung eines damals
bekannten Stiches von Adolph Menzel.

Nazipostkarte, um 1940.

Otto Gebühr als Friedrich der Große im Nazifilm »Der große König« unter der Regie von Veit Harlan, 1942.

Das 1850 aufgestellte Reiterdenkmal von Christian Daniel Rauch Unter den Linden in Berlin, zeitgenössischer Stahlstich.

typische Verschleierungstaktik Friedrichs. Im Hintergrund finden längst neue Truppenaushebungen statt.

Im Juli 1744 marschiert Friedrich mit seiner Armee in Böhmen ein. Ziel ist dieses Mal Prag. Der »Zweite Schlesische Krieg« hat begonnen. Wieder ist es ein Angriffskrieg Friedrichs. Er nennt ihn »Präventivkrieg«, denn er glaubte zum damaligen Zeitpunkt, dass Österreich kurz vor einem Sieg über Frankreich stehe und danach über ihn herfallen werde. Der preußische König nimmt zwar Prag im Handstreich, sucht aber vergeblich durch Eilmärsche tief nach Böhmen hinein die Österreicher zu einer Entscheidungsschlacht zu zwingen und einen schnellen Sieg zu erringen. Denn diese weichen immer wieder geschickt aus. Hinzu kommen im Winter 44/45 massive Versorgungsengpässe für die preußische Armee. Indes, auf Dauer ist das militärische Katz-und-Maus-Spiel nicht durchzuhalten. Am 4. Juni 1745 stellt Friedrich nach einem langen Nachtmarsch die österreichische Hauptarmee von 80 000 Mann, darunter Sachsen, die in diesem Krieg gegen Preußen kämpfen. Die Preußen zählen 60 000 Soldaten. Dieses Mal ist nach drei Stunden alles vorbei. Man spricht vom preußischen Sieg bei Hohenfriedberg. Der König führte dabei seine Grenadiere höchstpersönlich zum Angriff auf die feindlichen Artilleriestellungen. Spätere Schlachtenmaler haben immer wieder diese Szene gewählt, um die Verwegenheit und den Mut Friedrichs hervorzuheben. Sein Motto nach Mollwitz hieß »Führung durch Beispiel«.

Es folgen weitere Schlachten. Die bei Kesseldorf in Sachsen gewinnt am 15. Dezember 1745 der Alte Dessauer für »seinen« König, den er einst als Kind beseitigen wollte. Maria Theresia gibt sich erneut geschlagen. Wieder tritt sie Schlesien, das sie gar nicht mehr besitzt, vertraglich an Friedrich ab. Dieser zieht Ende des Jahres – so wie es ihm am besten gefällt, nämlich unter »klingendem Spiel« von Pauken und Trompeten – in Berlin ein und wird von der begeisterten Menge erstmals als Friedrich *der Große* bejubelt. Es ist jedoch in erster Linie Voltaire zu verdanken, dass sich dieser Beiname europaweit durchsetzt. Denn der französische Stardichter verwendet in seiner Korrespondenz mit aller Welt von nun an häufig diesen »Titel«, wenn er von seinem preußischen königlichen Freund spricht.

Im Herzen Maria Theresias sieht es ganz anders aus. Ihr Hass auf den Emporkömmling und ihre Rückeroberungsabsicht bleibt. Sie hätte anders gehandelt, wenn nicht halb Europa sich an ihrem Erbe hätte bedienen wollen. Sie musste sich noch jahrelang ganz anderer Feinde als Friedrich erwehren. Der Keim für den nächsten Krieg gegen Preußen allerdings ist bereits erneut gelegt. Womit indes keiner der Akteure rechnet, ist der Umstand, dass die Zeit der eurozentristischen Überlegungen vorbei ist. Bald wird ein völlig neues, unberechenbares Element zum Kriegsauslöser in Europa: Amerika.

Schuss in der Wildnis: Washington

Weit weg, jenseits der Alleghany Mountains in Nordamerika, streifen amerikanische Siedler in englischen Uniformen, sogenannte Milizen, durch einen lichtdurchfluteten Frühlingswald. Ihr Anführer ist der zweiundzwanzigjährige George Washington. Er bekleidet bereits den Rang eines Oberst, da er sich in einer gefährlichen diplomatischen Mission gegen die Franzosen ausgezeichnet hat. Mit ihm unterwegs ist ein Irokesen-Häuptling, den die Weißen »Half-King« nennen. Es geht darum, herauszufinden, wo sich die Franzosen aufhalten und was sie vorhaben.

Seit Anfang des 17. Jahrhunderts ringen Franzosen und Engländer um die riesige Landmasse Nordamerika. Gold, wie es die Spanier in Südamerika bei den Azteken und Inka gefunden haben, gibt es hier nicht zu holen. Dafür reiche Naturschätze. Vor allem die französischen *Coureurs de bois*, die Waldläufer, betreiben in enger Zusammenarbeit mit den Indianern einen florierenden Pelzhandel. Sie stoßen von Kanada aus über den St. Lorenz-Strom und das weitverzweigte Flüssesystem tief in das Innere Nordamerikas vor, errichten Handelsposten von Montréal in Kanada bis hinab zum Golf von Mexiko, wo sie die Stadt *Neuve Orléans* gründen und das Gebiet nach ihren vielen Königen namens *Louis* (Ludwig) Louisiana nennen.

Dabei schieben sich die Franzosen in den Rücken der englischen Kolonisten, die lediglich entlang der Ostküste siedeln, von Massachusetts im Norden bis South Carolina im Süden, und blockieren deren Ausdehnung nach Westen. Englands nordamerikanische Kolonien sind also auf einen langen Küstenstreifen beschränkt, während den Franzosen der ganze Naturreichtum des gigantischen nordamerikanischen Kontinents zu Füßen liegt. Diese Situation verträgt sich nicht mit dem Selbstverständnis der englischen Könige namens Georg aus dem stolzen Welfengeschlecht der Hannoveraner. Seit dem frühen 18. Jahrhundert kommt es zu häufigen Scharmützeln mit den Franzosen, von 1744 bis 1748 sogar zum offenen Konflikt, der in der englischen Geschichtsschreibung *King George's War* genannt wird und als Bestandteil des österreichischen Erbfolgekrieges gilt. Nur, mit Österreich hat das alles gar nichts zu tun. Während Friedrich und Maria Theresia um ein winziges Maas- und Rheingebiet hier und das kleine Schlesien dort streiten, geraten in Nordamerika zwei Großmächte im Ringen um die Weltherrschaft aneinander.

Es ist der 28. Mai 1754, der zu einem historischen Datum für Amerika und Europa gleichermaßen wird. Dem Milizen-Oberst Washingtons wird in aller Frühe von einem irokesischen Späher gemeldet, dass in einer nahegelegen Schlucht dreißig Franzosen lagern. Washington befiehlt den Angriff. Es ist sein erstes Gefecht, das er leitet; keine offene Feldschlacht wie Friedrich bei Mollwitz, sondern ein Überfall aus dem Hinterhalt, bei dem die Franzosen keine Chance haben. Sie werden massakriert. Die Irokesen erbeuten reichlich Skalps. Drei Franzosen gelingt es, sich unter den »Schutz« der englischen Milizionäre zu flüchten. Was sie wütend Washington ins Gesicht schreien, kann dieser zunächst nicht fassen. Erst als sich einer der Franzosen zu einer Leiche hinabbeugt und aus der blutverschmierten Uniform einige Papiere herausfingert, wittert der junge Washington Unheil. Die Franzosen beschuldigen ihn des Mordes! Des Mordes an dem französischen Botschafter Joseph Coulon, Sieur de Jumonville. Laut französischer Version habe dieser den Auftrag gehabt, den Engländern den Wunsch seines Landes nach friedlicher Koexistenz zu übermitteln und sie gleichzeitig zu warnen, die Hände von jenen Gebieten zu lassen, die unter der Krone Frankreichs stehen. Mit anderen Worten: Die Franzosen beschuldigen Washington, die diplomatische Immunität des französischen Botschafters verletzt zu haben. Washington indes, unbelastet von juristischen Spitzfindigkeiten, lässt die überlebenden Franzosen ziehen und schreibt naiv-stolz an seinen Bruder: »Ich hörte die Kugeln pfeifen, und glaube mir: dieser Klang hat seinen Reiz.«[15] Diese leichtfertigen Worte hätten von Friedrich stammen können.

Aus Sorge vor einem französischen Gegenschlag verschanzt sich Washington in einer Palisadenburg. Er erhält zudem Unterstützung von regulären britischen Truppen und wartet ab. Im Morgengrauen des 3. Juli 1754 sind sie plötzlich da. Eine französisch-indianische Übermacht zwingt Washington zur Kapitulation und zu einer fatalen Unterschrift. Der Sieger auf französischer Seite ist ausgerechnet der Bruder des getöteten Botschafters. Er nötigt Washington, eine Kapitulationsurkunde zu unterschreiben. Im Vorspann des Dokuments ist allerdings auch zweimal die Rede von der »Ermordung« – *l'assassinat* – des Leutnants de Jumonville. Ob Washington, der nur seine Muttersprache Englisch sprach, wusste, was er da unterschrieb, ist bis heute strittig. Unstrittig ist indes das Urteil darüber, was er mit seiner Unterschrift auslöste. Die »Affäre Jumonville«. Denn auf schnellen Kanus und noch schnelleren Segelschiffen findet das fatale Eingeständnis Washingtons seinen Weg nach Europa.[16] Binnen kurzem ist ganz London in Aufruhr. Die englische Öffentlichkeit erregt sich über die »Dummheit« ihrer »Kolonialoffiziere«. Die englische Presse schreibt, die Unterschrift Washingtons sei »das Infamste, wozu ein britischer Bürger je seine Hand hergegeben« habe.[17]

Frankreich und England marschieren aufeinander los: In Amerika beginnt der »French and Indian War«. Mit dem Roman *Der*

Letzte Mohikaner hat James Fenimore Cooper diesem Krieg ein literarisches Denkmal gesetzt. Voltaire erfasste damals die Dimension des »Falls Jumonville« am besten: »So kompliziert also sind
die politischen Interessen, dass ein Schuss, der in Amerika abgefeuert wird, ganz Europa in Brand setzen kann.«[18]

Wie wahr! Wenig später verstehen es England und Frankreich,
ihren buchstäblich hinterwäldlerischen Kolonialkrieg auf den
europäischen Kontinent auszuweiten. Der »Siebenjährige Krieg«
beginnt. In der anglo-französischen Geschichtsschreibung ist
Washington schuld. In der deutsch-österreichischen Wahrnehmung hat Friedrich diesen Krieg vom Zaun gebrochen.

»Hunde, wollt ihr ewig leben«:
Ursprung des Mythos um Friedrich

Vorausgegangen waren wieder einmal komplizierte Bündnisse.
Den Auftakt machte England. Die englischen Truppen waren so
sehr in Nordamerika – und inzwischen auch in Indien – gebunden,
dass König Georg II. befürchtete, sein deutscher Besitz, das Kurfürstentum Hannover, könne auf Dauer schutzlos der Beutegier
anderer Mächte ausgesetzt sein. England brauchte einen Bundesgenossen, der in Deutschland seine Interessen wahrnahm und
möglichst viele Kräfte des Hauptgegners Frankreich in Europa
band, damit es selbst außerhalb Europas freie Hand hatte. Der einzige Bündnispartner, der für diese Aufgabe infrage kam, war Friedrich. In seinen beiden Schlesischen Kriegen hatte er bis dato unge-
ahnte militärische Fähigkeiten offenbart, und er verfügte über die
beste Armee der Welt.

Einziges Problem: Friedrich war bislang stets mit Frankreich
verbündet gewesen. England fühlte einfach mal vor. Und siehe da.
Friedrich erkannte seine Chance und schlug ein. In seiner Überlegung verhinderte er mit dem »Vertrag von Westminster« vom
16. Januar 1756 eine Annäherung Englands an Russland, dessen

Zarin Elisabeth I. (1709–1761) aus dem Hause Romanow ihn persönlich hasste. Sie war Ende 1741 durch einen Putsch gegen den minderjährigen Iwan VI. an die Macht gekommen und regierte seither Russland mit eiserner Hand. Für Friedrich blieb sie eine illegitime Regentin, eine Usurpatorin. Oder, wie er aufgrund ihres ausschweifenden Sexuallebens in seiner typischen Schärfe sagte, eine »Kosaken-Concubine«, »die infame Messalina des Nordens«. Direkt als »Huren« bezeichnete er seine Todfeindin Maria Theresia sowie »Madame de Pompadour«, auf die die Bezeichnung am ehesten zutraf, da sie die Mätresse des französischen Königs Ludwig XV. war. Allerdings führte sie die Regierungsgeschäfte, was allgemein in Europa bekannt war. Und so ließ sich Friedrich eines Tages zu der losen Äußerung hinreißen, diese drei Frauen seien »die größten Huren auf Europas Thronen«. Die in Berlin lauernden Diplomaten kolportierten den frechen Ausspruch in ganz Europa, und alle drei Regentinnen nahmen dies durchaus persönlich.

Wenn Politik auf solch niedrigem, persönlich-betroffenem Niveau gestaltet wird – Beispiele aus der jüngeren Vergangenheit sind Margaret Thatchers Hass-Neid auf Helmut Kohl, Gerhard Schröders arrogante Überheblichkeit gegen George W. Bush –, wenn Politik also von persönlichen Motiven geleitet wird, führt sie in der Regel zum Gegenteil dessen, was angestrebt wird.

Maria Theresia jedenfalls war es ein Leichtes, nach der »Huren-Äußerung« Friedrichs sowohl die Zarin als auch die Pompadour auf ihre Seite zu ziehen, und damit zog sich jene Schlinge zu, aus der Friedrich hoffte, seinen Hals zu retten. Der Preußenkönig war den drei Damen nur in einem Punkt voraus: Er besaß den besseren Geheimdienst. Der »Geheime Sekretär« in der Kanzlei des neutralen Sachsen, Friedrich Wilhelm Menzel, lieferte als Agent dem preußischen König die Abschriften der gesamten diplomatischen Korrespondenz zwischen den Höfen in Dresden, Wien und St. Petersburg. Aus ihnen glaubte Friedrich zu erkennen, dass ein gemeinsamer Überfall der drei Staaten auf Preußen unmittelbar bevorstehe.

Eingedenk des Satzes, den er selbst in seinem *Anti-Machiavell* niedergeschrieben hatte – »Es ist besser zuvorzukommen, als sich zuvorkommen zu lassen« –, handelt Friedrich erneut wie eh und je. Er greift selbst an. Ohne Kriegserklärung marschiert er in dem mit seinen Gegnern verbündeten Sachsen ein, das er als Operationsbasis gegen das österreichische Böhmen nutzen will. Was folgt, sind sieben Jahre Krieg.

Die erste bedeutende Schlacht verliert er. Am 18. Juni 1757 schlagen die Österreicher bei Kolin in Böhmen die Preußen in die Flucht. Friedrich tobt. Er soll den fliehenden Soldaten zugebrüllt haben: »Ihr verfluchten Racker, wollt ihr denn ewig leben?« Der Volksmund wandelte den ihm zugeschriebenen Ausspruch um in »Hunde, wollt ihr ewig leben«.

Schlimmer noch ging er mit seinem Bruder August Wilhelm (1714–1758) um. Dieser hatte von Friedrich das Kommando über die Hälfte des Heeres erhalten, das zur Deckung Schlesiens und der Lausitz vorgesehen war. Prinz August Wilhelm indes wich dem österreichischen Druck; sein »Ausweichmanöver« verkam zur Flucht, bei der auch noch viel wertvolles Kriegsmaterial verloren ging. Der Prinz stand im Rang gleich hinter Friedrich, denn aufgrund seiner Kinderlosigkeit hatte der König ihn 1744 offiziell als seinen Thronfolger benannt. Nun sah sich Friedrich »genötigt«, diesen Bruder zur Verantwortung zu ziehen und ein Exempel zu statuieren. In dieser Stunde wurde er ganz wie der Vater: ein herzloser, unbeherrscht-zorniger Tyrann ohne Maß und Ziel. In einem vorausgeschickten Brief enthob er den Bruder jedes Kommandos, und in Anspielung auf die vielen Amouren des etwas weichlichen August Wilhelm musste dieser lesen: »Kommandieren Sie einen Harem, wohlan; aber solange ich lebe, werde ich Ihnen nicht das Kommando über zehn Mann anvertrauen.« Der Prinz will sich rechtfertigen, doch Friedrich tritt nach: »Du wirst morgen nach Berlin abreisen. Mache Kinder – zu etwas anderem bist du nicht zu gebrauchen.«[19] Der sensible Prinz August Wilhelm konnte die öffentliche Verstoßung nicht überwinden und starb ein Jahr später aus Gram. Er wurde zum prominentesten Opfer des Siebenjährigen Krieges.

Kurz darauf hat sich Friedrich wieder unter Kontrolle, versteht es, sein Heer neu zu gruppieren und seine Feinde bei Roßbach in Sachsen-Anhalt am 5. November 1757 zu stellen. Er schlägt die weit überlegene Koalitionsstreitmacht aus Franzosen, Reichstruppen und Österreichern in die Flucht. Und erntet dafür weltweiten Ruhm. Er selbst prahlt gegenüber Voltaire, Rossbach sei »ein Spaziergang« gewesen. Der deutsche Volksmund dichtet begeistert: »Und kommt der große Friederich und klopft nur auf die Hosen, dann läuft die ganze Reichsarmee, Panduren [Österreicher] und Franzosen.« In vielen deutschen Fürstentümern, die am Kampf gegen Preußen beteiligt sind, steht das Volk emotional gegen seine schwachen Fürsten und hinter Friedrich. Denn französische Truppen waren nach der Verwüstung der Pfalz und der Mosel unter Ludwig XIV. in Deutschland verhasst. Nun hatte der Kaiser sie freiwillig zurückgeholt. Wie unsensibel!

Insofern weckt Friedrich der Große – unbeabsichtigt – spätestens nach dem überragenden Sieg bei Roßbach gesamtdeutsche Nationalträume. Goethe erinnert in seinen Memoiren *Dichtung und Wahrheit* an die damalige Stimmung: »Es war die Persönlichkeit des großen Königs, die auf alle Gemüter wirkte.«[20]

Interessanter noch ist die Wirkung im Ausland. Im verbündeten England, das in Friedrich salopp lediglich seinen »Festlandsdegen« sah, wurde der preußische König nun zur Kultfigur, gefeiert als *Warrior King*. Im Mutterland und in den amerikanischen Kolonien wurden im Überschwang Kneipen und Straßen nach ihm benannt, und sein Konterfei wurde auf den damals beliebten Schnupftabaksdosen verbreitet. Das entsprach in jener Zeit den Abziehbildern von Fußballstars als Müslipackungsbeilage von heute. Im Londoner Victoria and Albert Museum wird eine dieser Dosen aufbewahrt. Darauf sieht man einen geradezu kindlich-jungenhaften Friedrich, mit der auf Latein verfassten Aufschrift »Friedrich der Große, König von Preußen«.

Noch mehr Ruhm gab's kurz darauf bei der Schlacht von Leuthen am 5. Dezember 1757. Friedrich hatte in Schlesien ein österreichisches Heer förmlich ausradiert mit einer bereits im 4. Jahrhundert v. Chr. entwickelten Taktik, der sogenannten »schiefen Schlachtordnung«, die dem Gegner weniger Angriffsfläche bot. Diese Schlacht gilt zudem als besonders »schneidig«, da sie in weiten Teilen von überraschenden Kavallerieangriffen des Husarengenerals Hans Joachim von Zieten gewonnen wurde. Aus Zietens Taktik entwickelte der damalige Volksmund die Wendung »Wie Zieten aus dem Busch«, wenn auf etwas Überraschendes Bezug genommen wurde. Viele Anekdoten ranken sich um Leuthen. Eine davon lautet, dass sich Friedrich am Abend nach der Schlacht in ein Schloss verirrt habe, in dem bereits österreichische Offiziere ihr Nachtquartier bezogen hatten. Aus Ehrfurcht nahmen sie den unerschrockenen Friedrich jedoch nicht gefangen, sondern zogen sich selbst zurück. Dichtung oder Wahrheit? Fest steht, dass seither Hunderte solcher Anekdoten in Umlauf kamen, die stets die Kauzigkeit und Unerschrockenheit des preußischen Königs zum Thema hatten. So auch jene, dass eines Tages ein Pandur aus dem Hinterhalt auf ihn anlegte. Friedrich entdeckt ihn, reitet auf ihn zu und ruft: »Er hat kein Pulver auf der Pfanne!« Der verdutzte Pandur sieht nach und Friedrich ist über alle Berge.

Dieses Jahr 1757 begründet Friedrichs volkstümlichen Ruhm. Hier liegt der Ausgangspunkt für das Verwischen zwischen Wahrheit und Legende. Hier beginnt der Mythos. Viele Deutsche außerhalb Preußens beginnen – enttäuscht von ihren als schwach und feige angesehenen Fürsten – in Friedrich einen »Großen« zu sehen. Er kämpft selbst. Als einziger König nimmt er persönlich an jeder Schlacht teil. Die »Weyber« sitzen sicher in ihren Schlössern und lassen kämpfen. Er erleidet die gleichen witterungsbedingten Unbilden wie seine Soldaten. Spartanisch auch sein Lebensstil im Felde. Sprach nicht Voltaire schon vom »Feldbett«, auf dem der junge König in Schloss Moyland schwitzte? Nicht die Zigtausende von Toten, die Friedrich mit seinen drei Angriffskriegen auf den Schlachtfeldern »produzierte«, erregen die Völker. Das war damals gängige Praxis bei jedem Fürsten. Was neu ist, sind die »Leiden« des preußischen Königs, die Dramen um die Schlachten, die gewonnenen wie auch die verlorenen. Die vielen Geschichtchen, die Augenzeugen und einfache Soldaten mit zitternder Stimme und Tränen in den Augenwinkeln unters Volk bringen.

Und immer wieder Voltaire. Die *porte parole* – der Pressesprecher Friedrichs. Es kommt zu einem Phänomen: Eigentlich ist Frankreich Gegner Friedrichs. Aber auch hier fühlt das Volk anders als die »Hure« des Königs. Vor allen Dingen Friedrichs langer Arm – Voltaire – heizt die Massen im Theater, in seinen Schriften für »seinen« *Frédéric le Grand* an. In Paris kommt es zu offenen Sympathiebekundungen für den preußischen König. Huldigungsgedichte feiern ihn als neuen Cäsar.

Da reicht es der Zarin im fernen Russland. Jetzt greift sie in den Krieg ein, auch Schweden folgt. Die Mächte Europas stehen gegen ihn auf; vielleicht auch, weil die gegnerischen Fürsten die Verehrung ihrer Völker für Friedrich aus Neid nicht mehr ertragen können. Friedrich wird von nun an in einen brutalen Mehrfrontenkrieg verwickelt. Die Schlachtfelder liegen weit auseinander. Er muss seine Kräfte verzetteln. Er verliert eine Schlacht nach der anderen, und ihm wird plötzlich klar, dass sein Krieg gegen die drei »Weyber« nicht zu gewinnen ist. Nach der Schlacht bei Kunersdorf am 12. August 1759, wo ihn die Russen vernichtend schlagen, erwägt er sogar Selbstmord und schreibt einen Abschiedsbrief. Seine Armee schwindet dahin, die Russen haben Teile Berlins eingenommen und bedienen sich an seinen Schätzen. Der Hofstaat auf der Flucht. »Schwälende Tage, alte Beschwörung, Bann, die Götter halten die Waage um eine zögernde Stunde an« – so möchte man mit Gottfried Benns Asterngedicht die unverhoffte Wendung der Lage beschreiben, Denn die »Götter« eilen Friedrich zu Hilfe: Er selbst nennt es wie Cäsar einfach nur »Glück«. Später bürgert sich dafür eine Wendung des Königs ein, die er zuvor in einem anderen Zusammenhang benutzt hatte: »das Mirakel des Hauses Brandenburg«.

Denn eine seiner drei unversöhnlichen »Weyber« – Elisabeth I. – ist überraschend am 5. Januar 1762 gestorben. Ihr Nachfolger, Zar Peter III., verheiratet mit einer deutschen Prinzessin namens Katharina, war schon als Kind ein großer Verehrer Preußens. Sofort nach seiner Thronbesteigung wechselt er die Seite und steht bereit, gegen Österreich zu marschieren. Da verlässt auch Schweden die Allianz gegen Friedrich. Preußen scheint gerettet. Aber – auch das Glück scheint sich noch einmal zu wenden. Zar Peter III. wird ermordet, und seine deutsche Frau, die später ebenfalls den Beinamen »die Große« erhält, besteigt als Katharina II. den Zarenthron. Maria Theresia schöpft wieder Hoffnung, zumal die Zarin umgehend das Bündnis ihres verstorbenen Mannes mit Friedrich aufkündigt. Doch Russland tritt nicht aufs Neue in den Krieg gegen Preußen ein. Hier zeigte sich, dass eine starke Partei am Petersburger Hof kein Interesse an der Zerschlagung Preußens hatte, die einen enormen Machtzuwachs für Österreich bedeutet hätte. Nun konnte man darauf spekulieren, dass sich beide Mächte künftig gegenseitig in Schach halten würden.

Die Welt hat ausgekämpft. England und Frankreich haben längst ihren Krieg um Nordamerika und Indien beendet – wobei in beiden Fällen die Briten Sieger geblieben sind. England hat sich bereits aus dem Bündnis mit Preußen verabschiedet. Der vor wenigen Jahren hochgejubelte »Friedrich der Große« wird England zur Last. Überall schweigen die Waffen. Nur Maria Theresia bleibt stur. Sie stand Anfang des Jahres 1762 kurz davor, den Untergang Preußens feiern zu können. Und nun soll alles vergebens gewesen sein?

Verbissen zwingt sie am 9. Oktober 1762 Friedrich erneut zur Schlacht. Diesmal bei Schweidnitz in Schlesien. Er gewinnt. Noch einmal am 29. Oktober bei Freiberg in Sachsen. Hier holt Prinz Wilhelm einen weiteren Sieg für seinen großen Bruder Friedrich. Aus. Der Siebenjährige Krieg ist aus. Noch bis zum 15. Februar 1763 ziert sich Maria Theresia, einen Friedensvertrag abzuschließen. Im Schlösschen Hubertusburg bei Grimma in Sachsen kommt er dann aber auf Anraten der österreichischen Generäle zustande.

Was bleibt? Schlesien. Friedrich hat sich Schlesien gesichert. Es blieb bis Mai 1945 deutsch. Und er ist der berühmteste Monarch seiner Zeit. Dichter, Schriftsteller und Journalisten werden nicht müde, in den nächsten Wochen, Monaten, Jahrhunderten seine

Person zu feiern und ins Unwirkliche zu überhöhen. Wenige Wochen nach Kriegsende, im Frühjahr 1763, erscheint bereits ein Gedicht von Karl Wilhelm Ramler in einer Hamburger Zeitung, das typisch ist für die nun einsetzende Friedrich-Verehrung: »Heil uns, dass unser Morgen in die Tage/ des einzigen Monarchen fällt, […] Wir sterben vor Wonne trunken: Friedrich.«[21] Warum? Weil Friedrich – wie die Ode es besagt – damals als »einziger Monarch« galt, mit dem das Volk sich identifizieren konnte. Friedrich war ab sofort ein »Volkstribun« oder besser gesagt ein Volksheld. Welches »Volk« war es, das sich derart einem charismatischen Monarchen an den Hals schmiss?

»Üb immer Treu und Redlichkeit«: Das Volk

*Mich beeindruckt an Friedrich II. seine Modernität und sein
unbändiger Wille zu Reformen und Veränderungen.*
Walter Scheel, Bundespräsident a. D.

»Sie nähret den Armen«: Seide

Den Kontrast zwischen Arm und Reich, der im 18. Jahrhundert
sehr stark ausgeprägt war, konnte auch Friedrich nicht überbrücken, wie aus dem Bericht eines auswärtigen Besuchers zu erfahren ist. Er schrieb über das damalige Berlin:

»Es werden schlechterdings keine Straßenbettler geduldet. Doch
sprechen oft an entlegenen Orten wohlbekleidete Personen um
ein Almosen an, Soldaten präsentieren das Gewehr und wünschen
ein gesegnetes Fest, Sonntag, Neujahr und so weiter.«[1] Als Berliner
U- und S-Bahnfahrer kommen einem solche Worte sehr vertraut
vor. Der Berliner Senat gibt keine offizielle Zahl der Obdachlosen
in der Hauptstadt bekannt, schätzt sie aber aktuell auf drei- bis
fünftausend. Zu Friedrichs Zeit wurde am Alexanderplatz zwischen 1755 und 1758 ein sogenanntes Arbeitshaus errichtet, in dem
bis zu tausend Obdachlose unterkommen konnten. Setzt man diese Zahl in Relation zur Einwohnerzahl von 126 000 im Jahr 1755,
dann ahnt man den Grad der Armut.

Der Berliner Verleger und Verfasser satirischer Romane, Christoph Friedrich Nicolai (1733–1811) berichtet 1786 in seinem Werk
Kleine Wanderungen durch Deutschland, wie es in Friedrichs Berlin

aussah: »Jedem ist es bei zehn Taler Strafe versagt, einem Bettler etwas zu geben, und Letztere werden, wo man sie findet, aufgegriffen und in ein Haus gebracht, wo sie arbeiten müssen. Zu diesem Behufe wird eine Anzahl von Bettlervögten gehalten, die zu zwei und zwei den ganzen Tag durch die Straßen patrouillieren und alle Bettler anhalten. […] Immer nur des Abends wird man angebettelt, wobei ich die Eigentümlichkeit bemerkt habe, dass man hier nicht wie anderwärts um einen Pfennig, sondern um einen Dreier bettelt: Die Bedürfnisse der Bettler sind also um zweihundert Prozent größer als in anderen Städten.«

Doch auch der Elite der damaligen Zeit, dem Adel, ging es nicht so gut, wie man meinen könnte. Ein anderer Beobachter stellt erstaunt fest: »So zahlreich der Adel zu Berlin ist, so werden sich kaum acht Familien darunter befinden, die man wirklich reich nennen könnte. Der größte Teil desselben steht in königlichen Militär- und Zivildiensten.«

Der Theologe Probst Johann Peter Süßmilch würdigte indes in seiner Dokumentation *Der Königlichen Residenz Berlin schnelles Wachstum und Erbauung* die zunehmenden Arbeitsmöglichkeiten unter Friedrich:

»Die Hände der Weber und Spinner sind es, die viele allhier reich machen, die den Handel fördern und Geld in das Land bringen. Ohne sie stünden unsere Manufakturen stille.«

Bei Regierungsantritt Friedrichs im Jahr 1740 zählte Berlin etwa 69 000 Einwohner, bei seinem Tod 1786 war die Bevölkerung der Stadt auf 147 000 angewachsen. Denn Friedrich hatte zwischen seinen Kriegen und danach große Anstrengungen unternommen, die Wirtschaft des Landes zu fördern. Trotz hoher Einwandererzahlen lag Preußen jedoch vorerst weit hinter allen anderen Staaten Westeuropas zurück. Da verfiel Friedrich auf die Idee, das Nützliche mit dem Angenehmen zu verbinden. Getreu dem Motto, »sie kleidet den Reichen, sie nähret den Armen«, baute der König eine Seidenindustrie auf. Denn bisher musste man die luxuriösen Seidenstoffe aus Frankreich oder Italien einführen. Friedrich wollte es billiger haben und gleichzeitig Arbeitsplätze schaffen. Also ließ er Maulbeerplantagen, Zuchtanlagen für Seidenraupen sowie Spinnereien bauen.

Angefangen hatte es mit den Hugenotten. Sie besaßen das Know-how der Seidenherstellung und der Kultivierung von Maulbeerbäumen. Jahrtausendelang hatten die Chinesen ihr Wissen um Erzeugung der Seide wie ein Staatsgeheimnis gehütet. Erst mit Hilfe christlicher Missionare gelang es, das Monopol zu brechen und auch außerhalb Chinas Seide zu erzeugen. Seide entsteht als Speicheldrüsensekret der Raupe des chinesischen Seidenspinners. Zum Zeitpunkt ihrer Verpuppung ist die Raupe imstande, binnen einer Stunde zehn Meter Faden zu spinnen. Pro Raupe können etwa achthundert Meter Faden gewonnen werden. Da sich Seidenraupen ausschließlich von frischen Blättern des Maulbeerbaums ernähren, bedurfte es der Anpflanzung riesiger Plantagen in Preußen. Friedrich zeigte sich spendabel: Wer tausend Maulbeerbäume pflanzte, erhielt fünfzig Taler Prämie. Damit ordentlich »Dampf« hinter die Seidengewinnung kam, drängte er Lehrer, Pfarrer und begüterte Bürger, sich an der Produktion zu beteiligen. Neben Subventionen gewährte der König auch Preisgarantie, indem er die Einfuhr von auswärtiger Seide untersagte. Ein dauerhaft blühendes Unternehmen ist allerdings nicht daraus geworden, denn um die Mitte des 19. Jahrhunderts kam die Seidenherstellung in Deutschland wieder zum Erliegen, nachdem fast alle Raupen einer Infektionskrankheit zum Opfer gefallen waren.

Ein anderes Mammutprojekt Friedrichs auf dem Lande wurde indes zur Erfolgsstory: die Trockenlegung des Oderbruchs. Bei Regierungsantritt stellte Friedrich fest, »dass die Stärke eines Staates nicht in der Ausdehnung seiner Grenzen, sondern in seiner Einwohnerzahl beruht. […] Darum liegt es im Interesse eines Herrschers, die Bevölkerungszahl zu heben.«[2] Denn trotz der Einwanderung von Hugenotten und Salzburgern wirkte das Land über weite Strecken hin entvölkert. Die Landgewinnung entlang der Oder war eigentlich noch ein Plan Friedrich Wilhelms I., doch der hatte die immensen Kosten gescheut. Friedrich wagte sich nun daran und beauftragte im Juli 1747 den holländischen Wasserbauingenieur Simon Leonhard von Haarlem, nach den Berechnungen des Schweizer Mathematikers Leonhard Euler mit der Begradigung und Eindeichung des Oderlaufs zu beginnen.

Schon damals wurden für die Arbeiten auch Soldaten herangezogen, denn einige Einheimische leisteten gewaltsam Widerstand. Bereits nach sechs Jahren, 1753, ist das Werk vollendet. 32 500 Hektar Land sind neu gewonnen worden, und bis 1786 werden fünfzig Dörfer gegründet und 300 000 Menschen angesiedelt. Die »Kolonisten« kommen von nah und fern: aus Pommern, Sachsen, Schwaben, Franken, dem Vogtland, aus Polen und Böhmen sowie aus Brandenburg. Der Oderbuch, ein Vielvölkerstaat! Friedrich schließt sogar einen richtigen Vertrag mit den Siedlern, der diesen Vergünstigungen und acht Jahre Steuerfreiheit einräumt: »Wegen dieses von dem Annehmer selbst zu errichtenden Baues und der rohdung werden demselben Acht Frey Jahre dergestalt bewilligt, daß er bis den letzten Juni 1765 von dieser Nutzung nichts entrichten dürfe.«[3]

Die neuen Siedler müssen zudem weniger als ein Zehntel der üblichen Dienste leisten. Dennoch ist der Anfang hart. Ein Siedlerspruch aus jener Zeit klagt: »Die erste Generation arbeitet sich tot, die zweite leidet Not, die dritte findet ihr Brot.« Mit dem Siedlervertrag wächst auch die Zahl der unabhängigen Bauern. Seit 1749 hatte Friedrich versucht, die Auswüchse des Feudalsystems zu unterbinden. Es gelang ihm zwar nicht, die seit 1653 bestehende Leibeigenschaft der Bauern abzuschaffen, da der Adel sich dem König widersetzte, weil ihm damit die Existenzgrundlage auf dem Land entzogen werde. Aber Friedrich setzte das Verbot des »Bauernlegens« durch. Darunter verstand man den erzwungenen Verkauf von freien Bauernhöfen und Äckern an Gutsbesitzer, die auf diese Weise nicht nur ihr Land vergrößern, sondern auch Bauern in ihre Abhängigkeit bringen wollten.

Der Adel bestimmte auf dem Land weitgehend selbstherrlich über die bäuerliche Bevölkerung. Die adligen Großgrundbesitzer durften örtliche Steuern erheben, Dienstleistungen und Naturalienabgaben verlangen. »Sie waren gleichzeitig Gerichtsherren, Träger der Polizeigewalt und auch Patronatsherren über Kirche und Schulen.«[4] Für diese Privilegien waren sie bereit, zentrale Positionen als Beamte auszuüben und als Offiziere zu dienen. Beide adligen »Dienstleistungen« waren für Friedrich, der vor allem im Militär ungern Bürgerliche als Offiziere sah, derart von Bedeutung, dass er die als notwendig erkannten landrechtlichen Reformen nicht gegen den Willen des Adels durchsetzte. Und so trug er dazu bei, dass die Doppelrolle des Adels im militärischen und zivilen Bereich den »Junker« entstehen ließ, durch den sich in Preußen die Gutswirtschaft mit all ihren Nebenwirkungen festigte: »adlige Herrenmentalität, Standesdünkel, militärischer Ehrenkodex und antiliberale und antidemokratische Positionen. [...] Erst die Niederlage im Krieg gegen das napoleonische Frankreich 1806/07 gab den Anstoß zur Einleitung von umwälzenden Reformen in Staat und Gesellschaft Preußens.«[5]

In dieser »Zwangslage« zwischen adliger Reformverweigerung und königlichem Reformwillen war Friedrich dann doch zufrieden, wenigstens in einem kleinenTeil seines Königreiches Neues erreicht zu haben. Vom Landgewinn im Oderbruch schwärmte er: »Hier habe ich friedlich eine Provinz erobert.«

»Pommes Fritz«: Kartoffeln

»Vom Alten Fritz, dem Preußenkönig, / weiß man zwar viel, doch viel zu wenig. / So ist zum Beispiel nicht bekannt, / dass er die Bratkartoffeln erfand! / Drum heißen sie – das ist kein Witz / Pommes Fritz!«,[6] dichtete der Humorist Heinz Erhardt. Und spielt damit auf die List Friedrichs zur Einführung der Kartoffel an. Noch Mitte des vergangenen Jahrhunderts konnte man in Schullesebüchern die Geschichte erfahren, wie der Preußenkönig seine Untergebenen zum Kartoffelanbau anregte. Bedingt durch Kriege und Missernten kam es nämlich immer wieder zu dramatischer Unterversorgung, ja zu Hungersnot in Preußen. Wie katastrophal oft die

Auswirkungen der Nahrungsmittelknappheit waren, berichtet der 1738 im ostpreußischen Kolberg geborene Joachim Nettelbeck, der 1821 seine Autobiographie veröffentlichte. Über die Jahre 1743/44 schrieb er: »Ich mochte wohl ein Bürschchen von fünf oder sechs Jahren sein [...], als es hier bei uns im Lande weit umher eine so schrecklich knappe und theure Zeit gab, dass viele Menschen vor Hunger starben [...] Es kamen von landeinwärts her viele arme Leute nach Colberg, die ihre kleinen hungrigen Würmer auf Schiebkarren mit sich brachten, um Korn von hier zu holen, weil man Getreideschiffe in unserem Hafen erwartete, die der grausamen Noth steuern sollten. Alle Straßen bei uns lagen voll von diesen unglücklichen ausgehungerten Menschen.«[7]

Um die Abhängigkeit von dem Grundnahrungsmittel Korn auf Dauer zu mindern, entschloss sich Friedrich, die Kartoffel, die auch auf minderwertigeren Böden gedieh und weniger anfällig gegen Nässe war, in Preußen einzuführen. Auch dazu weiß Nettelbeck ein anschauliches Bild zu geben:

Ein großer Frachtwagen voll Kartoffeln langte 1744 auf dem Markte an, und durch Trommelschlag in der Stadt und in den Vorstädten erging die Bekanntmachung, dass jeder Gartenbesitzer sich zu einer bestimmten Stunde vor dem Rathhaus einzufinden habe, indem des Königs Majestät ihnen eine besondere Wohlthat zugedacht habe. Man ermißt leicht, wie Alles und Jedes in eine stürmische Bewegung gerieth; und das nur um so mehr, je weniger man wußte, was es mit diesem Geschenk zu bedeuten habe. Die Herren vom Rathe zeigten nunmehr der versammelten Menge die neue Frucht vor, die hier noch nie ein menschliches Auge erblickt hatte. Daneben ward eine umständliche Anweisung verlesen, wie diese Kartoffeln gepflanzt und bewirtschaftet, desgleichen wie sie gekocht und zubereitet werden sollten. Besser freilich wäre es gewesen, wenn man eine solche geschriebene oder gedruckte Instruktion gleich mit vertheilt hätte; denn nun achteten in dem Getümmel die wenigsten auf jene Vorlesung. Dagegen nahmen die guten Leute die hochgepriesenen Knollen verwundert in die Hände, rochen, schmeckten und leckten daran, kopfschüttelnd bot sie ein Nachbar dem andern; man brach sie von einander und warf sie den gegenwärtigen Hunden vor, die daran herumschoperten und sie gleichmäßig verschmähten. Nun war ihnen das Urteil gesprochen! »Die Dinger« – hieß es – »riechen nicht und schmecken nicht, und nicht einmal die Hunde mögen sie fressen. Was wäre uns damit geholfen?« – Am allgemeinsten war dabei der Glaube, daß sie zu Bäumen heranwüchsen, von welchen man zu seiner Zeit ähnliche Früchte herabschüttle […] Kaum Jemand hatte die ertheilte Anweisung zu ihrem Anbau recht begriffen […] Das Jahr nachher erneuerte der König seine wohlthätige Spende durch eine ähnliche Ladung. Allein diesmal verfuhr man dabei höhern Orts auch zweckmäßiger, indem zugleich ein Landreiter mitgeschickt wurde, der, als ein geborener Schwabe, des Kartoffelbaus kundig und den Leuten bei der Auspflanzung behülflich war und ihre weitere Pflege besorgte. So kam also diese neue Frucht zuerst ins Land, und hat seitdem, durch immer vermehrten Anbau, kräftig gewehrt, daß nie wieder eine Hungersnoth so allgemein und drückend bei uns hat um sich greifen können. Dennoch erinnere ich gar wohl, dass ich erst volle vierzig Jahre später [1785] bei Stargard [in Pommern], zu meiner angenehmen Verwunderung, die ersten Kartoffeln im freien Felde ausgesetzt gefunden habe.

Nicht nur Nettelbeck wunderte sich über die mangelnde Verbreitung der Kartoffel. Friedrich befahl zweimal vergeblich den großflächigen Kartoffelanbau; einmal 1745 mittels Gesetz, nachdrücklich wiederholt 1756 mit einer »Kartoffelorder«. Vergebens. Da verfiel er der Legende nach auf eine List – ob wahr oder erfunden, sie passt zu ihm! Kannte er doch seine »spitzbübischen Kanaillen«, wie er seine Untertanen schon mal zu nennen pflegte: »Er ließ seine eigenen Felder in Sanssouci mit Kartoffeln bestellen und zum Schein von Soldaten strengstens bewachen. Diese Felder erregten natürlich die Neugier der Untertanen, und so stahlen die Bauern nachts die seltenen und offensichtlich kostbaren Pflanzen, um sie anschließend daheim in ihre eigenen Gärten zu setzen. Und genau dort wollte sie der König auch haben.«[8] Doch erst die Natur kam ihm nachweislich zu Hilfe: Die Getreide-Missernten in den Jahren 1770 bis 1772 begünstigten endgültig den erwünschten Feldanbau des Erdapfels. Heute ist Deutschland der größte Kartoffelproduzent Europas.

Über der Kartoffel wird meist vergessen, dass sich Friedrich genauso vehement für den Anbau weiterer Früchte einsetzte. Am 14. September 1740 erließ er eine Cirkularorder – heute würde man dazu »Runderlass« sagen – und zwar an die »Kriegs- und Domänenkammern«, ein etwas holpriger Name für nichts anderes als die heute vergleichbaren Bezirksregierungen sowie die Verwaltungen der königlichen Güter. Darin heißt es: »Demnach Wir die Anpflanzung von allerlei Obstbäumen im ganzen Lande, wo es nur immer practicable, aufs möglichste pussiret [gepfropft; veredelt] wissen wollen, […] daß künftighin nicht nur überall, nach jedes Orts Beschaffenheit, eine größere Quantität Obstbäume als bisher alljährlich zur rechten Pflanzzeit gesetzt, sondern auch für deren Konservation [Aufbewahrung] und Fortbringung mit äußersten Fleiße gesorgt werde.«[9]

Sex and the City: Moral

»Üb immer Treu und Redlichkeit / Bis an dein kühles Grab,/ Und weiche keinen Finger breit / Von Gottes Wegen ab.« So lautet die erste Strophe von Ludwig Höltys Volkslied aus dem Jahr 1775, das nach der Melodie der Arie des Papageno »Ein Mädchen oder Weibchen« aus der »Zauberflöte« Mozarts gesungen wird und die bis

1945 vom Glockenturm der Garnisonskirche in Potsdam erklang.[10] Dieser Vers ist gewissermaßen das »Grundgesetz« Preußens in Kurzform.

»Pflichtgefühl, Redlichkeit, Fleiß, sachlicher Ehrgeiz und das Bemühen, jede Aufgabe unter Anspannung aller seiner Kräfte zu lösen, werden gemeinhin als preußische Tugenden bezeichnet«, erklärt Heribert Kremp, Starkolumnist und ehemaliger Herausgeber der Zeitung *Die Welt*. Erfunden habe sie niemand, sondern »sie bildeten sich heraus als Verhaltensmaximen des preußischen Staates. […] Der Staat ist dahingegangen, die Tugenden nicht.«[11]

Das sieht auch Bundeskanzlerin Merkel so. Sie lobte am 28. September 2007 – ausgerechnet – den damaligen CSU-Vorsitzenden Edmund Stoiber zu dessen sechsundsechzigstem Geburtstag: »Man glaubt es nicht, aber du besitzt preußische Tugenden!« Merkel zählte sie auf: »Geradlinigkeit, Verlässlichkeit, Bodenständigkeit, Pflichtbewusstsein« und fügte hinzu, dass er an einer Tugend noch arbeiten müsse, der Pünktlichkeit.[12]

Gibt es sie wirklich, die »preußischen Tugenden«? Kremp glaubt: »Man kann nicht ohne sie wirtschaften, man kann ohne sie auch keinen Staat machen.« Preußisch sei ihr Ursprung, aber inzwischen weltweit ihre Geltung. »Sie sind sittlich, denn sie sind nicht angeboren, sondern müssen durch ernste und andauernde Übung erworben werden und können durch Untätigkeit und Laster verloren gehen. […] Es fällt auf, dass der Gehorsam nicht dazu zählt. Entgegen der Geschichtslegende war Alt-Preußen kein Tyrannenstaat, sondern eine Monarchie der Rechtsgesinnung. Tugend passt nicht zur Karikatur des Untertanen, sie setzt Verantwortung voraus, um das Leben zu meistern und der Sache zu dienen.«

Altbundeskanzler Helmut Schmidt reagiert auf die gleiche Frage indigniert: »Die sogenannten preußischen Tugenden, die von den Preußen etwas überhöht worden sind, sind in Wirklichkeit allgemeingültige Tugenden. […] Das sind Tugenden, die man nicht nur unterschreiben kann, sondern unterschreiben muss. Was mir bei Marion Gräfin Dönhoff manchmal ein bisschen missfallen hat, war diese Überhöhung. Als ob die Preußen Fleiß, Tapferkeit und

Sparsamkeit gepachtet hätten. Das ist Unfug. Bei den Preußen wurde das besonders betont; es ging aber Hand in Hand mit militaristischer Überlegenheit. Schon unter Friedrich dem Großen.«[13]

Nun – man möchte Helmut Schmidt beruhigen: So tugendhaft wie in Höltys Lied oder in Marion Gräfin Dönhoffs Verklärung ging es in Preußen nicht zu. Friedrich selbst schimpfte 1764 über seine Hauptstadt: »Die Berliner seindt faul.«[14] Und Friedrich Nicolai stellte damals fest: »Das Leben und der Umgang in Berlin [sind] weit ungezwungener und angenehmer […], als er in anderen großen Städten zu sein pflegt.«[15]

Berlin ist heutzutage wohl die einzige Stadt der Welt, in der man neben einem Polizisten nackt über die Straße gehen kann, ohne verhaftet zu werden. Sehen wir einmal nach, welche Verhältnisse dort zur Zeit Friedrichs herrschten. Ein auswärtiger Besucher damals über das »Treiben« im Tiergarten:

Das Gedränge war außerordentlich groß. Alles, vom Höchsten bis zum Niedrigsten, vom Prinzen bis zum Bettler, wogte durcheinander. Die mit schön angezogenen Leuten besetzten Bänke, der hinter ihnen mit weniger geputzten Menschen geringeren Standes gleichsam vollgepfropfte Wald, der Lärm der Wagen […] alles dies gewährte ein prächtiges, begeisterndes Schauspiel. […] Der Anzug der Berliner Damen ist […] außerordentlich reizend. Es herrscht eine gewisse Leichtigkeit und Ungezwungenheit, die sich nicht gut erklären, sondern nur fühlen lässt. […] Man spielt, verirrt sich mit Damen oder Mädchen in einsame Gebüsche, verabredet Zusammenkünfte, und es steht hier nicht wie zu Wien immer ein Polizeidiener auf dem Sprung, einem verirrenden Paar auf dem Fuß nachzuschleichen. […] Hierhin ziehen nun, wie zum Grabe Mohammeds, ganze Karawanen von Frauenzimmern und Rittern aus allen Ecken und Enden der Stadt in ihren Lüsten. […] Es ist gar nichts Auffälliges mehr,

wenn man zur Sommerszeit im Grase über ein halbes
Dutzend Tiere mit doppeltem Rücken hinwegstolpert.[16]

Ein anderer hadert in seinen *Bemerkungen eines Reisenden:* »Die Jugend würde gewinnen, wenn alle Französinnen abgeschafft würden! […] [Sie] sind gewöhnlich verjagte oder entlaufene Kam-
merzofen, veraltete Theaternymphen, abgedankte Kokotten,
Schneider- oder Schustermädchen aus Paris, der Hauptstadt aller
Narrheiten.«[17] Unter den Offizieren sei »der Tausch der Weiber auf
Wochen und Tage hier sehr gebräuchlich«.[18]

Die Scheidung, früher eine seltene und ehrenrührige Angelegenheit, wurde unter Friedrich in jeder Weise erleichtert. In seinem Geburtsjahr 1712 etwa heiratete statistisch gesehen jeder
neunundvierzigste Einwohner Berlins, im Jahre 1777 nur noch jeder achtundsiebzigste. Unter Friedrich entstand also ein Trend
zum Singledasein. Kommt das nicht bekannt vor? Wie der lokale
Fernsehsender »tv Berlin« am 30. März 2011 meldete, »entwickelt
sich Berlin zur Singlestadt«. Der Sender beruft sich dabei auf das
Statistische Bundesamt in Wiesbaden, laut dessen Untersuchung
1 080 000 Berliner im Jahr 2009 Singles waren – von 3,8 Millionen.
Also fast jeder vierte. Na ja, war schon mal mehr.

Friedrich, der angebliche Frauenfeind, bekannte sich in seinen
Philosophischen Schriften klar zur Selbstständigkeit der Frau: »Oft
schon, muß ich bekennen, hat mich's empört, welchen geringen
Wert man in Europa dieser einen Hälfte des menschlichen Ge-
schlechts beimisst, wie man ihrer geistigen Ausbildung jegliche
Fürsorge schuldig bleibt. Wir sehen so viele Frauen, die hinter den
Männer nicht zurückbleiben, unser Jahrhundert weist große Fürs-
tinnen auf, die hoch über ihren männlichen Vorgängern stehen.«[19]
Gleichzeitig schätzte er auch die Bedeutung der Ehe: »Die Gesellschaft kann ohne die rechtsgültige Ehe nicht bestehen, in ihr findet
sie Erneuerung und immer währende Dauer.« So weit die »philosophische« Theorie.

Wenn aber seine Offiziere heiraten wollen, dann gibt es andere
Ratschläge. So warnte der König den Obristleutnant von Pippach

am 22. Juli 1747, »dass wenn Ihr die vorhabende *Mariage* [Hochzeit] thut, so sehe ich Euer Unglück klar voraus. Denn Eure Liebste hat nichts und Ihr wenig, also wenn Ihr sie geheirathet haben werdet, so wird es Euch an dem Benöthigten zur standesmäßigen Subsistence [Verpflegung] fehlen, worauf der beständige chagrin [Kummer] nebst andren bösen suiten [Folgen] mehr nothwendig folgen müssen.«[20]

An den Obristen von Natzmer schrieb er am 18. September 1747: »Wie ich es zwar wohl geschehen lassen will, dass der Lieutenant v. Miskowksi des Euch anvertrauten Regiments Eure Schwester heirathe, wann aber hiernächst Hunger und Durst zusammen kommt, so werdet Ihr solches Euch selbst zuzuschreiben haben.«

Auf das Gesuch des Oberst von Lossow um die königliche Zustimmung zur Hochzeit mehrerer seiner Offiziere notierte Friedrich 1771 an den Rand: »Wann Huzaren Weiber nehmen so Seindt Sie Selten noch dan ein Schus pulver wert aber wen er Meinte dass Sie doch guth Dinen würden, So wollte ich es erlauben.« Die Heirat eines Leutnant von Plotho untersagte er allerdings, denn: »Ich gebe aber nicht zu, dass Officiers sich mit Kaufmanns Töchtern heirathen.«

In einer »Ordre« erleichtert er die Heirat unter Verwandten, was offenbar einem breiten Wunsch der Bevölkerung entsprach. Heute dagegen ist die Cousin/Cousinenheirat nur noch in der islamischen Welt eine weitverbreitete Ehepraxis. In seinen *Philosophischen Schriften* wendet sich Friedrich gegen Zwangsheiraten, die in unseren Tagen unter Migranten an Aktualität gewonnen haben: »Schließlich gedenke ich noch des Mißbrauchs der väterlichen Gewalt, die bisweilen die Töchter unter das Joch einer Ehe ohne jede innere Übereinstimmung zwingt. [...] Sinn und Zweck der Ehe sind verfehlt.«[21]

Friedrich war, was das Intimleben der Ehe anging, absolut unverklemmt. An den sich unpässlich fühlenden Freund D'Alembert schreibt er am 2. Juli 1762: »Verwahren Sie ihren Körper gut. [...] Besteigen Sie Ihrer Babet oft, dass Ihre Rüstigkeit keinen leeren Raum in der Natur zulässt.«[22]

Auch Geschlechtsumwandlung war vor zweihundertvierzig Jahren schon ein Thema: In einem Brief an D'Alembert in Paris vom 7. September 1776 interessiert Friedrich nicht die kurz zuvor erklärte Unabhängigkeit der »Vereinigten Staaten von Amerika«, sondern: »Man sagt mir, bei Ihnen würden jetzt die Knaben zu Mädchen; statt Herr von Éon müsse man Fräulein von Éon sagen, und dass in der Natur erstaunliche Veränderungen vorgingen. […] Ich weiß nicht, ob ich's mit einem Marquis oder einer Marquise zu tun habe, ob ich Monsieur oder Madame sagen soll. Kurz, diese Ungewissheit quält mich sehr.«[23] Es handelte sich um den Fall des Chevalier d'Éon, einer mysteriösen Person. Sie erregte aufgrund der Ungewissheit, ob es sich um einen Mann oder eine Frau handelte, damals großes Interesse. Éon war europaweit bekannt als Diplomat für Ludwig XV. In London erhoben die Engländer erstmals Zweifel an seinem wahren Geschlecht. Ab 1777 musste »er« auf Anweisung des Königs Frauenkleider tragen. Éon starb 1795, ob als Mann oder als Frau ist nicht bekannt.

Der Müller von Sanssouci: Recht

Beliebt war Friedrich im Volk nicht nur wegen seines Freigeistes in amourösen Angelegenheiten. Er krempelte vor allem direkt nach der Thronbesteigung die verkrustete und drakonische Rechtsprechung um. Er handelte dabei gewissermaßen biblisch, wie in der Genesis: Am ersten Tag, dem 1. Juni 1740, befahl er seinen Generälen, dass sie »künftig nicht mehr mit Absicht und Übermut das Volk schikanieren« sollen. Am zweiten Tag ließ er wegen des kalten Frühlings die von seinem Vater ausschließlich für die Armee angelegten Kornkammern öffnen und verkaufte die Vorräte zu Billigpreisen an die Bevölkerung. Am gleichen Tag veranlasste er die Buchhändler Haude und Spener, eine neue Zeitung herauszugeben, die später *Haude-Spenersche Zeitung* hieß, und hob mittels einer Randbemerkung an die beiden Verleger beiläufig in dem für ihn typischen Stil die bisher geltende Zensur auf: »Gazetten, wenn sie interessant sein sollen, dürfen nicht genieret werden.«

Allerdings behielt er die Zensurbehörde grundsätzlich bei, und zwar für jene Fälle, die sein System infrage stellten, allzu sehr gesellschaftspolitische Probleme anprangerten, oder – wie im Fall der katholischen Kirche – für Priester, die »Mission« betrieben.

Nur wenige Monate später, ab Beginn des ersten Schlesischen Krieges im Dezember 1740, wird die »Kriegszensur« eingeführt, und 1743 verfügt der König, dass die Zeitungen erst zum Druck freigegeben werden sollen, wenn sie »vorher durch einen vernünftigen Mann censiret und approbiret worden seynd«.[24] Größere Meinungsfreiheit herrschte nur in der »abgehobenen« philosophisch-weltanschaulichen Sphäre. Verbittert klagte etwa Lessing, der Autor des in Berlin 1768 nach wenigen Vorstellungen abgesetzten zeitkritischen Lustspiels »Minna von Barnhelm« in einem Brief an den Berliner Verleger Friedrich Nicolai: »Sagen Sie mir ja nichts von Ihrer Berlinischen Freiheit. Sie reduziert sich einzig und allein auf die Freiheit, gegen die Religion so viel Sottisen [Sticheleien] zu Markte zu bringen, als man mag. Lassen Sie einen in Berlin auftreten, der für die Rechte der Untertanen, der gegen Aussaugung und Despotismus seine Stimme erheben wollte, wie es jetzt sogar in Dänemark und Frankreich geschieht –, und Sie werden bald die Erfahrung haben, welches bis auf den heutigen Tag das sklavischste Land von Europa ist.«[25]

Dagegen zollte Immanuel Kant dem preußischen König höchste Anerkennung: »Allein, daß […] die Hindernisse der allgemeinen Aufklärung, oder des Ausganges aus ihrer selbst verschuldeten Unmündigkeit, allmählich weniger werden, davon haben wir doch deutliche Anzeigen. In diesem Betracht ist dieses Zeitalter das Zeitalter der Aufklärung, oder das Jahrhundert *Friederichs.*«[26]

Am dritten Tag verbot er das »Fuchteln«: Ausbilder durften nun Offiziersanwärter nicht mehr mit dem Stock schlagen. Allerdings wurde das berüchtigte Spießrutenlaufen für Deserteure beibehalten. Die Armee wurde nun einmal als Säule des Staates betrachtet, und so gingen hier Gehorsam und bedingungslose Disziplin über alles.

An vierten Tag schuf er seine berühmteste Verordnung: das Folterverbot. Eigentlich handelte es sich zunächst nur um eine Einschränkung: »Seine Königliche Majestät in Preußen haben aus bewegenden Ursachen resolviret [festgelegt], in Dero Landen bei denen Inquisitionen [gerichtliche Untersuchungen] die Tortur gänzlich abzuschaffen, *außer* bei dem crimine laesae maiestatis [Hochverrat] und Landesverräterei, auch [bei] denen großen Mordtaten, wo viele Menschen ums Leben gebracht [...].«[27]

Was Friedrich mit der Wendung »aus bewegenden Ursachen« meint, ist ein konkreter Fall: Der Justizminister Samuel von Cocceji war bei der Durchsicht einer Mordakte stutzig geworden. Im Stelzenkrug in Berlin wohnte ein Lehrer bei einer Witwe. »Als er an einem Wintertag einen längeren Spaziergang durch die Felder vor den Stadttoren machte, verirrte er sich im Schneegestöber und kam erst gegen Morgen des nächsten Tages in seine Wohnung zurück. Inzwischen hatte man seine Wirtin erdrosselt aufgefunden. Sofort fiel der Verdacht auf den Mieter, dem man die Geschichte von seiner nächtlichen Verirrung nicht glauben wollte.«[28] Der Lehrer beteuerte seine Unschuld. Da aber alle Umstände gegen ihn sprachen, wollte man das Geständnis mit der Folter erzwingen. Cocceji, der die Akten haarklein studierte, las die Bemerkung, dass der Knoten, mit dem die Witwe erdrosselt worden war, ein sogenannter »Henkersknoten« gewesen war; also ein Profiknoten, sozusagen. Das passte aber nicht ins Profil eines durchgeistigten Lehrers. Cocceji ließ die Folter, die bereits begonnen hatte, sofort abbrechen, und forschte weiter. Seiner Meinung nach konnte der Täter nur ein Henker sein. Die weiteren Nachforschungen führten zu zwei Neffen der Toten, die in Brandenburg als Scharfrichtergehilfen lebten. Sie wurden verhaftet und gestanden die Tat. Und König Friedrich schaffte für solche Fälle dann die Folter ab. Die ursprüngliche Einschränkung der Folter – »außer ...« – scheint nie zum Tragen gekommen zu sein, denn aus einem Brief Friedrichs vom 11. Oktober 1777 an Voltaire erfahren wir: »Die Tortur haben wir ganz abgeschafft, und sie findet schon seit mehr als dreißig Jahren nicht mehr statt.«[29]

Die Woche der »Abschaffungen« war indes noch nicht beendet. Am fünften Tag verbot Friedrich »die gewohnten Brutalitäten« bei der Soldatenwerbung. Und wenig später, der genaue Tag ist nicht festgehalten, widmete er sich dem brennenden Thema »Kindestötungen«.

Es ist bis heute hochaktuell: »Babyleichen waren in blutige Tücher gewickelt«, lautete eine Schlagzeile am 5. Mai 2008. Sie steckten in Tüten, zwischen seit Jahren abgelaufenen Lebensmitteln in einer Tiefkühltruhe im westdeutschen Wenden bei Olpe. Am nächsten Tag hieß es in Mönchengladbach: »Vater erstickte eigenes Baby.« Die Polizei weiß: In jedem zweiten Fall von Kindestötung ist die Mutter die Täterin. Weil einer Brandenburgerin im Jahr 2005 die Ermordung von neun ihrer Babys nachgewiesen wurde, sprach damals Sachsen-Anhalts Ministerpräsident Wolfgang Böhmer (CDU) davon, die vielen Fälle von Kindstötungen in den neuen Bundesländern seien Folge einer übernommenen »DDR-Mentalität.«[30]

Abgesehen von den »vielen« Kindestötungen und Sexualmorden an Kindern im Westen müsste man Herrn Böhmer und Gleichgesinnte darauf hinweisen, dass sie die deutsche Geschichte ganz offenbar nicht kennen. Denn schon der alte Soldatenkönig stellte zu seiner Regierungszeit fest: »Die Kindermorde nehmen wieder gar sehr zu, ergo soll gesackt werden.«[31] Das bedeutete, dass die betroffenen Frauen in einem Sack lebendig ertränkt wurden – wofür die Verurteilten vorher noch ihren eigenen Sack nähen mussten. Aus gleicher Zeit stammt ein gegensätzlicher Bericht, in dem es heißt: »Wenn eine Hure ein Kind umbringt, die wird ersäuft und gesacket; dies geschieht itzo aber selten, denn die Huren haben hier den Trost, dass sie eine Zeitlang in der Charité verpflegt werden, daher sie sich bedenken und die Kinder leben lassen.«[32]

Friedrich jedenfalls entschloss sich 1740 zu folgender Maßnahme: Er »begnadigte« Kindesmörderinnen zur einfachen Enthauptung. Das empfand man damals als sehr großzügig. In dem bereits erwähnten Brief an Voltaire von 1777 offenbart er indes, wie sehr ihn, den Kinderlosen, dieses Thema all die Jahre betroffen gemacht hat und was er wirklich unternahm, um die Kindestötungen zu verhindern:

> Von den Geschöpfen, die so grausam gegen ihre Leibesfrucht verfahren, werden nur die hingerichtet, denen man den Mord beweisen kann. Ich habe alles getan, was ich nur konnte, um die unglücklichen Personen daran zu hindern, ihre Kinder auf die Seite zu bringen. Die Herrschaften müssen es gerichtlich anzeigen, wenn ihre Mägde schwanger sind. Ehemals nötigte man die armen Personen, öffentliche Kirchenbuße zu tun; das habe ich abgeschafft. In jeder Provinz gibt es Entbindungshäuser für sie, und man sorgt für die Erziehung ihrer Kinder. Allein ungeachtet aller dieser Erleichterungsmittel habe ich doch noch nicht dahin kommen können, ihnen das unnatürliche Vorurteil, dessentwegen sie ihre Kinder töten, aus dem Kopfe zu bringen. Ehemals sah man es für eine Schande an, Mädchen zu heiraten, die Mütter waren, ohne einen Mann gehabt zu haben: ich beschäftige mich jetzt mit der Idee, wie ich diese Ansicht ausrotten will. Vielleicht gelingt es mir.

In einem Punkt ihrer Zeit voraus war die von Friedrich so »geliebte« Zarin Elisabeth I. Sie schaffte die Todesstrafe ab und wandelte sie um in Verbannung nach Sibirien. Friedrich hingegen meldet Voltaire: »Seitdem nun unsere Gesetze gemildert worden sind, werden bei uns im Durchschnitt jährlich nur vierzehn, höchstens fünfzehn Todesurteile gefällt. Das kann ich Ihnen um so zuverlässiger sagen, da ohne meine Unterschrift niemand […] hingerichtet werden darf.«[33] Eine Steigerung seiner Beliebtheit erfuhr Friedrich, als sich im Volk die Hauptdoktrin des Königs verbreitete: »*Un Prince est le premier Serviteur de l'Etat* – Ein Fürst ist der erste Diener und die erste obrigkeitliche Person des Staates. Er ist diesem über den Gebrauch, den er von den Auflagen des Volkes macht, Rechenschaft schuldig. [...] Wenn der Landesherr einen aufgeklärten Verstand und ein rechtschaffenes Herz hat, so wird er alle seine Ausgaben zum allgemeinen Besten und – *au plus grand avantage de ses peuples* – zum größten Vorteil seiner Untertanen anwenden.«[34] Das schrieb Friedrich 1751. Er war nicht der Erste, der diesen Gedanken äußerte; das waren Philosophen wie Fénelon, Bossuet und Bayle. Aber, diese hatten die Vorstellung vom Herrscher als »*premier domestique* – als ersten Hausknecht«. Friedrich indes betrachtete sich als *Serviteur*, als gehobener Diener oder Butler seines Volkes, ein Ausdruck übrigens, der sich bis auf Johannes Calvin zurückverfolgen lässt. Womöglich wurde Friedrichs Denken hier eher von dem Reformator beeinflusst als von den genannten Philosophen.[35]

Ich habe den FDP-Politiker Walter Scheel, der von 1969 bis 1974 Außenminister und danach bis 1979 Bundespräsident war, gefragt, ob man Friedrich aufgrund dieser Reformen heute noch bewundern kann.

Er findet: »Ich mag das Wort bewundern nicht sonderlich. Mich beeindruckt an Friedrich II. seine Modernität und sein unbändiger Wille zu Reformen und Veränderungen. Solche Kraft findet man nur bei ganz wenigen Menschen in der Geschichte. Wer kann schon von sich sagen, dass er wirklich etwas bewegt hat. Friedrich II. kann es – und zwar mit Stolz und Würde.«[36]

Kein anderer Monarch vor, während oder nach ihm hat die Doktrin des *premier Serviteur de l'Etat* so sehr in den Mittelpunkt seines Selbstverständnisses gerückt wie Friedrich – unabhängig vom Wahrheitsgehalt! Weil er sich also gerne als der »erste Diener im Staat« betrachten ließ und auch im Laufe der Zeit tatsächlich so gesehen wurde, entstanden Legenden um seinen Gerechtigkeitssinn für den gemeinen Mann. Wer von Potsdam aus Friedrichs Schloss Sanssouci besucht, kommt vorher an einer Windmühle vorbei. Mit ihr hat es eine besondere Bewandtnis, oder vielmehr mit einem der Müller.

Ein Jahr nach dem Tod Friedrichs, 1787, erschien in Frankreich eine Biographie über den berühmtesten Preußen aller Zeiten, *La vie de Frédéric II*. Darin wird erstmals die »Legende des Müllers von Sanssouci« erzählt. Der Preußenkönig soll sich durch das Geklapper der Windmühlenflügel gestört gefühlt und dem Müller Johann Wilhelm Grävenitz den Kauf der Mühle angeboten haben, um sie stilllegen zu können. Doch dieser lehnte ab. Daraufhin soll Friedrich gedroht haben: »Weiß Er denn nicht, dass ich Ihm kraft meiner königlichen Macht die Mühle einfach wegnehmen kann, ohne auch nur einen Groschen dafür zu bezahlen?« Worauf der Müller ruhig geantwortet haben soll: »Gewiss, Euer Majestät, das könnten Euer Majestät wohl tun, wenn es – mit Verlaub gesagt – nicht das Kammergericht in Berlin gäbe.« Und der König habe nachgegeben.[37]

Diese Legende, die den Anschein erweckt, als wären in Friedrichs Preußen vor dem Gesetz alle gleich gewesen, ist bis heute sehr populär. Tatsächlich hat Friedrich einmal geäußert, dass »der geringste Bauer, ja was noch mehr ist, der Bettler ebenso ein Mensch ist wie Se. Majestät«. So sei auch »der Prinz vor der Justiz dem Bauern gleich«.[38] Der König bezog sich hier auf einen konkreten Rechtsfall, in dem er Partei für einen Müller namens Arnold und gegen einen adligen Grundbesitzer ergriff – wobei er allerdings die Richter, die anders geurteilt hatten, gleich ins Gefängnis werfen ließ.

Doch eine Gleichheit der Bürger vor dem Gesetz im heutigen Sinne hatte in einem ständisch gegliederten Feudalstaat wie Preußen keinen Platz. Die Vorrechte des Adels blieben unangetastet, und in der ersten Instanz, den Patrimonialgerichten, übte der Gutsherr die Gerichtsbarkeit über die leibeigenen Bauern aus. Dennoch: Die Legende vom Müller Grävenitz in Sanssouci prägt bis heute nachhaltig das Bild von Friedrichs Gerechtigkeitssinn.

Und nun ist es an der Zeit, Sanssouci kennenzulernen.

Der Traum eines Einsamen: Sanssouci

Und überhaupt hatte er ja einen zynischen Zug, [...]
auch in der Art seiner Erholung und Zerstreuung, – diesen ewigen
Gottes- und Glaubenslästerungen beim Souper, diesem dürren
und boshaften Vergnügen daran, die Literaten und Philosophen,
die er beköstigte, bis aufs Blut zu necken ... Thomas Mann

»Hier kannst du schön hausen«: Die Verbannung

Die gängige Geschichtsschreibung behauptet, Friedrich habe seine »ungeliebte« Frau Elisabeth Christine ins Schloss Schönhausen mit den Worten verbannt, »hier kannst Du schön hausen«. Solch eine Bosheit entspräche zwar dem Zynismus Friedrichs, entbehrt aber jeglicher Grundlage. Nur weil es ein eingängiges Wortspiel ist, wird der Kalauer – nun auch von mir – gerne weitergegeben. Es verhält sich aber vielmehr so, dass Elisabeth Christine das Schloss 1733 als Hochzeitsgeschenk von ihrem (in sie verliebten?) Schwiegervater Friedrich Wilhelm I. bekommen hatte.[1] Es war eines der wenigen Schlösser, die der »Soldatenkönig« geerbt und behalten hatte. Das »Haus« mit seiner freien Lage an den Wiesen des Flüsschens Panke sprach die Prinzessin sehr an, »und sie genoss die Spaziergänge zwischen den alten Bäumen«.[2]

Doch Schönhausen blieb bis zur Thronbesteigung Friedrichs unbewohnt. Erst mit dem Umzug aus Rheinsberg ermutigte Friedrich im Juni 1740 seine Frau, Schönhausen als Sommerresidenz zu nutzen, während er für sie beide zwei »Wohnungen« einrichten ließ, indem er an das Schloss Charlottenburg gleich einen ganzen neuen Flügel anbauen ließ. Sowohl Friedrich als auch Elisabeth Christine gingen also bei der Thronbesteigung noch davon aus, auch als Königspaar weiterhin zusammenzuleben. Im Herbst 1740 reisten beide zudem wieder in ihr geliebtes Rheinsberg. Noch schien alles auf die Fortsetzung einer normalen Ehe hinzudeuten; da entschloss sich Friedrich zum Überfall auf Schlesien. Danach, zurückgekehrt und wie verwandelt, lud er seine Frau nur noch selten nach Charlottenburg ein. Sie verbrachte immer mehr Zeit in Schönhausen, sodass aus der schleichenden Entfremdung eine endgültige wurde, zumal Friedrich 1744 seinen Bruder August Wilhelm zum Nachfolger bestimmte und erneut in den Krieg zog. Dies war eine klare Absage an jedweden Kinderwunsch. Eine klare Absage auch an andere Möglichkeiten, denn der junge König hätte sich von Elisabeth Christine, wäre sie »nur« ungeliebt gewesen, auch scheiden lassen und eine andere Verbindung eingehen können.

Elisabeth Christine mag zu Beginn ihrer Zeit in Schönhausen sogar noch gehofft haben, ihrem Friedrich, den sie aus den bisherigen Ehejahren als leidenschaftlichen, den »Verführungen der Venus« – wie er es selbst zu nennen pflegte – aufgeschlossenen Ehegatten kannte, in Schönhausen eine Art Mini-Rheinsberg einrichten zu können. Denn sie stattete die Räume des Schlösschens mit den von ihm so geschätzten ländlichen Liebesszenen im Stile Watteaus aus. In vielen Details spürt man sogar die Nähe zur Dekoration des gemeinsamen Neuen Flügels in Charlottenburg.[3] Noch war ihre Welt in Ordnung, denn Elisabeth Christine hatte aus den zurückliegenden Erfahrungen ihrer Ehe mit Friedrich wohl auch Grund zur Hoffnung.

Doch wer konnte ahnen, dass er, ihr »Phönix«, wie sie ihn einmal nannte, sich vollkommen ändern würde? In absolut jeder Beziehung. Nicht nur seiner Frau gegenüber. Richtig, er verlor jedes Interesse an ihr. Genauso wie er an vielem anderen sein Interesse verlor: Keine Rede mehr von den in seinem *Anti-Machiavell* geäußerten hehren Zielen, wie ein Fürst regieren soll. Kaum auf den Thron gestiegen, war er ganz Machiavell. Und: War er vorher noch eher der »efeminirte«, also »weibische« Schöngeist, wie der Vater fand, so wurde aus ihm, noch bevor ein Regierungsjahr um war, nach der Schlacht von Mollwitz jener »harte Hund«, wie ihn seine Soldaten und Offiziere fürchten lernten. Er selbst war intelligent genug, all dies zu sehen, deutete er doch später gegenüber Voltaire an, dass er früher wohl ein Mann gewesen sei, »der immer tanzen zu wollen schien«.[4]

Aber er fügte sich in seine Persönlichkeitswandlung, von der wir noch nicht einmal wissen, ob sie unterbewusst zustande kam oder aufgrund einer Willensanstrengung, wie manche vermuten, um sich gänzlich einer neuen Leidenschaft hinzugeben: der des absoluten Regierens. Ganz der Vater. Die fürchterliche Pedanterie und Kontrollsucht des Soldatenkönigs, sie ging nach dem Thronwechsel wie von Geisterhand auf den Sohn über. Thomas Mann entrüstet sich geradezu über diesen plötzlich zutage tretenden Charakterzug Friedrichs:

Im Sommer stand er um drei Uhr auf. […] Kaum war ihm das Haar gemacht, so begann er zu regieren. Regierte er denn gut? Jedenfalls mit einem Eigensinn, einem Misstrauen, einem Despotismus, der unerhört und grenzenlos zu nennen war, der sich auf alle Gebiete, auf das Kleinste wie auf das Wichtigste erstreckte und der Arbeit aller anderen die Würde entzog. Er liebte die Arbeit in dem Maße, dass er sie ganz allein an sich riss und seinen Dienern nichts davon gönnte, denn was für sie übrigblieb, war Schreiberfron, ganz ohne Ehre und Selbständigkeit, und er beargwöhnte und kontrollierte sie auch hierin noch auf das beschämendste. ›Cette race maudite‹ – dieses verdammte Geschlecht (so nannte er mit Recht oder Unrecht die ganze Menschheit) würde nach seiner Überzeugung ihn und den Staat sofort zu betrügen suchen, wenn er sie im geringsten gewähren ließ, und ein Gutes hatte ja seine vollkommene Vertrauenslosigkeit: die Beamten mussten damit rechnen, dass jede Sache vom König selbst untersucht werde.«[5]

Eigentlich könnte man bei dieser Haltung verstehen, dass dann keine Muße mehr bleibt für ein wie auch immer geartetes Eheleben. Aber das kann nicht der Grund für die Entfremdung Friedrichs von Elisabeth Christine sein, denn der Vater hat mit der gleichen Neigung vierzehn Kinder gezeugt.

Es bleibt bei dem Phänomen der Persönlichkeitswandlung Friedrichs ins krasse Gegenteil. Bis heute konnte das kein Psychologe überzeugend erklären. Die meisten nehmen ohnehin Abstand von einer Psychoanalyse Friedrichs, da sich keine »therapeutische Beziehung« herstellen lässt.

Am wenigsten verstand Elisabeth Christine den Sinnes- und Persönlichkeitswandel ihres Mannes. Am 17. Juli 1747 beklagt sie völlig irritiert in einem Brief an ihren Bruder Ferdinand diese Situation. Anlässlich der Feierlichkeiten zur Einweihung von Sanssouci, zu der sie nicht eingeladen ist, schreibt sie: »Wie glücklich sind die, die dort sein dürfen, aber es ist nicht die Pracht, die mich dort hin zieht, sondern der liebe Herr, der diesen Ort bewohnt. Warum ist doch alles so anders geworden, warum habe ich all die früheren Gnaden und Güte verlieren müssen? Ich denke noch mit Freude an die Rheinsberger Zeit zurück, wo ich so vollkommen glücklich war, wohlgelitten von einem Herrn, den ich so liebe, für den ich gern mein Leben hingeben würde. Welche Trauer muss ich nicht jetzt empfinden, wo alles anders geworden ist. Nur mein Herz ist unverändert gleich geblieben und wird immer für ihn schlagen.«[6]

In der Literatur wird meist behauptet, sie habe Sanssouci nie gesehen. Das stimmt nicht. Am 1. August 1758, mitten im Siebenjährigen Krieg, darf sie gemeinsam mit ihrer Mutter in Abwesenheit von Friedrich sein Schloss besichtigen. Mehr aber nicht. »Lange erregte Elisabeth Christine nur Aufmerksamkeit als die Gattin des großen Friedrich«, bemerkte jüngst der Schönhausen-Experte Alfred Hagemann und fährt fort: »Einerseits wurde sie dabei oft als langweilige Landpommeranze charakterisiert […]. Andererseits wurde sie als still duldendes Opfer beschrieben, das in Schönhausen in einer Art Verbannung lebte. Beide Sichtweisen bedürfen bei näherem Hinsehen der Differenzierung. Die intensive Erforschung ihres Sommerdomizils in Schönhausen in den letzten Jahren hat geholfen, ein neues Licht auf die Rolle der Königin am preußischen Hof zu werfen.«[7]

Allein an der Architektur des Schlosses kann man schon ablesen, dass Elisabeth Christine keineswegs völlig abgeschoben lebte. Es gab einen Festsaal mit aufwendigen Stukkaturen sowie ein besonders großes, für zeremonielle Anlässe geeignetes Treppenhaus. »Zwar war es für sie eine persönliche Tragödie, aus dem familiären Umfeld des Königs ausgeschlossen zu sein. In der Öffentlichkeit spielte sie dennoch eine zentrale Rolle«, glaubt Hagemann. »Während Friedrich Berlin mied und wenig Interesse an dem alltäglichen Geschäft des höfischen und diplomatischen Lebens hatte, übernahm es häufig die Königin, Gesandte zu empfangen und offizielle Diners zu geben. So reisten im Sommer alle Gesandten regelmäßig nach Schönhausen, um der Königin ihre Aufwartung zu machen.«

Als Ersatzfamilie fungierte ihr Neffe Friedrich Wilhelm, Sohn ihrer Schwester Luise Amalie, der seine Tante liebevoll verehrte. Nach dem Tode ihres Mannes verhalf er ihr als König zu einer späten Anerkennung als eine Art »Königin Mutter« des preußischen Hofes. Beide starben im gleichen Jahr, 1797; sie wenige Monate vor dem Neffen. Nach Elisabeth Christines Tod fiel Schloss Schönhausen für hundertfünfzig Jahre in einen Dornröschenschlaf, bis es von der DDR als Sitz des Staatsoberhauptes und als Staatsgästehaus benutzt wurde. Hier fanden auch im Jahr 1990 die »Zwei-plus-vier«-Gespräche statt, die am 3. Oktober 1990 zur deutschen Einheit führten.[8] Welch Zauber mag vom *genius loci* ausgegangen sein? Elisabeth Christine – eine bislang verkannte Königin! Seit Ende 2009 ist ihr Schloss der Öffentlichkeit erstmals zugänglich.

»In der Sonne gebraten«: Das Schloss

Zugänglich zu Lebzeiten schon war indes – man glaubt es kaum – ein Teil von Friedrichs Schloss Sanssouci. Wenn er nicht anwesend war, konnte jeder, der »anständig gekleidet« war, gegen einen symbolischen Obulus seine beachtliche Gemäldegalerie mit Werken von Raffael, Tizian, Rubens und van Dyck besichtigen und wohl auch sonst schon mal einen Blick durchs Fenster wagen. Denn die Residenz Friedrichs des Großen war ein offenes Haus für Bittsteller, Günstlinge, neugierige Durchreisende.

Begonnen hatte alles mit dem Gegenbesuch Augusts des Starken, der jener schicksalhaften Visite Friedrichs mit seinem Vater am Dresdner Hof im Jahr 1728 folgte. Im Bornstedter Feld »hinter Potsdam« auf einem »wüsten Berg« ließ damals Friedrich Wilhelm I. anlässlich des Besuchs des Sachsenfürsten ein »Lustgehöft zum Scheibenschießen« errichten, das er hochtrabend nach dem Lustschloss des französischen Sonnenkönigs Ludwig XIV. »Marly« nannte. Die ländliche Idylle übte einerseits ihren Reiz aus, andererseits hinterließ sie nicht nur ein gutes Andenken. »Wir waren zweimal in Marly«, schreibt Wilhelmine am 4. Mai 1733 an ihren Bruder, um in der ihr typischen Art fortzufahren: »Dort hatten wir das Vergnügen, in der Sonne zu braten, uns zu langweilen und zu hungern.«[9] Die Königskinder kannten den Ort also, aber noch schätzten sie ihn nicht.

Erst zehn Jahre später, als König, kehrte Friedrich nach Marly zurück und schrieb am 25. August 1743 an seine Mutter: »Wir haben gestern auf dem Berge gespeist, von dem die Aussicht entzückend ist.«[10] Lange galt dieser Besuch als der Tag, an dem Friedrich den Gedanken fasste, sich hier einen Königssitz zu bauen. Richtig ist, dass er beim Anblick der Landschaft an die Anlage eines Obstgartens und Weinberges dachte, hatte er doch schon wenige Tage zuvor seinen Privatsekretär, den ehemaligen Lehrer Jordan, beauftragt, aus Marseille Feigenbäume und Weinstöcke kommen zu lassen. »Der Gedanke der Anlage eines Weinbergs hat nichts Überraschendes. Dergleichen gab es eine gute Anzahl in der

Umgebung Potsdams, in Caputh, Golm, Bornstedt, Glienicke. Sind sie hier auch längst verschwunden, so erinnern daran noch heute die Namen der Großen und Kleinen Weinmeisterstraße.«[11]

Dass Friedrich ein außerordentlicher Obstliebhaber war, erfährt man nicht nur aus seiner königlichen Anweisung, im ganzen Land Obstbäume anzulegen. Er selbst hatte stetig Schalen mit Früchten um sich, sogar auf seinen Reisen und Feldzügen. Besonders für Kirschen zeigte er eine große Vorliebe. Er ließ es sich etwas kosten, wenn er sie sogar im Winter haben konnte.[12] Am 10. August 1744 fand der erste Spatenstich statt: für den Weinberg. Sechs Terrassen wurden angelegt, »nach parabolisch eingebogenen Linien wegen mehrerer Ab- und Gegenprallung der Sonnenstrahlen nach allen einzelnen Stellen«, wie der Baumeister festhielt.[13] »Jede dieser Terrassen bekam zehn Fuß Höhe und wurde mit Fenstern versehen, hinter welchen die Weinstöcke in besonderen Nischen, deren überhaupt 168 sind, entweder konzentrierte Sonnenwärme oder durch deren Eröffnung Luft bekommen konnten: daß also dadurch die Absicht, alle und jede Arten ausländischer Reben […] zur gehörigen Reife zu bringen […] zu erreichen sein mußte.«

Der Anblick des mit verglasten Treibhausnischen versehenen Berges, der damals noch nicht so zugewachsen war wie heute, mit dem sich darüber erhebenden Schloss muss an einem schönen Sonnentag ausgesehen haben wie ein UFO-Landeplatz in Hollywoodfilmen. Oder, zeitgenössisch ausgedrückt: »Das Schloss, von unten gesehen, scheint völlig wie auf einem gläsernen Stufenbau zu ruhen – einer der eigenartigsten Anblicke, die man haben kann.«[14]

Mit dem Bau des verglasten Weinbergs ließ Friedrich gleichzeitig eine Gruft anlegen. Vergegenwärtigen wir uns die damalige Lage: Er stand kurz vor seinem Zweiten Schlesischen Krieg, hatte seine Nachfolge geregelt und sorgte sich, in einer Schlacht zu fallen. Schon im März 1741 hatte er gegenüber seinem Minister Podewils bestimmt, wenn er auf dem Schlachtfeld sterben würde, so solle sein Leib »nach Römerart verbrannt und in einer Urne in

Rheinsberg beigesetzt« werden. Mit der Fertigstellung vom Schloss und »Weinberg« oberhalb Potsdams wurde Rheinsberg dann obsolet. »*Sans, souci* – Ohne Sorge« wollte Friedrich hier nun leben und regieren und schrieb diesen Wunsch in großen Lettern an sein »Haus«. Die Bedeutung des Kommas zwischen beiden Wörtern hat sich bis heute nicht erschlossen und wirkt daher völlig unsinnig.

Die Idee, eine Residenz so zu taufen, kam ihm schon in Rheinsberg, das diesen Namen eigentlich mit größerem Recht hätte tragen können als das Schloss in Potsdam. Andererseits entspricht solch ein Slogan auch der Haltung Friedrichs, der, indem er etwas affirmativ aussprach, gewissermaßen als König bestimmte, dass »etwas« so ist oder zu sein hat, wie er es wünschte! Der aus Rheinsberg bekannte Architekt Knobelsdorff hat Sanssouci gebaut, vollkommen nach den mit kindlich-krummen Linien hingekritzelten – oder eher hingeschmierten – Anweisungen Friedrichs, die in der Literatur hochtrabend »Entwürfe des Königs« genannt werden. Friedrich konnte zeitlebens nicht mit dem Stift umgehen. Auch sein »Entwurf« der »Schiefen Schlachtordnung« sieht aus wie die erste Strichzeichnung eines Dreijährigen.

Das Einweihungsfest am 1. Mai 1747 war wieder ganz im saturnalischen Stile Rheinsbergs. Festbankett nannte man damals eine solche Party. Sie war teuer. Sehr teuer. Das Schloss war teuer, die Anschaffung Tausender Porzellanteile fürs »Bankett«, die Ausmalung und Ausstattung. Das Essen, die erlesenen Champagner und Weine, das Feuerwerk. Alles Unsummen. Wie jemals irgendjemand das Märchen in Umlauf bringen konnte, Friedrich sei sparsam, ja geizig gewesen, bleibt unfassbar. Es ist die größte über ihn verbreitete Lüge![15] Allein Friedrichs Schreibtisch in seinem berühmten Arbeitszimmer gehört nach Einschätzung von Afra Schick, der heutigen Kustodin der Möbelsammlung, »zu den erlesensten Kunstwerken in Schloss Sanssouci«. Opulent im Dekor, zierlich im Detail präsentiert sich der prächtige Rokoko-Schreibtisch, an dem Friedrich seit 1746 Gedichte und staatsphilosophische Werke verfasst, Krieg und Frieden entschieden, Todesurteile unterschrieben und pedantische Anweisungen für Waisenhäuser,

Obsternten und das Sammeln von Feuerholz ausgestellt hat. Der Schreibtisch – »Typ *Bureau plat*«, wie die Experten sagen – spricht Bände über Friedrichs »andere Seite«: Filigran gearbeitete Rocaillen, Akanthusranken und Palmwedel aus feuervergoldeter Bronze schmücken schwungvoll den eleganten Korpus, zarte Mädchen- und Jungenköpfe wachsen aus den Tischbeinen heraus. Rokoko vom Feinsten.

Die Rocaille war es, die der Epoche ihren Namen gab, jene anschmiegsame feminine Muschelform, die das wesentliche Element und Ornament des Rokoko wurde. Die Dekoration und der gute Geschmack standen im Vordergrund. Leichtlebigkeit, die Anbetung der Schönheit und Eleganz in Mode und Lebensstil prägten die Architektur, die Menschen und ihr Leben. Friedrich war einer davon. Marie de Vichy-Chamrond (1697–1780), bekannt als Marquise du Deffand, hat das Lebensgefühl des Rokoko einst treffend in Worte gefasst:

»Man verstand zu leben und zu sterben in jener Zeit, man litt nicht an Gebrechen. Hatte man Gicht, so ging man dennoch aufrecht daher, ohne eine Miene zu verziehen; man verbarg aus Rücksicht seine Leiden; man verstand es, sich lächelnd zu ruinieren, ohne es merken zu lassen, gleich den Spielern voll Haltung, die auch beim schwersten Verlust nicht mit der Wimper zucken. Man hätte sich halbtot noch zur Jagd tragen lassen; man hielt es für besser, auf einem Ball oder im Schauspiel als im Bett zu sterben. Man genoss das Leben, und war die Stunde des Abschiednehmens gekommen, so hatte man den Ehrgeiz des geschmackvollen Abgangs.«[16]

Im Schloss gibt es nur zwölf Räume: in der Mitte das Vestibül und den Marmorsaal; davon abgehend im östlichen Teil die von Friedrich bewohnten Räume und Empfangszimmer, Konzert-, Arbeits- und Schlafzimmer sowie die Bibliothek. Im Westflügel die teilweise reich verzierten Gästezimmer. Alles ausgestattet mit *fünftausend* antiken und modernen Skulpturen! Einzelne Zimmer, wie die Bibliothek und das Schreibzimmer, sind gewissermaßen Kopien der gleichen Räume in Rheinsberg. Auch für die Farbgebung der Wände wie Lila, Rosa, helles Grün diente das abgelegene Schloss als Vorbild. Doch während Friedrich glaubte, er sei mit seinem Rokoko-Sanssouci völlig *en vogue*, dämmerte in England bereits, und wenig später auch im herrlichen Gartenreich von Wörlitz-Dessau, der Klassizismus herauf. Eine Epoche, die eigentlich viel besser zu Friedrich gepasst hätte, kannte er doch alles Antike, die Geschichte und Mythologie der Griechen und Römer genauso in- und auswendig wie die Bibel.

Wer damals auf geistige Bildung Anspruch erhob, war mit der Antike vertraut. Ciceros Schriften, die Dichtungen von Horaz, Vergils *Äneis* und Ovids *Metamorphosen* waren unter der europäischen Bildungselite Allgemeingut. Die Anspielungen auf die Helden dieser Dichtungen, die heutigen Besuchern von Schloss und Garten Sanssouci nur mit ausführlichen Erklärungen erschlossen werden können, waren für die Adligen des Rokoko wie in Stein gehauene Zitate, allgemein verständlich und mit sinnvollem Bezug. Sie lebten und fühlten mit den Helden des Altertums. In Sanssouci lauern sie hinter jeder Säule, blicken von Deckengewölben und Simsen herab, vergnügen sich auf leichten Wandgemälden und schweren Ölbildern.

Im weitläufigen Garten treten sie bewusster dem Wanderer in den Weg. Die Skulpturen erotischer nackter Frauen heißen hier Venus, Bacchantin, Flora oder ganz einfach Nymphe; nackte Männer nennen sich Apoll, Mars oder nur »allegorische Figur«. Beide zusammen führen dann nackt in Marmor gehauen tänzerische Hebefiguren vor und heißen »Bacchus und Ariadne«. Minerva schleudert an der »Großen Fontäne« einen Grenzstein – wissen Sie, warum? Zwei Nackedeis spielen dort auch herum; sie heißen »Das Wasser«. Das war die Welt, wie Friedrich sie liebte. Halten wir uns stets vor Augen: Alles, was wir in Sanssouci sehen, ist zwar von namhaften Künstlern, Architekten und Gärtnern ausgeführt und gestaltet, aber alles dies ist *Friedrichs* geistiges Werk, sein Paradies auf Erden.

Weit hinten, am Ende des Parks von Sanssouci, hat sich Friedrich nach den zerstörerischen Jahren des Siebenjährigen Krieges, als das Land ausgeplündert und ausgeblutet darniederlag, in aller Selbstherrlichkeit ein Neues Palais gebaut, bei weitem prunkvoller und größer als sein Einmann-Schloss auf dem Weinberg. Aber darüber wollen wir uns jetzt nicht aufregen. Hingewiesen sei vielmehr auf die Kuppel, auf der drei Grazien die preußische Krone tragen. Hier kommt Friedrichs Spottlust bildlich zum Ausdruck, hier hat er selbst eine Allegorie geschaffen: Denn die drei einander zugewandten nackten »Weyber« sind keine anderen als »seine« drei »Huren auf den Thronen Europas«: Madame de Pompadour, Zarin Elisabeth I. und Kaiserin Maria Theresia. Typisch Friedrich.

Typisch aber auch ein völlig anderes, kleines, liebevolles Symbol. Auf dem Rückweg durch den Park Richtung Sanssouci stößt man auf den »Freundschaftstempel«. Er stellt keine Allegorie dar, sondern eine ganz besondere Freundschaft: die von »Brüderchen und Schwesterchen«, von Friedrich und Wilhelmine. Dort sitzt sie, in der rückwärtigen Nische. Sie blickt von einem Buch hoch durch die Säulen hinaus in den Park. Der kleine Hund in der rechten Armbeuge ist dann doch eine Anspielung: die Allegorie für Treue. Aber auch für Wachsamkeit – wie oft hat die große Schwester aufgepasst, dass der kleine Friedrich sich rechtzeitig unter einem Bett oder in einem Schrank verstecken konnte, wenn der Vater wieder mal tobend mit dem Stock in der Hand durch Wusterhausen polterte? Der Hund steht außerdem für die Erziehung zur Tugend; auch hier hatte Wilhelmine einst ihren Anteil bei dem kleinen Fritz. Und schließlich steht der Hund als Tiersymbol auch noch für Melancholie und Erinnerung! Wo sonst auf der ganzen weiten Welt findet sich eine zweite vergleichbare Verehrung von einem Bruder für seine Schwester?[17]

218

Welche Freunde, außer seinen Schwestern, hatte Friedrich eigentlich? Den Fredersdorff, sicher. Aber der war ein abhängig angestellter *Domestique*. Es gab noch ein paar weitere dieser »Factoti«: den ehemaligen Lehrer Jordan und den Geheimen Kabinettsrat August Eichel, dem Friedrich alles diktierte und der seine umfangreiche politische Korrespondenz führte. Er war devot und verschwiegen, erregte aber offenbar genug Aufsehen, um von dem englischen Diplomaten Charles Hanbury Williams wahrgenommen zu werden. Der berichtete über Eichel nach London: »Er wird wie ein Staatsgefangener gehalten und hat das ganze Jahr keine halbe Stunde für sich.«[18] Nach Jordans Tod folgte in dessen »Amt« der Franzose Claude E. Darget, der Friedrich als Korrektor für seine literarischen Ausführungen in Französisch diente. Der wohl bekannteste bezahlte »Vertraute« Friedrichs war sein jahrelanger Vorleser Henri de Catt, für den der König in einem seiner überspannten Momente ein Liebesgedicht verfasste und ihn dabei als seine »Verlobte« pries. Falls dies eine homoerotische Beziehung gewesen ist, so kann sie sich nicht lange gehalten haben, da de Catt vier Jahre nach seiner Ankunft in Potsdam 1762 eine örtliche Schönheit heiratete und fernab von Sanssouci wohnte.

Wie steht es um den Rheinsberger Freundeskreis? Kreis ja, aber Freunde? Die meisten ließen sich ganz schön von ihm aushalten und waren immer dann am fröhlichsten, wenn die Champagnerkorken knallten.

Wer also war außerhalb der Familie ein wirklicher, echter Freund auf Augenhöhe mit Friedrich? Seine berühmte »Tafelrunde« setzte sich in erster Linie aus verschrobenen Sonderlingen und eitlen Käuzen zusammen. Der eine oder andere mochte genial sein, aber waren sie Freunde Friedrichs? Wohl kaum. Nicht in dem Sinne, wie wir heute den Begriff »Freund« verstehen. Man muss es so sagen: Es lag an ihm selbst. Auch er war verschroben, kauzig, eitel. Das alte Sprichwort »Sag mir, mit wem du gehst, und ich sag dir, wer du bist« hat hier durchaus seine Gültigkeit. Thomas

Mann meinte, die berühmt gewordene Sanssouci-Runde bedauern zu müssen. Er schimpfte über Friedrich: »Und überhaupt hatte er ja einen zynischen Zug, [...] auch in der Art seiner Erholung und Zerstreuung, – diesen ewigen Gottes- und Glaubenslästerungen beim Souper, diesem dürren und boshaften Vergnügen daran, die Literaten und Philosophen, die er beköstigte, bis aufs Blut zu necken und sie untereinander zu ›brouillieren‹ [aufzuregen].«[19]

Mag sein. Nur: Keiner von ihnen war aus irgendeinem Grunde gezwungen, sich Friedrichs Zynismus auszusetzen und sich von ihm erniedrigen zu lassen. Alle waren sie freiwillig an der Tafel versammelt, betrachteten sich als die Elite Europas, waren unendlich geschmeichelt, sich im Dunstkreis des berühmtesten und – nach 1763 – angesehensten europäischen Königs bewegen zu dürfen. Hochintellektuelle und hochintelligente Speichellecker. Aber in ganz Europa beneidet. Und dieses Image, das jeder von ihnen besaß, machte die verbalen »royalen« Fußtritte dann wieder wett. Außerhalb der Runde wurde bis zu Voltaires »Enthüllungen« nichts bekannt von den »niveauvollen« Späßen, den hitzigen verbalen Entgleisungen und dem manchmal buchstäblichen Haareraufen an »König Arthus' Hof«. Madame de Pompadour etwa kochte vor Neid. Denn ihr König Ludwig XV. konnte Voltaire und ähnliche Typen nicht leiden. Spricht das für ihn? Er bevorzugte die Gesellschaft von Künstlern, Architekten und Gärtnern; Schriftsteller und Philosophen waren ihm nicht geheuer. Madame aber hätte sich gerne mit Intellektuellen umgeben und hielt ihrem königlichen Geliebten eines Tages vor, er habe alle guten Geister Frankreichs an die Tafelrunde Friedrichs verloren: Voltaire, Maupertuis, D'Alembert ... Worauf Ludwig XV. entgegnete: Friedrich brauche die französischen Denker, da in Preußen Geist eine Rarität sei. Wenn er, Ludwig, hingegen alle klugen Leute seines Landes bewirten wollte, wäre kein Speisetisch groß genug. Ludwig XV. begann aufzuzählen: Montesquieu, Destouches, Fontenelle ... Die Pompadour verstummte.[20]

Sie hätte gar nicht so neidisch zu sein brauchen. Schon in Rheinsberg hatte Friedrich gerne neben weltmännischen Geistesgrößen auch Spinner und Sonderlinge wie Schmetterlinge gesammelt und um sich geschart. Einer davon war der von der Pompadour vermisste äußerst eitle Franzose Pierre-Louis Moreau de Maupertuis (1698–1759). Er war Mathematiker und Philosoph, wie er sagte, und durch eine Lapplandexpedition berühmt geworden, auf der er die Messung des Meridians in der Nähe des Polarkreises vorgenommen hatte. Er neigte eigensinnig zu verschrobenen naturwissenschaftlichen Theorien, die selbst zu seiner Zeit schon widerlegt waren. Dennoch ernannte ihn Friedrich zum Präsidenten der Akademie der Wissenschaften in Berlin, wo er tatsächlich ein erstaunliches Organisationstalent entwickelte. Friedrich gab ihm deshalb den Beinamen »Akademie-Papst«.

Im persönlichen Bereich war Maupertuis ein schwieriger Pedant, »der in seinem Hause die absonderlichste Menagerie kriechender, hüpfender, zwitschernder und miauender Spezies von Lebewesen unterhielt, die er in den abartigsten Mischungen zu kreuzen versuchte, wobei seinem Hausmohren die Rolle des Sachwalters des gesamten Mikrokosmos zufiel«.[21]

Ein weiterer eigenwilliger Charakter im Bannkreis Friedrichs war der junge französische Offizier Jean-Baptiste Marquis d'Argens, ein Abenteurer, der einem der Theaterstücke der damaligen Zeit hätte entsprungen sein können. Er stammte aus Aix-en-Provence, ließ sich vom Orient in den Bann ziehen und trieb sich in Tunis, Algier und Libyen herum. Wurde in Deutschland Rittmeister, ging als Diplomat nach Konstantinopel, kehrte in die Niederlande als Schriftsteller zurück, eilte nach Italien zu amourösen Abenteuern, um in Spanien vorübergehend eine Schauspielerin zu heiraten. Friedrich las seine Memoiren und lud ihn nach Potsdam ein. Der Marquis d'Argens kam und wurde eine der bedeutendsten Persönlichkeiten der Runde. Zudem kam der Charmeur auf seine Kosten: Er hatte zahlreiche Amouren mit den sehr hübschen Tänzerinnen, die Friedrich aus Paris hatte kommen lassen, um sie in Berlin auftreten zu sehen. Friedrichs Heiterkeit erregte er durch seinen geradezu hysterischen Aberglauben sowie eine ausgeprägte Hypochondrie: D'Argens war gewissermaßen das Inbild des »Eingebildeten Kranken« von Molière. Dennoch war er Friedrich aufrichtig in Freundschaft verbunden. »Die Briefe der beiden Männer aus dem Siebenjährigen Krieg sind eine literaturhistorische Kostbarkeit.«[22]

Ernster, feierlicher, trinkfester als alle anderen in dem weltläufigen Kreis waren die beiden absoluten Exoten: die schottischen Brüder James und George Keith. Wegen ihrer Beteiligung an den gescheiterten Jakobitenaufständen gegen die Herrschaft der Hannoveraner hatten sie ihre Heimat verlassen müssen. Vor allem George Keith, Erbmarschall von Schottland, in Potsdam »Milord Marischal« genannt, fühlte sich zu Friedrich hingezogen. Er plauderte und soff nicht nur mit dem preußischen König, er zog auch mit ihm in den Krieg und focht als eines seiner »Schlachtrosse«. Nach dem Siebenjährigen Krieg ließ er sich ganz in Potsdam nieder, wo ihm Friedrich ein Haus bauen ließ, gleich gegenüber den Weinbergterrassen. Das Mylord-Keith-Haus steht heute noch. Sein Bruder James war als preußischer Generalfeldmarschall 1758 bei Hochkirch gefallen,

Die Gespräche der Männerrunde mögen sich zwar nicht immer auf hohem Niveau bewegt haben. Jedoch selbst die »Spielchen« setzten eine gewisse Geistesschärfe voraus. Hier können Sie sich testen, ob Sie geeignet gewesen wären, an der Tafelrunde Friedrichs teilzunehmen: Um Voltaire, der gerade in Berlin weilte, zum Abendessen nach Sanssouci einzuladen, schrieb Friedrich einmal an seinen prominenten Gast:

$$\frac{P}{Venez} \; \text{à} \; \frac{6}{100}$$

Voltaire antwortete: »G a«.

Wenn Sie dieses Rätsel auf Anhieb lösen können, haben Sie den Test bestanden. Andernfalls finden Sie die Auflösung unter Anmerkung[23] zu diesem Kapitel

Zum Stammtisch gesellten sich gelegentlich Gäste auf Zeit.

Einer von ihnen, Johann Joachim Winckelmann, der Begründer des deutschen Klassizismus, schwärmte 1752 nach einem Aufenthalt in Sanssouci: »Ich habe Wollüste genossen, die ich nie wieder genießen werde; ich habe Athen und Sparta in Potsdam gesehen und bin mit einer anbetungsvollen Verehrung gegen den göttlichen Monarchen erfüllet.«[24] Elf Jahre später sollte er ihn allerdings ernüchtert als »Tyrannen« bezeichnen.

Im Park von Sanssouci: Casanova

Ein anderer Durchreisender durfte an der Tafelrunde nicht teilnehmen, obwohl er weit mehr Abenteuer als etwa der Marquis d'Argens aufzuweisen hatte. Schließlich war er seit seiner Flucht aus den Bleikammern des Dogenpalastes in Venedig weltberühmt. Grundsätzlich hätte Giacomo Girolamo Casanova (1725–1798), dieser schillernde Kavalier des galanten Rokoko, ideal in Friedrichs Panoptikum gepasst. Casanova war gebildet, großzügig, hemmungslos, weit gereist, ein Tatenmensch. Im Sommer 1764 fuhr er nach Berlin, wo er bei Friedrich auf eine hohe Anstellung hoffte. Da er Lordmarschall George Keith aus gemeinsamen Tagen in Konstantinopel und Paris kannte, glaubte er, ohne langes Antichambrieren eine Audienz beim preußischen König zu erhalten. Also suchte er seinen alten Freund in Potsdam auf und erzählte ihm: »Ich würde mich gern hier niederlassen, wenn der König mir eine meinen geringen Talenten angemessene Stellung geben und mich hier behalten wolle.«[25] Dem Gastgeber blieb nichts anderes übrig, als dem Wunsch Casanovas nachzugeben und eine Begegnung mit dem preußischen König zu arrangieren: an einem bestimmten Tag, »um vier Uhr im Garten von Sanssouci«. Casanova, ganz in Schwarz gekleidet, begab sich schon eine Stunde früher in den Park.

Durch ein kleines Tor gelangte ich in den Schlosshof und erblickte keine Menschenseele, keine Wache, keinen Pförtner, keinen Lakaien. Alles lag in tiefstem Schweigen. Ich ging eine kurze Treppe hinauf, öffnete eine Tür und fand mich in einer Gemäldegalerie. Ein Mann, offenbar der Kustos, bot mir seine Dienste an; ich lehnte dankend ab und sagte, ich warte auf den König, der mir geschrieben habe, er werde im Garten sein. »Er ist bei seinem kleinen Konzert«, erwiderte der Kustos, »bei dem er, wie jeden Tag nach dem Essen, Flöte spielt. Hat er Ihnen eine Stunde genannt?« »Ja, vier Uhr. Er hat es vielleicht vergessen.« »Der König vergisst nie etwas. Er wird um vier Uhr in den Garten hinuntergehen, und Sie werden gut daran tun, ihn dort zu erwarten.« Ich ging hinaus, und kurze Zeit später erblickte ich ihn, gefolgt von seinem Vorleser Catt und einem hübschen Spaniel. Kaum hatte er mich bemerkt, kam er auf mich zu, lüftete mit spöttischer Miene seinen alten Hut, sprach mich mit meinem Namen an und fragte in abweisendem Ton, was ich von ihm wolle. Überrascht durch diesen Empfang stockte ich, blickte ihn an und wusste keine Antwort.

Friedrich testete im folgenden Gespräch die Allgemeinkenntnis des Lebemannes, befragte ihn über Gärten, Wasserbau, die Schifffahrt und die Seestreitkräfte Venedigs, über Steuern und Lotterie, offenbar stets in der Absicht, zu erfahren, ob er den Venezianer tatsächlich für etwas Vernünftiges gebrauchen könne. Casanova, der von alledem, was ihn der König fragte, keine Ahnung hatte, bekennt: »Ich musste weitschweifig sein, denn ich phantasierte.« Friedrich verabschiedete sich schließlich »mit größter Leutseligkeit durch Lüften seines Hutes, was er bei niemanden unterließ, wer immer es war«, wie Casanova bemerkt. »Drei oder vier Tage später brachte mir der Lordmarschall die gute Nachricht, dass der König an mir Gefallen gefunden und ihm gesagt habe, er gedenke, mich für irgend etwas anzustellen.«

Casanova erblickt den König eines Abends im »kleinen Theater von Charlottenburg«, wo eine italienische Oper aufgeführt wird. »Dabei sah ich den König höfisch gekleidet in einem Rock aus glänzender Seide, der an allen Nähten mit Goldborten eingefasst war; dazu trug er schwarze Strümpfe. Er sah recht komisch darin aus. Als er mit dem Hut unter dem Arm seine Schwester [Charlotte, verheiratet in Braunschweig] an der Hand in den Saal führte, zog er die Blicke aller Zuschauer auf sich, denn nur Greise konnten sich erinnern, ihn je in der Öffentlichkeit ohne Uniform und Stiefel gesehen zu haben.«

Casanova wartet Woche um Woche auf Antwort. Er wird ungeduldig, und mietet sich mit einer Geliebten strategisch günstig in Potsdam ein. »Unser Schlafzimmer im Gasthof lag gegenüber einem Durchgang, den der König benutzte, wenn er das Schloss verließ. Die Läden der Fenster waren geschlossen; unsere Wirtin erzählte den Grund. In dem gleichen Zimmer wie wir hatte nämlich die sehr hübsche Tänzerin Reggina gewohnt, und als der König sie eines Morgens beim Vorübergehen ganz nackt erblickt hatte, war sogleich der Befehl ergangen, dass man die Fenster schließen solle; das war schon vor vier Jahren geschehen, doch hatte man sie nie wieder geöffnet. Seine Majestät hatte vor ihren Reizen Angst gehabt; nach seiner Liebschaft mit der [Tänzerin] Barberina wollte er nichts mehr davon wissen.«

Die Italienerin Barbara Campanini (1721–1799), genannt Barberina, war die berühmteste Tänzerin des 18. Jahrhunderts. Zunächst trat sie in Paris auf. Friedrich verpflichtete sie 1743 für eine Höchstgage ans Berliner Theater. Doch sie brannte von Paris aus mit Lord Stuart of Mackenzie nach Venedig durch. Dies löste einen diplomatischen Eklat zwischen Venedig und Preußen aus. Friedrich bestand auf der Auslieferung der Tänzerin, Venedig weigerte sich. Daraufhin beauftragte Friedrich seinen Gesandten in der Lagunenstadt, die Barberina festzunehmen und unter Bewachung wie eine Gefangene nach Berlin zu bringen. Hier verschwendete Friedrich Unsummen an die an der Berliner Oper stürmisch Gefeierte. Und er verliebte sich in sie, bat sie des öfteren in sein Séparée;

es kam zu Stelldicheins. Alles in allem eine undurchsichtige Affäre. Fest steht, dass Friedrich für die Barberina damals die höchste Gage zahlte, die es in Europa gab, angereichert um zahlreiche teure Vergünstigungen. Pure Leidenschaft für ihre tänzerischen Künste erklären solche exorbitanten Sonderausgaben nicht.

Casanova nutzt eine vorübergehende Abwesenheit Friedrichs zu einem Gelegenheitsbesuch von Sanssouci, dessen Beschreibung sehr authentisch wirkt: »Im Schlafzimmer des Königs sahen wir das Porträt dieses Mädchens [1745 hatte Antoine Pesne tatsächlich ein Bild der tanzenden Barberina gemalt] […] und das der Kaiserin Maria Theresia aus ihrer Jungmädchenzeit. […] Überrascht sahen wir, wie er selbst wohnte. Wir erblickten in einer Ecke des Zimmers hinter einem Wandschirm ein schmales Bett; Hausrock und Pantoffeln waren nicht vorhanden. Der anwesende Diener zeigte uns eine Nachtmütze, die der König aufsetzte, wenn er erkältet war; sonst behielt er seinen Hut auf, was recht unbequem sein musste.«

Sechs Wochen nach seiner Unterredung mit Friedrich im Park erhält der Frauenheld endlich Nachricht. »Der Lordmarschall teilte mir mit, seine Majestät biete mir eine Stelle als Erzieher in einer neuen Kadettenschule für pommersche Junker an.« Casanova ist sprachlos, ringt um Fassung: »Ich hatte eine Beherrschung nötig, die meiner Natur nicht entsprach, um bei diesem ausgefallenen Vorschlag eines sonst doch vernünftigen Mannes nicht laut herauszulachen.« Er hatte fest mit einer gutdotierten Beraterstellung gerechnet. Dennoch war er bereit, sich »die Behausung« anzusehen, nur um sich mit Grausen abzuwenden und rasch weiterzureisen nach Petersburg an den Hof der Zarin Katharina der Großen.

Friedrich war also den globetrottenden italienischen Hochstapler mit Geschick losgeworden. Doch eine damals ebenso berühmte und schillernde Gestalt wie Casanova beschäftigte schon seit geraumer Zeit den König, seine Schwester Amalie und vor allem die Öffentlichkeit: der Freiherr Friedrich von der Trenck.

»Wenn ich einsam zärtlich weine«: Schicksale

*Luise Ulrike glaubte genauso wie ihr Bruder Friedrich der Große
an ›aufgeklärten Despotismus‹. Deshalb versuchte sie, die Macht
des Königs in Schweden zu stärken.* Merit Laine, Stockholm

Drottning av Sverige: Lovisa Ulrika

Zwei Frauen, zwei Männer: die Schwestern Ulrike und Amalie, der
Bruder Friedrich als König von Preußen sowie der Gardeoffizier
Freiherr von der Trenck. Ihr völlig unterschiedliches Leben war
tragisch und untrennbar miteinander verbunden. Seit einem
Schicksalstag – der Verlobung von Ulrike.

Sie war bei ihrer Geburt am 24. Juli 1720 die vierte Tochter in
Folge, und Vater Friedrich Wilhelm I. beschwerte sich deshalb
bei seinem Freund, dem Alten Dessauer: »Gestern ist wieder eine
auf die Welt gekommen. Ich werde ein Kloster anlegen. Männer
kriegen sie nit alle.«[1] Die Prophezeiung des Vaters sollte sich erfüllen, aber nicht bei Ulrike. Als diese dreiundzwanzig Jahre alt
war, wandte sich der Stockholmer Königshof mit dem Vorschlag
an Friedrich, den schwedischen Thronfolger Adolf Friedrich aus
dem deutschen Geschlecht der Holstein-Gottorp mit der jüngsten
Schwester Friedrichs, der zwanzigjährigen Amalie, zu vermählen,
»die im vollen Glanz von Jugend, Schönheit und Geist stand und
deren Liebenswürdigkeit allgemein gerühmt wurde, während
ihre ältere Schwester Ulrike schon damals wegen ihrer scharfen
Zunge und ihres zuweilen hochfahrenden Wesens gefürchtet

wurde«, wie Dieudonné Thiébault (1733–1807) in seinen Erinnerung festhielt.[2]

Der französische Professor für Grammatik war von Friedrich
1764 nach Potsdam berufen worden, um die umfangreichen Schriften des Königs in flüssiges und korrektes Französisch zu bringen.
Sein zwanzig Jahre währender Aufenthalt in der unmittelbaren
Umgebung Friedrichs sowie sein Zugang zu allen Familienmit-
gliedern ermöglichten ihm ungewöhnliche, sehr persönliche Einblicke. Thiébault lernte Zusammenhänge und Hintergründe über
Friedrichs Geschwister kennen, die diesen selbst oft nicht im vollen Umfange bewusst waren. Und so ist Thiébaults Version dieser
Geschichte die einzige, die wir dazu überliefert bekommen haben:

Als sich Amalie mit dem Ansinnen des schwedischen Hofes
konfrontiert sah, quälte sie ihr Gewissen, »dass sie dem calvinistischen Bekenntnis entsagen sollte, was aber notwendig gewesen
wäre, weil in Schweden nach dem Staatsgrundgesetz der Thron
nur von Bekennern des lutherischen Glaubens eingenommen
werden kann«. Thiébault weiter:

In ihrer Unruhe wandte sie sich an ihre Schwester Ulrike
und bat diese um Rat. Ulrike schlug ihr vor, in allen Gesellschaften, besonders in denen, wo der Stockholmer
Abgesandte zugegen wäre, eine möglichst hochmütige
Miene zur Schau zu tragen, sich launisch zu zeigen, auf
Komplimente nur durch verächtliche Gebärden zu antworten, mit einem Wort, sich so unleidlich wie möglich
zu benehmen. Amalie besorgte diesen Rat. [...] Da der
Gesandte noch keine bestimmten Aufträge hatte, um welche der beiden Schwestern, Ulrike und Amalie, er anhalten sollte, so berichtete er schleunigst nach Stockholm,
wie irrig das bisher allgemein verbreitete Urteil über die
Prinzessin Amalie wäre, und empfahl Prinzessin Ulrike,
die sich als ein wahres Muster der Sanftmut und Herzensgüte zeigte. Der schwedische Hof billigte diesen Vorschlag; der Gesandte [...] brachte den Antrag vor; der Kö-

nig und Prinzessin Ulrike nahmen ihn an, und wenige Tage später wurde die Verlobung erklärt und gefeiert. Die Einwilligung der Prinzessin Ulrike war für ihre Schwester Amalie eine sehr peinliche Überraschung; sie hielt sich für angeführt und verlangte Erklärungen. Prinzessin Ulrike blieb sehr ruhig und sagte: sie habe ihr ihren Rat nicht aufgedrängt, sondern die Schwester habe sie aus freien Stücken ins Vertrauen gezogen. Sie habe nach bestem Wissen ihr ein Mittel angegeben, sich dem verhassten Antrag zu entziehen, und dieses Mittel sei jedenfalls nicht schlecht gewesen, da es ja die gewünschte Wirkung gehabt habe. Sie selbst aber habe keine Veranlassung gehabt, die ihr angetragene Ehe abzulehnen, denn ihr Gewissen sei nicht so ängstlich.

Richtig ist, dass Amalie zeitlebens eine standhafte Calvinistin blieb, während Ulrike bereitwillig zum lutherischen Glauben übertrat. Richtig ist aber auch, dass Ulrike schon einen Bezug zu Schweden hatte, denn ihre Patentante war die schwedische Königin Ulrika Eleonora. Nach ihr war sie benannt, und mit ihr tauschte sie bereits als Kind Briefe aus. Ursprünglich war sogar eine Vermählung mit einem möglichen Sohn der schwedischen Königin angenommen worden, doch diese blieb kinderlos. So fand am 17. Juli 1744 in Berlin dann doch eine Hochzeit mit dem schwedischen Thronfolger statt, aber aus heutiger Sicht unter kuriosen Umständen: Ulrikes Bräutigam Adolf Friedrich, den sie zudem noch gar nicht gesehen hatte, glänzte durch Abwesenheit und ließ sich von ihrem Bruder August Wilhelm vertreten. Solche Stellvertreterhochzeiten waren bis ins 18. Jahrhundert hinein im europäischen Hochadel durchaus gebräuchlich. Ein prominenteres Beispiel als das von Ulrike ist die Eheschließung von Marie Antoinette mit dem späteren französischen König Ludwig XVI., der sich in Wien ebenfalls durch den Bruder der Braut vertreten ließ.

Zwölf Tage später hieß es für Ulrike Abschied nehmen. Elisabeth Christine fiel damals auf, wie nahe dies ihrem Mann ging:

»Die Abreise war die allertraurigste. Der König weint noch, wenn er daran denkt, nur die Königinmutter behält die Fassung und weint nicht.«[3]

Natürlich war die Mutter Sophie Dorothea höchst erfreut, dass endlich eine ihrer Töchter »standesgemäß« unter die Haube kam. Bereits zwei Jahre nach der Ferntrauung gebar Ulrike ihren ersten Sohn, und 1751 wurde sie mit der Thronbesteigung ihres Gemahls *Drottning av Sverige* – Königin von Schweden. Dort löst sie bis heute gemischte Gefühle in der Beurteilung aus. »Luise Ulrike glaubte genauso wie ihr Bruder Friedrich der Große an ›aufgeklärten Despotismus‹. Deshalb versuchte sie, die Macht des Königs in Schweden zu stärken«, erklärt Merit Laine, Universitätsdozentin und Kuratorin im Königlichen Schloss von Stockholm.[4] Sie hat sich intensiv mit Königin Lovisa Ulrika, wie sie in Schweden genannt wird, beschäftigt und meint: »Luise Ulrikes Erziehung am preußischen Hof hat sowohl ihre politischen Ideale als auch ihre Vorstellungen von ihren Pflichten und ihrer Rolle als Königin stark beeinflusst. Sie hat zwar nie formal für sich selbst Macht beansprucht, aber sie arbeitete im Hintergrund daran, mehr Einfluss für ihren Mann, König Adolf Friedrich, zu erlangen, und auf lange Sicht natürlich für ihren Sohn als späteren Gustav III. von Schweden.«

Mit deutlicheren Worten: Ulrike war intrigant. Die Schweden hatten sich mit der preußischen Prinzessin eigentlich nur eine »Gebärmutter« gewünscht. Denn seit fünfzig Jahren war im Land kein Thronfolger mehr zur Welt gekommen. Nachdem Ulrike diese »Pflicht« rasch erfüllt hatte, hätte es aus Sicht der Politik genügt, wenn sie sich auf das ihr zugewiesene Schloss Drottningholm zurückgezogen und für den Rest ihres Lebens geschwiegen hätte. Denn das schwedische Parlament hatte den König bereits 1719 völlig entmachtet; ihm war eine reine Repräsentationsfunktion zugewiesen. In diese Rolle hätte sich vielleicht König Adolf Friedrich gefügt, nicht aber eine Schwester Friedrichs des Großen! Bereits drei Monate nach der Thronbesteigung begann sie mit der Planung eines Staatsstreiches. Um ihn finanzieren zu können, entnahm sie unter anderem von ihrer Königskrone die Diamanten und ersetzte sie durch Glasreplika. Dann suchte sie sich adlige Mitstreiter, die bestrebt waren, die Monarchie wieder im vollen Umfang herzustellen.

Doch das Ränkespiel dauerte zu lange; eine ihrer Hofdamen verriet sie im Jahr 1756, worauf das Parlament acht der beteiligten Adligen hinrichten ließ und der Königin als Drahtzieherin der Verschwörung einen »strengen Verweis« erteilte. Dem König drohte man für den Wiederholungsfall mit Absetzung. Von da an hassten die Schweden ihre Königin so sehr, dass ihr Sohn Gustav, der 1771 vom Ableben seines Vaters in Paris überrascht wurde, fürchtete, seine Mutter würde vor seiner Rückkehr nach Stockholm vom Volk beseitigt werden. Kaum auf dem Thron, gelang es ihm indes, den Plan der Mutter umzusetzen. König Gustav III. schaffte die demokratischen Ansätze wieder ab. Doch in der Nacht vom 16. auf den 17. März 1792, beim Besuch eines Maskenballs, wird der Monarch angeschossen und stirbt wenige Tage darauf. Berühmt ist dieses Attentat bis auf den heutigen Tag dank Giuseppe Verdis Oper »Ein Maskenball« von 1859, die sich auf diesen Mord bezieht.

Ulrike hat das Ende ihres Sohns nicht mehr erlebt. Sie starb bereits 1782 auf ihrem Landschlösschen Svartsjö. In Schweden hat sich bis heute eine starke Abneigung gegen die »preußische Königin« erhalten, die die Ulrike-Expertin Laine höflich umschreibt: »Sie war eine komplizierte Person. Sie hatte zweifellos die gleiche Vorliebe für Ironie wie ihr berühmter Bruder. Wenn sie wollte, konnte sie aber auch selbst jene bezaubern, die ihr feindlich gesinnt waren. Ihre starke Gefühlsbetonung überlagerte manchmal ihre Urteilsfähigkeit, was dazu führte, dass sie unfreundlich und taktlos war und zu unüberlegten Handlungen neigte. Man kann förmlich sehen, wie frustrierend für sie die sehr eingeschränkte Rolle der Königin war.« Die intrigante Ulrike wurde unter ihren Schwestern nicht nur die einzige Königin, sondern auch die einzige glückliche Ehefrau. Denn Merit Laine weiß: »Es ist offenkundig, dass sie ihren Mann liebte, bewunderte und dass sie wünschte, ihn in jeder Beziehung zu unterstützen. Sie waren sehr glücklich miteinander, was vielleicht auch daran lag, dass Adolf Friedrich ein völlig anderer Typ von Mann war als jene, die sie von ihrem Vater oder Bruder her kannte. Er war ruhig, nett, humorvoll und sah gut aus.«

Schweden ist das einzige Land außerhalb Preußens, das durch Königin Ulrike gewissermaßen am eigenen Leib erlebt hat, was friderizianischer Geist heißt: die Bereitschaft, bis zum Äußersten zu gehen, um eigene Interessen durchzusetzen. Als nachhaltigstes Erbe Ulrikes sind heute die Gärten zu sehen, die sie in Drottningholm und Svartsjö anlegen ließ, »angeregt durch einen Besuch bei ihrem Bruder im Jahr 1772«, wie Merit Laine berichtet. Wenigstens hier können Schweden beim Spazierengehen dem Einfluss Friedrichs und Ulrikes etwas Positives abgewinnen.

Preußens tragische Liebe: Trenck

Anders verhält es sich mit (Anna) Amalie. Sie konnte Ulrike, mit der sie jahrelang ein Zimmer geteilt hatte, seit der Verlobung mit dem Schwedenkönig nicht mehr ausstehen. Im Grunde genommen war sie zum zweiten Mal Opfer von Entscheidungen ihrer Geschwister geworden, denn um Amalies Hand hatte auch Zarin Elisabeth I. in Potsdam angefragt, als Friedrich sich noch nicht so niederträchtig über die Russin geäußert hatte. Die Zarin wollte ebenfalls einen Holstein-Gottorp mit Amalie verheiraten. Es war ihr Neffe und Nachfolger Peter, der später Friedrichs Retter im Siebenjährigen Krieg werden sollte. Doch Friedrich hegte schon immer eine Abneigung gegen Zarin Elisabeth und lehnte ab, schob aber eine rationale Begründung vor: Der russische Zarenthron sei zu »unruhig«. Ironie des Schicksals: Ausgerechnet die Schönste unter den Schwestern Friedrichs, der die besten Partien angetragen wurden, blieb am Ende unverheiratet. Das wusste sie aber noch nicht, als sie sich in gereizter »Gemütsverfassung« auf der Verlobungsfeier ihrer Schwester Ulrike in den hübschen Gardeleutnant Friedrich Freiherr von der Trenck verliebte. Das zumindest behauptete 1807 Thiébault, der darauf verweist, dass er die ganze wahre Geschichte von Trenck selbst erfahren habe.

Seither haben sich viele Preußenfans und Preußengegner, Österreicher und Franzosen, Hobbyhistoriker und ernstzunehmende Wissenschaftler viel Mühe gegeben, diese Liebesgeschichte zu verwerfen oder zu belegen. Letztlich bleiben nur Andeutungen Trencks in dessen Memoiren auf eine »hochgestellte Frau« sowie die konkrete Aussage Thiébaults. Ein jüngerer Wissenschaftler, Tobias Debuch, der eine Amalie-Biographie verfasst hat und zunächst dazu neigte, die Trenck-Geschichte als preußisches Märchen zu verwerfen, bewertet die Hauptquelle folgendermaßen: »Thiébault, der einzige, der Trenck persönlich getroffen hat und darüber berichtet, stellt einige Episoden der Lebensgeschichte richtig, sodass auch der Historiker nichts mehr auszusetzen hat.«[5] Am Ende seiner Recherchen besitzt er sogar die für Wissenschaftler ungewöhnliche Kühnheit, zu sagen: »Müsste an dieser Stelle also ein Urteil über eine Liebesbeziehung zwischen Anna Amalia von Preußen und Friedrich von der Trenck gefällt werden, so fiele es positiv aus.«[6]

Solcherart bestärkt, sollen nun Thiébault und Trenck selbst zu Wort kommen. Thiébault: »Bei einem Feste zur Feier der Verlobung der Prinzessin Ulrike mit dem schwedischen Thronfolger begegnete Trenck, dem als wachhabender Offizier die Aufrechterhaltung der Ordnung in den Festsälen oblag, zum ersten Mal der jungen Prinzessin Amalie. Es traf sich, dass die hohe Dame gerade an diesem Tage Trost und vielleicht Rache sehr nötig hatte. [...] Trenck war der Held des Abends, [denn] in dem Gedränge der von Gästen und Neugierigen überfüllten Säle waren ihm die Fransen seiner Offiziersschärpe abgeschnitten worden. Der König hatte ihn in seiner ihm eigenen Weise damit aufgezogen.« Die ganze Hofgesellschaft wurde dadurch auf den jungen Gardeoffizier aufmerksam. Trenck selbst schreibt:

Eine große Dame sagte mir bei vorteilhafter Gelegenheit, sie würde mich über meinen Verlust beruhigen. Der Ausdruck war mit einem Blick begleitet, den ich gerne verstand, und innerhalb weniger Tage war ich der glücklichste Mann in Berlin. Es war unsere beiderseitige erste Liebe, und da sie meinerseits mit der tiefsten Ehrfurcht verbunden war, so reut mich ewig kein Unglück, welches aus so edler Quelle sich über mein ganzes Schicksal verbreitete. […] Nun war ich in Berlin auf allen Seiten glücklich […] und meine Freundin gab mir mehr Geld als ich brauchte. […] Mein Aufwand fiel in die Augen. […] Man fing an zu raten, zu mutmaßen – wir waren aber beiderseits so vorsichtig, dass sicher niemand etwas entdecken konnte, als der Monarch selbst, der mir, wie ich hernach erfahren, nachspähen ließ, wann ich aus Potsdam oder Charlottenburg heimlich ohne Urlaub nach Berlin sprengte, bei der Wachtparade aber wieder gegenwärtig war. Ein paarmal wurde meine Abwesenheit verraten, mir gebührte Arrest: der König war aber mit der Entschuldigung zufrieden, ich sei auf der Jagd gewesen, und lächelte gnädig bei dem Pardon. Angenehmer, glücklicher und wirklich auch nützlicher hat nun wohl kein Mensch in der Welt zugebracht als ich die feurigsten Jugendjahre in Berlin.[7]

Das ist alles, was Trenck auf insgesamt sechshundert Seiten Abenteuern aus seinem Leben über seine Liebesbeziehung zur »großen Dame« sagt. Allerdings nennt er auch einen Grund, warum er schweigt: »Das Geheimnis folgt mir sicher bis zum Grabe. Und obgleich dieses Schweigen einen leeren Raum in dem wichtigsten Vorfall meiner Lebensgeschichte verursacht, und einige Haupträtsel hierdurch dem Leser unauflöslich bleiben, so will ich doch lieber […] hin und wieder undeutlich erscheinen als an einer Freundin und Wohltäterin undankbar handeln. Sie lebt noch und denkt für mich ebenso wie vor 43 Jahren.«

Dieser letzte Satz vor allem wiegt schwer, da er zur Lebensgeschichte Amalies passt. Trenck schwärmt weiter, zum ersten und einzigen Male in zweideutigem Ton: »Ihrem Umgang habe ich die Politur meiner sittlichen und persönlichen Eigenschaften zu danken.« Wenn man die Abenteuer Trencks liest, steht er Casanova in nichts nach. Da lässt eine solche Aussage zur »Politur seiner sittlichen Eigenschaften« durch seine »Freundin« einen gewissen Rückschluss auf besagte Dame zu. Aber Trenck überschlägt sich vor Dankbarkeit: »Auch im Unglück hat sie mich nie verachtet, nie verlassen.«

Thiébault, der Trenck in späten Jahren in Paris begegnet ist, berichtet, wie die Geschichte weitergeht: Nach dem Zweiten Schlesischen Krieg, an dem unser Held teilgenommen hatte, »nahm Trenck seine Besuche bei der Prinzessin wieder auf, und trotz aller Vorsicht der Liebenden wurde der König davon in Kenntnis gesetzt. Friedrich war in einer schwierigen Lage: er wusste Bescheid und durfte doch nicht offen einschreiten. Die Pflicht verlangte gebieterisch, dass er sich die Möglichkeit offenhielt, wenn jemand ein Wort davon zu sagen wagte, kategorisch zu antworten: ›Das ist nicht wahr!‹ Dem König blieb also nichts anderes übrig, als Trenck empfindlich fühlen zu lassen, was er ihm nicht sagen durfte. Nach jedem heimlichen Besuch wurde also der Jüngling unter irgendeinem Vorwand in Arrest geschickt. [...] Die Arreststrafen wurden jedesmal länger. Trotzdem änderte Trenck sich nicht; er stellte sich, als ahnte er die wirkliche Ursache seiner Ungnade nicht und suchte vielleicht sogar etwas darin, seiner edlen Dame zu zeigen, wie sehr er um ihrer Liebe willen leiden müsste.«

Schließlich wurde Trenck laut Thiébault mit einem Auftrag nach Wien geschickt, einfach, um ihn eine Weile los zu sein. Auch das half nichts. Nach seiner Rückkehr war alles wie zuvor. Da habe sich Friedrich endgültig zu einer harten Vorgehensweise entschlossen: »Trenck wurde unter dem Vorwand, bei seiner Wiener Reise preußische Festungspläne an die Österreicher verkauft zu haben, verhaftet und nach der schlesischen Festung Glatz gebracht. Hier traf er einen anderen Strafgefangenen, der ihn überredete, zusammen mit ihm zu entfliehen. Im Januar 1747 brachen sie am hellen Tage aus ihrem Gefängnis aus und sprangen von dem Wall herab [...] Trenck tötete die Nachsetzenden [...] und gewann glücklich die böhmische Grenze.« Von da an begann Trencks eigentliches »Unglück«, von dem er immer spricht: Er wurde zum Gejagten. Es gibt verschiedene Versionen über den weiteren Lebensweg. Fest steht, dass Trenck eine Weile im feindlichen Österreich lebte und dort mit seinem Cousin, dem Panduren-Führer Franz von der Trenck, verkehrte, den er ein Jahr nach seiner Flucht, 1748, beerbte. Trenck reiste, lebte auf großem Fuß, wurde unachtsam. Thiébault weiter: »Höchst unvorsichtig ließ Trenck sich auf dem neutralen Boden in Danzig wieder fangen und kam nun auf die Zitadelle von Magdeburg, wo er fast zehn Jahre lang in einem Kerker tief unter der Erde schmachtete.« Friedrich erwies sich hier als äußerst nachtragend.

Während dieser Zeit kommt es zu mehreren spektakulären Ausbruchsversuchen, die eigentlich ins Reich der Abenteuerromane gehörten. Offensichtlich hat Trenck Verbindungen zur Außenwelt, denn es treffen geheime Geldsendungen zur Bestechung der Wärter ein. Da ordnete Friedrich schließlich an, dass der »hauptmalicieuse und gefährliche Mensch« mit Ketten an Händen und Füßen an die Mauer des Kerkers zu schließen sei.[8]

Das Unmögliche wird dennoch möglich. Er gräbt einen Stollen bis unter die Außenwälle der Magdeburger Festung – und wird erneut in letzter Minute entdeckt. Die Flucht gelingt ihm also nicht, wohl aber werden ihm immer wieder kleine Erleichterungen gewährt. Eine ist nachweislich auf Amalie zurückzuführen. Ihr verdankt er es, dass er in den letzten drei Jahren seiner Haft Kerzenlicht hat. So klein diese Geste erscheinen mag: sie hatte eine große Wirkung. Trenck musste nicht mehr seelisch verkümmern. Er konnte lesen und vor allem, er begann sich künstlerisch zu betätigen. Es war zur gleichen Zeit, als im Siebenjährigen Krieg der königliche Hof vor den Russen aus Berlin und Potsdam nach Magdeburg floh. Neben Königin Elisabeth Christine spielte Prinzessin Amalie eine gefürchtete Hauptrolle am Exilhof. Trotz Krieg kam sie außerdem auf alberne Einfälle, um der Gesellschaft die Zeit zu vertreiben, wie die Hofdame Gräfin Sophie Marie von Voß in ihren Erinnerungen beklagt.[9]

Doch was mag hinter der ausgelassen-heiteren Fassade in Amalie vorgegangen sein? Während sie »oben« Maskeraden organisierte, schmachtete achtzig Meter tief »unten« der Geliebte. Beide wussten jeweils, dass »der andere« in der Stadt war. »Irgendjemand« ermöglichte Trenck in dieser Zeit jedenfalls eine ganze Reihe beträchtlicher Hafterleichterungen. »Bei dieser Gelegenheit fing ich an, auf meinem zinnernen Trinkbecher mit einem ausgezogenen kleinen Brettnagel zu zeichnen, endlich Satiren zu schreiben, zuletzt gar Bilder zu gravieren, und brachte es in dieser Kunst so weit, dass meine gravierten Becher als Meisterstücke der Zeichnung und Erfindung, teurer als Seltenheiten verkauft wurden.«[10]

Das stimmt. Mehrere Zinnbecher widmete er außerdem der Königin Elisabeth Christine sowie Prinzessin Amalie. Auf einem der Amalie zugedachten Becher heißt es: »Bahne mir die rechte Straße / Die zu Friedrichs Großmut führt! / Sorge, wache für den Trenck / Und mache seiner Qual ein End!«[11] Auf einem anderen beschwört er sie: »Fürstin, hilf zur rechten Zeit, / Eh ich in die Grube steig!«

Die Trenck-Becher wurden damals schon teuer gehandelt. Heute stellen sie eine ausgesprochene Rarität dar. Ein einziges Stück hat sich auch in Magdeburg erhalten: in der Zinnsammlung des Kulturhistorischen Museums.

In einem Gedicht an Amalie wird Trenck deutlicher: »Hält Dein Arm mir noch den Schild, / Bist Du noch um mich bekümmert?«[12]

Das Ende der Geschichte schildert Thiébault so:

> Die Art, wie Trenck freikam, gehört jedenfalls zu dem Merkwürdigsten seiner merkwürdigen Geschichte, zugleich ist sie der unbekannteste Teil derselben, denn er selbst spricht in seinen Memoiren nur in ganz unbestimmten Ausdrücken davon. Die hohe Dame, der er seine Liebe geweiht, hatte ihn niemals vergessen. […] Von dem glühenden Wunsch beseelt, dem Geliebten zu helfen, setzte sie ihre letzte Hoffnung auf eine Fürsprache der Kaiserin Maria Theresia. Die große Schwierigkeit war nur,

diese für den Gefangenen zu interessieren. Ein Unterhändler, den die Prinzessin in Wien hielt, entdeckte ihr schließlich die geeignete Persönlichkeit – einen Mann niedrigsten Standes, der als Parkettbohner in der Hofburg bedienstet war und jeden Morgen um 6 Uhr im Schlafgemach der Kaiserin das Kaminfeuer anzuzünden hatte, wobei Maria Theresia zuweilen mit dem Manne [...] einige Worte wechselte. Der Agent der Prinzessin suchte ihn auf, versprach ihm eine Belohnung von zehntausend Dukaten und zahlte sofort eine Summe von zweitausend Dukaten an. Es gelang dem Bedienten, in geschickter Weise die Gedanken der Kaiserin mit dem Gefangenen von Magdeburg zu beschäftigen; sie schritt zu seinen Gunsten ein, und Friedrich mochte ihr wohl die Bitte, die erste nach dem Abschluss des Hubertusburger Friedens, nicht abschlagen. Trenck hat später diesen sonderbaren diplomatischen Auftrag eines Kaminheizers von seiner Prinzessin selbst in allen Einzelheiten erfahren, und ich hörte sie von ihm aus seinem eigenen Munde.

So »merkwürdig« diese Geschichte klingt: Fest steht zweifelsfrei, dass Trenck seine Freilassung dem Wiener Hof zu verdanken hatte. Allerdings glauben viele ernstzunehmende Historiker der Version Thiébaults nicht, sondern verweisen darauf, dass gemäß dem Hubertusburger Friedensvertrag nach dem Siebenjährigen Krieg eine allgemeine Amnestie für die jeweiligen Kriegsgefangenen erteilt wurde. So plausibel diese Annahme klingt, so falsch ist sie in diesem Fall. Denn Friedrich Freiherr von der Trenck war gebürtiger Ostpreuße, diente gar in Friedrichs Leibgarde. Aus Friedrichs Sicht war er seit seiner Flucht aus Glatz nach Österreich ein Überläufer, der normalerweise mit dem Tode zu bestrafen gewesen wäre. Außerdem glaube ich aus meiner Erfahrung als langjähriger Politik-Journalist, dass genau solche skurrilen Wege wie der über den Kaminheizer in der Realpolitik viel häufiger vorkommen, als die Öffentlichkeit weiß oder glaubt: etwa bei der Auslösung von

Deutschen aus den Händen von Entführern in der algerischen Wüste, im Jemen, auf den Philippinen, im Irak.

Trenck also kommt 1763 frei, unter der Auflage, nie mehr nach Preußen zurückzukehren. Doch in seinen Erinnerungen schreibt er: »Jeder Leser wird nunmehr glauben, dass mit dieser Epoche auch meine Drangsale ein Ende haben. Ich versichere aber auf Ehre, dass ich noch lieber auf zehn Jahre nach Magdeburg in mein Gefängnis zurückkehren, als alles doch noch einmal ertragen wollte, was mir nach meiner erlangten Freiheit in Österreich […] widerfahren ist.«[13]

Trenck ist und bleibt ein schwieriger Charakter. Er zieht Jahre später nach Aachen. Kein Mensch weiß, wie er ausgerechnet auf diese Idee kam. Dort heiratet er sogar eine Tochter des Bürgermeisters und zeugte mit ihr mehrere Kinder. Und es kommt möglicherweise zu einer Begegnung mit Amalie. Während Thiébault berichtet, Trenck habe nach dem Tod Friedrichs des Großen nach Berlin zurückkehren dürfen, wo er Prinzessin Amalie gesprochen habe, gibt es Anhaltspunkte, dass die Begegnung schon viel früher auch in Aachen hätte stattfinden können. Denn Amalie hielt sich mehrfach in Aachen zur Kur auf.[14] Und fest steht auch, dass sie offiziell im März 1771 die Patenschaft für Trencks zweite Tochter namens Amalie übernahm.

Den Unglücksraben zog es dann während der Französischen Revolution vom sicheren Aachen nach Paris. Aus Neugierde. Doch er war zum falschen Zeitpunkt am falschen Ort. Die Jakobiner glaubten, er sei ein Spion Österreichs. Dem Gericht, das ihn zum Tode verurteilte, soll er zugerufen haben: »Friedrich von Preußen war groß und erbärmlich. Ihr seid nur erbärmlich!« Am 27. Juni 1796 wurden die Jakobiner gestürzt, und alle politischen Gefangenen kamen frei. Doch Trenck hatte seinen Amnestievorrat bereits aufgebraucht. Er war zwei Tage vorher hingerichtet worden.

Die »böse Fee«: Amalie

Über der engen Beziehung Friedrichs zu seiner großen Schwester Wilhelmine wird in der Regel die jüngste Schwester Amalie völlig übersehen. Doch auch zum Nesthäkchen, zur Kleinsten entwickelte Friedrich eine ungewöhnliche Nähe, überschwängliche Herzlichkeit, Großmut und Vertraulichkeit. Die Beziehung zu Amalie war in erster Linie begründet auf Gefühl, Gleichklang, Verständnis und auf etwas Unerklärliches, Geheimnisvolles, das selbst auf die übrigen Geschwister unheimlich wirkte und geradezu Furcht verbreitete.

Anna Amalia wurde am 9. November 1723 als letzte Tochter des Soldatenkönigs geboren. Lange Zeit war unklar, ob ihre Mutter überhaupt schwanger sei, denn der normale Körperumfang der Königin hatte damals bereits Ausmaße erreicht, dass Sophie Dorothea Sessel mit Sonderanfertigung brauchte. Benannt wurde sie nach ihrer Taufpatin Amalia von England, jener »Emily«, die einst Friedrich hätte heiraten sollen. Gerufen wurde sie stets nur Amalie oder französisch Amélie. Früh teilte sie mit ihrem großen Bruder Friedrich die Neigung zur Musik; allerdings bevorzugte sie Kirchenmusik, weshalb Ulrike sie als »Heilige Cäcilie« verspottete. Andere Geschwister hänselten sie als »dicke Lily«, weil sie als Kind »für acht Große« aß und deshalb von molliger Statur war.[15]

Von Thiébault stammt eine recht positive Darstellung Amalies: »[Sie] wurde in ihrer Jugend geradezu angebetet, nicht nur wegen ihrer Schönheit und Klugheit, sondern noch mehr wegen ihrer Sanftmut und Herzensgüte. […] In ihrer geistigen Anlage ähnelte Amalie vielleicht am meisten von allen Geschwistern dem großen Friedrich; sie glich ihm an Klugheit, an Lebhaftigkeit und in der Vorliebe für sarkastische Schärfe.«[16]

Ihr größter Verehrer unter den Höflingen war Graf Ernst Ahasverus Heinrich von Lehndorff, der eigentlich als Kammerherr Elisabeth Christine diente, sich aber häufig in der Nähe Amalies aufhalten konnte und wollte. Er schwärmt in einer seiner heimlichen Tagebucheintragungen aus dem Mai und Juni 1753: »Es ist eine Prinzessin, die wohl alles Glück der Welt verdient. [...] Es ist das Herz einer Römerin im Leibe einer Deutschen. [...] Wohin auch die Prinzessin Amalie kommt, die ein bezauberndes und äußerst verbindliches Wesen hat, sie ist eine in jeder Beziehung liebenswürdige Prinzessin. Man schilt sie wandelbar, aber ich glaube, dass dies mehr den Sorgen, die sie öfter hat, als den Launen entspringt. Ihr Äußeres ist bezaubernd, und nach meiner Ansicht ist sie die schönste Frau von der Welt. Sie ist nicht groß, ein wenig beleibt, doch dabei von einer Erscheinung, die jedermann imponiert, und man sieht in ihrem ganzen Wesen ihre Seelengröße. [...] Ihre Augen sind von hinreißender Schönheit, was sie mit ihrer ganzen erlauchten Familie gemein hat, ihr Mund ist klein und verleiht ihr beim Sprechen eine unendliche Anmut.«[17]

Diese Schwärmereien über Amalie könnten beliebig fortgesetzt werden, sind doch zahlreiche ähnliche Äußerungen von Gästen am Hof überliefert. Der Engländer Lord Richard Tyrconnell, der bis 1752 als französischer Botschafter in Berlin weilte, berichtete hingegen weniger Vorteilhaftes über sie. Ein Beispiel: »Sie ist keck, unternehmend und würde alles mögliche aufbieten, um einiges Ansehen zu erlangen. Da sie klug und noch weit falscher ist, wäre sie zu fürchten, wenn sie es verstände, sich zum Ratgeber aufzuwerfen. Bei ihrem ruhelosen Wesen würde sie viele Ränke spinnen.«[18] Lord Tyrconnell ist der Erste, der mehrfach feststellt, dass Amalie »zu fürchten« sei.

Im Jahr 1756 kommt es zu einem Kuriosum: Die inzwischen dreiunddreißigjährige Amalie gilt als nicht mehr vermittelbar für eine Ehe und nimmt den Schleier. Sie wird Äbtissin des reichsunmittelbaren Frauenstifts in Quedlinburg, für das das Haus Brandenburg im Jahr 1697 die Schutzherrschaft erworben hatte. Lehndorff merkt in seinen Tagebüchern an, dass sie ihren »himmlischen Gemahl [...] ganz gern gegen einen Gemahl dieser Welt vertauschen würde«.[19]

Doch Amalie nahm nicht wirklich den Schleier, sondern sie nahm die Stellung der Äbtissin an, um in den Genuss der Pfründe zu gelangen. Denn sie war eine leidenschaftliche Spielerin, brauchte ihr Leben lang stets Geld. Zum Zeitpunkt der Einführung als Äbtissin hatte sie Schulden in Höhe von 30 000 Talern. Indes, diese Schulden, weil sie so hoch waren, beglich Bruder Friedrich. Lehndorff berichtet über die Amtseinführung als Äbtissin: »Seine Majestät der König läßt sich's viel Geld kosten, damit die Feierlichkeiten einen glanzvollen Verlauf nehmen.«[20]

Die Geschwister, die fast alle der Zeremonie beiwohnten, konnten eine gewisse Schadenfreude nicht unterdrücken, denn Amalie war inzwischen in der Familie höchst unbeliebt. Die nach Braunschweig verheiratete Charlotte drückte am 11. März 1756 ihre Gefühle im typischen Sarkasmus der Familie aus: »Ich werde mir ein Vergnügen daraus machen, an dieser Hochzeit, wo Jesus Christus der Bräutigam ist, teilzunehmen, und ich werde nicht ermangeln, meinem neuen Schwager die gebührende Ehre zu erweisen und meine Schwester bitten, dass sie mich seiner Gnade empfiehlt.«[21]

Doch Amalie wäre keine Hohenzollern gewesen, wenn sie nicht ihre eigenen Interessen verwirklicht hätte. Die Statuten des Quedlinburger Stifts sahen eigentlich vor, dass sie als Äbtissin vor Ort ihre Aufgaben erfüllen müsste. Sie aber änderte einfach die Statuten und reiste wenige Tage später zurück nach Berlin. Die Pfründe hatte sie sicher. Die Pflichten waren ihr egal. Insgesamt vier Mal war Amalie als Äbtissin in Quedlinburg, stets nur für wenige Tage.

Lehndorff verdanken wir weitere Einblicke in das Leben Amalies. So berichtet er, dass der Bruder August Wilhelm gleich nach ihrer Rückkehr im Schloss Oranienburg ein Kostümfest organisierte sowie einen Abschlussball, »so ausgelassen, wie ich ihn in meinem ganzen Leben nicht gesehen habe«. Lehndorffs Aufzeichnungen sind voll mit Äußerungen wie diese: »Großer Ball bei Hofe zur Feier des Geburtstages von Prinzessin Amalie – Abends gibt's ein kleines Fest bei Prinzessin Amalie – Nach der Oper speise ich beim Prinzen von Preußen, der dem Prinzen Heinrich ein reizendes Fest gibt. Wir stellen den Serail dar. Die Prinzessin Amalie ist der Großsultan.«[22]

Doch auch über Amalies ungewöhnliche Interessen und ihr »exzentrisches Wesen« berichtet der Kammerherr ausführlich und offenbar fasziniert: »Ich habe sie manchmal an ihrem Schreibtisch sitzen sehen inmitten von Büchern über Physik und Metaphysik [...] vor ihr menschliche Gliedmaßen, die sie seziert hatte, während sie über Politik schrieb. [...] Auch sagte man von ihr, dass sie Untersuchungen über gewisse Unterschiede zwischen Negern und Weißen angestellt habe.«[23]

Es scheint, als ob Amalie »ein Interesse für etwas morbidere, nekrophile Themen hatte«, glaubt ihr Biograph Debuch und weist darauf hin, dass ihre Schwester Charlotte bei der Einführung in Quedlinburg verblüfft war über Amalies »Neugierde, welche sie dazu veranlasst hat, in die Gruft zu gehen und sich die Särge öffnen zu lassen«. Thiébault unterstützt die Aussagen über Amalies Hang zu Okkultem. So habe Amalie häufig Briefe an Friedrich geschrieben, deren Inhalt aus Prophezeiungen eines Wahrsagers bestanden. »Während des gesamten Siebenjährigen Krieges und vorzüglich während denen für den König misslichen Perioden desselben« habe die Schwester »oft ganze Tage damit zugebracht, für ihren Bruder die Karten legen zu lassen«.[24]

Und Friedrich, der den Aberglauben doch so sehr verabscheute, ließ sie nicht nur gewähren: Er zog sie sogar in einer Weise in sein Vertrauen, die die übrigen Familienmitglieder veranlasste, ihr furchtsam aus dem Weg zu gehen. Denn keines der Geschwister und deren Familien verstanden, warum der mächtige Friedrich, ohne den sie selbst keine eigene Entscheidung wagten, ausgerechnet mit Amalie vertrauten Umgang pflegte und ihr sogar Entscheidungsbefugnisse einräumte. Als einziger Frau der Familie erlaubte Friedrich ihr, ihn während des Krieges 1758 in der schlesischen Hauptstadt – gewissermaßen an der Front – zu besuchen. Dabei zeigte er ihr in jeder Hinsicht seine Wertschätzung, wie Lehndorff festgehalten hat: »Die Prinzessin Amalie geht nach Breslau, wo der König sie mit großer Auszeichnung behandelt, was ihr natürlich außerordentlich schmeichelt. Sie diniert täglich bei ihm, und jeder, der durch Breslau kommt, muss ihr huldigen. Alle schlesischen Damen haben Befehl, ihr den Hof zu machen, als ob sie die Königin wäre.«

Hier fällt der Schlüsselsatz! Als ob sie die Königin wäre. Genau. Spätestens seit Oktober 1757, als Berlin die Nachricht erreichte, ein österreichisches Heer stünde nur noch einen Tagesmarsch vom königlichen Hof entfernt, ist sie es, die in Berlin regiert. In dieser Situation ergreift sie die Initiative, nicht die Königin Elisabeth Christine, nicht der Kriegsminister oder Hofmarschall. Amalie führt die Beratungen mit den Ministern und dem Kommandanten von Berlin. Sie organisiert die Flucht. Lehndorff stellt in diesen Tagen kopfschüttelnd fest: »Am wohlsten ist ihr, wenn alles drunter und drüber geht.«

Keine Frage: Friedrich nutzte Amalie als seine Stellvertreterin an der »Heimatfront«. Und sie war begeistert bei der Sache. In seinen häufigen Briefen an sie erklärt er seiner Schwester 1757 in einfachen Worten, worum es im Krieg – den immerhin er vom Zaun gebrochen hat – geht: »Ich handle so wie die Leute, die, von Fliegen belästigt, sie von ihrem Gesicht verscheuchen, aber wenn die eine von der Backe wegfliegt, so setzt sich eine andere auf die Nase, und kaum hat man diese vertrieben, so fliegt eine neue daher.«[25] Das Treffen im Feldlager von Breslau diente sicherlich nicht nur dazu, der Schwester zu schmeicheln. Es hatte zwei Gründe. Zum einen weihte Friedrich Amalie in sein weiteres Vorgehen ein, zum anderen machte er dem gesamten Hofstaat klar, wer in seiner Abwesenheit in Berlin das Sagen hatte. Dies vermerken zum Beispiel der Fürst von Knyphausen sowie der Vorleser de Catt, der zudem festhält, der König hätte sich über den Besuch Amalies noch mehr gefreut, wenn sie nicht »die Wunde seines Herzens dadurch wieder aufgerissen hätte, dass sie ihm Einzelheiten mitteilte von dem Tode seines teuren Bruders [August Wilhelm].«[26]

Hier kommt wieder ihr morbider Zug zum Tragen. Und sie zeigt keinerlei Sensibilität für das Leiden anderer. Mit ihrer Mutter überwirft sie sich gerade dann, als diese ernsthaft krank geworden ist. Lehndorff bemerkt dazu: »Man sagt, dass die Hauptursache ihrer Krankheit ein heftiger Ärger gewesen ist, den ihr die Prinzessin Amalie bereitet hat.« Sophie Dorothea ist derart aufgebracht, dass sie Amalie den Zutritt zu ihr untersagt. Wenig später stirbt die Königinmutter am 28. Juni 1757. Amalie organisiert die Begräbnisfeierlichkeiten. Gleiches bei Bruder August Wilhelm, den Friedrich seines Kommandos enthoben hatte. Amalie besucht ihn, doch »der Prinz schien über die Ankunft seiner Schwester nicht sehr erfreut zu sein«, weiß der heimliche Hofchronist Lehndorff. Kaum angekommen, »bedeutete er sie [sic] immer, sie täte gut abzureisen. Das ging so weit, dass man ihm sagen musste, sie sei abgereist.«[27] Aus einem unbekannten Grund lässt Prinz August Wilhelm Amalie am 8. Juni 1758 noch einmal zu sich rufen. Doch es kommt »zu einem schrecklichen Wortwechsel«. Keiner weiß, worüber. Vier Tage später stirbt August Wilhelm. Die Beerdigung organisiert »Grufti« Amalie.

Der Grund für die zunehmende Aversion der Geschwister, ihrer Familien sowie des Hofstaates lag nach Meinung Debuchs »neben ihrem kauzigen Charakter und ihren Launen in der engen Beziehung zu Friedrich II. Während des Krieges und danach, immer wenn der König nicht in Berlin zugegen war, hatte man deshalb gewissen Respekt vor Amalie.« Und Thiébault bestätigt: »Die ausgezeichnete Anhänglichkeit, welche Friedrich und Amalie stets gegen einander hegten, hat […] veranlasst, dass man [sie] am Hof wie in der Stadt […] für den Hauptspion ihres Bruders hielt, eine Meinung, die noch durch ihre scharfen und strengen Urteile vermehrt wurde. Die Folge hiervon war, dass zuletzt alle Welt eine merkwürdige Scheu vor der Prinzessin hegte.« Später notiert der französische Beobachter noch deutlicher: »Eine Sache, die jeder bemerkte und die allen auffiel, ohne dass man sich den Grund davon zu erklären vermochte, war die dauerhafte und unwandelbare Freundschaft, welche zwischen dem König und der Prinzessin fortwährend herrschte. […] Wenn er etwas von neuen oder seltenen Früchten oder ähnlichen Dingen erhielt, so teilte er sie immer mit ihr.«[28]

Während die Zuneigung Friedrichs zu seiner Schwester zur Verblüffung aller so weit ging, »dass auch der zärtlichste und feurigste Liebhaber Mühe haben würde, ihn in dieser Beziehung zu übertreffen«, geriet die Familie immer mehr in Zorn über sie.

Thiébault: »Selbst bei Prinz Heinrich war es so weit gekommen, das er laut und unverhohlen in allen Gesellschaften übel von dieser Schwester sprach. […] Nie nannte er sie gegen mich anders als mit dem Beisatz ›la fée malfaisante – die böse Fee‹ oder einem ähnlichen Epithet.«[29] Im Jahr 1786 schrieb Amalies Nichte Luise über das Verhältnis zwischen ihrer Tante und ihrem Onkel: »Worüber sie sich entzweit hatten, vermag ich nicht zu sagen, aber die Entfremdung währte bereits Jahre hindurch.« Und der Neffe Louis Ferdinand nannte sie schon als Kind öffentlich »alte Hexe«.[30]

Die Geschwister ahnten oder wussten vielleicht auch teilweise von einem dunklen Geheimnis, das Amalie umgab, und machten sich ihren eigenen Reim daraus, warum Friedrich sie derart bevorzugte. War es sein schlechtes Gewissen? Die schlimmste Vermutung äußerte einmal die »böse Schwester« Ulrike gegenüber Lehndorff: »Ihre eigene Schwester, die Königin von Schweden, fragte mich eines Tages, ob es wahr sei, dass sie ein Kind geboren und dies zerstückelt und im Kamin verbrannt habe.«[31]

Die eigenen Geschwister trauen ihr also zu, ein Verhältnis mit einem Mann gehabt und das daraus hervorgegangene Kind ermordet zu haben! Möglich, dass die morbide Überspanntheit Amalies, die ja auch bekanntermaßen Leichen sezierte, den Geschwistern unheimlich wurde und sie zu Phantasien anregte. Möglich auch, dass die böse Vermutung Ulrikes die abgrundtiefen Zerwürfnisse mit den jüngeren Brüdern sowie mit der Mutter erklärt. Am Ende erfuhr niemand je den Grund dieser Streitigkeiten, obwohl sie jedesmal zum totalen Bruch führten. Anscheinend muss es schon um extreme Dinge gegangen sein. Und offenkundig hatten die Geschwister auch richtig Angst vor ihr.

Noch etwas anderes ist auffällig: Amalie begann sich in den fünfziger Jahren um Straßenkinder zu kümmern. Sowohl die Nichte Luise als auch Lehndorff fanden dies bemerkenswert. Er hält im Tagebuch fest: »Sie las sich solche auf der Straße auf, um sie erziehen zu lassen, sie hatte immer Kinder um sich und behandelte sie so zärtlich, dass die Leute behaupteten, es seien ihre eigenen. So weiß ich dies von kleinen Juden, kleinen Negern und Bauernkindern.«[32] Welche psychologische Ursache kann hinter einer solchen Kinderliebe stecken? Es fällt auch auf, wie sehr Friedrich als Monarch bemüht war, Kindestötungen zu unterbinden, und wie sehr ihm daran lag, dass den unverheirateten Müttern geholfen wurde. Seine ganze Regierungszeit über beschäftigt ihn dieses Thema. Hatte er ein schlechtes Gewissen aufgrund eines Vorfalles in nächster Nähe? Für beider Haltung gibt es natürlich eine plausible Erklärung: Da Friedrich und Amalie jeweils kinderlos blieben, kümmerten sie sich ersatzweise um andere Kinder. Psychologen mögen aber auch andere Gründe kennen. Hier ist kein Raum für weitere Spekulation.

Amalie starb »völlig unvorhergesehen«, wie Nichte Luise berichtet, nur sieben Monate nach Friedrich, am 30. März 1787. Der Quedlinburger Chronist Johann Heinrich Fritsch äußerte 1828 eine Vermutung, die seither Allgemeingut geworden ist: »Seit dem [Tod Friedrichs] schwanden ihre Kräfte mehr und mehr.«[33]

Amalie hatte sich trotz ihres quirligen und lange Zeit heiteren Wesens wohl doch sehr einsam gefühlt. Aus ihrem Nachlass ist ein Lied von ihr überliefert, dessen Titel sofort ins Auge fällt: »Wenn ich einsam zärtlich weine«. Diese seelische Einsamkeit teilte sie offenbar mit ihrem Bruder Friedrich. Alle anderen Geschwister waren verheiratet, sie kannten die guten und schlechten Seiten einer Ehe, aber nicht die Einsamkeit. Amalie und Friedrich aber hatten über Jahrzehnte erfahren, was Alleinsein bedeutet; sie unfreiwillig, er von sich aus gewählt. Als »Einsamer von Sanssouci« hat er sich ganz bewusst der Nachwelt als Legende hinterlassen.

Abendstunden: Der Eremit von Potsdam

Friedrich der Große behandelte die Außenpolitik wie eine Schachpartie. [...]
Das einzige Hindernis, das er anerkannte, war der Widerstand
überlegenerer Mächte; moralische Skrupel aber hatte er nicht. [...]
Er führte eine rücksichtslose Diplomatie.   Henry Kissinger

»Sie weinte, aber sie nahm«: Polen

1772 – Friedrich der Große war sechzig Jahre alt, kriegsmüde, kränklich, gichtig – trat ein Ereignis ein, das von vielen als »Schandfleck für Preußen« bezeichnet wird: Die berühmt-berüchtigte Teilung Polens. Drei Staaten, Österreich, Russland und Preußen, teilten sich die Beute.

Vorausgegangen waren fast zwanzig Jahre des Friedens, in denen sich Friedrich hauptsächlich um das *Retablissement*, den Wiederaufbau seines kriegsversehrten Landes kümmerte. Außenpolitik spielte für ihn damals keine wesentliche Rolle, weil sich die Lage zu Österreich entspannt hatte und nirgends ein echter Feind lauerte. Nach dem Tod von Kaiser Franz I., Maria Theresias Gemahl, folgte im Jahr 1765 sein Sohn Joseph II., der zum Entsetzen seiner Mutter Maria Theresia ein Friedrich-Fan war oder, wie es damals hieß, ein »persönlicher Verehrer«. Er wollte unbedingt den berühmten König einmal selbst sehen. Gelegenheit dazu boten ihm die politischen Wirren, die nach dem Tod Augusts III. Ende des Jahres 1763 in Polen ausgebrochen waren. August III. war gleichzeitig Kurfürst von Sachsen und König von Polen gewesen.

248

Das polnisch-litauische Doppelreich wurde seit langem vom hohen Adel beherrscht, der auch den König wählte. Die Macht im Lande lag beim Sejm, dem Reichstag, für dessen verbindliche Beschlüsse Einstimmigkeit der adligen Abgeordneten erforderlich war – ein Ding der Unmöglichkeit. Also gab es keine Beschlüsse. Die »deutsche« Zarin auf russischem Thron, Katharina II., nutzte diese Verhältnisse, indem sie ihren ehemaligen Liebhaber, den Fürsten Stanisław August Poniatowski (1732–1798) als neuen Kandidaten für die polnische Krone durchsetzte. Zuvor mussten allerdings zehn wahlberechtigte polnische Adlige ermordet werden. Am 7. September 1764 »wählte« der polnische Adel pflichtgemäß den russischen Günstling zum König. Stanislaus II. August strebte Reformen in seinem Lande an, die keineswegs im Sinne Katharinas waren; doch seine vorsichtige, von Rücksichten auf die Russen geprägte Politik verstimmte einflussreiche patriotische Adelsfamilien.

Im Jahr 1768 schloss sich gar eine Gruppe Adliger auf der Festung Bar (in der heutigen Ukraine) zur »Konföderation von Bar« zusammen, und zwar mit dem Ziel, den russischen Einfluss in Polen zurückzudrängen. Die Zarin Katharina II. ließ sich diese »Aufsässigkeit« nicht bieten und griff 1768 militärisch ein, zumal die katholischen Konföderierten auch noch ausgerechnet die Türken zu Hilfe gerufen hatten! Daraufhin entbrannte ein heftiger, sechs Jahre andauernder Krieg zwischen Russland und dem Osmanischen Reich. Eine riesige Region mitten in Europa – bestehend aus den heutigen Staaten Polen, Litauen, Weißrussland, Moldawien, Ukraine, Rumänien und Teilen Ungarns – war in Aufruhr. Rasche territoriale Gewinne der militärisch weit überlegenen Russen in Moldawien und in der Walachei in Rumänien stärkten Zarin Katharinas Selbstbewusstsein, während im habsburgischen Österreich die Sorge vor zu großem Machtgewinn des Zarenreiches wuchs. An der gesamten Ostgrenze Österreich-Ungarns brannte es. Maria Theresia, in heller Aufregung, erwog an der Seite der Türken Krieg gegen die Zarin, während Friedrich noch völlig unschuldig und unbeteiligt in Potsdam philosophierte.

Der Sohn Maria Theresias, Kaiser Joseph II., fand es 1769 an der Zeit, den preußischen Machiavell einzuschalten, und traf sich inkognito mit Friedrich Ende August in Neiße in Schlesien. Trotz gegenseitiger Sympathie – »ich war entzückt, den Kaiser zu sehen«, jubiliert Friedrich; »er ist ein Genie«, begeistert sich Joseph – verlief die Begegnung politisch ergebnislos. Ein Jahr später reiste Friedrich zu einem Gegenbesuch nach Mährisch-Neustadt (heute Uničov) im Sudetenland. Hier wurde die polnisch-russisch-türkische Lage ausführlich besprochen, und Friedrich entschloss sich zu handeln. Als ehrlicher Makler. Zumindest behauptete er das. Er schickte also seinen Bruder Heinrich nach St. Petersburg, um der Zarin Vorschläge für die Beilegung des Krieges mit den Türken zu unterbreiten. Dabei ging es darum, das weitere Eindringen der Russen in Südosteuropa, das Österreich als seine Einflusssphäre betrachtete, zu verhindern; Österreich passte es nicht, dass die Russen den Türken Land abnahmen, das eigentlich sie selbst bei günstiger Gelegenheit vom Osmanischen Reich erobern wollten. Gelang es also, die Russen zu stoppen, hatte Friedrich in Wien bei Maria Theresia *und* dem Kaiser etwas gut. Gleichzeitig würde er dem Osmanischen Reich auf diplomatischer Bühne helfen, keine weiteren Gebietsverluste zu erleiden. Damit standen auch die Türken in seiner Schuld, falls er sie künftig gegen Österreich brauchen würde, so das Kalkül des Potsdamer Philosophen.

Was damals jedoch nicht einmal Heinrich wusste, war, dass Friedrich schon länger nach Osten schielte und den Russen bereits am 2. Februar 1769, also noch vor dem ersten Treffen mit Joseph II., unter dem Decknamen »Graf Lynar« einen Plan zur Teilung Polens hatte zukommen lassen; heute nennt man ein solches Vorgehen einen »Versuchsballon«. Darin sollte Russland den größten Teil, Österreich den zweitgrößten und Preußen den kleinsten Teil Polens erhalten. Friedrich zeigte in diesem Geheimplan Interesse daran, jenes Gebiet zu erlangen, das erst seit 1466 zur polnischen Krone gehörte und vorher »preußisches« Gebiet des Deutschen Ordens gewesen war. Es handelte sich um jenes »Preußen«, weswegen die polnischen Könige den Zusatztitel »König *von* Preußen« tragen durften und Friedrich eben nur der König *in* Preußen sein konnte.

Diese Art Politik kommentiert der ehemalige amerikanische Sicherheitsberater, Außenminister und Staatsphilosoph Henry Kissinger mit den Worten: »Friedrich der Große behandelte die Außenpolitik wie eine Schachpartie. [...] Das einzige Hindernis, das er anerkannte, war der Widerstand überlegenerer Mächte; moralische Skrupel aber hatte er nicht. Seine Analyse basierte einzig auf der Abwägung, welches Risiko eingegangen werden musste, um welchen Nutzen zu erreichen. [...] [Seine Politik war] nicht bestimmt von übergeordneten Prinzipien der internationalen Ordnung. [...] Er führte eine rücksichtslose Diplomatie.«[1]

Indem Friedrich seinen Bruder Heinrich als Sonderbotschafter nach St. Petersburg schickte, signalisierte er nach außen, dass ihm an der Vermittlerrolle tatsächlich gelegen war. Denn Prinz Heinrich (1726–1802) glich nicht nur vom Äußeren dem König, er war unzweifelhaft ein ebenso hervorragender Taktiker, auch seinem Bruder gegenüber. Anders als die übrigen Brüder verstand Heinrich etwas vom Militär. Friedrich lobte ihn einmal zweideutig als »fehlerlosen Feldherrn«. Denn anders als er neigte Heinrich im Militärischen nicht zur Brachialgewalt; er führte im Siebenjährigen Krieg keine Schlachten nach dem Motto Friedrichs – Sieg oder Untergang. Heinrich handelte in der Kriegsführung überlegter, kühler und vorsichtiger. Er ging manchen Schlachten lieber aus dem Weg. Seine Politik war die des Positionskrieges: ausweichen, hinhalten, abwarten, zuschlagen nur bei klarer Überlegenheit. Damit eignete er sich hervorragend als Diplomat. Also traut Friedrich ihm zu, die heikle Mission am russischen Hof, der für ihn wie das »Innerste Skythiens« war, bestens auszuführen.

Doch noch bevor Heinrich am Zarenhof verhandeln kann, hintergeht Österreich die preußischen Vermittler, rückt in Polen ein und bemächtigt sich eines Stückes von Galizien. Durch diesen Schritt ist Friedrich der Verhandlungsspielraum genommen, den er noch beim Treffen mit Kaiser Joseph II. vor ein paar Monaten gesehen hatte. Zu Hilfe kommt ihm die Zarin Katharina. Sie hat offenbar den Geheimplan des »Grafen Lynar« gelesen und unterbreitet jene Teile, die ihr zusagen, nun dem Prinzen Heinrich als *ihr* Angebot. Das besteht darin, dass die Zarin Preußen das Ermland in den Masuren anbietet, also nur einen kleinen Teil dessen, was Friedrich eigentlich wollte. Heinrich akzeptiert nichtsahnend den russischen Vorschlag: Schließlich bekommt Preußen ja Land angeboten, das es nicht zu erobern braucht! Also schickt er den Plan per Kurier nach Potsdam.

Am 24. Januar 1771 legt Friedrich in einem Antwortbrief seine Argumente für eine »Neutralität in Ehren« dar, da ihm das Angebot der Zarin nicht genügt und die Risiken, dass er in einen unkalkulierbaren Konflikt hineinschlittern könnte, zu groß sind: »Ich fürchte sehr, dass die Russen, wenn sie nicht von ihrem großen Plane, die Türken zu demütigen, zurückschrecken, noch in diesem Jahr in Kriege mit dem Hause Österreich geraten werden. Das wird mich in große Verlegenheit setzen. […] Ich meinerseits werde mich genötigt sehen, bei diesem Wirrwarr neutral zu bleiben, da ein Krieg für mich verfrüht wäre. Der, den wir hinter uns haben, war zu verderblich und zu heftig, als dass wir so bald einen neuen unternehmen könnten, und was man uns in Aussicht stellt, Ermland, lohnt nicht der Mühe, auch nur sechs Sous auszugeben, um es zu erwerben. […] Ich erwarte Ihre Rückkehr, lieber Bruder, um von Ihrer Einsicht und von dem, was Sie dort gesehen haben, Nutzen zu ziehen.«[2]

Gleichzeitig deutet er dem Bruder an, ihn nach Ankunft in Potsdam in seine tiefer gehenden Überlegungen – gemeint ist wohl der Inhalt des »Lynar-Planes« – einzuweihen: »Sie werden, glaube ich, wenn ich Sie über gewisse Umstände aufgeklärt habe, die ich der Auslandspost nicht anvertraue, vielleicht meine Meinung teilen. Denn ich würde einen unverzeihlichen Fehler zu machen glauben, wenn ich für die Vergrößerung einer Macht [Russland] tätig wäre, die ein furchtbarer und schrecklicher Nachbar für ganz Europa werden könnte.«[3]

Es folgt ein unwürdiges Geschacher auf diplomatischer Bühne, dessen Ergebnis am 4. März 1772 die Aufteilung eines großen Teils von Polen unter den Mächten Russland, Österreich und Preußen ist. Im polnischen Adelsparlament kommt es darüber zu dramatischen Szenen. Berühmt geworden ist das Gemälde von Jan Matejko, auf dem der polnische Patriot Tadeusz Reytan sich das Hemd aufreißt und vor die Eingangstür des Sejm wirft, um die Pro-Forma-Zustimmung des Adels zur Teilung Polens zu verhindern.

Die erste Teilung Polens von 1772 – zwei weitere um den »Rest« erfolgten nach Friedrichs Tod in den Jahren 1793 und 1795 – erfüllte seinen hauptsächlichen Wunsch nach der »Rückgewinnung«, wie er es sah, des westlichen Ordenslandes, das von nun an Westpreußen hieß. Diese Landbrücke verband Brandenburg nun mit Ostpreußen, sodass hier ein geschlossenes Territorium entstand und Friedrich sich folglich ab 1772 »endlich« König *von* Preußen nennen konnte.

Eigentlich war das Schicksal Polens den anderen Regierungen in Europa ziemlich gleichgültig, Hauptsache, der Friede war gerettet. Aber weil Maria Theresia überall herumerzählte, wie unglücklich sie über die Teilung Polens sei, entstand eine einseitige Sicht auf diesen Landraub. Sie meinte ihrem Sohn Ferdinand erklären zu müssen, dass sie der Teilung Polens nur zugestimmt habe: weil die Türken so schwach waren gegen die Russen, weil von Frankreich und England kein Beistand zu erhalten gewesen sei und weil sie ein Bündnis zwischen Preußen und Russland fürchtete.[4]

Keine Rede davon, dass sie und ihr Sohn als Erste mit der Okkupation Polens im Herbst 1770 begonnen und damit vollendete Tatsachen geschaffen hatten! Friedrich gab, als ihm dieses heuchlerische Gejammer zu Ohren kam, zum Besten: »Sie weinte, aber sie nahm!« Er glaubte aber, sich zumindest gegenüber Voltaire rechtfertigen zu müssen. Am 9. Oktober 1773 schrieb er an den Franzosen: »Fast ganz Europa glaubt, die Teilung Polens sei eine Folge der listigen Politik, die man mir zuschreibt; das ist aber so falsch wie nur irgendetwas in der Welt. Ich schlug vergeblich verschiedene Auswege vor und musste schließlich meine Zuflucht zu dieser Teilung nehmen, da sie das einzige Mittel war, einen allgemeinen Krieg zu verhüten. Der Anschein trügt, doch das Publikum urteilt nur nach ihm.«⁵ Und schloss seinen Brief mit einem Gruß des »Philosophen von Sanssouci«.

Genau das wollte Friedrich von nun an nur noch sein. Er wollte seinen Lebensabend genießen, Champagner schlürfen, Kirschen auch im Winter essen, so tun, als sei er »erster Diener im Staat«, und nebenbei darüber wachen, dass das Land in keinen Krieg mehr hineingezogen wurde. Doch schon braute sich ein neues Gewitter am ewig unruhigen deutschen Himmel zusammen.

Der bayerische Kurfürst Maximilian III. Joseph war im Dezember 1777 kinderlos gestorben. Es drohte der typische europäische Erbfolgekrieg, weil natürlich diverse Ansprüche erhoben wurden und Österreich schon wieder bereit war, auch um diesen Thron in den Kampf zu ziehen. Machen wir es kurz, weil der Streit selbst in bayerischen Geschichtsbüchern ungern erwähnt wird und weil sich weltpolitisch Bedeutenderes anbahnte: Friedrich war wieder der Erste, der handelte. Er marschierte am 5. Juli 1778 in das österreichische Böhmen ein, doch beide Seiten vermieden diesmal eine direkte Konfrontation. Da die preußischen Truppen nur mit Marschieren und Essen beschäftigt waren, bezeichnete der Volksmund diesen Konflikt als »Kartoffelkrieg«. Am 13. Mai 1779 wurde der »Bayerische Erbfolgekrieg«, wie die Historiker ihn nennen, mit dem Friedensvertrag von Teschen beendet. Bayern musste an Österreich das sogenannte Innviertel abtreten; dafür blieb es »deutsch«, wie man damals schon sagte.

Fourth of July: Die Amerikaner

Viel Wichtigeres aber hatte sich inzwischen jenseits des Atlantiks ereignet, wo am *Fourth of July* – am 4. Juli 1776 – die dreizehn englischen Kolonien in Nordamerika ihre Unabhängigkeit von England erklärt hatten. Führer der Rebellen war jener George Washington, der 1754 für die Entfesselung des Siebenjährigen Krieges mitverantwortlich gemacht wurde. Entscheidend waren aber nicht so sehr die Kämpfe zwischen den heillos unterlegenen Trappern, Farmern und Kleinstadthelden gegen die hochprofessionelle britische Militärmaschinerie, sondern der Inhalt der Unabhängigkeitserklärung: »*We hold these truths to be self-evident* – Wir halten folgende Wahrheiten für selbstverständlich: dass alle Menschen gleich erschaffen worden sind, dass sie von ihrem Schöpfer mit gewissen unveräußerlichen Rechten versehen wurden, darunter Leben, Freiheit und das Streben nach Glück.«

Das war im Zeitalter der absoluten Monarchie revolutionär, weshalb die Aufständischen von der »Amerikanischen Revolution« sprechen, während England diesen Krieg, der von 1776 bis 1783 tobte, bis heute als »Unabhängigkeitskrieg« herunterspielt. Friedrich waren solche Töne natürlich auch nicht geheuer, zumal plötzlich Gesandte dieser amerikanischen Revolutionäre in Paris und in Berlin auftauchten.

Gerade jener Amerikaner, der den Halbsatz »Wir halten folgende Wahrheiten für selbstverständlich« in die von Thomas Jefferson verfasste Unabhängigkeitserklärung hineinredigiert hatte, Benjamin Franklin, war auch noch Leiter der Delegation jener Amerikaner, die nach Paris reisten, um von dort aus in Europa auszuschwärmen und um Unterstützung für ihre junge Republik zu werben. Die Franzosen ließen sich relativ rasch für den amerikanischen Freiheitskampf gewinnen, besonders als die amerikanischen Rebellen am 7. Oktober 1777 mit dem Sieg in der Schlacht von Saratoga über die Briten beweisen konnten, dass sie militärisch in der Lage waren, der Weltmacht Paroli zu bieten.

Auch »Preußens Gloria« war in Amerika angetreten: der selbsternannte »Baron« Friedrich Wilhelm von Steuben (1730–1794) aus Magdeburg. Er hatte den Siebenjährigen Krieg in einem unbedeutenden Offiziersrang mitgefochten – Friedrich dürfte ihn kaum gekannt haben – und danach ruhige Jahre an einigen kleinen Höfen Deutschlands vertrödelt. Da hörte er vom Ausbruch der amerikanischen Revolution, fühlte sich berufen, ging nach Paris und suchte Franklin auf. Und dieser, fasziniert vom Background des alten »preußischen« Schlachtrosses Steuben, empfahl ihn dem amerikanischen Kongress vollmundig als »General Friedrichs des Großen«.

Steuben eilte über den Atlantik; der Oberkommandierende der amerikanischen Armee, George Washington, erkannte, dass der Preuße weder Baron noch General war, aber auch er ließ sich vom Zauberwort »*Frederick the Great*« beeindrucken. Also ließ er Steuben gewähren, als Ausbilder. Am 23. Februar 1778 trifft der Preuße in Valley Forge, dem Winterquartier der amerikanischen Armee, ein. Diese ist moralisch gerade auf einem Tiefpunkt. Jede Hilfe wird dankbar angenommen. Der zunächst burlesk wirkende Steuben drillt die Hinterwäldler nach friderizianischem Muster. Er scheut sich nicht – und das ist neu für die Amerikaner –, jeden Schritt, jeden Handgriff am Gewehr selbst vorzumachen. »*Lead by example!*« – so Friedrichs Leitsatz in der amerikanischen Version. Und immer wieder Disziplin. Da er kein Englisch kann und viele Amerikaner kein Deutsch oder Französisch sprechen, gerät die Ausbildung zur Pantomime, die dem Drill wohl oft die Ernsthaftigkeit nahm.

Doch bereits Ende April meldet der Preuße Washington: »Mon Général, jetzt haben Sie eine Armee!« Es folgt eine Vorführung, von der Washington derart begeistert ist, dass er Steuben in den Kreis seiner engsten Militärberater aufnimmt. Und: die Amerikaner stürmen mit ihrer neuen »preußischen« Armee tatsächlich von Sieg zu Sieg. Die Engländer erfahren rasch, wer ihnen die Niederlagen beibringt: ein »General Friedrichs des Großen«, prahlen die Amerikaner über die Frontlinien hinweg! Von jenem König, den sie vor zwei Jahrzehnten begeistert gefeiert hatten. Der friderizianische Drill, die preußische Disziplin Steubens in Valley Forge, all das wird zur Wiege der US Army und der Elitesoldaten des Marines Corps. Welche überragende Bedeutung der »General Friedrichs des Großen« bis heute in Amerika genießt, ist in Deutschland unbekannt. So fiel mir in der Antrittsrede von Präsident Barack Obama am 21. Januar 2009 vor dem Capitol in Washington auf, welche ausgeklügelten Hinweise er für die Zuhörer daheim und in aller Welt eingebaut hatte: auch für Deutschland, den »*reluctant ally«* – den zaudernden Verbündeten. Ich analysierte damals die Rede für den Deutschlandfunk:

> Viermal betonte Obama, dass ›man‹ in einer Krise sei, und seine Formulierung lässt offen, ob er damit nur sein Land oder die ganze Welt meint. Um die Ernsthaftigkeit der Krise und den Weg zu ihrer Überwindung deutlich zu machen, bemühte Obama am Ende seiner Rede ein in den USA hinlänglich bekanntes Bild aus der amerikanischen Revolution, auf das er schon in seiner Springfield-Rede vor zwei Jahren hingewiesen hatte: Im bitterkalten Winter von 1777 auf 1778 sammelte George Washington die Reste seiner frierenden Armee im Tal ›Valley Forge‹ von Pennsylvania. In allen Schulbüchern abgedruckt ist das Bild der barfüßigen Kämpfer, deren Füße im Schnee bluteten. Obama erinnerte am Dienstag an diesen Tiefpunkt der Revolution, als viele glaubten, sie sei gescheitert. Genau in diesem Moment aber gelang es dem damaligen Führer und Gründervater George Washington, die Truppe und damit die amerikanische Nation mit Zuversicht aufzurichten. Valley Forge steht in Amerika aber auch für treue, ausländische Verbündete, ohne die der Sieg nicht möglich gewesen wäre. In Valley Forge waren nämlich auch der Marquis de Lafayette dabei, der es vermochte, schlachtentscheidende militärische Hilfe aus Frankreich heranzuholen, sowie der deutsche Baron von Steuben, der damals ebenfalls nicht verzagte, sondern aus Washingtons Lumpentruppe eine schlagkräftige Armee schmiedete, die von da an von Sieg zu Sieg eilte. Indem Obama diesen historischen Hinweis ausführlich ans Ende seiner ersten Rede als Präsident stellt, darf gefolgert werden: In diesem Fall sagt ein Bild mehr als tausend Worte.[6]

»Bärren Frederick Wilem wän Stuben«, wie die Amerikaner sagen, war ungewollt der lange Arm Friedrichs des Großen in Amerika geworden. Der König in Potsdam dürfte dies nie erfahren haben.

Die unbeholfenen Gesandten aus Philadelphia aber klopften auch bei ihm an. Kaum ein europäischer Staat hatte Lust, es sich wegen des Empfangs von »Rebellenvertretern« mit dem mächtigen England zu verderben. Nur Frankreich wagte es – und Friedrich. Er ließ den Gesandten Arthur Lee (1740–1792) einreisen, wies seine Minister aber an, sie sollten diesen »mit Complimenten abweisen«.[7] Lee war ein Hitzkopf aus Virginia, der sich den europäischen Adeligen ebenbürtig fühlte, weil seine Familie zu den ältesten englischen Einwanderern Nordamerikas zählte. Außerdem fühlte er sich bestärkt durch die Tatsache, dass sein Bruder Richard Henry Lee als Delegierter für Virginia im Congress saß und ein weiterer Bruder als General für Washington focht. Da in Potsdam außer dem englischen Botschafter Hugh Elliot keiner diese Zusammenhänge kannte beziehungsweise verstand, ließ man Lee also auflaufen. Seine Mission, Preußens Unterstützung für die Amerikanische Revolution zu gewinnen, war auf der ganzen Linie gescheitert. Lediglich die Engländer hielt er auf Trab. Zeitweilig waren sechs britische Spione in Potsdam hinter ihm her. Unter Umständen, die in eine Aufführung der Komischen Oper von Berlin passen würden, wurden seine Privatpapiere gestohlen. Arthur Lee veranstaltete am Hof einen riesigen Radau, worauf Friedrich einen der Engländer anfauchte: »Votre Gott damme Elliott!«[8]

Da Lee als Diplomat gescheitert und auch sonst nicht salonfähig war, zog ihn Benjamin Franklin aus Europa ab. Der erfahrene Leiter der amerikanischen Delegation in Paris, der laut dem zweiten amerikanischen Präsidenten John Adams damals in Paris der beliebteste Ausländer war,[9] wäre besser selbst nach Potsdam gereist, zumal er fließend Französisch sprach und schon alleine deshalb leichteren Zugang zu Friedrich gefunden hätte. Aber auch vom Bildungsgrad wären beide einander ebenbürtig gewesen. Zudem waren beide Freimaurer; auch das hätte sie einander näher bringen können. Doch Franklin bevorzugte den Glanz von Versailles, die Bildung von Paris und freute sich an den Begegnungen mit Voltaire, dem er zudem in seiner Pariser Loge zur Aufnahme in den Freimaurerbund verhalf. Für Benjamin Franklin war das kleine Potsdam trotz des großen Namens Friedrichs kein Anziehungspunkt, vielleicht auch, weil ihn Voltaire abgeschreckt hatte mit seinen Erzählungen von den Schrullen Friedrichs. Denn eines mochte der weltgewandte höfliche »Philosoph von Philadelphia« überhaupt nicht: kauziges Verhalten und sarkastische Herablassung. Er verstand sich zudem nicht als amerikanischer Bittsteller in Europa, sondern als freier Mann von Welt, dem man entweder freundlich und bereitwillig die Tür öffnete, oder er blieb lieber draußen. Vom Charakter her war Franklin der Antipode zu Friedrich.

Und so blieb es bei einer ganz anderen »Begegnung« Franklins mit dem preußischen König: in geistiger Form. Weil Friedrich in den Rheinsberger Tagen ein politisches Flugblatt verfasst hatte, kam der Amerikaner bei einem früheren Aufenthalt in England im Jahre 1772, als gerade die Teilung Polens erfolgt war, auf die Idee, die Engländer zu ärgern, indem er ein Pamphlet im Namen des Preußenkönigs verfasste. Es war eine Parodie auf die Steuer- und Kolonialpolitik der Engländer in Amerika, in der Franklin wörtlich Passagen aus englischen Gesetzen übernahm. Sie lautete *Ein Edikt* [öffentliche Erklärung] *des Königs von Preußen*. Darin verwies der Pseudo-Friedrich unter anderem darauf, die Deutschen hätten vor Jahrhunderten die erste Siedlung in England gegründet und kürzlich (im Siebenjährigen Krieg) das Land in einem Krieg gegen Frankreich verteidigt. Um seine Kriegsausgaben decken zu können, müsste Preußen nun Steuern von den Nachfahren der einstigen deutschen Siedler erheben und Einfuhren von ausländischen Gütern dürften nur noch aus Preußen erfolgen. Außerdem werde Preußen seine Gefängnisse leeren und die Insassen nach England schicken.[10]

Zu Franklins großer Überraschung erkannten die Engländer ihre eigene Gesetzgebung nicht, sondern trauten dem Preußenkönig solch eine »*damn impudence* – verfluchte Frechheit« – zu. Der

Amerikaner sah sich am Ende genötigt, sich als Autor dieser Parodie zu erkennen zu geben, damit es nicht noch zu diplomatischen Schwierigkeiten kam. Dabei erlebte er die zweite Überraschung. Die Engländer amüsierten sich köstlich, verstanden den Ernst hinter dem Witz aber immer noch nicht.

Was die Hohenzollern und Amerika angeht, so gibt es noch zwei Raritäten zu berichten: Der Sohn Ulrikes, König Gustav III. von Schweden, war das erste Staatsoberhaupt, das 1777 die neu gegründeten Vereinigten Staaten von Amerika völkerrechtlich als souveränen Staat anerkannte. Und Friedrich der Große war der erste Herrscher, der einen Freundschafts- und Handelsvertrag mit den USA abschloss, im Juli/August 1785, von drei amerikanischen Gründervätern unterzeichnet: Thomas Jefferson, Benjamin Franklin und John Adams. Eines der beiden Originale, abgefasst in Französisch für Preußen und in Englisch für die USA, befindet sich im Geheimen Staatsarchiv von Preußen.[11]

»Die Leute sich fast erdrücken, ihn zu sehen«: Abschied

Soweit bekannt, war der erste Vertrag der USA der letzte Staatsvertrag, den Friedrich unterzeichnete. Mit ihm ging es ab Sommer 1785 zu Ende. Schon als er aus dem Siebenjährigen Krieg zurückgekehrt war, war ein großer Teil von Friedrichs Tafelrunde aus heiteren Tagen ins ferne Reich der Erinnerungen gewechselt. Im März 1771 klagt er gegenüber Voltaire: »Der arme d'Argens hat aufgehört, zu reden, zu denken und zu schreiben. Er ist mein Quartiermeister; er ist gegangen, mir eine Wohnung im Lande der leeren Träume zu bereiten, wo wir uns wahrscheinlich alle versammeln werden.«[12] Land der leeren Träume nennt der Atheist Friedrich das Jenseits. Oder auch »jenes Land«, von dem »noch kein Geograph eine Karte geliefert hat«.[13] Voltaire versöhnte sich hingegen neun Jahre vor seinem Tod mit der katholischen Kirche, legte die Beichte ab, widerrief, was von ihm verlangt wurde, und nahm das Abendmahl. Dafür hatte Friedrich nur Verachtung übrig: »Nach so schönen Taten tut es mir leid, daß Voltaire so platt das Abendmahl nimmt und der Welt so ein Spiel vormacht, daß er sein Bekenntnis drucken lässt, dem Niemand traut, daß er seinen männlichen Schmuck der Philosophie mit dem Anzug der Scheinheiligkeit beschmutzt.«[14]

Friedrich fühlte sich ab 1770 als »der Einsiedler von Sans-Souci«[15], als »der Eremit von Potsdam«, bestenfalls noch gelegentlich als »der einsame Philosoph«. Er bastelte bereits an einem weiteren Mosaik seiner Legende. 1770 verabschiedet er sich beispielsweise voller Wehmut und Selbstmitleid in einem Brief: »So denkt ein einsamer Freund der Weisheit, abgeschlossen auf einem Weinberge, wo er […] über die Torheiten der Menschen, über die grillenhaften und lächerlichen Meinungen, die ihnen durch den Kopf gehen, lächelt.«[16]

In einem Brief aus Sanssouci vom 16. Dezember 1773 übertreibt er maßlos: »Wir leben wie Ratten im Keller. Nachrichten kommen zu uns nur durch Überlieferung.«[17] Doch – ganz so einsam und abgeschieden, wie er sich selbst manchmal darstellt und dadurch die Geschichtsschreibung dazu verführt hat, ihm dies zu glauben, war er wirklich nicht. So rutscht ihm beispielsweise am 12. Juli 1775 gegenüber Voltaire die Wahrheit heraus: »Ich habe das ganze Haus voll Nichten, Neffen und Großneffen. Ich muss ihnen Schauspiele geben, um sie für die Langeweile zu entschädigen, die sie in Gesellschaft eines Greises empfinden müssen. Man muss gegen sich selbst gerecht sein und sich der Jugend erträglich machen. Das ist nun jetzt meine Sache.«[18]

Worunter er wohl litt, war nicht der Mangel an Gesellschaft; ihm fehlten die Mitglieder *seiner* Tafelrunde. Sie waren reihenweise weggestorben. Auch die Generäle seiner Kriege waren nicht mehr da. Ständig störten ihn jetzt Bewunderer oder einfach nur Neugierige aus aller Herren Länder. Aus Italien eilt der Marchese Girolamo Lucchesini herbei und wird zu einem »Anbeter« Friedrichs. Er schreibt nach Hause: »Dieser große Mann steht so hoch über dem Durchschnitt der Könige, dass es etwas Außerordentliches bedeutet, ihn zu sehen, etwas Wunderbares, ihn sprechen zu hören.«[19] Der französische Diplomat Louis Philippe Graf de Ségur hält 1785 fest: »Mit lebhafter Neugier betrachtete ich diesen Mann, der geistig so groß, von Gestalt so klein und von der Last seiner Lorbeeren und Mühen gebückt und gleichsam gebeugt war. Sein blauer Rock, verbraucht wie sein Körper, seine hohen, bis übers Knie reichenden Stiefel, seine mit Tabak befleckte Weste bildeten ein seltsames und doch imponierendes Gemisch.« Die Gräfin Henriette von Egloffstein ist von Friedrichs Erscheinung im gleichen Jahr nicht begeistert. Sie sah in ihm eine »abschreckende Figur […], einen mumienartigen alten Mann in abgeschabter Uniform, den großen Federhut schräg ins Gesicht gedrückt, das durch eine ungeheure Nase und einen kleinen eingekniffenen Mund entstellt wurde. […] Es war der weltberühmte Alte Fritz.«

Graf Mirabeau, damals französischer Gesandter in Berlin, sucht ihn am 17. April 1786 auf. Von ihm stammt das Bonmot: »Preußen ist kein Staat mit einer Armee, vielmehr eine Armee, die sich einen Staat hält.« Er berichtet: »Man kann sich keinen frischeren Geist, keine liebenswürdigere Unterhaltung denken, aber ich hatte keinen vollen Genuß davon; seine starke Atemnot bedrückte mich mehr als ihn.«[20]

Drei Weggefährten aus alten Tagen gab es noch, um die sich Friedrich im Alter rührend kümmerte. Der alte Fouqué aus der Rheinsberger Zeit lebte in der Stadt Brandenburg. Als er krank wurde, sandte ihm Friedrich seine teuersten Weine, die teilweise hundert Jahre alt waren. »Um seine Spaziergänge in des Freundes Gesellschaft zu genießen, ließ Friedrich ihn, den seine Füße nicht mehr tragen wollten, in einem Sessel die Treppen hinabtragen, in einen eigens dazu verfertigten Wagen setzen und durch die Alleen von Sanssouci fahren, während er zu Fuß nebenherging.«[21]

Noch weiter ging seine »Aufopferung« für den »Lord Marischal« Keith. Er war nach dem Siebenjährigen Krieg aus Heimweh nach Schottland zurückgekehrt, nur um dort festzustellen, dass er nun Heimweh nach Preußen hatte. Er kehrte um. Friedrich war gerührt und versorgte den treuen alten Schotten, bis jener mit achtundachtzig Jahren starb. Keith trug den schlichten, aber bezeichnenden Beinamen »der Freund des Königs«.

Beinahe bis zum eigenen Ende blieb ihm »Zieten aus dem Busch« erhalten. »Einst war Zieten an Friedrichs Tafel eingeschlummert; einer der Mitspeisenden wollte ihn wecken, aber Friedrich sagte: ›Laßt ihn schlafen, er hat lange genug für uns gewacht.‹«[22] Zieten starb am 26. Januar 1786.

Die durchreisenden Ausländer bemerkten mit großer Verblüffung, dass der preußische König sicher »in der Liebe seines Volkes« ruhte. Ein Zeitgenosse: »Ich bestieg diesen Hügel (Sanssouci) zum erstenmal im Winter in der Abenddämmerung. Als ich dieses Welterschütterers kleines Haus vor mir erblickte, schon nahe war an seinem Zimmer, sah ich zwar Licht, aber keine Wache vor des Helden Tür, keinen Menschen, der mich gefragt hätte, wer ich sei und was ich wolle.«[23]

Und dann war da noch die Schwester Amalie, die er wöchentlich in Berlin aufsuchte. Sie wohnte in einem Palais Unter den Linden, an dessen Stelle seit 1952 die russische Botschaft errichtet ist. Von einem dieser regelmäßigen Hauptstadtbesuche erzählt ein Augenzeuge: »Wenn Friedrich in die Stadt geritten kam, war es stets ein festliches Ereignis für das Volk. [...] Mir schlägt immer das Herz, wenn [...] die Leute sich fast erdrücken, ihn zu sehen.«[24]

In den frühen Morgenstunden des 17. August 1786 verschied König Friedrich II. von Preußen in Sanssouci, sitzend in einem Armsessel, im Kreise eines Arztes und zweier Kammerdiener.

MYTHOS

»Wenn der Dämon populär wird«: Das Image

Es ist doch etwas Einziges um diesen Menschen.
Johann Wolfgang von Goethe

Friedrich II. ist kein Stoff für mich!
Friedrich Schiller

Der Große und der Alte Fritz

Wie erhält man eigentlich den Beinamen der oder die »Große«?
Wer verleiht solche Ruhmestitel? Historiker von heute tun sich
sehr schwer, Friedrich zu benennen. Einige meinen, sich aus der
Affäre ziehen zu können, indem sie die politisch-korrekte Formulierung wählen: »Friedrich II., König von Preußen, genannt der
Große«. Damit meint der jeweilige Autor, sich sachgerecht verhalten und weit genug von Friedrich distanziert zu haben, um nicht
in den Verdacht zu geraten, er verherrliche ihn. Gleichzeitig ent-
zieht er sich der Aufgabe, selbst Stellung zu nehmen. Aber kein
Leser möchte dauernd mit solch einer sperrigen Formulierung ge-
quält werden. Der Nazipropagandachef Joseph Goebbels führte
einen weiteren Namen ein: Er nannte ihn häufig »den großen König«, und jedermann wusste, wer damit gemeint war. Wer heutzutage kurz und prägnant formulieren, aber auch Distanz zeigen
will, nennt ihn einfach »Friedrich II.«. Damit besteht aber die Gefahr einer Verwechslung mit dem Stauferkaiser Friedrich II., es sei
denn, der Zusammenhang ist glasklar.

In der Geschichte gibt es zahlreiche Persönlichkeiten, die mit
dem Beinamen »der Große« gekennzeichnet werden: Alexander

der Große, Konstantin der Große, Karl der Große, Zar Peter der Große, Katharina die Große. Selbst zwei Päpste, Leo I. und Gregor I. erhielten diesen Zusatz. Von wem? Ein jüngstes Beispiel zeigt, wie es dazu kommt.

Am 8. April 2005, nur sechs Tage nach seinem Tod, wurde Papst Johannes Paul II. (1920–2005) in Rom bereits »Johannes Paul der Große« genannt. Und zwar vom Kardinalstaatssekretär Angelo Sodano in der schriftlich verteilten Predigt zur sogenannten Seelenmesse für den Verstorbenen. Damit erhielt dieser Beiname einen quasi-offiziellen Status. Auch die Vatikanzeitung *L'Osservatore Romano* nannte diesen Papst bereits mehrfach »der Große«. »Er war der bedeutendste Führer unserer Zeit«, erklärte dazu der amerikanische Bischof Edward Kmiec. Er sei *der* Mann des Jahrhunderts gewesen, und deswegen werde er mit dem Beinamen »der Große« in die Geschichte eingehen.[1]

Das wäre das erste Mal seit Katharina der Großen, dass ein Mensch wieder diesen Zusatz erhält. Und hier sind wir auch bei der entscheidenden Aussage, *wie* man »groß« wird: indem man von der Allgemeinheit als positive Ausnahmepersönlichkeit wahrgenommen wird, als jemand, der eine ganze Epoche zum Wohle seiner Zeitgenossen geprägt hat. Keine Frage, dass dies bei Friedrich dem Großen – aus Sicht der tonangebenden Deutschen, aus Sicht Voltaires und in eingeschränkterem Maße aus Sicht der Engländer – der Fall war. Der Vatikan liefert eine weitere Erklärung, die auch die Entstehung des Beinamens für Friedrich nachvollziehbar macht: Es gebe für die Titulierung »der Große« kein formelles Verfahren; entscheidend sei dafür die *vox populi*, die Stimme des Volkes, erklärt der Kirchenhistoriker Robert Taft. »Wenn die Leute ihn weiterhin ›den Großen‹ nennen, dann wird er auch ›der Große‹ werden.«[2]

Genauso ist es im Falle Friedrichs gekommen. Spätestens seit dem Siebenjährigen Krieg verwendeten tonangebende Dichter, Politiker und Militärs in England, Frankreich und Deutschland immer häufiger diesen Beinamen, bis er im 19. Jahrhundert aufgrund romantisierender Biographien in Deutschland und England schließlich weltweit zum feststehenden Begriff wurde. Und Friedrich wird so lange »der Große« bleiben, solange er von der Öffentlichkeit mehrheitlich als solcher bezeichnet wird, moderne *political correctness* oder persönliche Aversion hin oder her. Und es muss sich auch niemand dafür entschuldigen, wenn er einen allgemein eingeführten Beinamen verwendet.

Die Berliner, die ihren König gern den Großen nannten, waren auch die Ersten, die ihm seinen zweiten, ebenso berühmten Namen verpasst haben: »Alter Fritz«. Vom Vater ohnehin immer nur etwas despektierlich Fritz gerufen, was im Volk hinlänglich bekannt war, kam mit den Jahren dann eben auch das »alt« hinzu. Wobei in diesem Fall das Alter an sich nicht die alleinige Rolle spielte, sondern die Volkstümlichkeit des Königs. In dem saloppen »Alter Fritz« drückt sich sowohl Volksnähe aus als auch eine gewisse Respektlosigkeit, für die insbesondere die Berliner bekannt sind – im Guten wie im Schlechten. Friedrich nannte sie oft genug teils verärgert, teils liebevoll »Kanaillen«.

Glaubt man dem einflussreichsten Chronisten des 19. Jahrhunderts, Franz Kugler, so näherten sich die Berliner Gassenjungen dem alten König, wenn er in die Stadt ritt, derart respektlos, dass er sie manchmal mit seinem Krückstock vertrieb. Daraus ist wenig Hochachtung vor »Größe« zu entnehmen, eher Selbstbewusstsein der Berliner Gören.

Wahrscheinlich kommt der sächsische Volksschriftsteller Karl May dem Phänomen »Alter Fritz« am nächsten, wenn er in seinen *Herren von Greifenklau* schreibt: »Die Preußen liebten ihren alten Fritz über alles. [Aber es] war etwas sehr viel Gemütlichkeit dabei.«[3] Das ist es, was bis heute in der Bevölkerung mit dem Beinamen »Alter Fritz« verbunden wird: In Deutschland gibt es eine unübersehbare Fülle an Gasthäusern, Kneipen und sogar Hotels, die sich »Alter Fritz« nennen, stets um dem Gast schon per Namen altdeutsche Gemütlichkeit anzukündigen, und zwar von Rostock bis ins Rheinland und in die Eifel, von Sonneberg in Thüringen bis nach Schiltach im Schwarzwald, von Haunritz im ehemaligen hohenzollerschen Markgrafentum Ansbach bis Hollfeld im einstigen

Markgrafentum Bayreuth, wo neben Richard Wagner vor allem Wilhelmine, die Schwester Friedrichs des Großen, ihre Spuren im Gedächtnis der Bevölkerung hinterlassen hat.

Der Krückstock: Selbstdarstellung

Weil Friedrich die Geschichtsschreibung perfekt durchschaut hatte, tat er alles, was ihm möglich war, um der Nachwelt jenes Bild von sich zu hinterlassen, das ihm selbst am besten gefiel: Er schrieb die Geschichte seines Lebens sowie die Beweggründe für seine politischen Entscheidungen in dritter Person auf. Mit diesem Stilmittel suggeriert er Distanz zu sich selbst und machte es einfach, seine Formulierungen direkt zu übernehmen. Aber – und das ist stets sympathisch an ihm – er gibt auch zu, warum er dies tut: »Die Nachwelt richtet uns, aber wenn wir weise sind, müssen wir ihr zuvorkommen.«[4]

Schon zu seinen Lebzeiten also begann seine Imagebildung durch ihn selbst und maßgeblich durch Voltaire. 1810 folgten Wilhelmines Memoiren. Es ist verblüffend zu sehen, dass die ersten Historiker von diesen drei »Quellen« hemmungslos und umfangreich abgeschrieben haben, ohne dies zu kennzeichnen! Damit haben sie deren Darstellungen kritiklos übernommen und als allgemeingültige Biographien verbreitet. Selbst der *Spiegel*-Gründer Rudolf Augstein, der sich nach eigenen Worten »im tollen Jahr 1968« hastig dazu habe »verleiten lassen«, ausgerechnet eine Friedrich-Biographie auf den Markt zu werfen,[5] hat trotz Quellenstudiums diesen Fehler begangen – wohl kaum nur aus Schlampigkeit, eher auch weil ihm einige Quellen, die es damals nur in der DDR einzusehen gab, nicht zur Verfügung standen. Aber andere Autoren haben dann wieder bei Augstein als vermeintlicher »Koryphäe« abgekupfert, und so setzt sich ein ganz bestimmtes Bild von Friedrich immer weiter fort: dass er Frauen gehasst habe, mit Sicherheit homosexuell gewesen sei, dass er persönlich bescheiden, ja fast ärmlich gelebt habe und stets »erster Diener im Staat« gewesen sei. Hoffentlich gelingt es nach dreihundert Jahren, wenn die Aufmerksamkeit für Friedrich den Großen wieder geweckt werden kann, einige der schlimmsten Märchen auszuräumen.

Allzu große Hoffnungen aber darf man als Biograph nicht hegen, warnt der Bamberger Geschichtsprofessor Hartwin Brandt. Denn: »Erinnerungspolitik bedarf nicht der gesicherten, sachbezogenen historischen Grundlage – entscheidend für den Umgang mit und für die Gestaltung von Erinnerung sind die Absichten und Interessen der Erinnernden und der Erinnerungsproduzenten.«[6] Mit anderen Worten: Im Gedächtnis haften bleibt nur, was vom Rezipienten gerne angenommen wird. Unangenehme Wahrheiten oder Richtigstellungen werden zumindest langfristig ausgeblendet und wieder vergessen.

Zu den am meisten zitierten Quellen kann man sagen: Es sind neben Friedrichs und Voltaires Aufzeichnungen die »Denkwürdigkeiten« Wilhelmines, die ab 1810 der Öffentlichkeit zur Verfügung standen und je nach Haltung des »Erinnerungsproduzenten« als »übertrieben in der Härte des Urteils« abklassifiziert oder – wenn es ins Konzept passte – ohne Kennzeichnung wörtlich abgeschrieben wurden. Bis heute gibt es Aussagen wie diese: »Wir wissen, dass bei Wilhelmines Memoiren stets eine gewisse Skepsis angebracht ist.«[7] Woher wissen wir das? Skepsis ist immer angebracht, aber nicht nur bei Wilhelmine. Richtiger ist wohl, dass heute Leser empfindsamer geworden sind und ihnen viele Formulierungen schlimmer vorkommen, als sie damals gemeint waren.

Friedrich hatte weitere Tricks auf Lager, sich im Gedächtnis seines Volkes als bescheidener, unermüdlich tätiger Diener des Staates zu präsentieren. Dass er seine Uniformjacke und seinen Dreispitz trug, bis sie ihm wie Lumpen am Leib hingen, hatte nichts mit Sparsamkeit zu tun, sondern mit seiner im Alter wieder stärker auftretenden Nachlässigkeit und seinem Hang zur Verwahrlosung, der schon den Vater bis zur Weißglut trieb. Und schließlich: Die ganze Welt kennt den »Alten Fritz« mit seinem Krückstock. Doch wer ahnt, wie es unter der knöchernen, harten rechten Hand aussah, die sich scheinbar schwer auf den Stock stützte? Von dem berühmten Requisit besaß er mehrere teure Ausfertigungen; sie sind insgesamt mindestens eine Million Euro wert! Der Griff der Gehstöcke war in der Regel ein rokokogeschwungener Schnörkel; in einem Fall ist er mit Chrysopras und Diamanten besetzt! Seine Majestät hatten selbst bezüglich eines einfachen Gehstocks höchste ästhetische und noch höhere finanzielle Ansprüche.

»Wie Cäsar«: Die Legende

Solche Überlegungen spielten nach Friedrichs Tod keine Rolle. Es ging nicht darum, wer er wirklich war; es ging darum, was er verkörpern sollte. Und das bestimmte nun nicht mehr er selbst. Fest steht: Seitdem sich Friedrich Westpreußen angeeignet hatte, begann erst jener Staat Preußen, wie er bis heute klischeehaft im Gedächtnis der Allgemeinheit herumspukt. Eigentlich gab es jenes Preußen nur ziemlich genau für ein Jahrhundert: von 1772 bis 1871. Alles andere sind Zerrbilder. Denn bereits am 17. Januar 1871, dem Vorabend zur feierlichen Kaiserproklamation, klagte Wilhelm I. unter Tränen: »Morgen ist der unglücklichste Tag meines Lebens! Da tragen wir das preußische Königtum zu Grabe.«[8]

Preußens Weltmythos ist zunächst durch Friedrichs Feldzüge, durch seine Siege und Niederlagen sowie durch seine lange Regierungszeit von sechsundvierzig Jahren begründet worden. Dass die Legenden bis heute lebendig sind, liegt auch an deutschen Dichtern und Denkern, angefangen bei Johann Wolfgang von Goethe. Von volkstümlichen Anekdotensammlern erschienen zudem in hohen Auflagen Volks- und Kinderbücher, versehen mit naiven, aber einprägsamen Illustrationen.[9]

»Es ist doch etwas Einziges um diesen Menschen«, begeisterte sich Goethe. Er nannte ihn zuweilen den »größten Menschen seiner Zeit«, verglich ihn mit Alexander dem Großen und mit Cäsar.[10] Und Goethe ist sogar der Meinung, dass der frankophile Preußenkönig wider Willen zu einem Aufschwung der jungen deutschen Literatur beigetragen habe: »Der erste wahre und höhere eigentliche Lebensgehalt kam durch Friedrich den Großen und die Taten des Siebenjährigen Kriegs in die deutsche Poesie. Jede Nationaldichtung muss schal sein oder schal werden, die nicht auf dem Menschlich-Ersten ruht, auf den Ereignissen der Völker und ihrer Hirten, wenn beide für *einen* Mann stehen [...] In diesem Sinn muss jede Nation, wenn sie für irgendetwas gelten will, eine Epopöe [ein Epos] besitzen.«

Mit anderen Worten, Friedrichs kriegerische Taten lieferten laut Goethe einen würdigen Stoff für die deutsche Dichtung. Ausdrücklich lobt er Johann Ludwig Wilhelm Gleims »Kriegslieder« und Karl Wilhelm Ramlers Oden auf den Preußenkönig.[11] Selbst die »Abneigung Friedrichs gegen das Deutsche« sei für »die Bildung des Literaturwesens ein Glück« gewesen, denn sie habe den Eifer der deutschen Schriftsteller beflügelt: »Man tat alles, um sich von dem König bemerkt zu machen, nicht etwa, um von ihm geachtet, sondern nur beachtet zu werden, aber man tat's auf deutsche Weise«.[12]

Der zeitweise progressivere Friedrich Schiller hingegen erklärte: »Friedrich II. Ist kein Stoff für mich, und zwar aus einem Grunde. Ich kann diesen Charakter nicht liebgewinnen; er begeistert mich nicht genug, die Riesenarbeit der Idealisierung an ihm vorzunehmen.«[13]

Als dann Napoleon dem Heiligen Römischen Reich Deutscher Nation immer heftigere Schläge versetzte, die es schließlich zum Einsturz bringen sollten, wuchs unter den national gesinnten Denkern auch die Kritik an Friedrich. Hatte der Preußenkönig nicht als »Schöpfer« des deutschen Dualismus das Kaisertum, die Zentralgewalt im Reich, geschwächt? Der Philosoph Georg Wilhelm Friedrich Hegel nannte ihn 1802 in seiner Denkschrift *Die Verfassung Deutschlands* sogar den »Zerstörer des Reiches«, weil er rücksichtslos nur für ein mächtiges Preußen gearbeitet habe.[14]

Ein Jahr später geht der Dichter und politische Schriftsteller Ernst Moritz Arndt in seiner Schrift *Germanien und Europa* hart mit dem Preußenkönig und seinen deutschen Verehrern ins Gericht: »Den Siebenjährigen Krieg, ein Werk der Notwendigkeit, haben deutsche Philosophen und Poeten, oder die sich so nennen, zu einer herrlichen Nationaltrophäe machen wollen und Friedrich häufig den Retter und Befreier des Vaterlands genannt, weil der große Mann mit seltener Standhaftigkeit den Riesenkampf bestand. Aber man muß ihn dabei nur als Menschen und Regenten bewundern; als Deutsche müssen wir weinen, dass er nicht erlag und Maria Theresia nicht erliegen konnte. Kein Krieg geschah mehr auf Kosten des deutschen Volkes, und keiner legte den Grund des deutschen Elends, der Vielherrschaft, bleibender fest und bereitete die lange Schwäche des Vaterlandes ewiger vor als gerade dieser.«[15]

Gleichzeitig übt Arndt Kritik an Friedrichs autokratischem Regierungsstil, durch den er »die einzelnen Menschen« zu »Hölzchen und Stiftchen in seiner großen Maschinerie« herabgewürdigt habe.[16] Schon 1797 hatte der Dichter Novalis geschrieben: »Kein Staat ist mehr als Fabrik verwaltet worden als Preußen seit Friedrich Wilhelm des Ersten Tode.«[17]

Im Oktober 1806 besiegte Napoleon bei Jena und Auerstedt die preußische Armee, die auch nach Friedrichs Tod an der starren Schlachtordnung des 18. Jahrhunderts festgehalten hatte, damit aber nun dem beweglicher agierenden Gegner hoffnungslos unterlegen war. Diese vernichtende Niederlage musste den deutschnationalen Kritikern Preußens – für den polemischen Arndt der »angestrengteste und despotischste Soldatenstaat voll der unleidlichen monarchischen Aristokratie«[18] – nur logisch erscheinen.

Langsam kamen nun Reformen zur Erneuerung von Staat und Armee in Gang. Aber gleichzeitig war der preußische Stolz im Adel und im Volk derart verletzt, dass viele begannen, sich an Friedrich wieder ein Beispiel zu nehmen. War nicht er es gewesen, der stets aus unmöglich erscheinenden Situationen heraus den Sieg dennoch möglich gemacht hatte? Es ist verblüffend, aber binnen eines Jahrzehnts verkehrte sich die harsche Kritik an Friedrich ins Gegenteil.

Zum Dreh- und Angelpunkt wurde dabei der Sieg über Napoleon in der Völkerschlacht bei Leipzig am 19. Oktober 1813. In der bislang größten Schlacht der Weltgeschichte brachten die Verbündeten aus Österreichern, Russen, Schweden und Preußen den Franzosen die entscheidende Niederlage bei, die Napoleon aus Deutschland vertrieb. Zwei Wochen danach schrieb Wilhelm von Humboldt an seine Frau: »Napoleon gab sich das Ansehen, als wenn Friedrich II. nur für einen Augenblick seinen Staat aufgebaut hätte. Was er getan hat, wird erst jetzt recht sichtbar; denn was man auch sagen mag, der Grund des jetzigen Impulses in Preußen kommt noch unleugbar von ihm her.«[19]

Und selbst Ernst Moritz Arndt revidierte angesichts der wieder erwachten Friedrich-Verehrung seine Meinung. Er anerkannte ihn nun plötzlich »als den größten Menschen der zweiten Hälfte des 18. Jahrhunderts«,[20] womit er allerdings nur den Feldherrn Friedrich, nicht den Staatsmann meinte. Auch Hegel ruderte zurück und lobte Friedrich den Großen in seinen Vorlesungen in Berlin: »Er muß besonders deshalb hervorgehoben werden, weil er der erste unter den Regenten war, der das Allgemeine im Staate festhielt, immer das Beste seines Staates als das letzte Prinzip im Auge hatte.«[21]

Ein Jahr später, 1814 – noch war Napoleons Macht nicht endgültig gebrochen –, beschwor einer der maßgeblichen Dichter des erwachten Nationalbewusstseins der Deutschen, Friedrich Rückert, in seinen *Geharnischten Sonetten* die Wiederauferstehung Friedrichs: »Der alte Fritz saß drunten in den Nächten / Auf einem Thron aus Thatenglanz gewoben, / Und dachte, weil den Busen Seufzer hoben, / An sein einst freies Volk, das ward zu Knechten.« Da stieg ein Bote zu ihm in die Gruft und sprach: »Nun ist die Stunde, wo es bricht die Stricke. / Da sprang der alte König auf mit Mienen, / Als ob er selbst zu neuem Kampf sich schicke, / Und sprach: ›Jetzt will ich wieder sein mit ihnen.‹«[22]

Genau dieser Ton, dieser Tenor wurde im gesamten weiteren Verlauf des 19. Jahrhunderts bei der Verherrlichung Friedrichs unter deutschen Dichtern, Historikern und anderen Gelehrten modern. Die Friedrich-Fans begannen also über die Friedrich-Kritiker zu triumphieren. Entscheidend für diesen Überschwang war wieder einmal, wie schon zur Zeit Friedrichs, ein militärischer Sieg: die Schlacht von Waterloo im Jahr 1815, in der Napoleon endgültig ausgeschaltet wurde. Schlachtentscheidend war das Eingreifen der preußischen Truppen unter Marschall Blücher gewesen, und deshalb sah man diesen Sieg in direkter Tradition der »überragenden« Triumphe Friedrichs, was zum nationalen Selbstbewusstsein der Deutschen beitrug.

Vor allem die deutsch-national denkenden Kräfte, die damals als politisch fortschrittlich galten, hielten den reaktionären Fürsten ausgerechnet Friedrich als Beispiel vor. Karl Friedrich Köppen, ein von Hegel geprägter Historiker, verfasste 1840 die Schrift *Friedrich der Große und seine Widersacher*. Er widmete sie seinem Freund Karl Marx und verherrlichte darin Friedrich, »in dessen Geist zu leben und zu sterben wir schwören«. Dann lobte er den atheistischen Preußenkönig »als den Feind der christlich-germanischen Reaktion« und »Diener des Weltgeistes«.[23] Den Erzfeind der deutschen Revolution von 1848/49, den preußischen König Friedrich Wilhelm IV., fragte damals der Jurist Peter Alfred Michel zornig: »Erschien Dir nie in Deinem Leben / Dein großer Ahn, der Alte Fritz? / Und sahst Du Dich nicht selbst daneben / als Zwerg auf seinem Riesensitz?«[24]

Großen Anteil an der Legendenbildung im 19. Jahrhundert schreibt der Potsdamer Historiker Jürgen Luh insbesondere drei Publikationen zu: Es sind zum einen die 1738 von Isaak Markus Jost aus dem französischen Original ins Deutsche übersetzten und zudem stark bearbeiteten *Gesammelte[n] Werke Friedrichs des Großen in Prosa*. Damit »machte er einem breiten bürgerlichen Publikum des Königs Schriften und Gedanken [...] erstmals in einer wohlfeilen Ausgabe zugänglich«.[25]

Außerdem erschienen zum hundertsten Jahrestag der Thronbesteigung Friedrichs im Jahr 1840 zwei volksnah geschriebene Biographien. Der heute völlig vergessene Friedrich Förster schrieb mit *Leben und Thaten Friedrichs des Großen, Königs von Preußen* nach eigenen Angaben ein »vaterländisches Geschichtsbuch«, das zudem reich illustriert war. Gemeinsam mit Franz Kuglers *Geschichte Friedrichs des Großen*, illustriert von Adolph Menzel, leiteten beide »dann eine Friedrich-Renaissance ein, die seither fast ungebrochen anhält. Försters Geschichtsbuch erlebte in sieben Jahren fünf Auflagen, Kuglers Werk […] in der Zeit bis 1915 acht, eine eigens produzierte Volksausgabe bis 1901 fünf Auflagen. In jüngster Zeit ist es wieder in den Handel gekommen.«[26]

In ihrer Breitenwirkung nicht zu unterschätzen sind allerdings auch die mit der Gründung des Deutschen Kaiserreiches von 1871 aufkommenden »Volks- und Jugendausgaben« von Biographien in teils romanhafter Abenteuerform. Beispielhaft für viele sei hier der sächsische Schriftsteller (Paul) Oskar Höcker genannt, der 1886 mit den Titeln *Friedrich der Große* und 1912 mit *Der Sohn des Soldatenkönigs* reüssierte. Interessant ist der einordnende Verlagsbegleittext: »Friedrich der Große, ein Lebensbild des Heldenkönigs, dem Vaterland und der deutschen Jugend geweiht zum hundertjährigen Todestag des unvergeßlichen Monarchen«.[27]

In die gleiche Kategorie gehört Franz Otto mit *Der große König und sein Rekrut*, Ende des 19. Jahrhunderts erstmals veröffentlicht und von den Nazis 1940 erneut breit aufgelegt. Otto, der auch Verleger war und eigentlich Johann Christian Franz Otto Spamer hieß, nennt sein Buch »Lebensbilder aus der Zeit des Siebenjährigen Krieges. Für Volk und Herr, insbesondere für die reifere Jugend«. Versehen ist es mit fünfundachtzig Abbildungen des auf historische Darstellungen spezialisierten Malers und Illustrators Richard Knötel.

In allen diesen »Volks-Biographien« überwiegt das Anekdotische das Tatsächliche. Diese populäre und populistische Einstellung zu Friedrich wurde nach 1871 auch von der Kaiserfamilie übernommen und indirekt in neue, ihren Interessen entsprechende Bahnen gelenkt. Kaiser Wilhelm II. etwa verkleidete sich gelegentlich mit historischen Kostümen als Friedrich der Große. Ganz seinem eigenen Wesen entsprechend, sah er beim »Alten Fritz« vor allem die militärische Seite, was dazu beitrug, dass er im August 1914 bereitwillig in den Ersten Weltkrieg stürmte.

Dieser führte dazu, dass Thomas Mann 1914 die Arbeit an seinem *Zauberberg* unterbrach und erzürnt einen polemischen Beitrag über das Leben und Werk Friedrichs unter dem etwas abwegigen Titel »Friedrich und die große Koalition« verfasste. Da es in sein Konzept passte, schöpfte Mann gern und reichlich aus den Verleumdungen von Friedrichs Jugendfeind, dem Seckendorff, ließ kein einziges Schmähgerücht über ihn aus, bezeichnete ihn als »ungeschlechtlichen boshaften Troll« und »Kobold« und tobte schließlich: »Was Despotismus sei, zeigte *er* eigentlich erst, man hatte es vorher nicht so gewusst. [...] ›Der Alte Fritz‹ – ein schauerlicher Name, wenn man Sinn fürs Schauerliche hat; denn es ist wirklich im höchsten Grade schauerlich, wenn der Dämon populär wird und einen gemütlichen Namen erhält.«[28] Thomas Mann ist der erste namhafte Dichter des 20. Jahrhunderts, der Friedrich als verabscheuungswürdige Negativfigur zeichnet.

Flötenkonzert und Schlachten: Gemälde

Ganz anders wieder die Maler. Mit seinen Hunderten von Holzschnitten zu Franz Kuglers *Geschichte Friedrichs des Großen*, angefertigt in den Jahren 1839 bis 1842, legte der junge Adolph Menzel (1815–1905) den Grundstein zur bildlichen Historisierung Friedrichs und wurde zu seinem bedeutendsten Darsteller und Interpreten. Denn es folgten weitere Aufträge: Illustrationen zu den gesammelten Werken Friedrichs des Großen, zu Veröffentlichungen über dessen Armee und Soldaten. Außerdem begann Menzel mit malerischen Interpretationen von Friedrichs Leben, dessen berühmteste das Flötenkonzert in Sanssouci ist, gefolgt von der Tafelrunde mit Voltaire und – weniger bekannt, weil verlorengegangenen – dem Gemälde »Friedrich und die Seinen bei Hochkirch« sowie der »Bittschrift«.

Menzel war ab Mitte des 19. Jahrhunderts eine anerkannte Koryphäe für die bildliche Darstellung des Lebens und Werkes von

Friedrich dem Großen. Der Grund dafür war zum einen, dass er ein genaues Quellenstudium betrieben hatte. Er kannte die Örtlichkeiten von Rheinsberg und Sanssouci bis ins Detail. Er beschäftigte sich mit den Personen, die Friedrich umgaben, und arbeitete sich mit dem Eifer eines Historikers in die Materie ein. Zum anderen entschloss er sich, zum Erzähler der Begebenheiten um Friedrich zu werden, so, als wäre er als Augenzeuge dabei gewesen. Er zeichnete und malte den jugendlichen Kronprinzen in Wusterhausen und Rheinsberg, den König im Krieg, kämpferisch auf dem Schlachtfeld und nachdenklich danach, als Philosoph und einsamen Greis auf den Terrassen von Sanssouci. Der Kunsthistoriker Fritz Knapp spricht hier zu Recht »von Dichtkunst, von poetischer Gestaltung, von einem romantischen Nacherleben der großen Weltgeschichte. Aber Menzel hat sich hier nicht etwa nur als Illustrator und unterhaltender Erzähler erwiesen, sondern auch als Geschichtsgestalter.«[29]

Denn Menzels Holzschnitte und Gemälde geben neben historisch-fotografisch genauen Details vor allem Stimmungen wieder. Damit wird der Maler zum Gestalter des Geschehens. Vor allem mit den Holzschnitten, die in Kuglers Friedrich-Biographie in hoher Auflage eine weite Verbreitung fanden, wurden Menzels Friedrich-Interpretationen zu »Volksbildern«. Sie sprachen Gebildete und Ungebildete gleichermaßen an; sie zielten auf die Gefühlswelt der Betrachter. Kein anderer Künstler hat derart breit und nachhaltig zur Imagebildung und damit zur Legendenbildung um Friedrich beigetragen wie Adolph Menzel.

Das »Flötenkonzert in Sanssouci« von 1852 ist neben Menzels Holzschnitt des »Alten Fritz« mit Krückstock *heute* das tonangebende Bild über Friedrich den Großen. Mochte dieser auch als Feldherr berühmt geworden sein, heute, im betont friedliebenden Deutschland wird bei Abbildungen über Friedrich den Großen häufig Menzels Flötenkonzert bevorzugt, also die Darstellung des kunstsinnigen Feingeistes sowie des alten »Dieners des Staates«. Das »Flötenkonzert« ist ein besonders fein abgestimmtes Werk, im zarten Kerzenschein den abendlichen Ton im Konzertsaal von

Sanssouci heraushebend. Keiner sitzt oder steht zufällig. Eine Meisterleistung der Vorstellungskraft, gespeist nur aus schriftlichen Quellen. Außerdem vermied Menzel das übliche Herrscherpathos.

Den Mittelpunkt des Gemäldes bildet zwar Friedrich der Große, aber als Künstler. Er spielt gerade eine Kadenz und beherrscht somit die Aufmerksamkeit der Gesellschaft. Alle, auch die übrigen Musiker, hören zu. Am Cembalo sitzt Carl Philipp Emanuel Bach und wartet auf seinen Einsatz. Ganz rechts außen an die Wand gelehnt steht Johann Joachim Quantz, der Flötenlehrer Friedrichs, und konzentriert sich gänzlich auf dessen Spiel. Der zweite Herr links außen tut das Gleiche; nur hat er beim Zuhören völlig entrückt die Augen geschlossen. Es ist der von Friedrich (und Elisabeth Christine) begeisterte Bielfeld. Bemerkenswert außerdem, dass Menzel mit dem »Flötenkonzert« dem Image entgegentrat, Friedrich habe nur Männer um sich geschart: Die Dame mit geneigtem Kopf direkt links von ihm ist Wilhelmine und die Frau, die Richtung Betrachter blickt, ist die andere Lieblingsschwester, Amalie. Die Frau im Profil ist eine Hofdame. Die alte Dame rechts vom Notenpult stellt seine »Mama« dar, die Frau von Camas.

Das Gemälde »Die Tafelrunde von Sanssouci«, das 1945 zerstört wurde, zeigt ebenfalls Friedrich im Mittelpunkt, jedoch beherrschen zwei Redner im Vordergrund den Gesamteindruck. Menzels Botschaft: Der König duldet, dass an seiner Tafelrunde nicht alle Aufmerksamkeit stets auf ihn gerichtet ist. Auf beiden Gemälden sind alle Personen in ihren typischen Gesten und Physiognomien identifizierbar.

Das Gemälde »Friedrich und die Seinen bei Hochkirch« galt den Kunsthistorikern zwar lange als »der Höhepunkt seines großen monumentalen Gestaltens des Historienbildes«.[30] Aber Menzel hat geschildert, wie es entstand und was damit geschah: »Ich hatte das Bild seinerzeit in der Rittergasse [in Berlin] unter mannigfachen Entbehrungen gemalt. Immer kam meine Schwester ins Atelier und mahnte mich um Broterwerb, da die Ersparnisse aufgebraucht waren. Begonnen habe ich das Bild genau am Jahrestag von Hoch-

kirch (14. Oktober) mit einer Baumstudie auf dem Tempelhofer
Felde, und dieser Baum mit den Flammen dahinter war auch das
erste, was ich auf dem Bilde malte. Ich hatte sechs Jahre an den
Illustrationen gearbeitet und begann Hochkirch bloß aus glühender Lust zur Malerei im Großen – ohne jegliche Anregung, ge-
schweige Bestellung, sondern sogar mit der fast sicheren Aussicht,
dieses Bild einer Niederlage, die damals durchaus nicht hoffähig
war, niemals an den Mann zu bringen. Ich habe dann später, durch
Not gezwungen, doch viel antichambrieren müssen und das Bild
für einen relativ geringen Preis an [den preußischen König] Friedrich Wilhelm IV. endlich verkauft und dann noch Gott von Herzen dafür gedankt. Dank muß ich aber auch Friedrich Wilhelm IV.
wissen. Denn seinem Auftrag der Illustrationen (als Illustrator ließen sie mich alle gelten) verdanke ich es, daß mir die tragische
Größe Friedrichs, die mich an diesem Gegenstand so reizte, aufge-
gangen ist.«[31]

In der Schlacht von Hochkirch überraschten die Österreicher in
der Nacht vom 14. Oktober 1758 die Preußen. Friedrich und Zieten
konnten nur vorübergehend eine Verteidigungslinie bilden. Auf
Menzels Gemälde sprengt Friedrich so gespenstisch wie der spätere Storm'sche Schimmelreiter daher, gefolgt von der Silhouette
des Husarengenerals Zieten. Menzel verleiht der Szene »tragische
Größe«, glaubt Fritz Knapp und stellt fest: »Dazu wirkt auch die
Naturstimmung in ihrer tragischen Schwere zur Erhöhung des
dramatischen Eindruckes. So werden aber die Phänomene der
Natur, wird die düstere Stimmung herangezogen, um die Kraft der
Darstellung zu zeigen.«[32]

Gar nicht mythisch, sondern eindeutig, direkt und heroisch
sind die Werke des Saarbrücker Malers Carl Röchling (1855–1920).
Er malte den »Angriff der preußischen Infanterie in der Schlacht
bei Hohenfriedeberg«. Das Bild zeigt eine geschlossene Reihe
preußischer Grenadiere und einen entschlossenen Offizier. Damit
ist bei Röchling schon alles gesagt. Friedrich malte er »in der
Schlacht von Zorndorf«, wo er den preußischen König totenhaft-
gespenstisch und viel zu alt darstellt. Er lässt ihn mit gezogenem

Degen in der Rechten und dem Banner in der Linken roboterartig und mit starrem Blick seinen in Verwirrung geratenen Soldaten voranschreiten.

Dieses Element fand damals in der wilhelminischen Ära begeisterte Zustimmung: das maschinenhafte, trotzige Marschieren in den Kampf. Es signalisiert Rücksichtslosigkeit gegen sich und andere. Insofern trifft die Darstellung Röchlings zwar perfekt Friedrichs Grundhaltung als Feldherr. Nur – Röchling beschäftigte sich kaum mit der wahren Geschichte oder mit der Biographie Friedrichs. Er war ein Militärmaler durch und durch, kannte kaum andere Themen. Ihm ging es einzig und allein um die malerische Umsetzung von »deutschem Heldentum« nach dem Geschmack Kaiser Wilhelms II. Sein bekanntestes Werk ist daher kein Schlachtengemälde aus Friedrichs Kriegen, sondern das zweifelhaft-weltberühmte Bild »The Germans to the Front« von 1900, das das deutsche Expeditionsheer bei einem Angriff in China zeigt.

Unter den zahlreichen Militärhistorienmalern der Kaiser-Wilhelm-Zeit kam nur noch einer an die Sensibilität Menzels heran: der Aachener Künstler Arthur Kampf (1864–1950), seit 1912 geadelt. Als Dreiundzwanzigjähriger malte er 1887 mit breiten Pinselstrichen den »Choral von Leuthen«. Eindrucksstark hält er eine Szene nach der Schlacht bei Leuthen in Schlesien fest, in der die Preußen am 5. Dezember 1757 die weit überlegenen Österreicher besiegt hatten. Dankbar, das stundenlange Gemetzel überlebt zu haben, stimmten die Soldaten damals spontan den Choral »Nun danket alle Gott« an. Arthur von Kampf hat sein Bild in zwei diagonal verlaufende Hälften geteilt. Links das schmutzig-schneenasse Schlachtfeld, auf dem Leichen herumliegen. Rechts im Vordergrund, teils schweigende, teils andächtig singende barhäuptige Soldaten; einer weint, mancher ist offenbar schwer verwundet. In der Bildmitte steht als zentrale Figur mit gefalteten Händen der ergraute Alte Dessauer. Im Hintergrund, vor kalt-grauem Winterhimmel, kaum erkennbar, sieht man Friedrich. Er ist nur wenig herausgehoben aus der Menge, indem er einen Schritt vor der Soldatenreihe steht, kenntlich an seinem Stock, auf den er sich stützt.

Das Bild weist alle erzählerischen Elemente auf, die sonst charakteristisch sind für Menzels Schaffen. Es berührt die Gefühle des Betrachters. Vollkommen unheroisch, könnte es auch als Antikriegsbild gelten.

Auch allen weiteren Gemälden Kampfs, die Friedrich den Großen zum Thema haben, unterliegt ein romantisierender Tenor: der alte Zieten, wie er am Tisch einschläft; der »Alte Fritz nach der Schlacht bei Kunersdorf«, ruhig-väterlich auf seinem Schimmel sitzend und liebevoll bedrängt von seinen Soldaten; der »Alte Fritz«, wie er ein Bauernfeld betrachtet. Vielleicht wäre Arthur von Kampf heutzutage ähnlich geschätzt wie Menzel, wenn er sich nicht ab 1933 mit den Nationalsozialisten eingelassen hätte. Er wurde einer ihrer glühenden Verehrer und von Hitler als »deutscher« Maler geehrt. Doch seine sentimentalen Friedrich-Darstellungen konnten den Nazis schwerlich gefallen. Ihr Friedrich-Zerrbild ging eher in Richtung von Carl Röchlings trotziger Droh- und Feldherrenfigur – doch nun modern auf Zelluloid gedreht!

Der »große König«: Von Nazis missbraucht

Der Führer ist ganz ein Jünger Friedrichs des Großen.
Joseph Goebbels

Einer der Helden, die Hitler am meisten verehrt, ist Friedrich II.
André François-Poncet

»Ich will nicht den Gartenlauben-Friedrich«: Goebbels

Ausgerechnet die Weimarer Republik entdeckte Friedrich den Großen für sich neu, und zwar als Filmfigur »Fridericus Rex«. Auf der Grundlage des von Walter von Molo 1918 erschienenen gleichnamigen Romans verfilmte die Ufa in den Jahren 1922 und 1924 das Leben Friedrichs in vier Teilen, die trotz schwerer Finanzkrise zu Kassenschlagern wurden. Die SPD-Zeitung *Vorwärts* kritisierte am 31. Juli 1924: »Ihn neuerlich zur leeren Hurrafigur zu machen, zur Operettenfigur, zur Götzenfigur, die man anbetet, […] ist Verbrechen!«[1]

Doch die SPD-Kritik lag weit neben der öffentlichen Wahrnehmung. Das Publikum rief nach mehr. Eine Preußen-Nostalgie war ausgebrochen. Daraufhin drehte die deutsche Universum Film AG (Ufa) in den Folgejahren – unter Verwendung sämtlicher Klischees und Legenden – einen Friedrich-Film nach dem anderen: »Die Mühle von Sanssouci«, »Zopf und Schwert«, beide 1926, »Der Alte Fritz« (1928) in zwei Teilen, »Das Flötenkonzert von Sanssouci« (1930). Unter Anspielung auf eine Affäre Friedrichs mit der italienischen Tänzerin Barberina entstand der etwas anrüchige Boulevardfilm »Die Tänzerin von Sans Souci« (1932). Im letzten Jahr der

Weimarer Republik wurde noch der Kitschfilm »Der Choral von Leuthen« abgedreht, der aber erst nach Hitlers »Machtergreifung« am 7. März 1933 in die Kinos kam. Von allen bisher produzierten »Fridericus-Filmen« passte dieser am besten in die Naziideologie. Er zeigte die bedingungslose Opferbereitschaft für ein »höheres« Ziel. Der damals gerade nach Berlin entsandte französische Botschafter André François-Poncet beobachtete: »Die historischen Filme, die den patriotischen Geist anfachen und die glorreiche Vergangenheit Deutschlands verherrlichen, die Helden seiner Geschichte, Friedrich II. vor allen anderen, werden Mode und rufen lebhaften Beifall hervor.«[2]

Seit Beginn der Ufa-Friedrich-Filme spielte meist ein bestimmter Schauspieler die Rolle Friedrichs, der aus Essen-Kettwig stammende Otto Gebühr (1877–1954). Regie und Publikum glaubten in ihm Friedrich sowohl darstellerisch als auch physiognomisch am ehesten wiederzuerkennen. Er selbst war ebenfalls berauscht von der Rolle seines Lebens: »Es ist, so arrogant es klingen mag, etwas von dem großen Geist in mich gefahren, ich fühle mich vollständig als König Friedrich«, gestand er 1927 in einem Interview.[3]

Obwohl Gebühr nun auch unter den Nazis in vier von fünf weiteren Friedrich-Filmen den Preußenkönig verkörperte und sich 1938 von Goebbels gar als »Staatsschauspieler« ehren ließ, wollte ihn der Nazipropagandaminister eigentlich nicht mehr in dieser Rolle sehen. Otto Gebühr hatte es sich angewöhnt, Friedrich mit starrem Blick und weit aufgerissenen Augen darzustellen. Am 26. April 1940 notierte Goebbels in sein Tagebuch: »Harlan will nun einen neuen Fridericus-Stoff machen. Ich will aber jetzt den Friedrich nach Kunersdorf, nicht den Gartenlauben-Friedrich von Gebühr.«[4]

Regisseur Veit Harlan (1899–1964) setzte sich offenbar durch, denn 1942 kam der unter seiner Regie entstandene Film »Der große König« in die Kinos, mit just dem »Gartenlauben-Gebühr« in der Hauptrolle.

Der Rheinländer Joseph Goebbels (1897–1945) hatte früh schon großes Interesse an Friedrich entwickelt. In seinen Tagebüchern von 1924 bis 1945 gibt es dreiundzwanzig Eintragungen zu dem preußischen König. Bereits beim ersten Mal, am 19. Juli 1924, gewährt Goebbels Einblick in sein verzerrtes Friedrich-Bild, das er bis zum Untergang beibehält: »Lektüre: ›Unterhaltungen mit Friedrich dem Großen, Tagebücher des Herrn de Catt 1758–1760‹. […] Viel fades Gerede des Franzosen. Dann hindurchgestreut die wunderbaren Worte des einzigen Königs. Tritt einem menschlich nahe. Man sieht ihn leiden und sterben. […] Der höchste Punkt des Hohenzollerngeschlechts. ›Das Leben wird ein Schimpf und Sterben eine Pflicht‹, sagte er in bezug auf eine Schlacht, die unrettbar verloren ist. Welch ein Fanfarenwort in den Ohren seiner unwürdigen Nachfahren. Ja, eine Monarchie unter dem alten Fritz, das wäre die beste Staatsform. Aber das ist ja nur Illusion. Woher den großen Fritz nehmen? […] Das Büchlein gewährt tiefe, erhebende und erschütternde Einblicke in die Werkstatt eines Giganten. […] Den Krieg führt er nur aus Pflichtgefühl und als Dienst an seinem Volke.«[5]

»Erschüttert« – ein typisches Goebbels-Wort – zeigt sich der künftige PR-Chef Hitlers zwei Jahre später, am 17. September 1926, bei seiner ersten Begegnung mit der Aura Friedrichs: »Sanssouci. Hier wohnte der große König 38 Sommer. Hier liegen seine Hunde begraben. Da ist sein Empfangsraum, sein Schlafzimmer, die Tafelrunde, […] Man geht von Erschütterung zu Erschütterung. Friedrich der Einzige! Wir sitzen noch lange im Park.«[6]

Häufig bezeichnet er die Lektüre von Büchern über Friedrich als »eine Quelle der Kraft«. Besonders die sechsbändige *History Of Friedrich II Of Prussia* des britischen Essayisten Thomas Carlyle, erschienen von 1858 bis 1865, hat es ihm angetan – natürlich in deutscher Übersetzung. Carlyle (1795–1881) war von der Literatur der deutschen Romantik begeistert. Seine mehr als tausend Seiten umfassende Friedrich-Biographie ist dementsprechend romantisierend überhöht. Der Autor leidet mit dem König auf fast jeder Seite; es gibt nichts Vergleichbares von einem deutschen Schriftsteller. Genau das Richtige also für Goebbels, der danach lechzt, sein Friedrich-Bild vom einsamen Streiter gegen böse übermächtige Gegner bestätigt zu bekommen. Noch am 5. März 1945 begeistert er sich: »Insbesondere fesselt mich jetzt das Buch von Carlyle über Friedrich den Großen. [...] Man kann sein Herz an dieser Darstellung immer wieder erheben.«[7] Carlyle ist gewissermaßen der britische Beitrag zur Friedrich-Verehrung der Nationalsozialisten. Ironisch könnte man fragen, ob dies der wirkliche Grund dafür war, dass England 1947 so massiv darauf pochte, Preußen als Staat, und damit die Erinnerung an Friedrich, zu verbieten?

Goebbels war von der »Darstellung« des Briten dermaßen fasziniert, dass er kurz vor dem Zusammenbruch des Dritten Reiches, am 12. März 1945, Hitler »ein mir noch zur Verfügung stehendes Exemplar von Carlyles ›Friedrich der Große‹« schenkte, »das ihm große Freude bereitet«, wie er sich einbildete. Als ob der »Führer« dazu noch Muße oder Zeit gehabt hätte. Aber laut dem Nazipropagandachef betont Hitler anlässlich des Buchgeschenks, »daß es die großen Vorbilder sind, an denen wir uns heute aufrichten müssen, und daß Friedrich der Große darunter die exzeptionellste Persönlichkeit darstellt«.[8]

Goebbels hatte schon früh erkannt, dass Hitler mit ihm die Vorliebe für Friedrich teilte oder besser gesagt für bestimmte Episoden aus dem Leben des Preußenkönigs. Später behauptete er, dass »der Führer ganz ein Jünger Friedrichs des Großen« sei.[9] Hitler sah sich als Nachfolger aller »großen« Deutschen. Er glaubte, »in einem letzten heroischen Anlauf zur endgültigen Verwirklichung des Zieles der deutschen Geschichte zu schreiten, Verwirklichung in der Form eines tausendjährigen Reiches, das ein Reich der deutschen Macht und Größe sein sollte. In diesem Sinne wurde etwa die Reformation als Kampf der nordischen Seele gegen römische Bevormundung interpretiert und von der deutschen Befreiungstat Luthers gesprochen, nicht anders als von den politischen Taten Friedrichs des Großen.«[10]

So kommt es, dass Hitler in seinem Buch *Mein Kampf* sinniert: »Denn je größer die Werke eines Menschen für die Zukunft sind, um so weniger vermag sie [die Werke] die Gegenwart zu erfassen. [...] Freilich sind diese Großen nur die Marathonläufer der Geschichte; [...] Zu ihnen aber sind zu rechnen die großen Kämpfer auf dieser Welt. [...] Sie sind diejenigen, die einst am meisten dem Herzen des Volkes nahestehen werden; [...] Ihr Leben und Wirken wird in rührend dankbarer Bewunderung verfolgt und vermag besonders in trüben Tagen gebrochene Herzen und verzweifelte Seelen wieder zu erheben. [...] Neben Friedrich dem Großen stehen hier Martin Luther sowohl wie Richard Wagner.«[11]

Unmittelbar nach der »Machtergreifung« der Nationalsozialisten beschwor Goebbels bereits Friedrich den Großen. Am 30. Januar 1933 war Hitler vom Präsidenten der Republik, dem Exgeneral Paul von Hindenburg, als Reichskanzler einer Koalitionsregierung vereidigt worden, in der die Nazis noch in der Minderzahl waren. Am Abend kam es zu Unruhen, und der SA-Mann Hans Eberhard Maikowski wurde erschossen. Die Trauerfeier für Maikowski bot dann Goebbels die erste Gelegenheit, seinen Sinn für Dramaturgie zu entfalten. Goebbels beauftragte den damals populären Berliner Rundfunkreporter Fritz Otto Busch, von der Trauerfeierlichkeit im Berliner Dom zu berichten. Busch sprach daraufhin im Sprachduktus von Goebbels »mit größtem Pathos vom großen König Friedrich, ›den er in diesem Augenblick leibhaftig von seinem Pferde des Denkmals Unter den Linden herabsteigen und auf den Sarg Maikowskis zukommen sehe, um dem Toten für seine Pflichterfüllung zu danken‹«.[12]

»Die Potsdamer Komödie«: Hitler am Sarg Friedrichs

Dann kam der 21. März 1933, der berüchtigte »Tag von Potsdam«. An den Särgen König Friedrich Wilhelms I. und seines Sohnes Friedrich II. in der Garnisonskirche von Potsdam sollte das Naziregime seine preußische Weihe erhalten. Das alte Preußen hatte mit alledem nichts zu tun; es musste indes dafür später büßen. Nur der greise Präsident von Hindenburg legte an den Särgen der Könige einen Kranz nieder. Den Nazis genügte allein die physische

Nähe zum »großen König«. Der französische Botschafter André François-Poncet berichtete damals scharfsinnig:

Hitler, erklärter Feind des Parlamentarismus, hat keineswegs die Absicht, mit dem Reichstag zu regieren. [...] [Jedoch] ist es notwendig, daß er eine Zeitlang noch die Männer schont, mit deren Hilfe er zur Macht gelangt ist, daß er ihnen schmeichelt und sie bestimmt, seine Pläne zu unterstützen, deren Opfer sie dann sein werden. Hierzu wird die Potsdamer Komödie dienen. Die Eröffnung des neuen Reichstags ist für den 21. März festgesetzt. Wo sollen die Sitzungen stattfinden, da das Reichstagsgebäude ausgebrannt ist? Hitler bestimmt, die erste Sitzung werde in der Garnisonskirche in Potsdam einen würdigen Rahmen finden. Stammt dieser Gedanke von ihm? Ist er ihm vielleicht von Goebbels, dem genialen Propagandaleiter, eingegeben worden? [...] Die Potsdamer Garnisonskirche ist für das Preußentum eine Art Heiligtum. Hier ruht in einem Bronzesarg der Leichnam Friedrichs des Großen, vor dem Napoleon, wie die Geschichte überliefert, ausgerufen haben soll: ›Lägest du nicht hier, so stünde ich nicht da!‹ [...] [Die Kirche] erweckt glorreiche und große Erinnerungen an ein strenges und soldatisches Deutschland, reich an kriegerischen und staatsbürgerlichen Tugenden, die Erinnerung auch an ein Herrschergeschlecht, das Deutschland zur Größe und auf den Gipfel der Macht führte. Jeder Deutsche, der diesen Ort betritt, ist von diesen Gedanken erfüllt, und seine Brust schwillt von Stolz und Bewegtheit. Wenn Hitler hier die Abgeordneten des dritten Reiches in einem feierlichen Staatsakt versammelt, ist er sicher, der romantischen Phantasie seines Volkes ein Symbol zu bieten, dessen Bedeutung ihm nicht entgehen und das es mit Begeisterung erfüllen wird. [...] Der 21. März ist übrigens der Jahrestag des ersten Reichstages, den Bismarck 1873 einberief. Der Schatten

des eisernen Kanzlers wird sich dem Friedrichs des Großen zugesellen, um in der geheiligten Halle den Mann zu
empfangen, dessen Ehrgeiz es ist, ihr Werk fortzuset-
zen.[13]

Angesichts der Einführung der allgemeinen Wehrpflicht im Jahr
1935 bemerkte der französische Botschafter, Hitlers Geist beschäf-
tige sich »immerzu mit der Vorstellung seiner historischen Sen-
dung und, seinem natürlichen, romantischen Hang folgend, wollte
er die Proklamation der Rückkehr Deutschlands zur militärischen
Aushebung der Militärdienstpflicht auf den Tag des 17. März legen,
an dem Friedrich Wilhelm von Preußen im Jahr 1813 die Proklamation an das Volk richtete, die das Signal zum Freiheitskampf war.
[…] Der Tag des 17. März wird mit großen Feierlichkeiten begangen. [Generalfeldmarschall Werner von] Blomberg feiert in einer
Rede in der Oper die deutsche militärische Tradition von Friedrich II. bis Ludendorff.«[14]

Über die deutsche Armee schreibt François-Poncet:

Die Reichswehr ist zunächst einmal der Große Generalstab. Sein Weiterbestehen hat der Versailler Vertrag untersagt, er ist jedoch unter allerhand Tarnung neu entstanden. Der Große Generalstab ist vertreten durch den
Oberbefehlshaber der Armee, den Chef des Stabes und
die Chefs der verschiedenen Abteilungen oder Dienststel-
len. Er stellt die Elite der Armee dar. […] Er ist der Hüter
und Wahrer einer Tradition, die bis auf Friedrich II. zu-
rückgeht, einer Armee, die unverändert von einer Generation auf die andere vererbt wird. Er ist von einem Ka-
meradschaftsgeist erfüllt, der ihm einen beachtlichen
Zusammenhalt verleihen könnte. Der Block aber, den er
darstellt, ist nicht mehr unberührt; der Aufstieg des Nationalsozialismus und die Frage, welche Haltung man ihm
gegenüber einnehmen soll, haben zu Rissen geführt, die
sich erweitern. […]

Genauso ist Hitler in seinen Anfängen ein Soldat. [...] Er hat sich lange als solchen betrachtet und während der Zeit ›seines Kampfes‹ ist er in direkter Verbindung mit der Reichswehr geblieben. Das Bild, das ihm stets vor Augen schwebt, ist der preußische Staat. Einer der Helden, die er am meisten verehrt, ist Friedrich II. Das Deutschland, das er schmieden möchte, soll ein größeres, lebendigeres und fanatischeres Preußen sein.[15]

Was keiner wahrnahm, war die Tatsache, dass Hitlers und Goebbels' permanente Referenz an Friedrich einzig und allein dessen militärischen Leistungen und seinem Überleben in aussichtslosen Kriegssituationen galt. Völlig ausgeblendet und nie erwähnt, noch nicht einmal in privaten Aufzeichnungen oder Tagebüchern, haben beide die mögliche homosexuelle Neigung Friedrichs; für die gleiche Neigung hatte Hitler – zumindest offiziell – 1934 den SA-Führer Ernst Röhm liquidiert. Keiner von beiden erwähnt je die Toleranz Friedrichs gegenüber Andersdenkenden. Kein Wort davon, dass er Frankreich, den »Erbfeind«, mochte oder dass Friedrich den Juden erlaubte, in einem gewissen Rahmen zum normalen Bürgertum aufzuschließen; schlagartig verschwanden damals die »Judengassen«. Immer nur waren es Hohenfriedberg, Roßbach, Leuthen – immer nur Schlachten, die Goebbels und Hitler interessierten.

Nicht alle Parallelen, die Hitler und Goebbels zu Friedrich zogen, waren weit hergeholt, verkürzt oder falsch. Henry Kissinger etwa sieht im geheimen Zusatzprotokoll des deutsch-russischen Nichtangriffspaktes vom August 1939, gemeinhin Molotow-Ribbentrop-Vertrag genannt, »eine Wiederholung der Teilung Polens, so wie Friedrich der Große, Katharina die Große und Kaiserin Maria Theresia 1772 sie schon einmal durchgeführt hatten«.[16] Als Hitler kurz darauf, am 1. September 1939, in seiner Rede vor dem Reichstag seinen Angriff auf Polen zu rechtfertigen versuchte, bemühte er Friedrich den Großen als Beispiel. Dieser habe sich behauptet, obwohl er einer der größten Koalitionen gegenübergestanden sei.[17] Hier stimmt die Parallele, die Hitler bemüht, sogar ziemlich genau. Schon Friedrich hatte versucht, seinen Angriff auf Sachsen im Jahr 1756 als Defensivmaßnahme hinzustellen, genauso wie Hitler nun behauptete: »Seit 5.45 Uhr wird jetzt zurückgeschossen.« Eine weitere Parallele findet sich semantisch und inhaltlich: Ein »Unternehmen« nannte Friedrich seinen ersten Überfall auf Schlesien. Die Nazis bezeichneten ihren Überfall auf die Sowjetunion als »Unternehmen Barbarossa«.

Nachdem Hitler Ende 1941 den Oberbefehl an der russischen Front übernommen hatte, verglich ihn Goebbels in seiner Rundfunkrede zum Geburtstag 1942 »mit dem größten Feldherrn, den die deutsche Geschichte kennt, mit Friedrich dem Großen«.[18] Auch der Stararchitekt und Rüstungsminister des Dritten Reiches, Albert Speer, bekennt 1958: »Ich muß zugeben, ich sah Hitler damals durchaus als großen Mann, ganz in der Nähe Friedrichs oder Napoleons.«[19]

In seiner Neujahrsansprache vom 1. Januar 1943 zitierte Goebbels die Worte Friedrichs des Großen, der seinen Soldaten zurief: »In einer so heillosen Zeit muß man sich mit Eingeweiden aus Eisen und einem ehernen Herzen versehen, um alle Empfindsamkeit los zu werden.«[20] An diesem Tag meldet der russische Heeresbericht eine Offensive bei Stalingrad.

Roosevelt als Zarin: Parallele zu 1762 erhofft

Das Schicksal Friedrichs des Großen galt damals als Beweis: Egal wie verzweifelt die Lage auch scheinen mag, eine Rettung ist immer noch möglich. Deshalb fährt Goebbels am 12. April 1945 in das Hauptquartier der neunten Armee nach Küstrin und hält eine Aufmunterungsrede. Wie gewöhnlich redet er über den Siebenjährigen Krieg und zitiert aus der Friedrich-Biographie Carlyles: »Tapferer König! Warte noch eine kleine Weile und die Tage Deiner Leiden sind vorüber. Schon zeigt sich die Sonne des Glücks hinter den

Wolken, bald wird sie hervorbrechen.«[21] Zur gleichen Zeit starb im sechstausend Kilometer entfernten Kurort Warm Springs in Georgia der amerikanische Präsident Franklin Delano Roosevelt. Als Goebbels' Sekretär Rudolf Semler diese Nachricht in Berlin per Telefon vom Deutschen Nachrichtenbüro erfuhr und sie laut in die Runde weitergab, soll sich die Köchin »bekreuzigt und dann das ausgesprochen haben, was viele in diesem Augenblick dachten: Dies sei das Wunder, das uns Dr. Goebbels seit langem versprochen habe.«[22]

Vergeblich versuchte Semler, Goebbels in Küstrin zu erreichen. Als dieser nach Mitternacht zu Hause ankam und sein Sekretär ihm die Nachricht von weitem zurief, stand er laut Semler für einen Augenblick »wie angenagelt« da. Und seine Sekretärin, Inge Haberzettel, erinnerte sich, sie werde »den Ausdruck seines Gesichts im Feuerschein des brennenden Berlin nie vergessen«.[23] Aufgeregt rief Goebbels, dass dies die Wende des Krieges sei. Sogleich ließ er sich mit Hitler verbinden und schwadronierte vom »Mirakel des Hauses Brandenburg«, welches das Preußen Friedrichs in letzter Stunde vor dem Untergang bewahrt hatte. War es damals der Tod der Zarin Elisabeth gewesen, der die österreichisch-französisch-russische Feindkoalition sprengte, so war es jetzt der Tod des amerikanischen Erzfeindes Roosevelt, der das Ende der Feindkoalition herbeiführen würde.

Speer erinnert sich, wie sehr auch Hitler an diese Parallele zu Friedrichs Siebenjährigem Krieg glaubte: »Hier haben wir das große Wunder, das ich immer vorhergesagt habe. [...] Roosevelt ist tot!«, rief er Speer nach dessen Ankunft zu. Speer weiter: »Er konnte sich gar nicht beruhigen. [...] Goebbels und viele der Anwesenden bestätigten ihm überglücklich, wie er mit seiner hundertfach wiederholten Überzeugung recht behalten habe: Nun wiederhole sich die Geschichte, die den hoffnungslos geschlagenen Friedrich den Großen im letzten Augenblick zum Sieger gemacht habe. Das Mirakel des Hauses Brandenburg! Wieder sei die Zarin gestorben, die historische Wende eingetreten, wiederholte Goebbels unzählige Male. Die Szene zog für einen Augenblick den Schleier von dem verlogenen Optimismus der vergangenen Monate weg. Später saß Hitler erschöpft, wie befreit und zugleich benommen in seinem Sessel. [...] Einige Tage später ließ mir Goebbels, in Verfolg einer der zahllosen Phantastereien, die auf die Nachricht vom Tod Roosevelts aus dem Boden schossen, mitteilen, ich hätte doch so viel Kredit im bürgerlichen Westen; daher wäre zu überlegen, ob ich nicht mit einem Langstreckenflugzeug zum neuen Präsidenten Truman fliegen solle.«[24]

Bekanntlich wurde daraus nichts. Hitler beging am 30. April 1945 Selbstmord, Goebbels einen Tag später. Friedrich war dieses Schicksal knapp verwehrt geblieben. Auch er hatte stets eine Giftkapsel bei sich, »für den Fall der Fälle«, und stand 1762 in Breslau kurz davor, Selbstmord zu begehen. In seinem Fall war eben nicht nur die »Zarin« gestorben, sondern ein Zar Peter umgeschwenkt. Die USA waren und sind aber kein Zarenreich. Das hatten Goebbels und Hitler in der Endphase des Zweiten Weltkrieges nicht mehr zu erkennen vermocht. Zu sehr waren sie von den vermeintlichen historischen Parallelen ihres eigenen Schicksals mit dem von Friedrich verblendet.

Nach dem Krieg wusste dies alles plötzlich dann auch ein Engländer: George Peabody Gooch veröffentlichte 1947 eine Friedrich-Biographie, in der er den König als »Übermensch« bezeichnete, »der Preußen auf die blutbefleckte Bahn wies, die zu seiner kurzen und niemals ungefährdeten Vorherrschaft über Mitteleuropa führte«.[25] Zur gleichen Zeit aber, da Gooch über Preußens Vergangenheit brütete, veränderte sich Mitteleuropa grundlegend. Der Sozialismus hielt nach der »Befreiung« durch die Sowjetarmee Einzug, auch in einem Teil Deutschlands. Doch der Friedrich-Fan Goebbels hatte selbst für diese Variante einer Gesellschaftsordnung bereits 1928 vorgedacht, wobei hier allerdings der rechte Denker Oswald Spengler mit seiner Streitschrift *Preußentum und Sozialismus* Pate stand. »Der alte Fritz war ein Sozialist auf königlichem Thron«,[26] hielt Goebbels in seinem Tagebuch fest und wiederholte ein Jahr später in seinem halb autobiographischen Roman *Michael*: »Es gibt sozialistische Monarchien und kapitalistische

Republiken. [...] Sozialist sein: das heißt [...] Verzicht für den einzelnen und Forderung für das Ganze. Friedrich der Große war ein Sozialist auf dem Königsthron. ›Ich bin der erste Diener im Staat.‹ Ein königliches Sozialistenwort!«[27] Der Sozialismus in der 1949 entstandenen neuen Deutschen Demokratischen Republik räumte allerdings erst einmal mit allem Preußischen im Allgemeinen und Friedrich dem »Großen« im Besonderen auf.

Plötzlich Sozialist: Friedrich reitet für die DDR

*Wer war Friedrich II.? Ein intelligenter, vielseitiger und
musisch begabter Herrscher, der [...] – wenn er wollte –
die ganze Welt durch Bescheidenheit bezauberte und ... täuschte.*

Ingrid Mittenzwei, DDR-Historikerin

Honecker befiehlt Rückkehr eines Denkmals

Der amerikanische Schriftsteller Charles L. Mee kam 1975 in seinem Buch *Meeting at Potsdam*, das die Hintergründe der Teilung
Deutschlands in der Potsdamer Konferenz von 1945 detailliert
nachzeichnet, zu dem Schluss:

»Potsdam war der geeignete Ort, und das war zweifellos auch
der Grund für Stalin, dorthin zu gehen. Denn der Ort hatte für ihn
eine Bedeutung, die der Aufmerksamkeit Churchills und Trumans
entging. [...] Für Stalin war Potsdam ein Denkmal sowohl für den
Beginn des preußischen Militarismus als auch für das Ende deutscher Militärmacht und schließlich den fortgesetzten Kampf um
Macht in Krieg und Frieden. Potsdam war also der geeignetste Ort
für das Ziel aller drei Staatsführer, jedoch nur Stalin kannte den
wahren Grund.«[1]

Indes, seit dem britischen Bombenangriff vom 14. April 1945,
der das Herz Potsdams auslöschte, standen ohnehin nur noch Ruinen. Das Stadtschloss, in das Friedrich einst eine ähnlich hohe
Summe wie für den Bau Sanssoucis gesteckt hatte, war ausradiert,
von der Garnisonskirche waren nur noch ein Turmstumpf und
klägliche Mauerreste übrig. Die Sowjets hätten gar nicht so viel

Bedenken haben müssen, Preußen könne in ihrer Besatzungszone angesichts solcher Ruinen wiedererstehen.

Angeblich gab es zwar Wiederaufbaupläne für beide zentralen Gebäude Potsdams. Um aber kein Missverständnis aufkommen zu lassen, wo die »Deutsche Demokratische Republik« ideologisch stand, ließ der damalige Chef der Sozialistischen Einheitspartei Deutschlands (SED), Walter Ulbricht, 1959/60 sämtliche noch vorhandenen Ruinen in Potsdam sprengen. In Berlin waren auf sein Geheiß hin bereits 1950 die Reste des Stadtschlosses in die Luft gejagt worden. Die verbliebenen Schlösser der Hohenzollern und die Herrenhäuser des preußischen Adels wurden in der Regel umfunktioniert zu Sanatorien, Jugendclubs, Erholungsheimen, Schulungs- und Tagungsstätten. Man wundert sich heute, wie hoch der Bedarf der DDR an solchen Einrichtungen war. Was die zahlreichen Standbilder von Friedrich dem Großen, dem Großen Kurfürsten oder den preußischen Militärhelden anbelangt, so lässt sich nicht mehr nachvollziehen, wie viele davon im Zweiten Weltkriege zerbombt oder erst danach eingeschmolzen, aus ideologischen Gründen verstümmelt, umgewidmet oder verändert wurden. Manch ein Monument tauchte nach der Wende wieder auf, wurde am alten Standort aufgestellt oder nach historischen Vorlagen neu geschaffen.

Das bekannteste Friedrich-Denkmal, geschaffen vom Künstler Christian Daniel Rauch und 1851 Unter den Linden aufgestellt, ist ein überlebensgroßes Reiterdenkmal aus Bronze. Anlässlich der Weltfestspiele von 1951 in der Hauptstadt der DDR ließ der eifrige Kommunist Ulbricht ein Jahr zuvor Rauchs Reiterdenkmal entfernen und in das Hippodrom nach Potsdam überführen, einen abgelegenen Teil des Parks von Sanssouci. Selbstverständlich gab es kommunistische Bilderstürmer, die am liebsten Ross und Reiter sowie die zahlreichen Assistenzfiguren und den Sockel zum Zweck der Buntmetallgewinnung eingeschmolzen hätten. Doch couragierte Potsdamer Lokalpolitiker konnten dies verhindern; auch in der DDR war mancher Widerstand gegen allzu Eifrige möglich. 1960 gab es einen erneuten SED-Vorstoß, das Denkmal endgültig zu verschrotten. Kulturminister Hans Bentzien jedoch wehrte den Staatsvandalismus ab. Von da an hatte der Bronze-Friedrich in Potsdam seine Ruhe.

Der DDR-Schriftsteller Rolf Schneider äußerte sich 1975 – allerdings im Westen – im Magazin *Der Spiegel* über das Unbehagen seines »sozialistische[n] Staat[es] der Arbeiter und Bauern« zu Preußen und zu Friedrich. Die DDR sei »gern mit Geschichtsbewußtsein und Traditionspflege befaßt«, schrieb er damals. »Sie rubriziert dies unter Wörtern, die eher in den Sprach-Bereich eines Liegenschaftsamtes gehören: Erbe-Rezeption, Bewahrung des nationalen Kultur-Erbes. Aber soviel interpretatorische Mühe man Erscheinungen wie dem Deutschen Bauernkrieg und der Weimarer Klassik angedeihen läßt, so zag geht man mit dem Preußischen um.«[2]

1980 kam dann die große Überraschung. Der DDR-Staatschef Erich Honecker entdeckte, scheinbar aus heiterem Himmel, die preußische Vergangenheit seines Staatsgebietes, initiierte eine Preußen-Renaissance und ließ das imposante Denkmal aus Potsdam an seinen ursprünglichen Platz nach Berlin zurückholen. Von nun an ritt Friedrich der Große für den Sozialismus.

»Die ›Rückkehr des Königs‹ hat zwar bei der Bevölkerung in Ost-Berlin lebhafte Zustimmung, bei der SED-Führung dagegen ein gewisses Unbehagen ausgelöst«, meldete damals ein westdeutsches Blatt mit Erstaunen. »Man ist nicht überall von der Rückkehr dieses Symbols des Preußentums begeistert und die ›Ost-Berliner Zeitung‹ hat denn auch gleich vorsorglich davor gewarnt zu glauben, nun würden wieder alle Preußenkönige als ›Fortschrittshelden‹ angesehen. Immerhin meinte das Blatt, Friedrich der Große sei ein hochbegabter Herrscher gewesen. Darüber hinaus jedoch hat man den ›alten Fritz‹ noch nicht zu einer Symbolgestalt des Arbeiter- und Bauernstaates umzufunktionieren versucht.«[3]

Gregor Gysi erklärt, warum das Friedrich-Standbild Unter den Linden wieder aufgestellt wurde:

Die DDR verstand sich als das bessere Deutschland. Sie beanspruchte für sich, mit der Bewältigung des Nationalsozialismus kompromisslos verfahren zu sein. Ich möchte jetzt nicht diskutieren, inwiefern das stimmt und inwiefern nicht. Damals, unmittelbar nach der Gründung der DDR, folgte die SED der Sicht der Alliierten auf Friedrich II. und die Geschichte des deutschen Militarismus. In den achtziger Jahren hat sich das Geschichtsbild in der DDR insofern verändert, als dass eine entspanntere Sicht auf die Geschichte Preußens angestrebt wurde. Neben den Kriegsherrn trat auch ›Friedrich der Aufklärer‹ und Modernisierer. Die DDR hatte – auch durch die Entspannungspolitik – eine stärkere Sicherheit im internationalen Auftreten gewonnen. Parallel dazu versuchte die SED-Führung, ein DDR-Staatsbürgerbewusstsein zu generieren. Der dabei einschlägige Begriff der Nation konnte nicht an das deutsche Volk anschließen, denn für die DDR war die deutsche Zweistaatlichkeit, also ihre eigene Staatlichkeit, eine Prämisse. Vielmehr sollte der Begriff der Nation aus dem des Staates folgen. Die DDR-Führung verstand die DDR als sozialistische Nation. Dabei, so hat man wohl geglaubt, können Traditionen nicht schaden. Das hat zu einer Entkrampfung in der Bewertung der Geschichte Preußens geführt. Immerhin war Friedrich II. derjenige, der den »deutschen Dualismus«, also die Existenz zweier deutscher Großmächte, die andere war Österreich, befestigt hat.[4]

Doch Reste des Preußentums hatten ohnehin in einer Reihe von DDR-Institutionen Eingang gefunden. Am deutlichsten für alle Welt in der Nationalen Volksarmee (NVA), wo ausgerechnet sämtliche »Tugenden« des geschmähten preußischen Militarismus umgesetzt wurden, vom blinden Gehorsam über Uniformbesessenheit bis hin zum Stechschritt, weshalb die DDR im Westen gerne auch als »preußische Form der Diktatur« geschmäht wurde.

So wie Friedrich der Meinung war, das Volk sei nicht reif für die Aufklärung und er – als erster Diener seines Staates – müsse bei allen Entscheidungsprozessen die Fäden in der Hand behalten, so glaubte ja auch die SED, ihrem Volk als politische Avantgarde seinen Weg weisen zu müssen.

Die Möglichkeit, sich zur preußischen Vergangenheit zu bekennen, wurde wahrscheinlich durch eine Lockerung der Ansichten der Sowjets eröffnet. Ausgerechnet der in der DDR hochunbeliebte Russe Pjotr Andrejewitsch Abrassimow, der von 1962 bis 1971 und erneut von 1975 bis 1983 sowjetischer Botschafter in Ostberlin war, veröffentlichte 1978 in der außenpolitisch geprägten DDR-Wochenzeitschrift *Horizont* eine Artikelserie, in der er auch auf »Friedrich den Großen« einging.[5] Von nun an sprach auch Erich Honecker gelegentlich von »Friedrich dem Großen«. Der Journalist Jürgen Werner glaubt: »Der lange Zeit gering geschätzte König diente der DDR nun dazu, sich eine nationale Identität zu geben.«[6] In einem Interview mit dem britischen Verleger Robert Maxwell am 4. Juli 1980 bemerkte Honecker zum Friedrich-Denkmal: »In jedem der deutschen Lande gab es in der Vergangenheit Fortschrittliches und Reaktionäres, und die Standbilder wurden meist von berühmten Bildhauern geschaffen. Das ist ein Stück Kultur des Volkes.«[7]

Rolf Schneider, der selbst eine sehr dezidierte Meinung über Friedrich hat und über die Jahrzehnte den Umgang der DDR mit Friedrichs Residenz Sanssouci beobachtete, hielt schon 1975 fest, dass sich ganz allmählich ein differenzierterer Umgang mit der Gestalt des Preußenkönigs angebahnt habe. Er schildert, dass »der Alte Fritz in den Reden der Museumsführer zunächst als französierender Leute-Schinder, erzmilitaristischer Tabatièren-Sammler und schmuddeliger Päderast auftrat (womit es seine vollkommene Richtigkeit hat). Um das Jahr 1960 aber wurde der gleiche Fritz plötzlich zum Kultivator des Oderbruchs, zum Propagandisten des nützlichen Kartoffelanbaus und zum intelligenten Gastgeber Voltaires (was sich gleichfalls nicht bestreiten läßt). Inzwischen [1975] ist aus ihm einfach Friedrich II. geworden, ein König aus dem Hause Hohenzollern.[…] Man geht wohl nicht fehl, wenn man aus dieser sich wandelnden Kommentierung einen allmählichen Zuwachs von Gelassenheit herausliest. Die aber kann nicht Endziel, allenfalls Voraussetzung sein, und zwar zu einer objektivierenden Betrachtungsweise, für die es nun allmählich die Zeit ist.«[8]

Dass Schneider Friedrich forsch einen »schmuddeligen Päderasten« nennt – womit es nämlich *nicht* seine Richtigkeit hat –, ist eines jener Beispiele, die zeigen, womit sich die Aufklärung des »Mythos Friedrich« auch beschäftigen muss: mit der Beseitigung des Schmutzabwurfs. Die Meinung, dass man zu einem differenzierteren Bild von Preußen und seinem berühmtesten König gelangen müsse, teilten aber auch DDR-Historiker.

Friedrich nüchtern: Eine DDR-Biographie

Denn zur gleichen Zeit öffnete sich auch die Geschichtswissenschaft der DDR für das Preußische im Allgemeinen und Friedrich im Besonderen. In der SED-Zeitschrift *Einheit* veröffentlichten drei Historiker im Juni 1979 – offenkundig mit dem Segen der Partei – den Artikel »Preußen und die deutsche Geschichte«. Darin heißt es: »Die Entwicklung dieses Staates [Preußen] war widerspruchsvoll. Ebendiese Widersprüchlichkeit zwingt, unsere Stellung zum geschichtlichen Erbe, das von Preußen hinterlassen wurde, genauer zu bestimmen, damit über der notwendigen Bekämpfung und entschiedenen Zurückweisung des Reaktionären an Preußen nicht die positiv-progressiven Momente mißachtet oder gar negiert werden. Denn auch in der preußischen Geschichte gab es reaktionäre und progressive Elemente.«[9]

Dieser Grundsatzartikel gab eine neue Linie für die DDR-Geschichtswissenschaft vor, die bereitwillig aufgegriffen wurde. Der im Schwarzwald geborene Geschichtsprofessor Ernst Engelberg (1909–2010), nach 1947 in die »Ostzone« ausgewandert und von

1960 bis 1980 Präsident des Nationalkomitees der Historiker der DDR, veröffentlichte 1985 eine Bismarck-Biographie, die zeitgleich sowohl im Ostberliner Akademie-Verlag als auch im Westberliner Siedler-Verlag erschien. Der Siedler-Verlag pries das Buch auf dem Umschlag als »das große Werk des in Ostberlin lebenden Historikers« an und erreichte, dass Engelbergs nüchterne Bismarck-Biographie, in der er selbst kaum nennenswert Stellung zum »Eisernen Kanzler« bezieht, in westlichen Rezensionen hochgelobt wurde. Die *Zeit* etwa verstieg sich zu dem Superlativ: »Ein marxistischer Historiker aus Ostberlin schrieb die kompetenteste Bismarck-Biographie.«[10]

Beträchtlich weniger Aufmerksamkeit – aber immerhin auch Wohlwollen – erfuhr das Werk einer Schülerin Engelbergs. Die 1929 ebenfalls im Westen, in Bochum, geborene DDR-Professorin Ingrid Mittenzwei veröffentlichte bereits 1979/80 – im Jahr der Rückkehr Friedrichs auf seinen Platz Unter den Linden – eine Biographie über *Friedrich II. von Preußen*, die sowohl in Ostberlin als auch in Köln herausgegeben wurde. Welche Bedeutung Erich Honecker diesem Grundlagenwerk beimaß, erklärte er im Juli 1980: »Die Biographie Friedrichs des Großen von Ingrid Mittenzwei, eine Arbeit, die ich übrigens sehr schätze, ohne mich gleich auf jeden Satz festnageln zu lassen, ist [...] das Resultat unserer Haltung zum Erbe. Dazu gehört auch die Geschichte Preußens.«[11] Das nur 224 Seiten dünne Büchlein besticht zwar durch eine hervorragende Wiedergabe der Lebensstationen Friedrichs, konzentriert sich aber in herkömmlicher Weise auf die Kriege und seine innenpolitischen Reformen beziehungsweise Zustände des Staates Preußen unter seiner Regierung. Kindheit und Jugend sowie das »Menschliche« an Friedrich werden dagegen nur kurz beleuchtet und finden in der Bewertung Mittenzweis keine sonderliche Aufmerksamkeit. Bemerkenswert aber sind ihre Schlussbetrachtungen »Friedrich II. und die Nachwelt«, in denen sie letztlich eine gesellschaftspolitische Auseinandersetzung mit dem Preußenkönig anregt, die in der DDR begonnen hat, durch die Vereinigung 1990 in Vergessenheit geriet und bis heute auf ihre Fortsetzung wartet:

»Wer war Friedrich II.?«, fragt Mittenzwei und gibt Antworten, die zur gleichen Zeit westdeutsche Friedrich-Biographen in dieser Deutlichkeit meist vermieden. Die Historikerin fasst schlüssig in wenigen Sätzen zusammen, wer Friedrich war, unter anderem:

> Ein Mann, dessen Denken und Handeln um Großmacht-politik kreiste, ein ›Politiker der Stärke‹ […] bar jeden, zu dieser Zeit aufkommenden Nationalgefühls, dessen au-ßenpolitische Linie […] skrupellose Aggressionen ver-folgte und die Ideologie des Präventivschlages, des ›Not kennt kein Gebot‹, in die Geschichte einbrachte. […]
>
> Ein begabter Feldherr, ein Krieger, der seinem Vater fol-gend, das ganze Land als Feldlager nutzte und ihm im In-teresse seiner Großmachtpolitik ungeheure Opfer abver-langte.
>
> Ein intelligenter, vielseitiger und musisch begabter Herrscher, der auf Etikette nichts hielt und brillant zu un-terhalten verstand, der – wenn er wollte – ›die ganze Welt‹ durch Bescheidenheit bezauberte und … täuschte.
>
> Ein Menschenverächter, der mit zunehmendem Alter immer weniger von der menschlichen ›Rasse‹ und ihren Fähigkeiten hielt und der das Volk verachtete. […]
>
> Ein absoluter Herrscher, der, als er starb, ein Land hin-terließ, das sich trotz erstarkender Wirtschaft und geord-neter Verwaltung in einer Systemkrise befand, das nach der Befreiung von feudalen Fesseln und nach Überwin-dung der ständischen Struktur verlangte. Ein ›aufgeklär-ter‹ Konservativer.«[12]

Nach dieser Charakterbeschreibung fragt Mittenzwei: »Woran lag es, daß von diesem widersprüchlichen, begabten, die Interessen der Adelsklasse wahrenden Mann so langanhaltende Wirkungen ausgingen? Warum beriefen sich anfangs bürgerliche Liberale und später Reaktionäre aller Schattierungen auf ihn?« Ihre Antwort beschreibt zielsicher das »Phänomen Friedrich«, das bis heute aktuell ist: Hier gehe es »um den nicht zu übersehenden Fakt, daß Friedrich II. Linien absteckte, Trassen schlug, die die Herrschenden weiterverfolgten und die eingefleischte Reaktionäre noch heute weiterführen möchten.« Als weitere Gründe führt die DDR-Historikerin an: »Da der Preußenkönig den Aufklärern einen gewissen Spielraum gewährt hatte, erschien ihnen seine Zeit im nachhinein als Idylle. Sie kritisierten die neuen Machthaber, indem sie um den alten Legenden woben.«[13]

Genauso ist es bis heute geblieben. Mittenzwei stellt weiterhin richtig fest, dass »die Gestalt des Preußenkönigs sicher früher oder später im Sog der Jahrzehnte versunken« wäre, »hätte es nicht Ideologen und Politiker gegeben, die seiner bedurften«. Im Westen der siebziger Jahre, glaubte sie, »bescheren uns bundesrepublikanische Publizisten nun die neueste Variante. Sie entdecken den ›linken‹ Friedrich, der, wie sollte es anders sein, trotzdem auf Ordnung und Disziplin in seinem Staate hielt. Solange es solche ›Entdeckungen‹ gibt, solange gehört Preußen nicht der Vergangenheit an, solange wird man sich bei der historischen Beschäftigung mit Friedrich II. auch Aufgaben der Gegenwart stellen müssen.«[14] Diese Aufgaben der Gegenwart sind einunddreißig Jahre später immer noch nicht bewältigt.

Folgt man Mittenzweis Argumentation, dann müssen wir uns gerade jetzt *zwingend* mit Friedrich auseinandersetzen, denn die Gegenwart wartet auf Antworten, »was« Friedrich denn nun für die Deutschen seit der Wiedervereinigung bedeuten könnte. Denn auch der Historiker Jürgen Luh befürchtet heute: »Das Friedrich-Pathos der Kaiserzeit kehrte zwar nicht wieder, die Tendenz der Darstellung und Bewertung schon. Denn, die damals konstruierten Mythen hatte man liebgewonnen.«[15] Tendenz und Legende würden indes den Blick auf Person und Zeitalter Friedrichs verstellen. Welche Bedeutung wird Friedrich nun heutzutage beigemessen, diesseits und jenseits des Atlantiks?

Freddy, King of Prussia: Aus heutiger Sicht

Friedrich der Große ist für mich ein zugleich aufgeklärter
wie brutaler Herrscher, dessen Liebe zur Musik für mich ein Plus bringt.
Alfred Grosser, Paris

Weniger sympathisch ist mir sein Zynismus.
Gregor Gysi

Nach Pennsylvania abgeschoben:
Das Andenken in den USA

Friedrich der Große ging vor Honolulu unter. Zumindest als
Schiff. Der 1896 in Bremen gebaute Reichspostdampfer »Friedrich der Große« wurde 1917 von den USA beschlagnahmt, erst in
»USS Huron«, dann in »City of Los Angeles« umbenannt und bei
einem Brand am 17. Oktober 1922 im Pazifik vor Honolulu ver-
senkt. Ein bezeichnendes Bild für den Umgang der Vereinigten
Staaten von Amerika mit dem Andenken des preußischen Königs
im 20. Jahrhundert. Einer seiner letzten namhaften Verehrer war
Theodore Roosevelt (1858–1919), der schon von seiner Grundhaltung her sehr deutschfreundlich eingestellt war. Die 2001 erschie-
nene Biographie über den sechsundzwanzigsten US-Präsidenten
trägt – in Anklang an »Fridericus Rex« – den Titel *Theodore Rex*. Ihr
Autor Edmund Morris bescheinigt Roosevelt: »Friedrich der Große und Otto von Bismarck zählten zu seinen persönlichen Helden.«[1]
   Noch nach Ausbruch des Ersten Weltkriegs bemerkte Theodore Roosevelt am 3. Oktober 1914 kritisch über den damaligen
Präsidenten: »Es ist auf jeden Fall für eine Nation sowie für die ganze Welt besser, die Tradition von Friedrich dem Großen und von

Bismarck zu haben, als die von [...] [Woodrow] Wilson.«[2] Diese schroffe Äußerung hat folgenden Hintergrund: Während der intellektuelle Präsident Wilson damals überlegte, dass sich die Amerikaner in Europa diplomatisch für ein Ende des Krieges und für Friedensverhandlungen einsetzen sollten, vertrat der sich gerne robust gebende Theodor Roosevelt die Ansicht, die europäischen Kriegsparteien müssten ihren Konflikt bis zum Sieg des Stärkeren ausfechten – so wie Bismarck oder Friedrich im Siebenjährigen Krieg. Im Stillen hoffte er dabei, dass die Deutschen gewinnen würden. Anklänge an Friedrich in der amerikanischen Politik und Geschichtsschreibung lassen sich bis etwa 1950 feststellen.

Ein Jahr nach seinem Tod, 1787, war Friedrich kurzzeitig Diskussionsthema in der Debatte um die amerikanische Verfassung. Thomas Jefferson war einer der Wortführer, die sich für einen möglichst föderalen Bundesstaat einsetzten, mit wenig Zentralmacht in Washington. Der spätere vierte Präsident, James Madison, und der Verfassungsphilosoph Alexander Hamilton favorisierten hingegen eine starke Zentralgewalt unter Hinweis auf das schwache Deutsche Reich unter den Habsburger Kaisern. Es diente ihnen als Negativbeispiel, weil der ›Unterfürst‹ Friedrich »mehr als einmal gegen seinen kaiserlichen Oberherren aufstand und ihm meist überlegen war«. Ohnehin zog Madison die deutsche Vergangenheit als Abschreckung für die USA heran, da »sie eine Geschichte von Kriegen zwischen Kaisern und Fürsten« gewesen sei, die von »der Zügellosigkeit der Starken und der Unterdrückung der Schwachen und einer Kette von fremden Einfällen, von fremden Ränken zeugt«; schlimmer noch: »von allgemeiner Dummheit, Verwirrung und Elend«.[3]

Im Bezug auf den rund siebzig Jahre später ausgebrochenen amerikanischen Bürgerkrieg verweist Carl Sandburg in seiner mehrbändigen Biographie über Abraham Lincoln mehrfach auf »Frederick the Great«, nämlich dann, wenn es um die Tapferkeit deutscher Einwanderer in den Kämpfen des amerikanischen Bürgerkriegs geht oder wenn er die »heroische Durchhaltemoral« der Truppen der Nordstaaten in der Entscheidungsschlacht von Get-

tysburg im Jahr 1863 betonen möchte: Die Unierten hätten ge-
kämpft wie »die Griechen unter Miltiades« oder »die Preußen unter
Friedrich dem Großen«.[4] Wieder geht es nur um das Militärische.
Friedrich als Mensch interessiert überhaupt nicht.

Am 14. April 1918 titelte die *New York Times*: »Deutsche Geschenk-
statue in dem Keller verbannt«. Der Artikel auf Seite 3 berichtet davon, dass Präsident Woodrow Wilson ein Standbild »of Frederick
the Great« von den Terrassen des Army War College in Washington, D.C entfernen ließ. Schließlich befand man sich im Krieg mit
Deutschland. Unter der Statue waren erstmals 1905 Dynamit-
stangen gefunden worden, mit denen unbekannte Täter die Figur
offenbar in die Luft jagen wollten. Wie die Zeitung weiter berichtete, handelte es sich bei der Statue um ein Geschenk Kaiser Wilhelms II. aus dem Jahr 1904. Was ist aus ihr geworden?

Im Parade-Park der Carlisle Army Barracks in Pennsylvania
steht auf einem Steinpodest eine Bronzestatue. Ein Herr mittle-
ren Alters mit einem Dreispitz auf dem Kopf, die gestiefelten Bei-
ne geschlossen, der linke Arm auf dem Rücken, in der Rechten einen Stock, der Rücken gerade durchgedrückt, der Blick kühn in
unbekannte Ferne gerichtet – so kennt man Standbilder in den
USA von den Gründervätern. Es könnte einer der vielen Generäle
aus George Washingtons Revolutionsarmee sein, schließlich wäre
eine solche Statue nicht ungewöhnlich im Park einer amerikanischen Kaserne. Erst beim näheren Hinsehen kann man lesen, dass
es sich hier um »Frederick, King of Prussia« handelt. Eine jener vielen Bronzefiguren gleichen Typs, die Kaiser Wilhelm II. reihenweise produzieren ließ. Ein Exemplar wurde 1899 auf der Berliner
Siegesallee aufgestellt; eine Marmorkopie steht heute vor der Di-
rektion der Stiftung Preußische Schlösser und Gärten in Potsdam.

Amerikaner, die die Statue in Carlisle wahrnehmen, fragen sich,
was ausgerechnet Friedrich an diesem abgelegenen Ort und bei ihrer Army zu suchen hat. Die Antwort fällt banal aus: Es handelt
sich um die Friedrich-Statue, die 1918 in Washington demontiert
worden war. 1927 war »Freddy«, wie die Amerikaner Friedrich gern
nennen, auf seinen ursprünglichen Platz am War College zurück-

gekehrt und dort auch während des Zweiten Weltkriegs geblieben. Erst 1946, als die USA in »Freddy« einen Mitschuldigen an Hitlers Kriegen zu entdecken glaubten, wurde er erneut in den Keller verbannt und 1954 nach Carlisle verfrachtet. Man fand die Bronzestatue zu schade, um sie einzuschmelzen. Also gab man Freddy eine Heimat, die ihm nach Ansicht der Amerikaner gefallen würde: bei den Soldaten.

Laut einem amerikanischen Biographen von General Douglas MacArthur hat sich Präsident Harry S. Truman 1950 im Korea-Krieg bei seinen strategischen Überlegungen davon leiten lassen, die Fehler Friedrichs des Großen nicht zu wiederholen.[5] Weitere bemerkenswerte Anklänge an Friedrich gibt es in den USA seit vielen Jahrzehnten jedoch nicht mehr. Zu sehr ist Friedrich den Amerikanern dann doch der »aufgeklärte Despot« und 225 Jahre nach seinem Tod dem Gedächtnis entrückt.

Wohl aber kommt in den USA ein anderes Phänomen zum Tragen. Auf militärischem Gebiet sind die Amerikaner gewissermaßen die letzten Preußen. Die US-Streitkräfte sind den Armeen jeder anderen Nation überlegen, da sie am besten ausgebildet und am besten ausgerüstet sind. Die amerikanische Nation lässt sich ihre Armee eine Menge kosten: 671 Milliarden Dollar (497 Milliarden Euro) im Jahr 2011. Zum Vergleich: Der Verteidigungsetat in Deutschland belief sich in 2011 auf rund 31,5 Milliarden Euro. Außerdem haben amerikanische Soldaten ein hohes Prestige in der Gesellschaft. Die Offiziere, zumal des Marines Corps, sind als eine der Eliten der Nation anerkannt. Dieses Image hatten deutsche Soldaten und Offiziere nur im alten Preußen. Auch der »Präventivkrieg« als Mittel der Politik ist für amerikanische Präsidenten stets eine Option.

Viele Werte der Aufklärung, die Friedrichs Preußen nachgesagt werden – die sogenannten Tugenden, die Toleranz und Glaubensfreiheit –, finden sich bereits seit 1776 in den USA im öffentlichen Bewusstsein stark ausgeprägt. Präsident John F. Kennedys berühmter Appell in seiner ersten Rede im Januar 1961 – »Frage nicht, was der Staat für Dich tun kann, sondern was Du für den Staat tun kannst« – ist im Prinzip nichts anderes als Friedrichs Forderung gegenüber seinen Untertanen. Der große Unterschied zwischen Preußen und Amerika indes war und bleibt, dass dieses Engagement in den USA nicht erzwungen wird, sondern aus »höherer Einsicht« auf freiwilliger Basis erfolgt. Keine Nation der Erde hat so viele *volunteers* wie die amerikanische Gesellschaft. Dienst am Gemeinwohl ist Teil des Alltags.

Kaum Interesse in Europa

Zurück in Europa, fällt auf, dass es kein Land gibt, das ein irgendwie geartetes »Verhältnis« zu Friedrich dem Großen hat. In Frankreich gibt es viele diffuse Preußen-Klischees, die sich manchmal in sprichwörtlichen Redewendungen äußern. *Travailler pour le Roi de Prusse* geht zum Beispiel auf den geizigen Vater Friedrichs zurück und bedeutet übertragen nichts anderes, als eine Sache idealistisch um ihrer selbst willen zu unternehmen, ohne ein Entgelt erwarten zu können.

Da Friedrich gewissermaßen ein »Franzose auf deutschem Thron« war, ließe sich vermuten, dass Franzosen an ihm ein gesteigertes Interesse haben könnten. Aber weit gefehlt, wie mir der französische Publizist und Politikwissenschaftler Alfred Grosser schmunzelnd sagte. »Von Friedrich dem Grossen erfahren natürlich alle Franzosen. Ansonsten weiß man von Voltaire und seiner wechselhaften Beziehung zum französisch sprechenden König. Aber dieses Wissen ist im Abnehmen.«[6] Der Franzosenkenner Peter Scholl-Latour meint dazu: »Die Franzosen betreiben Nabelschau. Alles, was nicht französisch ist, ist schon mal uninteressant.«[7] Er erinnert sich aber, dass Frankreichs Konservative in der Vergangenheit manchmal »nach dem Wunder Preußen« schielten, »diesem Eisenstab, der sich in den Sand Brandenburgs hineingebohrt hat«. Scholl-Latour glaubt, dass jedwede Erinnerung an Friedrich in Frankreich überlagert wird vom Image Kaiser Wilhelms II. Zu Friedrich sagt Alfred Grosser: »Friedrich der Große ist für mich ein zugleich aufgeklärter wie brutaler Herrscher, dessen Liebe zur Musik für mich ein Plus bringt.«

Die schwedische Historikerin Merit Laine hält Friedrich für »eine befreiende Person, da er so vielen Klischees widerspricht, die heutzutage über ihn vorherrschen: der große Militär, der gleichzeitig Porzellan sammelt, *fêtes galantes* veranstaltet und wunderschöne pastellfarbige, goldene Paläste baut. Er überrascht einen auch oft. Er ist ein sehr guter Schreiber und manchmal richtig witzig. Für mich ist er – genauso wie seine Schwester Ulrike und alle anderen Geschwister auch – eine faszinierende, sehr komplizierte und grundsätzlich sehr unglückliche Gestalt. Er und seine Geschwister waren Personen, mit denen das Zusammenleben sicherlich nicht immer leicht war. Aber mit ihnen ist es so wie mit den Charakteren in großen Romanen: Sie bleiben einem im Gedächtnis und werden dadurch zu lebenslangen Wegbegleitern.«[8]

Aus England ist nichts Neues zu Friedrich zu erfahren. Es gibt fraglos ein signifikant höheres Interesse an ihm als in jedem anderen europäischen Land, allerdings ausschließlich an den militärischen Aspekten. Eine jüngere Biographie des englischen Militärhistorikers Christopher Duffy heißt denn auch: *Friedrich der Große. Ein Soldatenleben.* Etwas anderes interessiert die Engländer nicht. Bedauerlicherweise trägt diese verengte Wahrnehmung dazu bei, über Deutschland allgemein die alten Vorurteile eines Militärstaates von einer Generation an die nächste weiterzugeben, als habe seit 1945 keine gesellschaftliche Entwicklung stattgefunden.

Russland ist ähnlich wie Frankreich so stark auf sich selbst fixiert, dass dort ebenfalls kein Interesse an Friedrich besteht. Die wenigen, die etwas über den Preußenkönig wissen, verbinden damit allerdings keine negativen Assoziationen. Österreicher und Polen pflegen hingegen das Image des Bösewichts, was es in beiden Ländern erschwert, eigene, allzu liebgewonnene Sichtweisen auf Friedrich kritisch zu hinterfragen. Deutschen steht hier allerdings weder ein Urteil noch ein Ratschlag zu, schließlich brachte Friedrichs Aggressionspolitik für beide Staaten Unheil.

»Die Einschätzung der Alliierten war überzogen«

Wie aber stehen Deutsche heute zu Friedrich? Der einzige »Preuße« an der Spitze eines der beiden deutschen Staaten nach 1945 beziehungsweise Gesamtdeutschlands seit 1990 ist Richard von Weizsäcker. 1920 in Stuttgart geboren, lebte der Diplomatensohn ab 1936 in Berlin, wo er von 1981 bis 1984 als Bürgermeister regierte und von 1984 bis 1994 als sechster Bundespräsident die deutsche Einheit im Rahmen seiner Möglichkeiten mitgestaltete. Er bezog sich in einer Reihe seiner Reden auf Friedrich. Was er für einen Eindruck von ihm gewonnen hatte und was er über ihn dachte, hat er einmal folgendermaßen formuliert: »Für sich selbst machte Friedrich noch keinen Unterschied zwischen Staat und Geist. Weder betrachtete er sich als personifizierten Staat nach dem Beispiel von Ludwig XIV., noch hatte er Grund, an seiner Zugehörigkeit zur Welt des Geistes im geringsten zu zweifeln.« Friedrich habe »interne und einsame Auseinandersetzungen zwischen Macht und Geist« ausgestanden, »die zum Eindrucksvollsten dieses Monarchen gehören«. Weizsäcker spricht des weiteren sogar von einer »Verneigung von ihm vor seiner eigenen Person«, womit er ausdrücken will, dass Friedrich auch Demut zeigen konnte. Diese zählt nach Weizsäckers Ansicht, »um so mehr zu den kostbaren Gütern der deutschen Geschichte, als spätere Rückfälle geistloser Macht den Staat in schweren Verruf gebracht haben«.[9]

Klarer und direkter formuliert ein weiterer einstiger Bundespräsident seine An- und Einsichten über Friedrich: Walter Scheel. »Friedrich der Große ist für mich eine beeindruckende Persönlichkeit der deutschen Geschichte, weil er ein so eigenes Verhältnis zwischen Staat und Herrscher geprägt hat.« Scheel hatte nach eigenen Worten Anlass, sich immer wieder mit Friedrich auseinanderzusetzen:

Zehn Jahre lang habe ich jeden Tag an Friedrich den Großen gedacht. Und einmal am Tag ist noch zu wenig. Denn ich lebte während meiner Berliner Zeit in der Keithstraße.

Benannt nach einem der wichtigsten Vertrauten Friedrichs, dem aus Schottland stammenden Generalfeldmarschall James Keith. Wenn ich also so in unsere Straße einbog und dann meine Wohnung betrat, die eine eben typische Berliner Wohnung war, musste ich immer wieder an das Verhältnis von Friedrich II. und Keith denken. Bei den Gedanken an Keith befinde ich mich außerdem in guter Gesellschaft: Fontane ließ Effi Briest in der Keithstraße eine Wohnung finden. So kam es, dass ich wieder und wieder auch meinen Gästen erklären konnte, wer Keith gewesen ist. Auf diese Weise wurde häufig auch das Thema auf Friedrich gelenkt. Wenn ich an Untaten und Errungenschaften von Friedrich II. denke, dann muss ich eigentlich nur an einen Ausspruch von ihm denken, der für mich über allen anderen Aspekten steht: Der Regent muss sich in die Lage eines Landmanns oder eines Handwerkers versetzen und sich dann fragen: »Wenn du in dieser Klasse von Menschen geboren wärst, was würdest du von dem Regenten verlangen?« Ich habe nicht nur als Bundespräsident versucht, auf diese Weise zu agieren, sondern auch in viel kleineren Maßstäben. Wie der »Kategorische Imperativ« des großen Philosophen Immanuel Kant, so hat mich dieses Denken als Maxime bestimmt.[10]

Zum Vorwurf von Historikern und den Alliierten unmittelbar nach Ende des Zweiten Weltkriegs, Friedrich sei mitverantwortlich für die Militarisierung der deutschen Gesellschaft, die letztlich Hitlers Weg zur Macht und in den Krieg beträchtlich erleichtert habe, meint Walter Scheel: »Es gibt so viele Gründe und Ursachen für die Weltkriege des 20. Jahrhunderts, dass man gar nicht anfangen muss, über Friedrich II. nachzudenken. Die Entscheidung der Alliierten, kein Bundesland Preußen mehr zu schaffen, kann ich nachvollziehen und aus heutiger Sicht als keinen Fehler bezeichnen. Die preußische Identität ist dadurch nicht beschädigt, und ich genieße noch heute, im hohen Alter, die Fahrten durch die Mark Brandenburg zu den preußischen Kulturdenkmälern.«

Gregor Gysi hingegen meint: »Diese Einschätzung [der Alliierten] war sicher überzogen, wenn auch vor dem damaligen Hintergrund nachvollziehbar. Allerdings denke ich nicht, dass Geschichtsverläufe determiniert sind. Die interessantere Frage ist immer, welche politischen Bedürfnisse die Konstruktion von Geschichtsbildern befördern. Die deutsche Entwicklung nach der gescheiterten Revolution von 1848/49 lief auf eine Modernisierung von Ökonomie und Verwaltung ohne politische Inklusion der gesellschaftlichen Kräfte hinaus. Das ging nur im Rahmen eines autoritären Obrigkeitsstaats, der auf Militarismus und Imperialismus setzte. Vor diesem Hintergrund verlief im Wilhelminischen Deutschland die Aneignung der Geschichte und die Produktion entsprechender Geschichtsbilder. Es war also verständlich, nach 1945 zu versuchen, endlich Schluss zu machen mit dieser verhängnisvollen Tradition.«[11]

Gysis Auffassung von Friedrich ist glasklar: »Friedrich der Große ist für mich eine wichtige und höchst widersprüchliche Person der deutschen Geschichte.« Gefragt nach den größten Errungenschaften und schlimmsten Untaten Friedrichs, meint er: »Auf der Fortschrittslinie liegt sicher die religiöse Toleranz, die allerdings vor den Juden haltmachte. Dann sind zu nennen die Einschränkungen der Zensur, die Abschaffung der Folter, erste Schritte zur Pressefreiheit. Auf den königlichen Gütern wurde die Leibeigenschaft immerhin gelockert. Zu seinen schlimmsten Untaten gehört der wiederholte Bruch von Friedensverträgen, also die Bereitschaft, zum Krieg als Mittel der Außenpolitik zu greifen. An den persönlichen Charaktereigenschaften, sofern die Überlieferungen zuverlässig sind, schätze ich seine Aufgeschlossenheit gegenüber der Aufklärungsphilosophie und seinen Kunstsinn. Weniger sympathisch ist mir sein Zynismus.«

Walter Scheel fühlt sich beim Stichwort Kunstsinn an das Jahr 1969 erinnert, als er Außenminister Willy Brandts war: »Willy Brandt wurde Bundeskanzler der ersten sozialliberalen Koalition in Deutschland. Wir haben damals mutige Neuerungen durchgesetzt und konnten dann den Zustrom beobachten: Künstler, Wissenschaftler, Schriftsteller, Musiker und sonstige Intellektuelle kamen in Scharen und unterstützten uns. Dieser Austausch war wahnsinnig belebend und wirkungsvoll. Deshalb kann ich aus eigener Erfahrung sagen: Die Verbindung zwischen Voltaire und Friedrich dem Großen war eigentlich so etwas wie eine Selbstverständlichkeit gewesen.«

Holger Wemhoff, Chefmoderator und Programmdirektor von »Klassikradio« unterstreicht, dass Friedrich »als Musiker und Kulturinteressierter oder besser Kulturbegeisterter viel für die Musik und die Kunst getan hat. Gerade in heutigen Zeiten der Sparpolitik und Dauerkürzung der Kulturhaushalte kann er durchaus als leuchtendes Beispiel dastehen.« [12]

Preußens Glanz und Gloria aus Friedrichs Zeit waren einst sprichwörtlich. Im heutigen deutschen Alltag davon übriggeblieben ist die lateinische Form des Namens Preußen – Borussia – bei den Fußballclubs Borussia Dortmund und Borussia Mönchengladbach. Und der Militärmarsch mit dem Titel »Preußens Gloria« wird bis heute gerne im Kölner Karneval gespielt, um sich über den einstigen preußischen Militarismus lustig zu machen. Dabei wurde »Preußens Gloria« 1871 von Gottfried Piefke ausgerechnet in jenem Jahr komponiert, in dem der Staat Preußen im Deutschen Reich aufging. Stellt sich die Frage: Was bleibt?

EPILOG

Was bleibt?

Diesem Buch hätte ich gern einen französischen Titel gegeben, worin mir der Alte Fritz sicherlich zugestimmt hätte. Der Titel selbst aber hätte ihm wohl nicht gefallen: *L'Adieu à la Gloire* – »Abschied vom Ruhm«. War er doch der Meinung: »Das wahre Verdienst eines guten Fürsten besteht in [...] der Liebe zu seinem Vaterland und zum Ruhm.«[1]

Mir hingegen lag auf den vorhergehenden Seiten daran, hinter diese von ihm selbst so meisterhaft inszenierte *Glorie* zu blicken, auf den Menschen Friedrich, auf den kleinen süßen, pausbäckigen Fratz, der seine große Schwester anhimmelt, auf den Fritz, der als Kind unsägliche Prügel an Leib und Erniedrigungen an Seele durch den Vater erduldete, auf den jugendlichen Friedrich, der irgendwann »die Schnauze voll« hat und türmt, auf den Träumer und Schöngeist in den Rheinsberger Jahren – bis er dann schließlich zu jenem »Großen« wurde, wie er heute in den Geschichtsbüchern dargestellt wird oder in Filmen herumgeistert.

Was veranlasst einen Autor, über eine berühmte Person zu schreiben, gleichsam in die Privatsphäre und Arbeitswelt eines wildfremden, längst vermoderten Menschen einzudringen und seine Handlungsweisen darzulegen und zu bewerten? In der Regel ist es Bewunderung oder Abscheu gegenüber dem »Helden«. Im vorliegenden Fall war es eher eine persönliche Verpflichtung, ist mein Buch auch Vermächtnis für einen verstorbenen Weggefährten. Denn »meine« Geschichte mit Friedrich dem Großen begann gewissermaßen in South Dakota, der Heimat der Sioux-Indianer (die überhaupt nichts mit Friedrich zu tun haben), setzte sich fort am Rhein, in Bonn-Bad Godesberg, und endet nun in Berlin. Der im Januar 2010 verstorbene Dr. Paul Reinke, DDS, aus Rapid City, South Dakota, weckte erstmals mein Interesse an dem Preußenkönig, weil er mit mir und meiner Frau im Jahr 1991 heftig über die Bedeutung Friedrichs des Großen angesichts der Rückführung seines Sargs nach Potsdam diskutierte. Er war eigens – wie Hunderttausende andere – zum »Begräbnis« nach Potsdam gereist und über alle Einzelheiten der Umbettung informiert.

Zwei Jahre vor Kriegsende waren die Särge von Friedrich und seinem Vater in einen Wildpark bei Potsdam vor Luftangriffen in Sicherheit gebracht worden. Dabei wurden die Außenhüllen der Särge mit Schneidbrennern zerstört; außerdem waren die Original-Holzsärge morsch geworden und verfallen. Eine erste Umbettung war nötig. Im März 1945 wurden die Särge in ein Bergwerk bei Heiligenstadt verfrachtet, senkrecht 563 Meter tief unter die Erde. Von den Amerikanern gegen Kriegsende aufgestöbert und wieder heraufgeholt, standen sie erst im Marburger Schlosskeller, ab August 1946 in der Gruft der Marburger Elisabethkirche. In der Nacht vom 27. auf den 28. August wurden unter größter Geheimhaltung die Särge erneut entnommen und auf die Burg Hohenzollern nach Schwaben gebracht. Am 17. August 1991, dem 205. Todestag Friedrichs, wurde schließlich sein Testament erfüllt: Gegen Mitternacht, im Rampenlicht der Weltöffentlichkeit und im Beisein des »Privatmannes« Bundeskanzler Helmut Kohl (CDU) wurde er endlich in der von ihm angelegten Gruft auf der obersten Terrasse von Sanssouci beigesetzt.[2] Bundeswehroffiziere hielten die Totenwache, während ein Musikkorps Trauermusik spielte.

Mit dem öffentlichen Rummel bei der Beisetzung aber wäre

Friedrich nicht einverstanden gewesen. Schließlich schrieb er in seinem Testament von 1752: »Ich habe als Philosoph gelebt und will als solcher begraben werden, ohne Pomp, ohne Prunk und ohne die geringsten Zeremonien […] Sterbe ich in Berlin oder Potsdam, so will ich der eitlen Neugier des Volkes nicht zur Schau gestellt werden und am dritten Tage um Mitternacht beigesetzt werden. Man bringe mich beim Schein einer Laterne, und ohne daß mir jemand folgt, nach Sanssouci und bestatte mich dort ganz schlicht […] in einer Gruft, die ich mir habe herrichten lassen.«[3]

Unsere Befürchtungen von damals, die auch in den amerikanischen Medien breit reflektiert wurden,[4] dass die Friedrich-Gruft zu einem Wallfahrtsort der »Ewiggestrigen« würde, haben sich nicht bewahrheitet. Damals wie heute scheint das allgemeine Interesse der Deutschen an Friedrich gering.[5] Ich erinnere mich: 1991 hielt man in der Öffentlichkeit den »Begräbnisrummel« um Friedrich, die (g)eifernden Kommentare mancher Journalisten gegen Kohls Teilnahme für völlig überzogen. Heute kräht kein Hahn mehr danach. Würden nicht manche Besucher von Sanssouci zum Ärgernis der Schlösserverwaltung Kartoffeln auf die Gruftplatte legen, könnte man die letzte Ruhestätte Friedrichs glatt übersehen. Das tun auch viele.

Paul, der Mitglied des Direktoriums der Mount Rushmore National Memorial Society war – das sind die Leute, die sich um den Erhalt der in den Fels gehauenen Präsidentenköpfe kümmern –, hatte schon immer ein anderes Verständnis für nationale Symbole als ich. Wir konnten uns damals, vor zwanzig Jahren, über die Bedeutung Friedrichs nicht einigen. Aber der Stachel des Zweifels, den Paul in mir hinterließ, saß. Seither habe ich mich Friedrich dem Großen von verschiedenen Seiten genähert, anfänglich von der amerikanischen, dann von der europäischen Ansicht und schließlich vom deutschen Standpunkt aus; beileibe nicht in der Absicht, je selbst über ihn zu schreiben. Denn schließlich gibt es ganze Bibliotheken voll von Büchern nur über den »Alten Fritz«. Die einst größte Anhäufung an Friedrich-Literatur, die »Friderizianische Sammlung« aus dem Jahr 1877, ging im Zweiten Weltkrieg verloren. Der bibliophile Sammler Gerhard Knoll aus Bremen hat diese schwere Scharte inzwischen jedoch wieder ausgewetzt. Er trug in den vergangenen fünfzig Jahren neuntausend Bücher von und über Friedrich zusammen, darunter nahezu komplett die zeitgenössische Literatur sowie Flugblätter, die er im Jahr 2009 unter den Namen »Bibliothek Knoll« der Stiftung Preußische Schlösser und Gärten in Potsdam überließ.[6]

Warum also noch eine Biographie? Neben der geschilderten persönlichen Motivation ahnte ich bei den vielen Besuchen der hohenzollerschen Schlösser in Berlin und Brandenburg in den vergangenen sieben Jahren, dass es bei der Person Friedrich in unserer Zeit einer neuen Annäherung bedarf: als Mensch, als Monarch und als Mythos.

Die gezielten Recherchen und die zahlreichen Gespräche zu diesem Buch verfestigten meinen Eindruck. Friedrich und seine Zeit sind hochaktuell, ja brisant: Themen wie Integration von ausländischen Einwanderern, Folterverbot, Kindestötungen, Krieg als Mittel der Außenpolitik, Einfordern von Rechenschaft der Politiker gegenüber ihrem Volk, all dies gab es vor dreihundert Jahren genauso wie heute. Und auch Esoterik und Okkultismus, kurz, der von Friedrich bekämpfte »Aberglaube«, boomen wieder. All diese Themen sind dreihundert Jahre später in Deutschland immer noch »da«; sie bewegen die Nation und die Medien. Doch viele Politiker scheuen sich, etwas dazu und zu Friedrich zu sagen, aus Angst, es könnte das Falsche sein. Könnte es?

Da ist es wirklich höchste Zeit, Friedrich den Großen aus jenen Schubladen herauszuholen, in die er seit seinem Tod von allen möglichen Träumern, Patrioten und Demagogen gesteckt wurde. Mein Versuch einer Annäherung an den »Großen« möchte ein Beitrag zum Schubladenöffnen sein.

Was bleibt? Barbara Abend, die Mitbegründerin und künstlerische Leiterin des Berliner Theaters im Palais, fasst trefflich zusammen, worum es dreihundert Jahre später eigentlich geht: »Für mich wird deutlich, wie eng wir heute Fortschritt sehen. Damals waren in dem Fortschrittsgedanken alle Bereiche des gesellschaftlichen Lebens eingeschlossen: Recht, Moral, Bildung, menschliche Souveränität, Toleranz. Heute sehen wir Fortschritt nur noch technisch-naturwissenschaftlich. Was bedeutet uns heute Vernunft? Es ist notwendig, dass die deutsche Aufklärung wieder einsetzt mit ihrer These von dem Austritt aus selbstverschuldeter Unmündigkeit.«[7]

Was bleibt noch? Der Preußenkenner Professor Hans-Joachim Schoeps (1909–1980) sagte einmal: »Das Datum, an dem das alte Preußen zum letzten Mal sichtbar wurde, ist der 20. Juli 1944 gewesen. Die Männer der Widerstandsbewegung, die des Glockenspielmotivs der Potsdamer Garnisonskirche halber aufgestanden sind, sind die Blutzeugen des wirklichen Preußentums in unserer Generation geworden. Fast alle klangvollen Familiennamen Preußens finden sich im Register der am Galgen aufgehängten: Yorck und Moltke, Witzleben und Schulenburg, Schwerin und Stülpnagel, Dohna und Lehndorff.«[8] Wann und wo ist von diesem Zusammenhang heute noch die Rede?

Allerdings will ich nach diesem gewichtigen Hinweis auch die mahnenden Worte Friedrichs nicht unterschlagen, der in seiner unübertrefflichen Ironie bereits 1775 vor Leuten wie mir warnte: »Unsere meisten Geschichtswerke sind zusammengetragene Lügen, mit einigen Wahrheiten untermischt. [...] Aber wenn uns die Neugierde antreibt, in die einzelnen Umstände der Begebenheiten jener entfernten Zeiten einzudringen, so stürzen wir uns in ein Labyrinth voll Dunkelheit und Widersprüche, wo wir keinen Faden zum Ausgang finden können. Liebe zum Wunderlichen, das Vorurteil der Geschichtsschreiber, missverstandener Eifer für ihr Vaterland, Hass gegen feindlich gewesene Nationen, sowie alle die verschiedenen Leidenschaften, welche die Feder geführt haben, [...] haben die Tatsachen verfälscht und entstellt, so dass man jetzt selbst mit Luchsaugen nicht im Stande wäre, durch den Schleier zu dringen.«[9]

Trotz dieser Unkerei Friedrichs hoffe ich, dass ich Sie mit Luchsaugen durch das Labyrinth der Geschichtsschreibung führen konnte, auch zu den Widersprüchen des großen Zynikers und zu jenen »Tatsachen«, die er selbst genial »verfälscht und entstellt« hat. Und noch eines liegt mir am Herzen; der ehemalige Bundespräsident Walter Scheel bringt es meisterhaft auf den Punkt: »Jeder Mensch kann von Friedrich dem Großen lernen: Disziplin, Modernität und Aufklärung. Er hat diese Eigenheiten wie kaum ein anderer verkörpert; sie sind das eigentlich Erstrebenswerte.«

Dank

Neben den im Buch zu Wort gekommenen Personen danke ich den Ladies des Bryn Mawr Latern Book Shop in der P Street in Georgetown, Washington, D. C., für das Auffinden seltener Literatur zu meinem Thema. Peter K. Eichler, Inhaber des Antiquariats »Bücher-Galerie« in Berlin-Charlottenburg, bin ich zu gleichem Dank verpflichtet. Christoph Höppel vom Bundespräsidialamt, Persönlicher Referent des Bundespräsidenten a. D. Walter Scheel, hat mir mit politischem Rat zu Seite gestanden. Gleiches gilt für Heinz Vietze, Vorsitzender der Rosa-Luxemburg-Stiftung der Partei »Die Linke«. Didier Erne aus Winterthur in der Schweiz hat mir den Calvinismus nahegebracht und mit weiterführender Literatur geholfen. Ulrika Näsholm, Pressereferentin des Schwedischen Königshauses in Stockholm, hat mich zur Quellenlage über Ulrike von Schweden unterrichtet und Kontakte hergestellt. Pauschal danke ich sehr herzlich den kompetenten Führerinnen der Stiftung Preußische Schlösser und Gärten Berlin-Brandenburg, die mit der Fähigkeit, Begeisterung zu erwecken, durch preußische Schlösser – Rheinsberg, Oranienburg, Königs Wusterhausen, Charlottenburg, Schloss Schönhausen, Jagdschloss Grunewald, Schloss

321

Caputh, Sanssouci, Neues Palais – führen. Aus ihren interessanten Erzählungen und ihrem reichen Fundus an »Histörchen« habe ich zahlreiche Anregungen und Hinweise geschöpft, die in diesem Buch Eingang gefunden haben.

Auswahlbibliographie

Abend, Barbara: *Die Schule der Welt*. Information zu einem Lustspiel von Friedrich II. im Theater im Palais, Berlin 2000/01

Augstein, Rudolf: *Preußens Friedrich und die Deutschen*, Frankfurt/M. 1968

Augstein, Rudolf: »Von Friedrich zu Hitler?«, in: *Der Spiegel*, Hamburg, Nr. 32, 4. August 1986

Bailey, Thomas A.: *A Diplomatic History of the American People*, New York (1940) 1955

Bartel, Horst / Mittenzwei, Ingrid / Schmidt, Walter: »Preußen und die deutsche Geschichte«, in: *Einheit* Nr. 6/1979, S. 637

Benninghoven, Friedrich/ Börsch-Supan, Helmut/ Gundermann, Iselin: *Friedrich der Große*. Katalog zur Ausstellung des Geheimen Staatsarchivs Preußischer Kulturbesitz anlässlich des 200. Todestages König Friedrichs II. von Preußen, Berlin 1986

Bielfeld, Jakob Friedrich Freiherr von: *Letters of Baron Bielfeld. Containing Anecdotes of the Prussian Court for the last twenty years*, London 1770

Blankart, Michaela: »Lange Kerls«, preussen.de, Hohenzollern 2003

Börsch-Supan, Helmuth: *450 Jahre Jagdschloß Grunewald: Aus der Gemäldesammlung*, hrsg. von Staatliche Schlösser und Gärten, Berlin 1992

Brandt, Hartwin: *Konstantin der Große. Der erste christliche Kaiser*, München 2006

Buhl, Dieter/ Zeit-Stiftung Ebelin und Gerd Bucerius (Hg.): *Marion Gräfin Dönhoff. Wie Freunde und Weggefährten sie erlebten*, Hamburg 2006

Casanova, Giacomo, Chevalier de Seingalt: *Geschichte meines Lebens*, hrsg. von Erich Loos, erstmals nach der Urfassung ins Deutsche übersetzt von Heinz von Sauter, Band 10, Berlin, Darmstadt, Wien 1965

Cyran, Eberhard: *Preußisches Rokoko. Ein König und seine Zeit*, Berlin 1993

D'Aprile, Iwan-Michelangelo: »Der Islam gehört zu Preußen«, in: *Sans,souci* 01/2011, Magazin der Stiftung Preußische Schlösser und Gärten Berlin-Brandenburg, Potsdam 2011

De Collenberg, Weygo Comte Rudt: »Haus- und Hofmohren des 18. Jahrhunderts in Europa«, in: Gotthardt Frühsorge, Rainer Gruenter, Beatrix Wolff Freifrau von Metternich: *Studien zum 18. Jahrhundert*, Band 12, Hamburg 1995

Debuch, Tobias: *Anna Amalia von Preußen. Prinzessin und Musikerin*, Berlin (2001) 2008

de Maizière, Lothar: »König Friedrich Wilhelm I. in Preussen, der Soldatenkönig«, preussen.de, Hohenzollern 2004

Deutscher Orden, deutscher-orden.de

Didier Erne, Genf: calvinismus.ch

Dittrich, Sigrid und Lothar: *Lexikon der Tiersymbole. Tiere als Sinnbilder in der Malerei des 14. – 17. Jahrhunderts*, Petersberg 2005

Dollinger, Hans: *Friedrich II. von Preußen. Sein Bild im Wandel von zwei Jahrhunderten*, München 1986

Droysen, Hans: *Der Briefwechsel Friedrichs des Großen mit der Gräfin Camas und dem Baron Fouqué*, hrsg. von Geheimes Staatsarchiv, Berlin-Dahlem 1967

Feldhahn, Ulrich: »Johann Joachim Quantz«, preussen.de, Hohenzollern 2005

Fernau, Joachim: *Sprechen wir über Preußen*, München 1982

Feuerstein-Praßer, Karin: *Die preußischen Königinnen*, München 2003

Fischer-Fabian, Siegfried: *Preußens Krieg und Frieden. Der Weg ins Deutsche Reich*, München/Zürich 1981

Flexner, James Thomas: *George Washington. The Forge of Experience*, Boston, New York, 1965

Fontane, Theodor: *Wanderungen durch die Mark Brandenburg*, ausgewählt und eingeleitet von Paul Fechter, Hamburg 1952; auch: textlog.de/fontane-wanderungen.html

François-Poncet, André: *Als Botschafter in Berlin 1931–1938*, Mainz 1949

Freund, Michael: *Deutsche Geschichte*, Gütersloh 1969

Friedrich II. von Preußen: *Mémoires Pour Servir à L'Histoire de La Maison de Brandenbourg*, Berlin, Den Haag 1751

Friedrich II. von Preußen: *Anti-Machiavell* (Original anonym erschienen), deutsche Ausgabe, Frankfurt und Leipzig 1745

Gabel, Helmut/ Jarren Volker: *Kaufleute und Fürsten. Außenpolitik und politisch-kulturelle Perzeption im Spiegel niederländisch-deutscher Beziehungen 1648–1748*, Münster 1998

Gazdar, Kaevan: *Herrscher im Paradies. Fürst Franz und das Gartenreich Dessau-Wörlitz*, Berlin 2006

Giersberg, Hans-Joachim: *Die Ruhestätte Friedrichs des Großen zu Sanssouci*, Berlin 1991

Glum, Friedrich: *Der Nationalsozialismus. Werden und Vergehen*, München 1962

Goebbels, Joseph: *Michael. Ein deutsches Schicksal in Tagebuchblättern. Roman*, München (1929), 1942

Goebbels, Joseph: *Tagebücher*, hrsg. von Ralf Georg Reuth, München 1992

Goeller, Tom: *Freimaurer – Aufklärung eines Mythos*, Berlin 2006

Goeller, Tom (*The Washington Times*): »Zur Symbolik in Obamas Reden«, Deutschlandfunk, 24. 01. 2009

Göller, Josef-Thomas: *Wer die vergäße, tät mir leide. Dreißig Lebensläufe in Franken*, Würzburg 2000

Goethe, Johann Wolfgang von: *Aus meinem Leben. Dichtung und Wahrheit*, in: Goethe, *Werke in zwölf Bänden*, Berlin und Weimar 1981, Band 8 und 9

Goetz, Walter (Hg.) et al.: *Das Zeitalter des Absolutismus*, Propyläen Weltgeschichte Band 6, Berlin 1931

Gottschling, Jürgen: »Voltaires fanatismuskritisches Hauptwerk ›Mahomet‹ und Goethe«, in: *Neue Rundschau*, Heidelberg 2010

Haffner, Sebastian: *Preußen ohne Legende*, Hamburg 1979

Hagemann, Alfred: »Die verkannte Königin. Elisabeth Christine – Schlossherrin in Schönhausen«, in: *Porticus*, Vierteljahresmagazin der Stiftung Preußische Schlösser und Gärten Berlin-Brandenburg (SPSG), Potsdam 3/2008

Harksen, Sibylle: *Rokoko*, Leipzig 1983

Hein, Max: *Friedrich der Große. Ein Bild seines Lebens und Schaffens*, Berlin 1901

Heyden, Ulrich van der / Gnettner, Horst (Hg.): »Allagabo Tim. Der Schicksalsweg eines Afrikaners in Deutschland«, Reihe: *Cognoscere Historias*, Band 16, Berlin 2007

Hitler, Adolf: *Mein Kampf*, 2 Bände in einem Band, München (1925/26) 1933

Hoch, Sabine: »Vor 250 Jahren wurde der französische Denker in Frankfurt unter Arrest gestellt«, *Wochendienst*, hrsg. v. Presse- und Informationsamt der Stadt Frankfurt am Main, Nr. 19 vom 20. 05. 2003

Hofer, Walther: *Der Nationalsozialismus. Dokumente 1933–1945*, Frankfurt/M. (1957) 1959

Honecker, Erich: *Reden und Aufsätze*, hrsg. vom Institut für Marxismus-Leninismus beim ZK der SED, Bd. 1–7, Berlin 1977–1982

Hunt, Dave: *A Woman Rides the Beast. The Roman Catholic Church and the Last Days*, Bend/Oregon 1994

Hutter, Peter: »Die Jagdschlösser der Hohenzollern in der Mark Brandenburg«, in: *450 Jahre Jagdschloß Grunewald*, hrsg. von Staatliche Schlösser und Gärten Berlin, Band 1, Aufsätze, Berlin 1992

Isaacson, Walter: *Benjamin Franklin. An American Life*, New York 2003

Kirschstein, Jörg: »Friedrich III. Kurfürst von Brandenburg/I. König in Preussen«, preussen.de, Hohenzollern 2004

Kirschstein, Jörg: »Glücklich in Oranienburg. Louise Henriette Prinzessin von Oranien-Nassau (1627–1667)«, in: *Porticus* 1/2009, Vierteljahresmagazin der Stiftung Preußische Schlösser und Gärten Berlin-Brandenburg (SPSG), Potsdam 2009

Kissinger, Henry: *Diplomacy*, New York 1994

Knapp, Fritz: *Die künstlerische Kultur des Abendlandes*, Band 3, Bonn und Leipzig 1923

Kremp, Heribert: »Preußische Tugenden«, in: *Die Welt*, 7. Februar 2001

Kuehnheim, Haug von: »Hat Otto da gelogen?«, in: *Die Zeit* Nr. 36, 30. 8. 1985

Kugler, Franz Theodor: *Geschichte Friedrichs des Grossen*, Wiesbaden 1981; modernisierte Wiederauflage der Originalausgabe von 1840 mit Holzschnitten von Adolph Menzel

Laine, Merit: *En Minerva för vår Nord. Lovisa Ulrika som samlare, uppdragsgivare och byggherre* [»Eine Minerva für unseren Norden«. Luise Ulrike als Sammlerin, Auftraggeberin und Bauherrin], Dissertation, Uppsala 1998

Luck, Harry: »Merkel lobt Stoibers preußische Tugenden«, *Focus-Online*, 29. September 2007

Luh, Jürgen: »Der König überall. Tendenz, Legenden und Idealisierung«, in: *Porticus* 4/2007, Vierteljahresmagazin der Stiftung Preußische Schlösser und Gärten Berlin-Brandenburg, Potsdam 2007

Manchester, William: *American Ceasar. Douglas MacArthur*, Boston 1978

Mann, Thomas: »Friedrich und die Große Koalition«, in: *Altes und Neues*, Berlin 1956

May, Karl: *Die Herren von Greifenklau. Roman*, Gesammelte Werke, Band 59, Bamberg 1953

Mee, Charles L.: *Meeting at Potsdam*, New York 1975

Mendelssohn Bartholdy, Gustav: *Der König Friedrich der Große in seinen Briefen sowie in zeitgenössischen Briefen*, Band 1 und 2, Ebenhausen (1912) 1920

Merkens, Heinrich/ Wegele, Franz X. (Hg. und Übersetzer): *Ausgewählte Werke Friedrichs des Großen«*, Band 1–4, Würzburg 1873–1878

Mitford, Nancy: *Madame de Pompadour*, (Hamburg 1954) München 1982

Mittenzwei, Ingrid: *Friedrich II. von Preußen. Eine Biographie*, Berlin (Ost) 1980

Morris, Edmund: *Theodore Rex*, New York 2001

Murphy, Brian: »Johannes Paul der Große«, Associated Press, Rom; veröffentlicht in: stern.de, 8. April 2005

Neuwinger, Rudolf (Hg.): *Friedrich der Große. Briefe über die Religion*, Berlin 1939

Nikolaevsky, Boris/ Maenchen-Helfen, Otto: *Karl Marx. Eine Biographie*, Frankfurt/M. 1982

Nielius, Sylvia: *Die Hornstube von 1632 als Jagdintarsienzimmer von 1825–1840 in den Kunstsammlungen der Veste Coburg*, Dissertation 1996, hrsg. von den Kunstsammlungen der Veste Coburg, Coburg 2002

Novalis: *Werke in einem Band*, Berlin und Weimar 1989

o. A.: »Friedrich wie er im Buche steht«, in: *Porticus* 3/2009, Vierteljahres-magazin der Stiftung Preußische Schlösser und Gärten Berlin-Branden-burg, Potsdam 2009

o. A.: »Schwarze und Weiße begegnen sich in Europa. Der Kammermohr – exotisches Prunkstück barocker Residenzen«, in: *Neue Rottweiler Zeitung* (NRZ), Rottweil, 3. Mai 2010

o. A.: »Medienpreis für Mohammed- Karikaturist. So ändern uns die Zeiten«, in: *Spiegel-Online*, 9. September 2010

o. A.: »Preußen und die katholische Kirche seit 1640«, veröffentlicht bei: onlinelibrary.og

Oppeln-Bronikowski, Friedrich von / Volz, Gustav Berthold (Hg.): *Gespräche Friedrichs des Großen*, Berlin 1919

Otto, Hans-Dieter: *Nach uns die Sintflut. Höfisches Leben im absolutistischen Zeit-alter*, Osterfildern 2010

Otto, Karl-Heinz: *Gundling. Akademiepräsident und Hofnarr Friedrich Wilhelms I.*, Wittenberg, o. J.

Pauls, Eilhard Erich: *Das Ende der Galanten Zeit*, Lübeck 1924

Pleschinski, Hans (Hg. und Übersetzer): *Aus dem Briefwechsel Voltaire – Friedrich der Große*, Zürich 1992

Preisse, Erika L: *Tabakskolleg*, Hohenzollern 2003, preussen.de

Preuß, Johann D. E.: *Friedrich des Großen Jugend und Thronbesteigung*, Berlin 1840

R. P.: »›DDR‹ befürchtet Preußenbegeisterung«, in: *Das Ostpreußenblatt*, Hamburg, 14. Februar 1981

Radio Berlin Brandenburg (rbb): »Preußen – Chronik eines deutschen Staates«, Redaktion Werner Voigt, Berlin 2000/2001, preussen-chronik.de

Reinhold, Peter: *Maria Theresia*, Frankfurt/M. 1977

Reuth, Ralf Georg: *Goebbels. Eine Biographie*, München 1990

Riess, Curt: *Joseph Goebbel. Eine Biographie*, Baden-Baden 1950

Rückert, Friedrich: *Geharnischte Sonette*, Nr. 31, in: Friedrich Rückerts Werke, hrsg. von Richard Böhme, Band 2, Berlin o. J.

Sabrow, Martin: *Herr und Hanswurst. Das tragische Schicksal des Hofgelehrten Jacob Paul von Gundling*, Stuttgart und München 2001

Sandburg, Carl: *Abraham Lincoln*, Band 4,II, New York 1950

Scharmann, Rudolf: »Sophie Charlotte«, preussen.de, Hohenzollern 2003

Schmid, Carlo: *Erinnerungen*, Bern, München, Wien 1979

Schneider, Reinhold: *Die Hohenzollern. Tragik und Königtum*, Köln 1953

Schneider, Rolf: Die DDR und Preußen, in: *Der Spiegel* 37, Hamburg 1975

Schutte, O.: *Repertorium der Nederlandse vertegenwoordigers residerende in het Buitenland en buitenlandse vertegenwoordigers, residerende in Nederland 1584–1810* [Archivverzeichnis der niederländischen Vertreter im Ausland und der ausländischen Vertreter in den Niederlanden von 1584–1810], Huygens Instituut voor Nederlandse Geschiedenis, Den Haag 1976

Seckendorff, Friedrich Heinrich Reichsgraf von: *Journal secret du baron de Seckendorff*, Tübingen 1811

Sommer, Claudia: »Niederländische Einflüsse auf die Landeskultivierung und Kunstentfaltung in Brandenburg von 1640 bis 1740«, in: *Onder den Oranje boom*, München 1999

Speer, Albert: *Erinnerungen*, Frankfurt/M, Berlin 1969

Speer, Albert: *Spandauer Tagebücher*, Frankfurt/M. 1975

Stadelmann, Rudolph: *Preussens Könige in ihrer Thätigkeit für die Landescultur*, Leipzig, 1882

Stenger, Eduard: »Friedrich II. und die Kartoffel. Zur Einführung der Kartoffel in Preußen«, veröffentlicht unter planten.de 2008/ verantw. Andreas Regner, Ökologischer Gartenlandschaftsbau, Kiel

Streitmatter, Rodger (Hg.): *Empty Without You. The Intimate Letters of Eleonore Roosevelt and Lorena Hickok*, New York 1998

Trenck, Friedrich: *Des Freiherrn Friedrich von der Trenck merkwürdige Lebensgeschichte*, hrsg. von Gustav Gugitz, Band 1 und 2, München und Leipzig 1912

Tschapke, Volker: »Preußen und Islam«, Vortrag vom 14. März 2006 vor dem Deutsch-Türkischen Club in Berlin

Voltaire, François Marie Arouet de: *Mein Aufenthalt in Berlin*, hrsg. und übersetzt von Hans Jacob, München 1921

Volz, Gustav Berthold: *Das Sans‚Souci Friedrichs des Großen*, Reprint nach
    der Originalausgabe von 1926, Wolfenbüttel 2008
Wallenberg, Hans (Hg.): *Axel Springer. Von Berlin aus gesehen*, Stuttgart 1972
Washington, George: *Writings*, New York 1997
Weizsäcker, Richard von: *Vier Zeiten. Erinnerungen*, Berlin 1997
Werner, Jürgen: »Friedrich. Der Große?«, in: *Berliner Zeitung*,
    25. November 2000
Wilhelmine von Bayreuth: *Memoiren*, Edition Deutsche Bibliothek,
    München 1987 [Original: *Mémoires de Wilhelmine Margrave de Baireuth*,
    Braunschweig 1810]

Anmerkungen

Vorwort

1 Neuwinger, Rudolf (Hg.): *Friedrich der Große. Briefe über die Religion,* Berlin 1939, S. 78

Sohn des »Soldatenkönigs«: Die Vorfahren

1 zit. nach Radio Berlin Brandenburg (rbb): »Preußen – Chronik eines deutschen Staates«, Redaktion Werner Voigt, Berlin 2000/2001, www.preussen-chronik.de, künftig zitiert als RBB-Preußen-Chronik
2 ebda.
3 ebda.
4 zit. nach Didier Erne, Genf: www.calvinismus.ch/institutio/ der-aberglaube-institution-1-04-01/
5 Kugler, Franz Theodor: *Geschichte Friedrichs des Grossen,* Wiesbaden 1981, S. 4 f.; (modernisierte Wiederauflage der Originalausgabe von 1840 von Prof. der Kunsthistorik F. Th. Kugler, mit Holzschnitten von Adolph Menzel)
6 ebda. S. 9
7 Wiedergabe, Zitate und Quellenangaben nach einer Erzählung von Mig Preisinger aus Neubukow-Steinbrink, auch bekannt als *Mig van Steinbrink,* Sammler von Spuk- und Gruselgeschichten in Mecklenburg-Vorpommern
8 ebda.
9 Kugler, S. 9 f.
10 ebda., S. 10
11 Im Schloss Oranienburg ist seit einigen Jahren wieder ein Ölgemälde des niederländischen Malers Nicolaus Wieling mit dem Titel »Wahrsagerin« zu sehen; es hing vorher jahrelang im Schloss Grunewald. Wieling war 1667 vom Großen Kurfürsten nach Berlin berufen worden und malte dieses Genrebild als Auftrag. Es zeigt eine junge Frau, die sich von einer »Zigeunerin« aus der Hand lesen lässt, und stellt ein beredtes Zeugnis dafür dar, dass seine »Churfürstliche Durchlaucht von Brandenburg« daran glaubte, dass die »über Land ziehenden Menschen, in in enger Verbindung mit der Natur ihre eigene Lebens- und Überlebenstechnik entwickelt haben« und daher über »besonderes Wissen« verfügen. Siehe: Helmuth Börsch-Supan: *450 Jahre Jagdschloß Grunewald: Aus der Gemäldesammlung,* Staatliche Schlösser und Gärten, Berlin 1992, S. 62

12 Friedrichs Lieblingsschwester, die spätere Markgräfin Wilhelmine von
Brandenburg-Bayreuth, hielt in ihren Memoiren fest, dass in einigen
Novembernächten des Jahres 1733 in den Gemächern der alten Residenz
zu Bayreuth unerklärlicher Lärm zu hören gewesen sei: »Man machte mir
ein Geheimnis daraus. Einige Personen behaupteten, es sei die weiße Frau,
die meinen Tod anzeige.« Kurz darauf erfährt sie, dass ihr Schwager gestorben ist: »Und was das Sonderbarste dabei, dieser Prinz war in der
selben Nacht (in Italien) gestorben, wo man das Lärmen im Schlosse gehört hatte.« Hintergrund ist folgende Sage aus dem 14. Jahrhundert:
Auf der fränkischen Burg Lauenstein lebte einst die verwitwete Gräfin
Kunigunde von Orlamünde. Sie hatte sich unsterblich in den als Beau
bekannten hohenzollerschen Burggrafen Albrecht von Nürnberg verliebt
und war bereit, ihn zu heiraten. Jener meinte aber rätselhaft, der Ehe
stünden »Vier Augen« im Wege. Die edle Dame bezog die vier Augen auf
ihre beiden Kinder und tötete sie bereitwillig. Albrecht indes hatte seine
Eltern gemeint. Das Verbrechen wurde ruchbar, und die beiden kamen
nicht zusammen. Seither geistert die Gräfin von Orlamünde als gruseliges
Hausgespenst durch die Phantasie der Hohenzollern.

13 zit. nach Cyran, Eberhard: *Preußisches Rokoko. Ein König und seine Zeit*,
Berlin 1993, S. 45

14 zit. nach Neuwinger, Rudolf (Hg.): *Friedrich der Große. Briefe über die Religion*,
Berlin 1939, S. 43

15 Kugler, S. 10

16 Haffner, Sebastian: *Preußen ohne Legende*, Hamburg 1979, S. 20

17 Schneider, Reinhold: *Die Hohenzollern*, Köln 1953, S. 17

18 Fernau, Joachim: *Sprechen wir über Preußen*, München 1982, S. 41

19 Deutscher Orden, Klosterweg 1, 83629 Weyarn, deutscher-orden.de

20 Fernau, S. 10 f.

21 Sommer, Claudia: »Niederländische Einflüsse auf die Landeskultivierung
und Kunstentfaltung in Brandenburg von 1640 bis 1740«, in: *Onder den
Oranje boom*, München 1999, S. 205

22 Friedrich der Große: *Mémoires Pour Servir à L'Histoire de La Maison de
Brandenbourg*, Berlin, Den Haag 1751, S. 96 f.

23 Kirschstein, Jörg: »Glücklich in Oranienburg«, in: *Porticus*, Vierteljahresmagazin der Stiftung Preußische Schlösser und Gärten Berlin-
Brandenburg, Potsdam, 1/2009, S. 5

24 ebda.

25 Friedrich: *L'Histoire* …, S. 179

26 Börsch-Supan, Helmuth (Hg.): *450 Jahre Jagdschloß Grunewald: Aus der
Gemäldesammlung, Staatliche Schlösser und Gärten*, Berlin 1992, S. 60

27 Kirschstein, »Glücklich in Oranienburg«, S. 5

28 Sommer, S. 205 f.

29 zit. nach RBB-Preußen-Chronik, »Chronologie 1681 bis 1713«

30 Haffner, S. 50

31 Friedrich: *L'Histoire* …, S. 156

32 ebda., S. 205

33 Fernau, S. 73 f.

34 Kirschstein, Jörg: »Friedrich III. Kurfürst von Brandenburg / I. König in Preussen«, preussen.de, Hohenzollern 2004

35 Friedrich: *L'Histoire* …, S. 216

36 Kirschstein, »Friedrich III.«

37 Scharmann, Rudolf: »Sophie Charlotte«, preussen.de, Hohenzollern 2003

38 ebda.

39 Friedrich: *L'Histoire* …, S. 226 u. 227

40 Fernau, S. 91

41 ebda., S. 92

42 zit. nach Gazdar, Kaevan: *Herrscher im Paradies*, Berlin 2006, S. 24

43 ebda., S. 27

44 ebda., S. 24

45 Eine der Riesenvasen aus der chinesischen Kangxi-Epoche (um 1622) wird heute noch im Schloss Königs Wusterhausen gezeigt. Die getauschten »Dragonervasen« hingegen können im Dresdner »Zwinger« bewundert werden.

46 zit. nach einem Bericht des damaligen »außerordentlichen Envoyé der niederländischen Generalstaaten namens Christiaan Carel van Lintelo (1669–1736). Vgl. Gabel, Helmut/ Jarren Volker: *Kaufleute und Fürsten: Außenpolitik und politisch-kulturelle Perzeption im Spiegel niederländisch-deutscher Beziehungen 1648–1748*, Münster 1998, S. 329

47 Gerhild Komander: »Friedrich Wilhelm I.«, gerhildkomander.de, Berlin/ Potsdam 2007

48 Michaela Blankart: »Lange Kerls«, preussen.de, Hohenzollern 2003

49 Fernau, S. 96

»Der Schuft Fritz«: Vom Vater zum Tode verurteilt

1 Struwwelpeter: »Die Geschichte von den schwarzen Buben«: »Es ging spazieren vor dem Tor, / Ein kohlpechrabenschwarzer Mohr. / Die Sonne schien ihm aufs Gehirn / Da nahm er seinen Sonnenschirm.«

2 van der Heyden, Ulrich/Gnettner, Horst (Hg.): »Allagabo Tim. Der Schicksalsweg eines Afrikaners in Deutschland«, Reihe: *Cognoscere Historias*, Bd. 16, Berlin 2007

3 Zahlen und Angaben aus: »Schwarze und Weiße begegnen sich in Europa. Der Kammermohr – exotisches Prunkstück barocker Residenzen«. In: *Neue Rottweiler Zeitung* (NRZ), Rottweil, 3. Mai 2010

4 De Collenberg, Weygo Comte Rudt: »Haus- und Hofmohren des 18. Jahrhunderts in Europa«. In: Gotthardt Frühsorge, Rainer Gruenter, Beatrix Wolff Freifrau von Metternich: *Studien zum 18. Jahrhundert*, Bd. 12, Hamburg 1995, S. 280

5 Preuß, Johann D. E.: *Friedrich des Großen Jugend und Thronbesteigung*, Berlin 1840, S. 182; dort wird diesbezüglich verwiesen auf das *Journal secret du*

baron de Seckendorff von Reichsgraf Friedrich Heinrich von Seckendorff, veröffentlicht in Tübingen 1811.

6 Wegele, Franz X./Merkens, Heinrich (Hg. und Übersetzer): *Ausgewählte Werke Friedrichs des Großen*, Würzburg 1873, Bd. 1, S. 148 u. 152

7 zit. nach: Mann, Thomas: »Friedrich und die Große Koalition«, in: *Altes und Neues*, Berlin 1956, S. 69

8 Wilhelmine von Bayreuth: *Memoiren*, Edition Deutsche Bibliothek, München 1987, S. 15 u. 17 [*Mémoires de Wilhelmine Margrave de Baireuth*, Braunschweig 1810]

9 ebda., S. 12

10 ebda., S. 16

11 Kugler, S. 38

12 ebda., S. 39 f.

13 Wilhemine, S. 27

14 ebda., S. 31

15 ebda., S. 32

16 Preuß, S. 15

17 Wilhelmine, S. 23

18 ebda.

19 Preuß, S. 11

20 zit. nach ebda., S. 18

21 ebda.

22 Brief des Professors Gottsched vom 22. Oktober 1757 an Professor Flottwell in Königsberg, zit. nach Preuß, S. 32 f.

23 zit. nach Preuß, S. 17 ff.

24 zit. nach Preuß, S. 17

25 Hutter, Peter: »Die Jagdschlösser der Hohenzollern in der Mark Brandenburg«, in: *450 Jahre Jagdschloß Grunewald, Staatliche Schlösser und Gärten*, Bd. 1, Aufsätze, Berlin 1992, S. 133

26 ebda., S. 135

27 *Anti-Machiavell* (anonym erschienen), deutsche Ausgabe, Kapitel XIV, »Ausschweifung von der Jagd«, Frankfurt und Leipzig 1745, S. 294 f.

28 Nielius, Sylvia: »Die Hornstube von 1632 als Jagdintarsienzimmer von 1825–840 in den Kunstsammlungen der Veste Coburg«, Inauguraldissertation 1996, hrsg. von den Kunstsammlungen der Veste Coburg, Coburg 2002, S. 188

29 ebda., S. 193

30 zit. nach Hein, Max: *Friedrich der Große*, Berlin 1901, S. 8

31 siehe Preuß, S. 17

32 Börsch-Supan, Helmuth: *450 Jahre Jagdschloß Grunewald*, S. 54

33 Preisse, Erika L.: »Tabakskolleg«, Hohenzollern 2003, preussen.de. Zu Gundling siehe: Otto, Karl-Heinz: *Gundling – Akademiepräsident und Hofnarr Friedrich Wilhelms I.*, Wittenberg, o. J. sowie Sabrow, Martin: *Herr und Hanswurst*, Stuttgart und München 2001

34 Preisse, ebda.

35 alle Zitate nach Hein, S. 8 f.
36 zit. nach Hein; Gleiches bei Mendelssohn Bartholdy, Gustav: *Der König Friedrich der Große in seinen Briefen sowie in zeitgenössischen Briefen*, Bd. 1, Ebenhausen 1920 (1912), S. 11 f.
37 Preuß, S. 56.
38 zit. nach Preuß, S. 42–44.
39 zit. nach Preuß, S. 43 f.
40 zit. nach Preuß, S. 20
41 zit. nach einer Übersetzung in: Pauls, Eilhard Erich: *Das Ende der galanten Zeit*, Lübeck 1924, S. 23
42 Wilhelmine, S. 130
43 ebda.
44 Die »Stummen im Serail« waren Eunuchen im türkischen Herrscherpalast, denen die Zunge herausgeschnitten worden war, damit sie keine Geheimnisse preisgeben konnten; auf Befehl des Sultans fungierten sie als Henker, indem sie unerwünschte Personen mit einem Seil erdrosselten.
45 Wilhelmine, S. 131
46 ebda.
47 Hein, S. 10
48 ebda.
49 zit. nach Hein, ebda.
50 zit. nach Hein, ebda.
51 ebda., S. 11
52 Wilhelmine, S. 132
53 Hein, S. 14 f.
54 zit. nach ebda., S. 15
55 Wilhelmine, S. 187. Eine neue Bearbeitung des Themas findet sich im Theaterstück »Katte – ein Prozess«, Uraufführung am 5. November 2009 im Schlossplatztheater der »Jungen Oper Berlin«.
56 Wilhelmine, S. 183
57 de Maizière, Lothar: »König Friedrich Wilhelm I. in Preussen, der »Soldatenkönig«, preussen.de, Hohenzollern 2004

»Meine alte Kuh«: Er mag Frauen, aber nicht seine

1 Benninghoven, Friedrich / Börsch-Supan, Helmut / Gundermann, Iselin: *Friedrich der Grosse*. Katalog zur Ausstellung des Geheimen Staatsarchivs Preußischer Kulturbesitz anlässlich des 200. Todestages König Friedrichs II. von Preußen, Berlin 1986, S. 31
2 Wilhelmine, S. 75
3 ebda., S. 75 f.
4 Otto, Hans-Dieter: *Nach uns die Sintflut. Höfisches Leben im absolutistischen Zeitalter*, Osterfildern 2010, S. 167
5 ebda., S. 159

6 ebda., S. 167
7 ebda.
8 Wilhelmine, S. 77
9 ebda.
10 ebda., S. 80
11 Mendelssohn Bartholdy, Bd. 1, S. 8
12 Wilhelmine, S. 81
13 ebda.
14 ebda., S. 93
15 Voltaire, François Marie Arouet de: *Mein Aufenthalt in Berlin*, herausgegeben und übersetzt von Hans Jacob, München 1921, S. 7 f.
16 Oppeln-Bronikowski, Friedrich von / Volz, Gustav Berthold (Hg.): *Gespräche Friedrichs des Großen*, Berlin 1919, S. 16
17 Schloss Tamsel heißt seit 1945 Palac Dąbroszyn und befindet sich im gleichnamigen Ort, der zur polnischen Gemeinde Witnica (Vietz) gehört.
18 Das Gemälde von Luise Eleonore von Wreech ist in der Eremitage bei Bayreuth zu sehen.
19 Oppeln-Bronikowski / Volz, S. 16
20 Fontane: *Wanderungen*, S. 280
21 Mendelssohn Bartholdy, Bd. 1, S. 46 und Oppeln-Bronikowski / Volz, S. 19, sowie Feuerstein-Praßer, Karin: *Die preußischen Königinnen*, München 2003, S. 183
22 Benninghoven / Börsch-Supan / Gundermann, S. 32
23 Fontane, S. 282
24 Mendelssohn Bartholdy, Bd. 1, S. 37
25 Dieses und das nachfolgende Gedicht: Fontane, Theodor: »Kronprinz Friedrich und Frau von Wreech«, in: online-Ausgabe der Wanderungen durch die Mark Brandenburg, http://www.textlog.de/40510.html
26 Benninghoven / Börsch-Supan / Gundermann, S. 33
27 Oppeln-Bronikowski / Volz, S. 18
28 ebda.
29 Mendelssohn Bartholdy, Bd. 1, S. 47
30 Hein, S. 27 f.
31 zit. nach Feuerstein-Praßer, S. 180
32 Oppeln-Bronikowski / Volz, S. 19
33 ebda.
34 zit. nach Feuerstein-Praßer, S. 191
35 zit. nach Augstein, Rudolf: *Preußens Friedrich und die Deutschen*, Frankfurt/M. 1968, erwähnt auf S. 169 und S. 434
36 zit. nach Feuerstein-Praßer, S. 180
37 Oppeln-Bronikowski / Volz, S. 16
38 zit. nach Feuerstein-Praßer, S. 185
39 ebda., S. 187
40 Mendelssohn Bartholdy, Bd. 1, S. 55
41 Die zitierte Äußerung findet sich denn auch im *Journal secret* des Grafen Seckendorff, S. 144 f., hier zitiert nach Oppeln-Bronikowski / Volz, S. 22

42 Voltaire: *Mein Aufenthalt ...* , S. 7
43 Wilhelmine, S. 249
44 Armbruster, Johannes: »Nachwort« zu der in diesem Buch zitierten
    Ausgabe der Memoiren von Wilhelmine, S. 449 f.
45 zit. ebda., S. 451
46 zit. ebda., S. 452
47 Wilhelmine, S. 212
48 Oppeln-Bronikowski / Volz, S. 22
49 Dies ist kein Einzelfall; es war damals Mode, Nachrichten ins
    Fensterglas zu ritzen – heute nennt man so etwas »Scratching«.
50 Droysen, Hans: *Der Briefwechsel Friedrichs des Großen mit der Gräfin Camas und
    dem Baron Fouqué*, Geheimes Staatsarchiv (Hg.), Berlin-Dahlem 1967, S. 2
51 ebda., S. 4
52 ebda.
53 ebda., S. 8
54 ebda., S. 40
55 Roob, Helmut: »Eine große Fürstin am Gothaer Hof«. In: Gothaisches
    Museums-Jahrbuch 2010, S. 103
56 ebda., S. 110
57 Wegele / Merkens: *Werke*, Bd. 4, Würzburg 1878, S. 106

»Korallenrote Lippen«: Rheinsberg

 1 Benninghoven / Börsch-Supan / Gundermann, S. 35
 2 ebda., S. 37
 3 zit. ebda.
 4 zit. ebda., S. 38 f.
 5 zit. nach Feuerstein-Praßer, S. 187
 6 Oppeln-Bronikowski / Volz, S. 23
 7 Hein, S. 32
 8 zit. nach Feuerstein-Praßer, S. 191
 9 zit. nach ebda., S. 189 und Hein, S. 36
10 Hein, S. 30
11 Mendelssohn Bartholdy, Bd. 1, S. 72
12 zit. nach RBB-Preußen-Chronik: Episode Zwangsheirat des Kronprinzen
13 zit. nach Hein, S. 38
14 zit. nach Feuerstein-Praßer, S. 192
15 Hein, S. 37
16 Alle Zitate Bielfelds aus: *Letters of Baron Bielfeld. Containing Anecdotes
    of the Prussian Court for the last twenty years*, London 1770, S. 74–105; Über-
    setzungen ins Deutsche vom Autor.
17 Hein, S. 37 und Benninghoven et al., S. 40
18 Benninghoven et al., S. 41
19 ebda., S. 44

20 ebda., S. 41

21 *Henriade*: Vers-Epos, in dem Voltaire König Heinrich IV. von Frankreich als Muster an Toleranz feiert.

22 Benninghoven et al., S. 40

23 ebda., S. 40 und Feldhahn, Ulrich: »Johann Joachim Quantz«, preussen.de, Hohenzollern 2005

24 Das Interview wurde geführt am 2. Mai 2011, Klassikradio, Hamburg

25 Mendelssohn Bartholdy, Bd. 2, Ebenhausen (1912) 1920, S. 119 f.

26 Weiterführende Informationen in: Goeller, Tom: *Freimaurer – Aufklärung eines Mythos*, Berlin 2006

27 zit. nach Neuwinger, S. 96

»Aus dem FF«: François und Frédéric

1 Fernau, S. 152 f.

2 Pleschinski, Hans (Hg. und Übersetzer): *Aus dem Briefwechsel Voltaire – Friedrich der Grosse*, Zürich 1992, S. 7 ff.

3 ebda., S. 576

4 Gregor Gysi im Interview mit dem Autor in Berlin am 5. Mai 2011

5 Schmid, Carlo: *Erinnerungen*, Bern, München, Wien 1979, S. 426 f.

6 Peter Scholl-Latour im Interview mit dem Autor in Berlin am 10. Januar 2011

7 zit. nach Cyran, S. 102 f.

8 Voltaire, François Marie Arout de: *Mein Aufenthalt in Berlin*, München 1921, S. 42

9 zit. nach Cyran, S. 103

10 Hoch, Sabine: »Vor 250 Jahren wurde der französische Denker in Frankfurt unter Arrest gestellt«. Wochendienst, hrsg. v. Presse- und Informationsamt der Stadt Frankfurt am Main, Nr. 19 vom 20.5.2003

11 Voltaire: *Mein Aufenthalt in Berlin*, S. 27

12 ebda., S. 29

13 ebda, S. 41

14 zit. nach Pleschinski, S. 578

15 zit. nach Cyran, S. 142

16 zit. nach ebda., S. 146

17 Streitmatter, Rodger (Hg.): *Empty Without You – The Intimate Letters of Eleonore Roosevelt and Lorena Hickok*, New York 1998

18 alle Zitate nach Cyran, S. 149–155

19 Axel Springer im Gespräch mit Klaus Harpprecht in einem ZDF-Interview vom 8. Februar 1968, wiedergegeben in: Wallenberg, Hans (Hg.): *Axel Springer. Von Berlin aus gesehen*, Stuttgart 1972, S. 282

20 zit. nach Pleschinski, S. 579

Aufgeklärt: Der Humanist und die Religionen

1 zit. nach D'Aprile, Iwan-Michelangelo: »Der Islam gehört zu Preussen«, in: *Sans,souci*, Magazin der Stiftung Preußische Schlösser und Gärten Berlin-Brandenburg«, Potsdam 01/2011, S. 5
2 siehe den Konflikt um den Moschee-Bau in Berlin-Heinersdorf im Sommer 2006, bei dem sogar ein CDU-Politiker Opfer eines Brand-anschlags wurde.
3 zit. nach »Preußen und die katholische Kirche seit 1640«, veröffentlicht bei onlinelibrary.org
4 D'Aprile, S. 5
5 Peter Scholl-Latour im Interview mit dem Autor in Berlin am 10. Januar 2011
6 zit. nach Stadelmann, Rudolph: *Preussens Könige in ihrer Thätigkeit für die Landescultur*, Leipzig 1882, S. 416
7 Voltaire, *Mein Aufenthalt …*, S. 5
8 zit. nach Cyran, S. 105
9 Merkens, Heinrich/Wegele, Franz: *Ausgewählte Werke Friedrichs des Grossen*, Bd. 1, Würzburg 1873, S. 299
10 ebda., S. 280
11 Tschapke, Volker: »Preußen und Islam«, zusammenfassend zitiert aus dem Vortrag vom 14. März 2006 vor dem Deutsch-Türkischen Club in Berlin
12 Oppeln-Bronikowski / Volz, S. 135 f.
13 RBB-Preussen-Chronik: Episoden 1713 – 786, Türken in Berlin
14 Zitate übernommen aus: »Medienpreis für Mohammed-Karikaturist. So ändern uns die Zeiten«, *Spiegel-Online*, 9. September 2010
15 zit. nach ebda.
16 Gottschling, Jürgen: »Voltaires fanatismuskritisches Hauptwerk ›Mahomet‹ und Goethe«, in: *Neue Rundschau*, Heidelberg 2010
17 *Mahomet* ist in Frankreich die gängige Bezeichnung für Mohammed. Der Ursprung dieser Namensverdrehung ist nicht bekannt. Sie birgt aber eine Verunglimpfung in sich, die arabischsprachige Muslime assoziieren: Auf Arabisch heißt Mohammed so viel wie »der Gesegnete« oder »der Selige«. Das arabische Präfix *ma* bedeutet, dass einem Begriff etwas fehlt. Es entspricht unserem »nein«, »ohne« oder »nicht«. *Ma–homet* sagt also aus, dass *Mohammed* kein »Seliger« ist.
18 Pleschinski, S. 216 f.
19 ebda., S. 219 f.
20 Neuwinger, S. 71
21 ebda., S. 87
22 ebda., S. 37
23 ebda., S. 40
24 ebda., S. 39. Alle weiteren elf Zitate ebda., S. 19, 22, 26 f., 28, 38 f., 47, 48, 53 f., 55, 68
25 Mendelssohn Bartholdy, Bd. 1, S. 156
26 ebda.

27 ebda., S. 167

28 Merkens/Wegele, *Werke*, Bd. 4, Würzburg 1878, S. 17

29 Zum Beispiel: Hunt, Dave: *A Woman Rides the Beast: The Roman Catholic Church and the Last Days*, Bend/Oregon, 1994

30 Neuwinger, S. 67

31 ebda., S. 87

32 ebda., S. 86

33 Mendelssohn Bartholdy, Bd. 1, S. 86 ff.

34 Friedrich: *Anti-Machiavell, oder Versuch einer Kritik über Nic. Machiavells Regierungskunst eines Fürsten*, Frankfurt und Leipzig 1745, S. 213 f., hier: bibliophiler Nachdruck, Dortmund 1982

35 Oppeln-Bronikowski/Volz, S. 27

Kriege um Schlesien: Der *Warrior King*

1 Buhl, Dieter (Hg.): *Marion Gräfin Dönhoff. Wie Freunde und Weggefährten sie erlebten*, Hamburg 2006, S. 164

2 Mendelssohn Bartholdy, Bd. 1, S. 130

3 siehe Äußerung der Bundeskanzlerin Angela Merkel am 13. November 2009: »Ich teile die Meinung von Verteidigungsminister zu Guttenberg, dass aus der Sicht unserer Soldaten kriegsähnliche Zustände in Teilen Afghanistans herrschen, auch wenn der Begriff ›Krieg‹ aus dem klassischen Völkerrecht auf die jetzige Situation nicht zutrifft.«

4 zit. nach Dollinger, Hans: *Friedrich II. von Preußen*, München 1986, S. 35 f.

5 Mendelssohn Bartholdy Bd. 1, S. 105

6 zit. nach Dollinger, S. 36

7 zit. nach ebda.

8 Pleschinski, S. 196

9 zit. nach Dollinger, S. 38

10 Mendelssohn Bartholdy, Bd. 1, S. 129

11 Reinhold, Peter: *Maria Theresia*, Frankfurt/M. 1977, S. 71

12 ebda., S. 75

13 zit. nach ebda., S. 76

14 zit. nach Dollinger, S. 39

15 Washington, George: *Writings*, New York 1997, S. 48

16 Das Original wird heute in Toronto im Royal Ontario Museum, Division of Art and Archaeology aufbewahrt.

17 zit. nach Flexner, James Thomas: *George Washington – The Forge of Experience*, Boston, New York 1965, S. 107

18 ebda., S. 92

19 zit. nach Cyran, S. 169 und 271

20 Goethe, Johann Wolfgang von: *Aus meinem Leben Dichtung und Wahrheit*, in: Goethe, Werke in zwölf Banden, Bd. 8, Berlin und Weimar 1981, S. 51

21 Ode auf Friedrich von Karl Wilhelm Ramler in *Hamburger Correspondent* 1763, hier zit. nach Dollinger, S. 79

»Üb immer Treu und Redlichkeit«: Das Volk

1 Diese und folgende Zitate nach Cyran, S. 450, 69, 456

2 zit. nach RBB-Preußen-Chronik, Episode: »Trockenlegung Oderbruch beendet«

3 zit. ebda.

4 zit. nach RBB-Preußen-Chronik, Thema: »Preußens ständische Gesellschaft«

5 ebda.

6 Erhardt, Heinz: *Das große Heinz Erhardt Buch*, München 1984, S. 30

7 zit. nach Stenger, Eduard: »Friedrich II. und die Kartoffel – Zur Einführung der Kartoffel in Preußen«, Text zur Sonderausstellung »Die Kartoffel – eine Knolle für alle Fälle« im Schulmuseum Lohr/Main, 2008, veröffentlicht unter: planten.de/2008/11/22/friedrich-2-und-die-kartoffel-zur-einfuehrung-der-kartoffel-in-preussen/

8 Stenger, ebda.

9 Mendelssohn Bartholdy, Bd. 1, S. 117

10 Ein Nachguss des Glockenspiels ertönt seit 14. April 1991 wieder in Potsdam zu jeder halben Stunde. Er ist ein Geschenk des Fallschirmjägerbataillons 271 aus Iserlohn und besteht aus vierzig Glocken, aufgehängt in einer Stahlkonstruktion. Es steht auf der sogenannten »Plantage«, jenem Platz mitten in der Innenstadt, wo sich einst die Garnisonskirche befand.

11 Kremp, Heribert: »Preußische Tugenden«, in: *Die Welt*, 7. Februar 2001

12 Luck, Harry: »Merkel lobt Stoibers preußische Tugenden«, *Focus-Online*, 29. September 2007

13 zit. nach Buhl, Dieter: *Marion Gräfin Dönhoff*, S. 164

14 Mendelssohn Bartholdy, Bd. 2, S. 125

15 zit. nach Cyran, S. 70.

16 zit. nach ebda., S. 75 f.

17 zit. nach ebda., S. 357

18 zit. nach ebda., S. 362

19 zit. nach ebda., S. 358

20 Dieses und folgende Zitate nach Mendelssohn Bartholdy, Bd. 1, S. 210 und 212 f. sowie Bd. 2, S. 157

21 zit. nach Cyran, S. 358 f.

22 Merkens/Wegele: *Werke*, Bd. 4, Würzburg 1878, S. 289

23 ebda., S. 144

24 Heinrich Hubert Houben: *Hier Zensur – wer dort?/Der gefesselte Biedermeier* (1918), Leipzig 1990, S. 13

25 zit. nach Dollinger, S. 83

26 zit. nach Kant, Immanuel: »Das Zeitalter der Aufklärung«, Königsberg in Ostpreußen, 30. September 1784, veröffentlicht online unter http://www.textlog.de/2337.html

27 Mendelssohn Bartholdy, Bd. 1, S. 102

28 Cyran, S. 181, 187

29 Mendelssohn Bartholdy, Bd. 2, S. 171

30 z.B. http://www.tz-online.de/aktuelles/welt/boehmer-kindstoetungen-folge-von-uebernommener-ddr-mentalitaet-67500.html
31 zit. ach Cyran, S. 187
32 ebda.
33 Mendelssohn Bartholdy, Bd. 2, S. 171
34 Friedrich: *L'Histoire*, S. 250
35 siehe Goetz, Walter (Hg.) et al.: *Das Zeitalter des Absolutismus*, Propyläen Weltgeschichte Bd. 6, Berlin 1931, S. 230
36 Walter Scheel im Interview mit dem Autor am 20. Mai 2011, aus dem auch alle weiteren Zitate Scheels stammen.
37 Goeller, Tom: *Freimaurer – Aufklärung eines Mythos*, Berlin 2006, S. 46
38 Oppeln-Bronikowski / Volz, S. 192

Der Traum eines Einsamen: Sanssouci

 1 siehe Benninghoven et al., S. 35
 2 Hagemann, Alfred: »Die verkannte Königin«, in: *Porticus* (Hg. Stiftung Preußische Schlösser und Gärten Berlin-Brandenburg), Potsdam 3/2008, S. 10
 3 ebda.
 4 Mendelssohn Bartholdy, Bd. 2, S. 161
 5 Mann, Thomas: »Friedrich und die Große Koalition«, in: *Altes und Neues*, Berlin 1956, S. 77
 6 zit. nach Feuerstein-Praßer, S. 207
 7 Hagemann, S. 10
 8 Gemeint sind die zwei deutschen Staaten DDR und BRD sowie die vier alliierten Siegermächte USA, England, Frankreich und die Sowjetunion.
 9 zit. nach: Volz, Gustav Berthold: *Das Sans,Souci Friedrichs des Großen*, Reprint nach der Originalausgabe von 1926, Wolfenbüttel 2008, S. 11
10 ebda., S. 11 f.
11 Volz, *Das Sans,Souci …*, S. 12
12 ebda.
13 ebda., S 15
14 zit. nach ebda., S 15 f.
15 siehe die am 9. Juni 2011 in Berlin-Charlottenburg veröffentlichten Schatullenrechnungen (Kontoauszüge) Friedrichs, von der Stiftung Preußische Schlösser und Gärten digital erschlossen und auf der Online-Publikations-Plattform perspektivia.net veröffentlicht.
16 zit. nach Harksen, Sibylle: *Rokoko*, Leipzig 1983
17 siehe Dittrich, Sigrid und Lothar: *Lexikon der Tiersymbole. Tiere als Sinnbilder in der Malerei des 14. – 17. Jahrhunderts*, Petersberg 2005, bes. S. 632
18 zit. nach Dollinger, S. 54
19 Mann, S. 79

20 Mitford, Nancy: *Madame de Pompadour* (Hamburg 1954), München 1982, S. 58
21 Cyran, S. 56
22 ebda.
23 Hier die Auflösung des französischen Wortspiels: Friedrich schreibt mit der Buchstaben- und Zahlenkombination lautlich folgenden Satz: »*Venez sous P à cent sous six = Venez souper à Sanssouci* (Kommen Sie zum Abendessen nach Sanssouci.)« Und Voltaire antwortet: »G a = G *grand* a *petit = großes G, kleines a = grand appetit* (Ich habe großen Appetit). Siehe: Ridley, Jasper: *Freemasons*, New York 2001, S. 111
24 zit. nach Dollinger, S. 54
25 Casanova, Giacomo, Chevalier de Seingalt: *Geschichte meines Lebens*, hrsg. von Erich Loos, erstmals nach der Urfassung ins Deutsche übersetzt von Heinz von Sauter, Bd. 10, Berlin, Darmstadt, Wien 1965, S. 74 ff.

»Wenn ich einsam zärtlich weine«: Schicksale

1 zit. nach Feuerstein-Praßer, S. 162
2 Alle Zitate Thiébaults aus dem Vorwort von Gustav Gugitz, in: Trenck, Friedrich: *Des Freiherrn Friedrich von der Trenck merkwürdige Lebensgeschichte*, Bd. 1, München und Leipzig 1912, S. 6–22
3 zit. nach Droysen, S. 6
4 Merit Laine im Gespräch mit dem Autor am 16. Mai. Alle folgenden Zitate aus diesem Interview. Ausgewählte Veröffentlichungen von Merit Laine: »En Minerva för vår Nord« Lovisa Ulrika som samlare, uppdragsgivare och byggherre [»Eine Minerva für unseren Norden«. Luise Ulrike als Sammlerin, Auftraggeberin und Bauherrin], Dissertation, Uppsala 1998; »An Eighteenth–Century Minerva: Lovisa Ulrika and Her Collections at Drottningholm Palace 1744–1777«, *Eighteenth–Century Studies*, vol. 32.1, Johns Hopkins University Press, Chapel Hill, USA 1998; »Forntid på lek och allvar – om Adolf Fredriks och Lovisa Ulrikas förhållningssätt till Sveriges äldsta historia [Die Vorzeit, spielerisch und im Ernst – über Adolf Friedrichs und Luise Ulrikes Verhältnis zu Schwedens ältester Geschichte]«, Kungl. Vitterhets Historie och Antikvitets Akademiens Årsbok 1999, Stockholm 1999
5 Debuch, Tobias: *Anna Amalia von Preußen*, Berlin (2001) 2008, S. 32
6 ebda., S. 32
7 Trenck, Bd. 1, S. 39 f.
8 zit. nach Cyran, S. 294
9 siehe Pauls, Eilhard Erich: *Das Ende der galanten Zeit*, Lübeck 1924, S. 100 f.
10 Trenck, Bd. 1, S. 256 f.
11 zit. nach Cyran, S. 295 f.
12 zit. nach Debuch, S. 26
13 Trenck, Bd. 2, S. 1

14 siehe Brief Friedrichs an Ulrike vom Juli 1764, in dem er Amalies
    Aufenthalt in Aachen erwähnt; siehe Droysen, S. 51
15 Debuch, S. 14
16 ebda., S. 15
17 ebda., S. 16
18 zit. nach ebda., S. 17
19 zit. nach ebda., S. 31
20 zit. nach ebda., S 34
21 zit. nach ebda., S 35
22 ebda., S. 44 und 47
23 ebda., S. 44
24 ebda., S. 55
25 zit. nach ebda., S. 50
26 zit. nach ebda., S. 54
27 zit. nach ebda., S. 52
28 zit. nach ebda., S. 55
29 ebda., S. 63
30 Pauls, S. 95
31 zit. nach Debuch, S. 64
32 ebda.
33 ebda., S. 66

Abendstunden: Der Eremit von Potsdam

 1 Kissinger, Henry: *Diplomacy*, New York 1994, S. 69 u S. 80,
    vom Autor übersetzt
 2 Mendelssohn Bartholdy, Bd. 2, S. 147
 3 ebda.
 4 siehe Dollinger, S. 90 f.
 5 Mendelssohn Bartholdy, Bd. 2, S. 162
 6 Goeller, Tom (*The Washington Times*): »Zur Symbolik in Obamas Reden«,
    Deutschlandfunk, 24. 01. 2009
 7 Bailey, Thomas A.: *A Diplomatic History of the American People*, New York
    (1940) 1955, S. 11
 8 ebda.
 9 Isaacson, Walter: *Benjamin Franklin*, New York 2003, S. 327
10 ebda., S. 274
11 Geheimes Staatsarchiv PK, VI HA Staatsverträge, Nr. 10
12 Merkens/Wegele: »Briefe Friedrichs des Grossen an Voltaire«, in: *Werke*,
    Bd. 3, Würzburg 1876, S. 234
13 Merkens/Wegele: »Briefe Friedrichs des Grossen an D'Alembert«, in:
    Werke, Bd. 4, Würzburg 1878, S. 32
14 ebda., S. 30
15 Merkens/Wegele: *Werke*, Bd. 3, S. 268

16 Merkens/Wegele: *Werke*, Bd. 4, S. 48
17 ebda., S. 106
18 Merkens/Wegele: *Werke*, Bd. 3, S. 296
19 zit. nach Dollinger, S. 98
20 zit. nach ebda., S. 101
21 Kugler, S. 588 f.
22 ebda, S. 591 f.
23 zit. nach ebda., S. 607
24 zit. nach ebda., S. 608

»Wenn der Dämon populär wird«: Das Image

1 Murphy, Brian: »Johannes Paul der Große«, Associated Press, Rom; veröffentlicht in stern.de, 8. April 2005
2 ebda.
3 May, Karl: *Die Herren von Greifenklau*, Gesammelte Werke, Bd. 59, Bamberg 1953, S. 209
4 Wegele/Merkens: *Werke*, Bd. 1, S. 252
5 Augstein, Rudolph: *Preußens Friedrich und die Deutschen*, Frankfurt/M. 1968
6 Brandt, Hartwin: *Konstantin der Große*, München 2006, S. 171
7 Feuerstein-Praßer, S. 180
8 RBB-Preußen-Chronik: Episoden: Januar 1871: Proklamation des deutschen Reiches in Versailles
9 siehe z. B. Höcker, Oskar: *Friedrich der Große*, Berlin, 1886 und *Der Soldatenkönig und sein Sohn*, mit Abbildungen von Georg Lebrecht, Berlin 1912; Franz Otto: *Der große König und sein Rekrut*; Ludwig Fernow: *Das Buch vom alten Fritz*, Leipzig 1901
10 zit. nach Freund, Michael: *Deutsche Geschichte*, Gütersloh 1969, S. 410
11 Goethe, Johann Wolfgang von: *Aus meinem Leben. Dichtung und Wahrheit*, in: Goethes Werke in zwölf Bänden, Berlin und Weimar 1981, Bd. 8, S. 293
12 ebda., S. 294
13 zit. nach Luh, Jürgen: *Der König überall. Tendenzen, Legenden und Idealisierung*, in: Porticus 4/2007, hrsg. Von der Stiftung Preußische Schlösser und Gärten, Potsdam 2007, S. 10
14 zit. nach Dollinger, S. 109
15 zit. nach Dollinger, S. 110
16 zit. nach ebda.
17 Novalis: *Glauben und Liebe oder der König und die Königin*, in: Werke in einem Band, Berlin und Weimar 1989, S. 320
18 zit. nach Dollinger, S. 112
19 zit. nach ebda., S. 116 f.
20 zit. nach ebda., S. 117
21 zit. nach ebda.
22 Rückert, Friedrich: *Geharnischte Sonette*, Nr. 31, in: »Friedrich Rückerts Werke«, hrsg. von Richard Böhme, Bd. 2, Berlin o. J., S. 16

23 zit. nach Nicolaevsky, Boris/Maenchen-Helfen, Otto: *Karl Marx*, Frankfurt/M. 1982, S. 40

24 zit. nach Dollinger, S. 127

25 Luh, S. 10

26 ebda., S. 10 f.

27 o. A.: »Friedrich – wie er im Buche steht«, in: *Porticus* 3/2009, hrsg. von der Stiftung Preußische Schlösser und Gärten, Potsdam 2009, S. 19

28 Mann, S. 123

29 Knapp, Fritz: *Die Künstlerische Kultur des Abendlandes*, Bd. 3, Bonn und Leipzig 1923, S. 210

30 ebda.

31 zit. nach ebda., S. 211

32 ebda., S. 211

Der »große König«: Von Nazis missbraucht

1 Dollinger, S. 163 f.

2 François-Poncet, André: *Als Botschafter in Berlin 1931–1938*, Mainz 1949, S. 139

3 Dollinger, S. 174

4 Goebbels, Joseph: *Tagebücher*, Hrsg. von Ralf Georg Reuth, Bd. 4, München 1992, S. 1412

5 Goebbels, Joseph: *Tagebücher*, Bd. 1, München 1992, S. 106 f.

6 ebda., S. 277

7 Goebbels, Joseph: *Tagebücher*, Bd. 5, München 1992, S. 2133

8 ebda., S. 2149

9 ebda., S. 2127

10 Hofer, Walther: *Der Nationalsozialismus. Dokumente 1933–1945*, Frankfurt/M. (1957) 1959, S. 360

11 Hitler, Adolf: *Mein Kampf*, 2 Bde. in einem Band, Bd. 1, Kapitel 8, München (1925/26) 1933, S. 232

12 Reuth, Ralf Georg: *Goebbels*, München 1990, S. 258

13 François-Poncet, S. 105 f.

14 ebda., S. 234

15 ebda., S. 46 und S. 85

16 Kissinger, S. 350

17 siehe Glum, Friedrich: *Der Nationalsozialismus. Werden und Vergehen*, München 1962, S. 375

18 Riess, Curt: *Joseph Goebbels – Eine Biographie*, Baden-Baden 1950, S. 311

19 Speer, Albert: *Spandauer Tagebücher*, Frankfurt/M. 1975, S. 501

20 Riess, S. 344

21 zit. nach Riess, S. 452

22 Reuth: *Goebbels*, S. 592

23 zit. nach ebda.

24 Speer, Albert: *Erinnerungen,* Frankfurt/M., Berlin 1969, S. 467

25 Augstein, Rudolf: »Von Friedrich zu Hitler?«, in: *Der Spiegel,* Hamburg, Nr. 32, 4. August 1986

26 Goebbels, *Tagebücher,* Bd. 1, München 1992, S. 303

27 Goebbels, Joseph: *Michael,* München (1929), 1942, S. 25

Plötzlich Sozialist: Friedrich reitet für die DDR

1 Mee, Charles L.: *Meeting at Potsdam,* New York 1975, S. 69 f. Übersetzung vom Autor

2 Schneider, Rolf: »Die DDR und Preußen«, in: *Der Spiegel* 37, Hamburg 1975

3 »›DDR‹ befürchtet Preußenbegeisterung«, Autor: R.P. In: *Das Ostpreußenblatt,* Hamburg 14. Februar 1981, S. 1

4 Gregor Gysi am 5. Mai 2011 im Interview mit dem Autor

5 siehe Werner, Jürgen: »Friedrich. Der Große?«, in: *Berliner Zeitung,* 25. November 2000

6 ebda.

7 Honecker, Erich: *Reden und Aufsätze,* Bd. 7, Berlin 1982, S. 331

8 Werner, Jürgen: »Friedrich. Der Große?«

9 Bartel, Horst / Mittenzwei, Ingrid / Schmidt, Walter: »Preußen und die deutsche Geschichte«, in: *Einheit* Nr. 6/1979, S. 637

10 Kuehnheim, Haug von: »Hat Otto da gelogen?«, in: *Die Zeit,* Nr. 36, 30.8.1985, S. 67

11 Honecker, Erich: *Reden und Aufsätze,* Bd. 7, Berlin 1982, S. 330

12 Mittenzwei, Ingrid: *Friedrich II. von Preußen. Eine Biographie,* Berlin (Ost) 1980, S. 206 f.

13 ebda., S. 207

14 ebda., S. 211 f.

15 Luh, S. 11

Freddy, King of Prussia: Aus heutiger Sicht

1 Morris, Edmund: *Theodore Rex,* New York 2001, S. 178

2 zit. nach Kissinger, S. 40

3 zit. nach Dollinger, S. 106

4 Sandburg, Carl: *Abraham Lincoln,* Band 4,II, S. 89 und S. 492

5 Manchester, William: *American Ceasar. Douglas MacArthur,* Boston 1978, S. 556

6 Alfred Grosser am 12. Mai 2011 im Interview mit dem Autor

7 Peter Scholl-Latour am 10. Januar 2011 im Interview mit dem Autor

8 Merit Laine am 16. Mai 2011 im Interview mit dem Autor

9 Weizsäcker, Richard von: *Vier Zeiten. Erinnerungen,* Berlin 1997, S. 434

10 Walter Scheel am 20. Mai 2011 im Interview mit dem Autor
11 Gregor Gysi am 5. Mai 2011 im Interview mit dem Autor
12 Holger Wemhoff am 2. Mai 2011 im Interview mit dem Autor

Epilog

1 Wegele, Franz X./Merkens, Heinrich (Hg. und Übersetzer): *Ausgewählte Werke Friedrichs des Großen*, Würzburg 1873, Bd. 1, S. 252; die Idee zum Titel »*L'Adieu à la Gloire*« stammt von Peter Scholl-Latour.
2 Eine detaillierte Beschreibung der Hintergründe der Odyssee der Särge Friedrichs und seines Vaters ist nachzulesen in: Giersberg, Hans-Joachim: *Die Ruhestätte Friedrichs des Grossen zu Sanssouci*, Berlin 1991, S. 60–64
3 zit. nach Giersberg, S. 39
4 siehe exemplarisch »A Worry for Germany: Resurgent Nationalism« in der *New York Times* vom 27. Juli 1991
5 vgl. die im *Spiegel* 33/1991 ausgewertete Emnid-Umfrage in Westdeutschland mit der Überschrift »Nur wenige sind dafür«, Hamburg, 12.08.1991
6 siehe Beitrag »Friedrich wie er im Buche steht«, *Porticus* 3/2009, Potsdam 2009, S. 19
7 Abend, Barbara: »Die Schule der Welt«. Information zu einem Lustspiel von Friedrich II. im »Theater im Palais«, Berlin 2000/01
8 zit. nach Fischer-Fabian, S.(iegfried): *Preußens Krieg und Frieden*, München/Zürich 1981, S. 9
9 zit. nach Wegele/Merkens: Bd. 1, S. 249 f.

Bildnachweis

bpk Bildarchiv Preußischer Kulturbesitz:
S. 1 oben, S. 3 oben, S. 4, S. 7 oben, S. 8, S. 9, S. 10, S. 11 oben, S. 12, S. 13, S. 14, S. 15, S. 16

Stiftung Preußische Schlösser und Gärten Berlin-Brandenburg:
S. 1 unten, S. 2, S. 3 unten, S. 5, S. 6, S. 7 unten

Personenregister

Preußen unter Friedrich II.
(1740–1786)

- Ererbtes Gebiet
- Erworbenes Gebiet

KGR.
DÄNEMARK

Nordsee

Holstein

Hamburg

Fsm.
Ostfriesland

KGR.
GROSSBRITANNIEN
*Personalunion mit Hannover
seit 1714*

Hannover

Hannover

VEREINIGTE
NIEDERLANDE

Gf. Lingen

Gf. Minden

Hzm. Kleve
Hzm. Geldern

Gf. Mark

Gf. Hohnstein

Brüssel
Österreichisch

Köln

REICHSTERRITORIEN

Rhein

Öster-
reichisch

Paris

Stuttgart

KGR.
FRANKREICH

Valengin
Fsm. Neuenburg

Neuchâtel

Bern

SCHWEIZ

0   50   100   150 km